国家社会科学基金重大项目
"依托中非命运共同体建设推动数字人民币国际化研究"
（21&ZD117）

高等院校经济学管理学系列教材

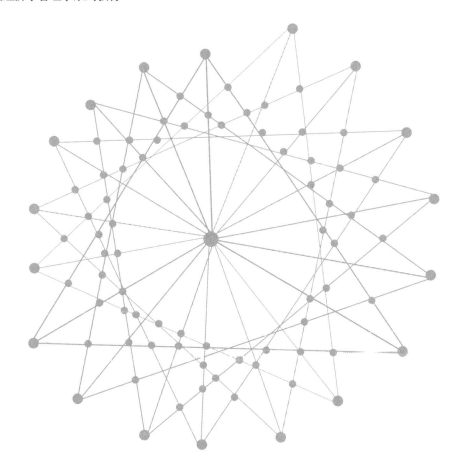

互联网金融
Internet Finance
（第二版）

Second Edition

周光友 编著

北京大学出版社

PEKING UNIVERSITY PRESS

图书在版编目(CIP)数据

互联网金融 / 周光友编著. —2 版. —北京:北京大学出版社,2022.6
高等院校经济学管理学系列教材
ISBN 978-7-301-33016-6

Ⅰ.①互… Ⅱ.①周… Ⅲ.①互联网络—应用—金融—高等学校—教材 Ⅳ.①F830.49

中国版本图书馆 CIP 数据核字(2022)第 080799 号

书　　　名	互联网金融（第二版）
	HULIANWANG JINRONG（DI-ER BAN）
著作责任者	周光友　编著
责 任 编 辑	姚文海
标 准 书 号	ISBN 978-7-301-33016-6
出 版 发 行	北京大学出版社
地　　　址	北京市海淀区成府路 205 号　100871
网　　　址	http://www.pup.cn　新浪微博:@北京大学出版社
电 子 信 箱	sdyy_2005@126.com
电　　　话	邮购部 010-62752015　发行部 010-62750672　编辑部 021-62071998
印 刷 者	河北滦县鑫华书刊印刷厂
经 销 者	新华书店
	787 毫米×1092 毫米　16 开本　17 印张　388 千字
	2017 年 4 月第 1 版
	2022 年 6 月第 2 版　2023 年 7 月第 2 次印刷
定　　　价	58.00 元

未经许可，不得以任何方式复制或抄袭本书之部分或全部内容。
版权所有，侵权必究
举报电话：010-62752024　电子信箱：fd@pup.pku.edu.cn
图书如有印装质量问题，请与出版部联系，电话：010-62756370

前　言

近年来,互联网金融的快速发展在给人们带来便利的同时,也潜移默化地改变着人们的生活方式,并对传统金融行业和金融理论提出了前所未有的挑战。随着网络技术、信息技术、大数据技术的进步,金融与互联网必将高度融合,互联网金融的趋势不可逆转,互联网金融就是未来的金融,已经引起政府、业界和学界的广泛关注。然而,什么是互联网金融?它的发展规律是什么?它有哪些模式?它会给传统金融业带来哪些影响?又会产生哪些风险?我们应该如何监管?这些问题都还没有现成的答案并存在很多争议,但这些问题又不可回避且亟待解答。这也是编写本书的主要原因。

本书是笔者在多年给复旦大学经济学院金融学专业本科生、研究生,清华大学金融专业(慕课)本科生上课所撰写讲义基础上形成的,具有理论性、实践性、趣味性、适用性,不仅融合了笔者多年的电子货币与互联网金融研究成果和实际工作经验,而且尽可能地反映国内外互联网金融的前沿研究。

本书以互联网金融发展为线索,以互联网金融模式分析为对象,全面梳理了互联网金融产生、发展、模式、风险及监管等内容,基本涵盖了当前互联网金融的主要业态。全书共分八章:第一章为"互联网金融概述",梳理互联网金融的产生和发展历程,介绍互联网金融的基本模式,探索互联网金融的理论基础,分析互联网金融的影响与挑战,展望互联网金融的未来发展趋势。第二章为"电子货币",通过分析电子货币的产生、特点、类型、职能和属性,深入分析电子货币对货币层次、货币供求、货币政策的影响。第三章为"新型虚拟货币",主要介绍新型虚拟货币的功能、发行与流通规律,分析新型虚拟货币对传统货币产生的影响,以及新型虚拟货币存在的风险。第四章为"电子支付",主要分析电子支付的类型、理论基础及其产生的风险。第五章为"网络银行",对比国内外网络银行的发展现状,重点分析网络银行对传统银行业务的冲击和网络银行面临的风险。第六章为"众筹融资",主要分析众筹融资的模式、影响及监管。第七章为"网络保险",主要介绍互联网保险的理论基础和模式,分析互联网保险发展的制约因素,以及互联网保险的监管。第八章为"互联网金融的风险与监管",全面梳理互联网金融风险的类型,研究互联网金融监管的理论支持,并在学习和借鉴国外经验的基础上,提出我国互联网金融监管的相关建议。

通过对本书的学习,读者可以了解互联网金融的发展历史、现状和趋势,认识互联网金融的内涵及其在网络经济运行中的重要地位,掌握众筹融资、电子货币、电子支付、互联网银行、互联网证券和互联网保险等互联网金融的主要业态,以及互联网金融的风险和监管等相关内容。同时,认识互联网金融给金融业和整个经济带来的内在和外部影响,能够初步运用互联网金融的相关理论和知识分析现实生活中的金融现象和问题,提高分析问题和解决问题的能力。

  本书每章均设置"内容提要""本章小结""问题与思考",并配有相关案例分析,尽量做到理论与实践相结合,提高教材的可读性,以满足不同类型读者的需求。因此,本书不仅适合高等院校金融专业及其他经济管理类专业本科生、研究生学习使用,也可作为相关专业的业界培训教材,还可供从事互联网金融工作的人员和对互联网金融感兴趣的读者阅读。

目录

第一章 互联网金融概述 / 1
    内容提要 / 1
    第一节 互联网金融的产生与发展 / 1
    第二节 互联网金融的界定、特点 / 6
    第三节 互联网金融的模式 / 14
    第四节 互联网金融的基础理论 / 22
    第五节 互联网金融的影响与挑战 / 28
    本章小结 / 34
    问题与思考 / 34
    参考文献 / 34

第二章 电子货币 / 39
    内容提要 / 39
    第一节 电子货币概述 / 39
    第二节 电子货币的作用及对中央银行的影响 / 49
    第三节 电子货币对货币层次的影响 / 53
    第四节 电子货币对货币供求的影响 / 57
    第五节 电子货币对货币政策的影响 / 68
    本章小结 / 74
    问题与思考 / 75
    参考文献 / 76

第三章 新型虚拟货币 / 77
    内容提要 / 77
    第一节 新型虚拟货币概述 / 77
    第二节 新型虚拟货币的功能与特点 / 81

第三节　新型虚拟货币的发行、流通与交易 / 87
　　第四节　新型虚拟货币对传统货币的冲击 / 92
　　第五节　新型虚拟货币的风险与监管 / 97
　　本章小结 / 100
　　问题与思考 / 105
　　参考文献 / 105

第四章　**电子支付** / 107
　　内容提要 / 107
　　第一节　电子支付概述 / 107
　　第二节　电子支付的类型 / 114
　　第三节　网上支付的现代信息经济学理论模型分析 / 127
　　第四节　电子支付风险分析 / 134
　　本章小结 / 138
　　问题与思考 / 143
　　参考文献 / 143

第五章　**网络银行** / 144
　　内容提要 / 144
　　第一节　网络银行的概念和发展趋势 / 144
　　第二节　网络银行对传统业务的冲击 / 152
　　第三节　网络银行面临的风险 / 158
　　本章小结 / 167
　　问题与思考 / 167
　　参考文献 / 167

第六章　**众筹融资** / 168
　　内容提要 / 168
　　第一节　众筹概述 / 168
　　第二节　众筹融资的模式 / 177
　　第三节　众筹融资的影响 / 188
　　第四节　众筹融资的监管 / 193
　　本章小结 / 205
　　问题与思考 / 207
　　参考文献 / 208

第七章　**网络保险** / 210
　　内容提要 / 210

第一节 网络保险概述 / 210
第二节 网络保险的理论与模式 / 219
第三节 网络保险发展的制约因素 / 224
第四节 网络保险的监管 / 227
本章小结 / 233
问题与思考 / 235
参考文献 / 235

第八章 互联网金融的风险与监管 / 236
内容提要 / 236
第一节 互联网金融的风险 / 236
第二节 互联网金融监管的理论支持 / 249
第三节 互联网金融的监管 / 255
本章小结 / 262
问题与思考 / 263
参考文献 / 263

后　记 / 266

第一章

互联网金融概述

内容提要

通过本章的学习，学生应了解互联网金融产生的原因及发展历程、互联网金融的界定及特征，掌握互联网金融的模式和基础理论，充分认识互联网金融对金融业带来的影响与挑战。本章的重点是互联网金融的模式及基础理论，难点是互联网金融的基础理论。本章的学习目的在于，使学生从总体上了解和把握互联网金融的整体构架，为后面章节的学习打下基础。

第一节 互联网金融的产生与发展

一、互联网金融产生的原因

（一）经济发展驱动传统金融的变革

从20世纪90年代开始，中国经济就一直处于高速发展状态，年均GDP（国内生产总值）增长速度达到9%以上。经济的高速发展使得居民收入持续稳定增长，城镇居民可支配收入从2000年的2689元快速增长到2020年的43834元，人均可支配收入增长了16倍有余。城镇居民家庭恩格尔系数从2000年的39.6%下降到2020年的30.2%，说明家庭必需品支出在家庭总收入中的比重不断下降。

可支配收入的增长和家庭恩格尔系数的下降都表明中国居民生活水平有了实质性的提高，消费领域扩大，并开始由量向质转变。消费水平的提高并没有降低中国居民的储蓄率，2000年，中国居民储蓄率为63%，虽然这一比例逐年下降，但由于投资渠道狭窄及居民保守的消费、投资习惯，居民储蓄率依然处于高水平。然而，随着物价持续上涨，较低的银行存款利率与较高的通货膨胀率之间的冲突使财富保值增值成为人民大众关心的首要问题。同时，随着经济的发展，中小企业数量快速增长，达到全国企业总数量的98%左右，中小企业在国民经济发展中起着越来越重要的作用。加之企业间交易愈加频繁，中小企业对资金融通的便捷性有着更急切的需求。经济的发展促进了商品交易的繁荣，财产性与非财产性收入增长提高了人民收入水平，也为中小企业数量的不断增长提供了基础，传统金融已无法满足居民及中小企业对高效、便捷金融服务的潜在需求。

（二）互联网技术普及奠定用户基础

根据中国互联网络信息中心发布的第 48 次《中国互联网发展状况统计报告》，截至 2021 年 6 月，中国网民规模达 10.11 亿人，较 2020 年 12 月增长 2175 万人；互联网普及率达到 71.6%，超过全球平均水平较 2020 年 12 月提升 1.2 个百分点。（见图 1-1）同时，数字产业化、产业数字化不断深入发展，经济、社会的各个领域无不加快数字化转型的脚步。

图 1-1　中国网民规模和互联网普及率

截至 2021 年 6 月，中国手机网民规模达 10.07 亿人，较 2020 年 12 月新增 2092 万人，网民中使用手机上网的比例为 99.6%，与 2020 年 12 月基本持平。（见图 1-2）网民上网设备进一步向移动端集中。随着移动通信网络环境的不断完善以及智能手机的进一步普及，移动互联网应用向用户各类生活需求深入渗透，促进手机上网使用率增长。

此外，中国的电子商务从 20 世纪 90 年代初兴起，经过 30 年的迅速发展，2020 年电子商务交易规模达到 27.5 万亿元，在社会零售渗透率中超过了 20%，电子商务在国民经济发展中发挥着越来越重要的作用，这也为互联网金融的发展带来了契机。

在电子商务体系中，互联网金融是必不可少的一环。传统的电子商务包括商务信息流、资金流和物流三个方面，其中资金流关系企业的生存和发展，对企业至关重要。新型电子商务所涉及的交易摆脱了时间和空间上的限制，对资金流的控制则需要第三方支付和传统渠道外的资金支持。新型电子商务使得商品交易的时间大大缩短，这也对更加快捷的支付和资金融通提出了新的要求。因此，电子商务的快速发展使得更多的企业对快捷的资金服务需求进一步加大。互联网在居民生活中和企业经营发展中渗透率加深，加之电子商务的发展促使企业更加需要高效便捷的金融服务，这些为互联网金融的快速发展奠定了广阔的用户基础。

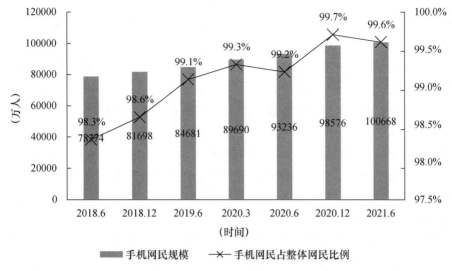

图 1-2　中国手机网民规模及其占网民的比例

（三）网络渠道的拓展降低成本、增加用户数量

自从进入网络经济时代以来，以互联网为主的现代信息和通信技术快速发展。互联网改变了企业与客户传统的供求方式，扩大了品牌的影响力。越来越多的企业认识到互联网渠道的拓展对企业发展的重要性。对于企业而言，互联网营销渠道构建的优势主要体现在成本的节约与用户数量的增长上，这两点也是企业长期发展的立足点。

首先是时间成本的节约。通过互联网信息的传播，产品信息可以瞬间到达另一个互联网终端，时间成本趋近于零。其次是营销成本的节约。在网络推广下，销售信息以低廉的成本在互联网用户之间传播，相对于其他媒介的营销推广，互联网低廉的成本显而易见。互联网的应用在一定程度上弱化了渠道中间商的作用，极大地降低了其通路成本。

在用户拓展上，互联网金融突破了地域的限制，所有使用互联网的人群均为互联网金融企业潜在的用户。企业通过对用户的地域分布、年龄、性别、收入、职业、婚姻状况和爱好等基本资料进行分析处理，有针对性地投放广告，并根据用户特点作定点投放和跟踪分析，对广告效果作出客观准确的评价。网络营销的精准定位，将部分潜在客户变为企业实际用户，在一定程度上帮助企业拓展了用户群体。

（四）小微企业的融资需求刺激互联网金融的发展

小微企业不仅是国家财政收入的重要来源，还在促进国民经济增长、创新科技进步、缓解就业压力等方面发挥了举足轻重的作用。根据国家发改委发布的相关数据，中国小微企业纳税额度占国家税收总额的50%，创造的产品和服务价值占GDP总额的60%。国家知识产权局统计数据显示，小微企业完成了全国65%的发明专利和80%以上的新产品开发。宜信发布的《三十六城市小微企业经营与融资调研报告》显示，中国小微企业吸纳就业人数超过2亿，占总就业人数近25%。由此可见，小微企业在中国国民经济的发展中起到了不可替代的作用。

然而，小微企业的规模小、固定资产比重低、财务信息透明度低等经营特征使其面临融资障碍。信息不对称所带来的高融资成本更使小微企业外部融资难上加难。因此，从融资渠道看，目前中国小微企业仍旧偏向于通过内源融资的方式获得资金，从银行贷款的小微企业仅有少部分。

小微企业贷款困难，主要因为银行对申请材料和资质要求严格，而小微企业的资金流动性大、存货及资金周转时间短等经营特点又无法满足这些要求，因此从商业银行获得贷款具有很大的难度。小微企业在经营活动中对流动比率及速动比率要求较高，调查显示大部分企业要求贷款审批时效不超过 10 个工作日。然而，大部分小微企业在办理贷款时无法提供大量规范的申请资料，使得其申请传统金融贷款的时间长，手续复杂，从而降低了小微企业的贷款意愿。

另外，传统金融资金借贷过程中普遍存在信息不对称的问题。处于信息劣势方的商业银行为了能够准确有效地找到优质客户，保证贷款本息的安全回收，必然会有信息成本的产生。由于小微企业缺乏完善的信用记录，信息很少披露，银行需要花费很高的成本去识别企业的真实情况。同时，为了保证贷款本息的安全回收，银行需要加强对小微企业的监督和约束，如监控小微企业经营状况的变化。在采用这些监督手段的过程中所产生的代理成本也随监管力度的加强而增长。为了补偿商业银行给小微企业贷款所产生的成本，小微企业除了要支付较高的利率，还要支付评估费、担保费、公证费、审计费等多项费用。因此，这种信息不对称带来的高额融资成本也成为小微企业融资困难的原因。

互联网金融依托计算机网络、大数据处理，大幅拓宽金融生态领域的边界。免于实体网点建设、24 小时营业、准入门槛低的特点使互联网金融平台提高了金融服务的覆盖面。与电子商务紧密合作降低了互联网金融平台获取小微企业信息的成本，促进了交易的达成。利用计算机系统，任何互联网金融平台都能对订单进行批量处理，从而提高效率。这些特点均为小微企业融资提供了便利条件，逐步解决了小微企业融资难的问题。

（五）大数据和云计算的技术革命改变传统融资模式

金融的核心是跨时间、跨空间的价值交换。贷款的回收一般依靠银行对企业财务信息的分析和预测，并且一般要求提供抵押品或质押品来保证贷款本息的安全性。而财务信息不完整、企业规模小、抵押品不足的小微企业则无法从银行获得贷款。大数据与云计算技术的出现改变了这一传统模式。

阿里金融基于阿里巴巴 B2B、淘宝、天猫等电子商务平台上累积的客户交易等数据为小微企业、个人创业者提供小额信贷等业务。截至 2019 年 6 月，阿里金融服务的小微企业已经超过 1700 万家。小微企业大量数据的运算即是依赖互联网的云计算技术。阿里小贷的微贷技术包含了大量数据模型，需要使用大规模集成计算，微贷技术使用过程中通过大量数据运算，确定买家和卖家之间的关联度风险概率的大小、交易集中度等。正是应用了大规模的云计算技术，使得阿里小贷有能力调用如此庞大的数据,以此来判断小微企业的信用。这样不仅保证其安全、高效,也降低阿里小贷的运营成本。阿里、京东等电子商务企业可以获得商户的日常交易信息、订单信息,通过交易信息数据处理分析可以得出商户基于该平台交易本身的实际资信水平,从而确定是否向商户发放贷款以及贷款额度。在整个过程中增加了可信融资者的范围,之前未被纳入的基于平台交易的小微企业群可以获得一定的融资,大数据的运用使得企业获得贷款的过程快捷、灵活。

(六)融资来源及经营地域限制倒逼互联网金融的发展

民间借贷的发展是由于普通个人和小微企业无法从正常的金融渠道获得融资。小额贷款公司融资来源和地域的限制已成为制约其发展的瓶颈。

一是融资来源限制。中国银行保险监督管理委员会、中国人民银行发布的《关于小额贷款公司试点的指导意见》中规定:小额贷款公司的主要资金来源为股东缴纳的资本金、捐赠资金,以及来自不超过两个银行业金融机构的融入资金;在法律、法规规定的范围内,小额贷款公司从银行业金融机构获得融入资金的余额,不得超过资本净额的50%。

二是经营地域限制。各地方在成立小额贷款公司时大多规定其不得从事其他经营活动、不得对外投资、不得设立分支机构、不得跨县级行政区域发放贷款。在中国,小微企业数量较多,融资需求也极为旺盛,传统的民间借贷市场信息不对称现象严重,借贷利率有时甚至高达数倍,导致这些企业往往进入高利贷的恶性循环,最后无法还款,容易发生群体性事件。传统的民间借贷需要中间方,这推高了借贷利率。而P2P网贷平台的发展则为双方提供了一个直接对接的平台,突破了借款人、出借人的地域和时间限制,引导资金合理高效地配置资源。

二、互联网金融的发展历程

互联网金融的雏形出现于20世纪90年代中期,以1995年在美国诞生的安全第一网络银行(Security First Network Bank,SFNB)为标志。它的诞生给全世界金融业带来了强烈的震撼,随后几年互联网金融开始在欧洲和亚洲一些国家和地区逐渐兴起,而中国互联网金融则始于20世纪90年代中期,其发展经历了三个主要阶段(见图1-3):

(1)萌芽期(2005年以前)

中国互联网金融发展的萌芽期是在2005年以前,主要表现为传统金融机构利用互联网技术把简单的金融业务搬到网上,尚未出现真正意义上的互联网金融业态。1993年,互联网将人类的商务活动带入全面的电子化时代,电子商务作为一种全新的商务运作模式对金融业产生了深远的影响。这一全新的交易和营销模式要求转变传统银行的支付观念、支付体系和支付方式,银行业为了在未来竞争中求生存,开始迎合金融业电子化的发展趋势,极力创新金融业务。由此,网上银行、网上证券交易、网上保险等互联网金融业务应运而生,它们的发展在给传统金融业务模式和服务方式带来巨大变革的同时,也掀起了互联网金融发展的第一波浪潮。

（2）起步期（2005—2012 年）

中国互联网金融发展的起步期是 2005 年到 2012 年，此时互联网与金融的结合从早期的技术领域深入金融业务领域，开始出现了如第三方支付机构、网络借贷等真正的互联网金融业务形态。为了支持电子商务的进一步发展，第三方支付机构作为买卖双方交易过程中的信用平台应运而生，2008 年第三方支付的应用范围已经拓展到了生活服务领域，随着移动通信技术的迅速发展，作为未来第三方支付市场重点争夺领域的移动支付也在 2012 年以后进入高速发展阶段，第三方支付市场正在向正规化和成熟化方向发展。此外，互联网金融发展的另一个标志性业务形态即网络借贷在这一时期也得到发展，网络借贷于 2007 年在中国萌芽并开始发展，由于市场利率化及金融非中介化，进入 2010 年以后，P2P 网络借贷呈现快速增长态势，到了 2012 年，由于缺乏必要的法律法规监管和约束，大量劣质公司涌进市场，导致互联网金融公司恶性事件不断，严重损害了消费者权益的同时也给正常的金融秩序带来了不利影响，市场淘汰了一批不正规的和竞争力弱的劣质企业，行业得到一定整合。

（3）高速发展期（2013 年至今）

2013 年被称为互联网金融发展元年，以"余额宝"上线为代表，也是互联网金融得到迅猛发展的一年。自此，第三方支付机构开始走向成熟化，P2P 网络借贷平台爆发式增长，众筹平台开始起步，消费金融稳步发展，互联网保险和互联网银行相继获批筹建。同时，券商、信托、基金等也以互联网为依托，对业务模式进行重组改造，加速建设线上创新型平台，金融搜索和网络金融超市等为客户提供整合式服务体验的资源整合平台也应运而生，中国互联网金融进入高速发展期。此外，互联网金融日益得到国家相关部门的关注，监管部门纷纷出台政策，加强对互联网金融行业及各个细分业态的引导与规范，互联网金融开启了新的发展阶段。

第二节　互联网金融的界定、特点

一、互联网金融的界定

金融的本质功能是融通资金、跨空间和跨时间地实现经济资源分配，从而达到社会效用最大化，具体形式表现为资金在各个市场主体之间转移。这种转移必须具备两个条件：一是使用权和所有权分离；二是分离带有成本，表现为利息或股息。广义上来讲，货币发行、保管、兑换、结算等一切和资金流动相关的业务都可以称为金融。

因此，金融机构的核心职能是降低交易成本，减少信息不对称，实现风险的定价与交易，这主要表现在：

（1）跨空间分配经济资源是支付业务存在的基础，从而降低经济的运行成本。

（2）信息不对称增加了金融产品提供方和购买方的搜寻成本，而金融机构由于掌握了双方信息从而能够撮合交易的完成，并从中获取利润。

年份	1998	2002	2003	2004	2005	2006	2007	2009	2010	2011	2012	2013	2014	2015	2016	2017	2018	2019	2020
金融网销											东方财富网、好买基金等获第三方基金销售业务牌照	余额宝上线，众安保险获批筹建	券商互联网业务试点，微众银行和网商银行获批，融360上线	微众银行APP上线	阿里联手中国太平筹建互联网健康保险公司	“双十一”当日12家保险公司出单量创下纪录。腾讯保险平台微保上线	新浪、百度、京东、阿里等巨头深入布局网络保险行业	银监会下发《互联网保险业务监管办法（征求意见稿）》	中国银保监会正式发布《互联网保险业务监管办法》
众筹平台										点名时间、天使汇成立	淘梦网成立		证券业协会发布《私募股权众筹融资管理办法》		各大互联网巨头持续布局众筹业务		证监会推动制定《股权众筹试点管理办法》		
消费金融								银监会颁布《消费金融公司试点管理办法》	上海、北京、成都和天津四家消费金融公司成立			分期乐、趣分期等分期平台违规受罚	京东推出京东白条，互联网巨头纷纷加入消费金融	苏宁消费金融公司开业运营		三部委联合下发《关于进一步加强校园贷规范管理工作的通知》	银保监会官网发布《关于进一步做好信贷工作提升服务实体经济质效的通知》	百度、阿里、微博、小米、平安等巨头纷纷入局消费金融市场	银保监会下发《关于促进消费金融公司和汽车金融公司增强可持续发展能力、提升金融服务质效的通知》
P2P网贷							拍拍贷成立	红岭创投成立		陆金所成立		Ppmoney、鑫合汇等成立	网贷平台达到1575家，成交额超2500亿元		银监会官方发布《P2P网络借贷风险专项整治工作实施方案》，各部委对P2P进行专项整治	银监会发布网贷信息披露指引，行业1+3监管体系完成	银保监会召集四大资产管理公司(AMC)高管开会，要求四大AMC协助化解P2P“爆雷”风险	网贷175号文要求以机构退出为主要工作方向，加大整治工作的力度和速度	央行副行长表示，2020年防范化解金融风险攻坚战取得重要阶段性成果，P2P平台已全部清零
供应链金融						平安银行推出“供应链金融”品牌服务					平安银行提出供应链金融2.0转型方向		平安银行推出橙e网，正式提出供应链金融3.0概念		《供应链金融技术标准定义》在国内发布	国务院办公厅印发《关于积极推进供应链创新与应用的指导意见》	八部委联合发布了《关于开展供应链创新与应用试点的通知》	银保监会下发《中国银保监会办公厅关于推动供应链金融服务实体经济的指导意见》	八部委联合印发《关于规范发展供应链金融，支持供应链产业链稳定循环和优化升级的意见》
征信			人民银行成立征信管理局，成为征信业管理机构	人民银行建成全国统一的个人信用信息基础数据库								《征信业管理条例》正式实施，随后《征信机构管理办法》出台	国务院发布《社会信用体系建设规划纲要（2014—2020年）》	人民银行批准八家机构做好个人征信业务准备工作	征信管理局下发《征信业务管理办法（草稿）》		在央行监督指导下，八家征信公司组建市场化征信机构“百行征信”	四部委联合发布了《信用评级业管理暂行办法》	央行征信中心二代征信系统上线
第三方支付	首信易支付成立	银联商务成立		支付宝上线	拉卡拉成立，财付通上线				央行颁布《非金融支付机构管理办法》	首批第三方支付牌照公布				第三方支付持牌公司总量达到270家	第一批第三方支付企业续牌成功	支付清算协会下发《条码支付业务规范》	支付政策收紧，监管文件密集出台		产业支付成为第三方支付未来的重要增长点

图 1-3　中国互联网金融发展脉络图

(3) 信息不对称使得资金提供方不能对风险和收益进行准确评估，而金融机构由于具备信息优势，能够更好地承担风险，从而获取风险调整后的收益。正是围绕着降低交易成本和风险定价与交易，金融企业衍生出了各种不同的业务类别。（见图1-4）

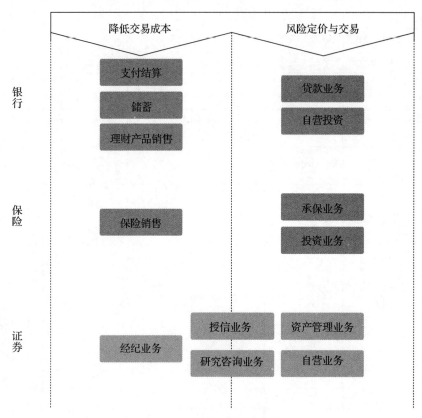

图1-4　金融行业的基本功能

互联网普及与大数据技术的发展，使得信息不对称显著下降，降低了搜寻成本。互联网企业利用现代信息科技特别是移动支付、社交网络、搜索引擎和云计算等手段，将互联网的一系列经济行为融入金融要素，产生金融服务。互联网金融并不仅仅是技术和渠道的革新，而是有别于传统金融企业经营模式的一种全新的金融业态。需要说明的是，金融互联网，即金融互联网化或金融电子化，是指传统金融企业采用通信、计算机、网络等现代化技术手段，实现金融服务的自动化、信息化和科学化。因此，金融互联网化还是在原有的金融框架内对金融业务实施电子化，而不包含颠覆传统金融企业经营模式的意义。

广义上来说，现有的互联网金融模式根据施行主体的不同可分为两大类：一是金融互联网模式，如银行、证券、保险等实体金融机构以互联网为媒介开展的线上服务（如网上银行、网上证券等）；二是基于互联网的新金融形式（即互联网金融模式），如各类互联网在线服务平台直接或间接向客户提供的第三方金融服务。在《中国金融稳定报告（2014）》中，广义的互联网金融既包括作为非金融机构的互联网企业从事的金融业务,也包括金融机构通过互联网开展的业务。

从狭义的金融角度讲,上述中的后者——互联网金融模式是为了满足用户新的金融需求,互联网技术与金融联姻产生的金融新业态,也是本节讨论的重点。随着互联网产业的不断发展和成熟,互联网企业不断拓展业务范围,不仅通过传统方式向金融机构提供技术和服务支持,而且不断挖掘数据、创新业务,将业务拓展至金融界,由此产生互联网金融模式。谢平、邹传伟认为,互联网金融模式是第三种金融融资模式,因为它既不同于商业银行间接融资,也不同于资本市场直接融资。从融资模式角度看,互联网金融模式本质上是一种直接融资模式。此种定义较为理想化,可算作互联网金融发展的"终极模式"。

谢平等学者认为,互联网金融是指以依托于支付、云计算、社交网络以及搜索引擎等互联网工具,实现资金融通、支付和信息中介等业务的一种新兴金融。互联网金融不是互联网和金融业的简单结合,而是在实现安全、移动等网络技术水平上,被用户熟悉接受后(尤其是对电子商务的接受),自然而然为适应新的需求而产生的新模式及新业务,是传统金融行业与互联网精神相结合的新兴领域。互联网金融与传统金融的区别不仅仅在于金融业务所采用的媒介不同,更重要的是在于金融参与者深谙互联网"开放、平等、协作、分享"的精髓,通过互联网、移动互联网等工具,使得传统金融业务具备透明度更强、参与度更高、协作性更好、中间成本更低、操作更便捷等一系列特征。理论上任何涉及广义金融的互联网应用,都应该是互联网金融,包括但是不限于第三方支付、在线理财产品的销售、信用评价审核、金融中介、金融电子商务等模式。互联网金融的发展经历了网上银行、第三方支付、个人贷款、企业融资等多阶段,并且越来越在融通资金、资金供需双方的匹配等方面深入传统金融业务的核心。

互联网金融与传统金融的区别在于,传统金融以二八定律为基础,而互联网金融以长尾理论为基础。互联网技术的应用使得互联网金融建立于平台经济基础之上,不但具备规模经济效应,而且使其客户群体拓展到更广阔的空间,不仅能为客户提供个性化的专业化服务,还增强了企业的风险控制水平,降低了金融服务的成本,提高了金融服务资源的配置效率。

二、互联网金融的特点[①]

(一)交易成本低

第一,互联网替代传统金融中介以及市场中的物理网点和人工服务,从而能降低交易成本。比如,手机银行本身不需要设立网点、不需要另外的设备与人员等,交易成本显著低于物理网点和人工柜员等方式。再如,部分手机银行(移动支付)的用户,可以使用具有生物识别能力的软件进行远程开户,可以显著降低交易成本。

第二,互联网促进运营优化,从而能降低交易成本。比如,第三方支付集成多个

---

① 参见谢平、邹传伟、刘海二:《互联网金融基础理论》,载《国际金融研究》2014年第8期。

银行账户，能提高支付清算效率。在传统支付模式下，客户不能与中央银行之间直接建立联系，而必须分别与每一家商业银行建立联系，支付清算效率较低。在第三方支付模式下，客户与第三方支付公司建立联系，第三方支付公司代替客户与商业银行建立联系。此时，第三方支付公司成为客户与商业银行支付清算的对手方，第三方支付公司通过在不同银行开立的中间账户对大量交易资金实现轧差，少量的跨行支付则通过中央银行的支付清算系统来完成。第三方支付通过采用二次结算的方式，实现了大量小额交易在第三方支付公司的轧差后清算，从而能降低交易成本。

第三，互联网金融的去中介化趋势缩短了资金融通中的链条，能降低交易成本。

（二）信息不对称程度低

在互联网金融中，大数据被广泛应用于信息处理（体现为各种算法，自动、高速、网络化运算），提高了风险定价和风险管理效率，显著降低了信息不对称程度。

第一，大数据至今未有统一定义。一般认为，大数据具有四个基本特征——数据体量庞大（volume）、价值密度低（value，也有人理解成应用价值巨大）、来源广泛和特征多样（variety）、增长速度快（velocity，也有人理解成需要高速分析能力）。大数据产生的背景是整个社会走向数字化，特别是社交网络和各种传感设备的发展。大数据有三个主要类型——记录数据、基于图形的数据以及有序数据。云计算和搜索引擎的发展，使得对大数据的高效分析成为可能，其核心问题是如何在种类繁多、数量庞大的数据中快速获取有价值信息，主要有两类任务：第一类是预测任务，目标是根据某些属性的值，预测另外一些特定属性的值；第二类是描述任务，目标是导出概括数据中潜在联系的模式，包括相关、趋势、聚类、轨迹和异常等，具体可分为分类、回归、关联分析、聚类分析、推荐系统、异常检测、链接分析等。大数据分析有很强的实用主义色彩。预测在大数据分析中占有很大比重，对预测效果的后评估也是大数据分析的重要内容。大数据与超高速计算机结合，使得相关性分析的重要性将超过因果分析、行为分析的重要性，而且不低于财务报表分析的重要性。

第二，在信贷领域，可以根据大数据来决定动态违约概率；在大数据分析的促进下，证券市场变得信息充分、透明，市场定价效率会非常高；在保险领域，大数据能提高保险精算的准确性并且可以动态调整，使保费充分考虑个体差异性和投保标的时变性。

第三，风险转移给社会中有相应风险偏好的人，由他们自愿承担。

（三）交易可能性集合拓展

互联网使交易成本和信息不对称逐渐降低，金融交易可能性集合拓展，原来不可能的交易成为可能。比如，在P2P网络贷款中，陌生人之间也可以借贷，而线下个人之间的直接借贷，一般只发生在亲友间。在众筹融资中，出资者和筹资者之间的交易较少受到空间距离的制约，而传统风投遵循"20分钟规则"（被投企业距风投企业不超过20分钟车程）。在余额宝中，用户数达1.49亿（2014年三季度），其中很多不属于传统理财的服务对象。特别需要指出的是，互联网金融所具有的边际成本递减和网络效应等特征，也有助于拓展互联网金融的交易可能性集合。

但交易可能性集合扩大伴随着"长尾"风险。第一,互联网金融服务人群的金融知识、风险识别和承担能力相对欠缺。第二,这些人的投资小而分散,"搭便车"问题突出,针对互联网金融的市场纪律容易失效。第三,个体非理性和集体非理性更容易出现。第四,一旦互联网金融出现风险,从涉及人数上衡量,对社会负外部性影响很大。因此,金融消费者保护是互联网金融监管的重要内容。

(四)交易去中介化

在互联网金融中,资金供求的期限、数量和风险的匹配,不一定需要通过银行、证券公司和交易所等传统金融中介和市场,可以通过互联网进行。

在信贷领域,个人和小微企业在消费、投资和生产中,有内生的贷款需求(如平滑消费、启动投资项目和流动资金等)。这些贷款需求属于合法权利(即贷款权)。与此同时,个人通过投资使财富保值增值,并自担风险,也属于合法权利(即投资权)。但这些贷款权和投资权都很分散,面临匹配难题和交易成本约束。比如,我国很多地方存在的"两多两难"(企业多融资难,资金多投资难)问题,就反映了信贷领域的这种摩擦。P2P网络贷款能缓解贷款权和投资权匹配中的信息不对称,降低交易成本,有存在的必然性。很多传统金融不能满足的贷款权和投资权,通过P2P网络贷款得到了满足。在征信基础比较好的地方(如美国),P2P网络贷款的生命力就显现出来。此外,P2P网络贷款平台与借款者之间的重复博弈能抑制诈骗。在大数据背景下,金融民主化、普惠化与数据积累之间有正向激励机制。

(五)支付变革与金融产品货币化

在互联网金融中,支付以移动支付和第三方支付为基础,在很大程度上活跃在银行主导的传统支付清算体系之外,并且显著降低了交易成本。如果第三方支付发展得足够强大,并联合起来形成中央银行之外的支付清算系统,从理论上看有可能挑战中央银行作为支付清算中心的地位。另一个可以设想的情景是,所有个人和机构通过互联网在中央银行的超级网银开账户。这样,二级银行账户体系就不存在,货币政策操作方式完全改变。比如,中央银行和商业银行竞争存款,中央银行批发资金给商业银行发放贷款。

在互联网金融中,支付与金融产品挂钩,会促成丰富的商业模式。突出的例子是以余额宝为代表的"第三方支付+货币市场基金"合作产品——平时作为投资品获取收益,需要时快速转换为支付工具。通常情况下,当一种金融产品的流动性趋向无穷大的时候,收益会趋向于0。但余额宝通过"T+0"和移动支付,使货币市场基金既能用作投资品,也能用作货币,同时实现支付、货币、存款和投资四个功能。未来,随着支付的发展,在流动性趋向无穷大的情况下,金融产品仍可以有正收益。许多金融产品(或投资品)将同时具有类似现金的支付功能,称为"金融产品货币化"。比如,可能用某个保险产品或某只股票来换取商品。这对货币政策和金融监管都是挑战,需要重新定义货币、支付、存款和投资。

尤为重要的是，互联网金融中出现了新型货币。[①] 以比特币为代表的互联网货币的流行说明，点对点、去中心化的私人货币，在纯粹竞争环境下，不一定比不上中央银行的法定货币。此外，互联网货币天生的国际性、超主权性，丰富了对可兑换的认识。

从理论上可以设想，互联网市场体系中产生多边交易所认可的互联网货币，以"自适应"方式存在于互联网，内生于以互联网为主的实体经济交易中，根据规则自动调整发行量（不是像比特币那样事先限定发行量，而是随着互联网市场运转，货币成比例增长），以保持币值稳定。这种情况下，货币政策也会完全改变。目前，主流的货币理论假设货币是外生变量，因此有控制的必要。但对这种内生、超主权的互联网货币，货币政策既不是数量控制，也不是价值控制，而是对经济体中总的风险承担水平的控制，更接近宏观审慎监管。

（六）银行、证券和保险的边界模糊

一些互联网金融活动天然就具有混业特征。比如，在金融产品的网络销售中，银行理财产品、证券投资产品、基金、保险产品和信托产品完全可以通过同一个网络平台销售。例如，快钱公司作为国内最早的第三方支付企业之一，运用大数据等前沿技术构建金融技术平台，为企业客户和个人用户提供各类支付、理财、融资等服务，现已覆盖逾4亿个人用户，650余万商业合作伙伴，对接的金融机构超过200家。但也需要指出，互联网金融的混业特征会带来一些监管难题。

（七）金融和非金融因素融合

互联网金融创新内生于实体经济的金融需求，在一定程度上接近于王国刚[②]提出的"内生金融"概念。一些实体经济企业积累了大量数据和风险控制工具，可以用在金融活动中，代表者是阿里巴巴和京东等电子商务公司。比如，阿里巴巴为促进网上购物、提高消费者体验，先通过支付宝打通支付环节，再利用网上积累的数据发放小额信贷，然后又开发出余额宝，以盘活支付宝账户的沉淀资金，满足消费者的理财需求。阿里巴巴的金融创新经验表明，互联网金融的根基是实体经济，互联网金融一旦离开实体经济，就会变成无源之水、无本之木。

不仅如此，共享经济（sharing economy）正在欧美国家兴起，我国也出现了一些案例。交换活动普遍存在，只要人与人之间资源禀赋不一样或者分工不一样，就存在交换和匹配。从互联网视角解读市场、交换和资源配置等基本概念可以发现，互联网提高了交换和匹配的效率，使很多原来不可能交易的东西，以交易或共享的方式匹配。比如，打车软件（如滴滴打车和快的打车，背后是两者支付账户的竞争）使出租车的市场匹配发生了很大变化，减少了旅客排队等出租车的时间，也减少了出租车"扫大街"空驶的情况。将来可能的情景是，每辆出租车有若干固定客户，每个客户

[①] 在下一节"互联网金融的模式"中会展开说明，新型货币包括电子货币与以比特币、Q币等为代表的新型虚拟货币。

[②] 参见王国刚：《从互联网金融看我国金融体系改革新趋势》，载《红旗文稿》2014年第8期。

也有若干出租车司机为他服务，每个人还可以通过市场自行拼车，这样出租车市场的资源配置效率会非常高。再如住房共享（代表者是美国的 Airbnb 公司），不一定交换房屋产权，但可以交换房屋的使用权。住房共享平台为房东提供在线服务平台，将其未使用的居住空间（包括整套房子、单个房间和床位等）短期租赁给来房东所在城市旅行的房客。通过这种方式，闲置住房资源通过互联网实现共享。

电子商务、共享经济与互联网金融有天然的紧密联系。它们既为互联网金融提供了应用场景，也为互联网金融打下数据和客户基础，而互联网金融对它们也有促进作用，从而形成一个良性循环。未来，实体经济和金融活动在互联网上会达到高度融合。这就使得互联网金融创新具有非常不同于传统金融创新的特点。

传统金融创新主要是金融产品（契约）创新，即使用金融工程技术和法律手段，设计新的金融产品。部分新产品具有新的现金流、风险和收益特征，实现新的风险管理和价格发现功能，从而提高市场完全性，比如期权、期货和掉期等衍生品。部分创新产品则以更低交易成本实现已有金融产品（及其组合）的功能，如交易所交易基金。总的来说，传统金融创新强调流动性、风险收益转换。

互联网金融创新则体现了互联网精神对金融的影响。互联网精神的核心是开放、共享、去中心化、平等、自由选择、普惠和民主。互联网金融反映了人人组织和平台模式在金融业的兴起，金融分工和专业化淡化，金融产品简单化，金融脱媒、去中介化，金融民主化、普惠化。因此，互联网金融的很多创新产品与衣食住行和社交联系在一起，经常内嵌在应用程序中，产品实用化、软件化，自适应生成，强调行为数据的应用，一定程度上体现了共享原则。目前的典型案例包括：余额宝，如前文指出的，实现了支付、货币、存款和投资的一体化；京东白条，本质是"免息赊购＋商品价格溢价"，给消费者一定的信用额度，不计利息，但能从商品价格中得到补偿；微信红包，颠覆了传统的红包概念，体现了互联网金融在社交中的应用。类似这样的"跨界"创新产品将来会大量出现。

在这里，特别要指出的是互联网金融的普惠性。金融与互联网信息技术的结合，使得金融具有了普惠性。传统金融机构主要以对贷款有稳定需求的大企业客户，以及高端零售户为服务对象，而互联网金融能够解决信息不对称和融资成本较高的问题，满足了中小企业和普通大众的金融需求，使金融市场参与者更为大众化。合理健康的互联网金融既帮助中小企业获得低息、稳定、快捷的贷款，又使理财用户获得高息、安全、有保障的丰厚回报，不但促进了经济的健康发展，还保证了平台安全运转。但不排除有的互联网金融平台资金流向了高风险的证券、期货等资本市场，不但没有用于支持实体经济，反而增加了平台的金融风险，这样的互联网金融并不具备普惠性。

2013 年，中共十八届三中全会提出"发展普惠金融，鼓励金融创新，丰富金融市场层次和产品"以及"完善人民币汇率市场化形成机制，加快推进利率市场化，健全反映市场供求关系的国债收益率曲线"，首次将"普惠金融"作为金融改革的重要方向之一。而在 2014 年的政府工作报告中，中央政府再次提出"促进互联网金融健康发展，完善金融监管协调机制，密切监测跨境资本流动，守住不发生系统性和区域性金融风险的底线"。这是中央政府对互联网金融的首次认可，突显了其在普惠金融实现过程中的独特作用。2015年，十部委联合发布《关于促进互联网金融健康发展的指导意见》，鼓励并促进互联网金融健康发展。同年11月3日，《中共中央关于制定国民经济和社会发展第十三个五年规划的建议》正式发布，互联网金融首次被纳入国家五年规划建议，这意味着互联网金融过去的发展受到了认可，未来地位将得到提升。有理由相信，互联网金融将会迎来更加广阔的发展空间。

第三节　互联网金融的模式

对于互联网金融这样一个新兴概念的出现，大多数人是激动的、兴奋的，以至于把任何带有互联网和金融表象的事物都称为互联网金融，所以很有必要对其作一个系统的分类。曾任中国投资有限公司副总经理的谢平在其2012年8月主笔的《互联网金融模式研究》中对互联网金融的定义及支付方式、信息处理和资源配置三个核心部分进行了详细分析，但也仅分析了手机银行和P2P融资模式。最近，也有人将众筹、比特币、余额宝等作为互联网金融单独的模式，并作出不同的分类说明。但随着互联网金融领域的不断创新，以及社会对互联网金融认识的不断加深，目前社会上的一些定义及模式分类还是难以全面覆盖当前互联网金融的发展状态。

笔者将基于现阶段互联网金融呈现的不同商业模式、不同的金融的表征与服务对象等特点将其分为新型货币、货币支付、资金筹集、资金融通四种类型，并在这四种类型下依次分为电子货币、新型虚拟货币、电子支付、P2P网贷、众筹、网络银行、网络证券、网络保险八种模式（参见表1-1），①本书下面的章节将逐一进行阐述。

表1-1　互联网金融不同类型与模式一览表

类型	包含模式	行业特点	举例
新型货币	电子货币	一种抽象的货币概念，以电子信号为载体的货币	信用卡
	新型虚拟货币	产生于虚拟世界、发行去中心化、总量恒定、流通领域不受限制，可直接或兑换为法定货币进行商品交易的一类货币	比特币
货币支付	电子支付	独立于商户和银行的在线支付和结算平台	支付宝
资金筹集	P2P网贷	个人或个体商户基于互联网平台进行贷款	人人贷
	众筹	创意类项目的发起者通过在线平台向投资者筹集资金	大家投

---

① 需要指出的是，由于互联网金融正处于快速发展期，目前的分类也仅仅是一个阶段性的分类，八种模式也无法包括全部新兴互联网金融创新产物。

(续表)

类型	包含模式	行业特点	举例
资金融通	银行业互联网化：网络银行	利用互联网平台发展银行理财业务	招商银行
	证券业互联网化：网络证券	利用互联网平台发展证券业务	国泰君安
	保险业互联网化：网络保险	利用互联网平台发展保险业务	众安在线

一、新型货币

新型货币[①]是一类通过计算机技术生成的非实体货币的总称。在本书中，笔者把新型货币分为两类：电子货币与新型虚拟货币。在传统的货币理论中，可以根据货币的职能或者本质从不同的角度给货币下定义，然而，迄今为止，电子货币与新型虚拟货币都没有一个统一明确的定义。为了便于研究，本书对二者的界定都采用较为广义的定义。我们认为，可以把电子货币分为狭义和广义的电子货币，巴塞尔委员会对电子货币的定义是狭义的界定，广义的电子货币应该是指以计算机网络为基础，以各种卡片或数据存储设备为介质，借助各种与电子货币发行者相连接的终端设备，在进行支付和清偿债务时，使预先存放在计算机系统中的电子数据以电子信息流的形式在债权债务人之间进行转移的，具有某种货币职能的货币；同时，我们认为，新型虚拟货币是广义虚拟货币的一种，是指产生于虚拟世界、发行去中心化、总量恒定、流通领域不受限制，可直接或兑换为法定货币进行商品交易的一般等价物。此类虚拟货币没有实物形态，不由货币当局发行。

（一）电子货币

进入20世纪中期以后，随着科学技术的进步和生产力水平的进一步提高，高效、快速发展的大规模的商品生产和商品流通方式对传统的货币提出了新的挑战，对货币支付工具提出了新的要求，迫切需要有一种新的、先进的货币工具与高度发达的商品经济相适应。电子货币正是适应市场经济的高速发展，能够体现现代市场经济特点的货币形式。现阶段，电子货币作为一种新型支付工具，已经受到人们的追捧，见诸生活方方面面的交易场景中。

（二）新型虚拟货币

最早的新型虚拟货币实践产生于20世纪90年代，但由于许多因素最终都未能成功。2008年11月，中本聪（Satoshi Nakamoto）提出比特币（Bitcoin，简称BTC）的思想，并在2009年年初成功实践其理论系统。比特币的问世标志着新型虚拟货币进入崭新的发展阶段。在比特币产生之后，许多早于比特币产生的新型虚拟货币，如

---

① 在本书中，新型货币的"新"是相对于传统货币的表现形式、特点和不同流通媒介等特点而定义的。

B-Money、eCash 等才为人所知。同时，也出现了大量的比特币模仿者，如莱特币、点点币（PPCoin）、素数币（Primecoin）等。

二、电子支付

所谓电子支付，就是利用现代计算机技术进行记账、转账、交割、汇兑等一连串的金融服务活动。美国早在1918年便建立起了专用的资金传输网，后来经过无数次的改进，在20世纪60年代组建了电子资金转账系统。最后，德国和英国也相继研制出了自己的电子资金传输系统。直到1985年，世界上出现了电子数据交换技术并在电子支付中得到了广泛的应用。随着电子支付的发展，电子货币可随时随地通过Internet 直接转账、结算，形成良好的电子商务环境。目前，电子资金转账系统是银行同其客户进行数据通信的一种有力工具，通过它，银行可以把支付系统延伸到社会的各个角落，例如，零售商店、超级市场、企事业单位甚至家庭，从而为客户提供进行支付账单、申请信贷、转账、咨询、交纳税金、房地产经营等金融活动提供方便、快捷的服务。同时，电子支付系统打破了传统支付模式对营业网点的依赖，从时间和空间上对支付系统进行了一场深刻的变革。

电子支付按照支付指令的发出可以分为网上银行支付、第三方支付、移动支付、电话支付以及自助银行支付。其中，第三方支付产业作为电子商务的重要服务支持行业，从诞生之初就以爆炸式的速度不断发展，近几年依然保持着高速增长的态势。自从1998年12月以美国 PayPal 为代表的第三方互联网支付平台成立以来，通过互联网实现第三方支付功能得到了快速发展。目前，使用的支付终端已从计算机发展到手机等移动设备，即所谓的移动支付、手机钱包等模式。更为重要的是，通过对用户数据的积累，衍生出新的金融产品创建和销售渠道。在美国，PayPal 成立后不久，1999年就推出了以 PayPal 支付账户数据为基础的货币基金。在中国，2013年6月，阿里巴巴以第三方支付工具（支付宝）为基础推出了"余额宝"。需要说明的是，"余额宝"虽然本质上是一款由天宏基金管理的货币基金，但其产生和运作方式却是以第三方支付平台积累的大数据为基础、以互联网络为技术保障。也许个人或商户、第三方支付平台和商业银行之间的清算方式没有发生变化，但如今以移动互联技术为基础的二维码支付等，在给用户带来更新体验的同时也在重新划分支付市场的格局，影响个人的消费和投资行为以及企业的经济活动。

近几年来，随着智能手机的普及，移动支付和电话支付的方式具有很好的前景。电子支付业务保持较快增长，移动支付业务笔数涨幅明显。央行发布的《2021年第二季度支付体系运行总体情况》显示，2021年第二季度，银行业金融机构共处理电子支付业务673.92亿笔，金额745.74万亿元。其中，网上支付业务251.90亿笔，金额605.19万亿元，同比分别增长16.42%和11.80%；电话支付业务0.65亿笔，同比增长20.97%，金额2.74万亿元，同比下降12.27%；移动支付业务370.11亿笔，金额117.13万亿元，同比分别增长22.79%和10.32%。

三、资金筹集

（一）P2P 网贷

P2P（Peer-to-Peer lending），即点对点信贷。P2P 网络贷款是指通过第三方互联网平台进行资金借、贷双方的匹配，需要借贷的人群可以通过网站平台寻找到有出借能力并且愿意基于一定条件出借的人群，帮助贷款人通过和其他贷款人一起分担一笔借款额度来分散风险，也帮助贷款人在充分比较的信息中选择有吸引力的利率条件。P2P 平台的盈利主要是向借款人收取的一次性费用以及向投资人收取的评估和管理费用。贷款的利率或者是由放贷人竞标确定或者是由平台根据借款人的信誉情况和银行的利率水平提供参考利率。

2005 年，世界上第一家 P2P 网贷平台 Zopa 在英国成立；2006 年，Prosper 和 Lending Club 先后在美国创立；Lending Club 目前已经成为全球最大的 P2P 网贷平台，据公司财报显示，2021 年第一季度 Lending Club 发放贷款金额达 14.83 亿美元。P2P 网贷借助于互联网极大地扩展了个人与个人直接借贷的范围，而 P2P 网贷平台主要为借贷双方提供信息服务和支付清算等中介服务。

国内首家 P2P 网贷平台"宜信"于 2006 年 5 月创立；2007 年 8 月，纯中介的 P2P 平台"拍拍贷"成立。随后，出于扩大供需双方参与者和风险控制的考虑，国内 P2P 平台的经营由纯线上中介模式创新出以"宜信"为代表的债权转让模式、以"陆金所"为代表的担保模式和以"爱投资""积木盒子"为代表的 P2B 模式；同时，不少平台引入第三方托管、风险备用金制度、分散投资和自动投标等一种或多种风险控制机制。

2013 年以来，P2P 网贷平台出现爆发式的增长，无论是传统金融机构还是一些上市公司，以及各路民间资本都在大举抢占 P2P 网贷市场。在经历了前两年平台大幅度增长的过程后，据网贷之家的统计，2015 年全国正常运营平台数量达最高峰，共 2595 家。但是在两年的迅猛增长之后，很多 P2P 平台开始涉及非法融资、暴力催收等行为，随着监管力度的不断加大，大量 P2P 平台关门跑路或被取缔。在经历 3 次"爆雷潮"和一系列严格的监管措施后，P2P 平台数量急剧下降。截至 2019 年 12 月底，正常运营平台数量已经下降至 343 家，下降幅度高达 86.78%。2020 年 12 月 8 日，中国银保监会主席郭树清在 2020 年新加坡金融科技节上演讲时表示，到 11 月中旬，实际运营的 P2P 网贷机构已经全部归零。（见图 1-5）2021 年 1 月 15 日，央行副行长陈雨露在国务院新闻办公室新闻发布会上表示，2020 年防范化解金融风险攻坚战取得重要阶段性成果，P2P 平台已全部清零，各类高风险金融机构得到有序处置。

（二）众筹

众筹大意为大众筹资或群众筹资，是指用"团购+预购"的形式，向网友募集项目资金的模式。众筹本意是利用互联网和 SNS（社会性网络服务）传播的特性，让创业企业、艺术家或个人对公众展示他们的创意及项目，争取大家的关注和支持，进而

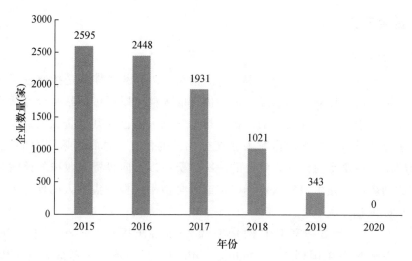

图 1-5 2015—2020 年中国实际运营的 P2P 网贷机构数量

获得所需要的资金援助。众筹平台的运作模式大同小异——需要资金的个人或团队将项目策划交给众筹平台，经过相关审核后，便可以在平台的网站上建立属于自己的页面，用来向公众介绍项目情况。众筹的规则有三条：一是每个项目必须设定筹资目标和筹资天数。二是在设定天数内，达到目标金额即成功，发起人即可获得资金；项目筹资失败，则已获资金全部退还支持者。三是众筹不是捐款，所有支持者一定要设有相应的回报。众筹平台会从募资成功的项目中抽取一定比例的服务费用。与热闹的P2P相对，众筹尚处于一个相对静悄悄的阶段。目前国内对公开募资的规定及特别容易踩到非法集资的红线使得众筹的股权制在国内发展缓慢，很难做大做强，短期内对金融业和企业融资的影响非常有限。

美国 Artist Share 于 2003 年 10 月在互联网站上发起了第一个项目融资，主要面向音乐界的艺术家及其粉丝。粉丝通过网站出资资助艺术家，艺术家通过网站融资，解决录制唱片过程中的费用问题，而所有出资的粉丝以获得艺术家的唱片为回报。Artist Share 可以说是互联网众筹融资模式的鼻祖。

奥巴马 2012 年 4 月 5 日签署的《创业企业融资法案》（Jumpstart Our Business Startups Act）（简称《JOBS 法案》），允许通过社交网络和互联网平台向公众销售一部分资产，为众筹融资扫清了法律障碍，使众筹成为解决新创小企业融资的新渠道。截至 2013 年 11 月，美国有众筹融资平台 344 家，占全球数量的一半，排第一；英国有众筹平台 87 家，排第二。

最初的众筹模式，如果项目最终筹资并运作成功，投资者获得的是产品或者服务等非金钱回报，即所谓的"产品众筹"，其实质类似于商品预售。随后，出现了以资金回报为目的的众筹平台。项目发起人通过转让公司部分股权获得资金，投资人通过获得公司股权收益得到回报，即"股权众筹"模式。无论商品众筹模式，还是股权众筹模式，众筹平台通过互联网技术，使得投资人和项目发起人能直接对接，绕开了金融中介机构。但是,金融中介在投融资过程中的功能和作用是否被众筹融资平台所替代,还需要进一步探讨。

融360大数据研究院和中关村众筹联盟联合发布的《2016中国互联网众筹行业发展趋势报告》显示,2011年第一家众筹平台"点名时间"诞生,2012年新增6家,2013年新增27家,这几年众筹平台增长较为缓慢。但到了2014年,随着互联网金融概念的爆发,众筹平台数量显著增长,新增运营平台142家,2015年则新增125家众筹平台。2016年众筹平台数量达到顶峰,共有532家。但是从2017年开始,各类平台数量急跌,截至2018年12月底,在运营的平台仅余147家。我国众筹的发展情况如图1-6所示。

图1-6 我国众筹发展历程

四、资金融通

(一)银行业互联网化:网络银行

随着电子商务的迅猛发展,电子支付的需求越来越大。互联网金融模式的出现,改变了银行独占资金支付的格局。为了应对互联网金融的冲击,商业银行纷纷作出自己的调整和改变,建立起网络银行(又称"网上银行")提供在线支付服务。1997年,招商银行率先推出"一网通",首次开设网上银行业务,以网上银行作为对物理渠道的有效补充,积极探索互联网金融的发展。随后,中国银行、建设银行、工商银行、农业银行等各大商业银行也陆续推出网上银行业务。作为中间业务收入来源,网上银行也日渐突显其优势,如不受时空限制、费率低、办理业务方便快捷等。传统银行业务与网上银行业务比较如表1-2所示。

表 1-2　传统银行业务与网上银行业务比较

	传统银行业务	网上银行业务
到账时间	同行同城：实时；跨行或异地：1—5 天	2 小时—1 天
手续费率	0%—1%（同行同城免费），50 元封顶	0.15%—0.2%，25 元封顶
信用卡还款	同行：免费；跨行：同转账手续费，代扣 1—3 元/笔	免费
创新能力	较弱	推出 AA 收款、我要收款，以及送礼金、手续费优惠等

基于这些优势，我国网上银行替代率大幅提升。近年来，网上银行替代率普遍超过 70%，个别银行更是突破 90%。由于多方参与互联网金融，传统中间业务收入不断受到未来分流的考验，各大银行开始制定战略型发展策略。业务创新方面，银行纷纷打出自己的品牌，发展特色业务。

表 1-3　各大银行电子银行特色业务

银行	金融服务	生活服务
中国银行	电子钱包	中银快付
工商银行	金融超市	网上商城
建设银行	手机与手机转账	银医服务、"悦生活"支付缴费平台
农业银行	基金 e 站、保险 e 站	缴费 e 站
交通银行	小企业 e 贷在线、淘宝旗舰店	
中信银行	线上 pos 贷、转账直通车、信用卡分期	
光大银行	"融 e 贷"线上质押贷款	
招商银行	小贷通	一卡通

另外，业务渠道也有所创新，不仅包括网上银行，还包括手机银行、电话银行、电视银行、移动银行、微银行、微信银行等多种电子渠道。例如，建设银行的"摇一摇"账户余额查询、招商银行的微博"微预约"、招商银行的"微信支行"以及农业银行的"三农金融服务车"等，都体现出各银行在业务渠道方面的扩展与深化。通过多种渠道的多样化业务开发，银行客户规模得以扩大，客户体验度得以提升。而这些电子银行的建立仍旧是传统金融业务在互联网上的延伸，主业方向并没有发生本质上的改变。业务范围被困于电子商务核心产业链的外围，无法获得第一手客户数据信息。为了突破这一瓶颈，部分银行开始尝试建立网上商城，直销金融产品与服务。例如，交通银行在天猫设立旗舰店，销售保险、基金、黄金等产品；光大银行在淘宝上开设营业厅，销售理财产品——定存宝。传统商业银行试图全方位涉足互联网，力争打造更完备的互联网金融服务体系。

（二）证券业互联网化：网络证券

网络证券，又称"网上证券"，是证券公司基于互联网建立起来的线上商业模式。国泰君安、华泰证券、方正证券等多家券商均已迈出了大胆尝试的第一步。其业务范围已不仅局限于传统的证券经纪业务，还包括更为多元化的新型业务，例如，自建金融理财商城、入驻大型电商网站建立理财超市、与大型互联网门户合作等。以国泰君安建立的君弘金融商城为例，客户除了可以在网上开户，也可以线上投资基金产品、信托产品。投资者只需要通过互联网完成资金账户的开设，即可在该网站购买货币基金、债券型券商资管产品等中低风险理财产品。此外，君弘金融商城还为客户提供了融资融券、约定购回式证券交易等服务，客户均可在线完成此类业务申请。

2013年3月，方正证券"泉友会旗舰店"入驻天猫商城，将服务产品的销售搬到了线上。销售产品涉及咨询服务、交易软件和理财咨询等。其"曾老师量化解盘及金股推荐炒股必备视频"预售总销量达533件，方正泉友会投资决策主力版单月股票软件选股炒股软件总销量达164件。相比华创商城，方正证券在经营品种方面体现了证券公司的专业化。此外，国金证券与腾讯合作，打造在线金融服务平台则是券商与大型互联网门户合作的典型范例。双方将通过金融创新和互联网技术创新，发挥各自优势，共同打造在线金融服务平台。

由此可见，证券业务互联网化已成为当今券商业务发展的主流。监管层也表示"支持证券公司与互联网金融公司合作，支持设立网上证券公司"，相继颁发了《网上证券委托暂行管理办法》《网上证券经纪公司管理暂行办法》和《证券账户非现场开户实施暂行办法》，对网上证券业务加以法律规范。宏源证券研究所副所长易欢欢指出，未来标准化、规模化的服务将采取纯线上模式，而个性化、定制化服务将采取线上和线下即O2O模式。对于券商来讲，拥有搜集运用数据的能力以保证数据灵活有效将成为公司的核心竞争力。

（三）保险业互联网化：网络保险

网络保险，又称"电子商务保险"，是指保险公司或者保险中介服务公司以互联网和电子技术为工具支持保险营销的经济行为，是互联网金融模式的一种业态形式。

作为互联网金融模式的一种，网络保险亦具有互联网金融所具备的优势。成本低、方便、快捷是网络保险的亮点。展业成本的降低是传统保险公司进行网络销售的内在驱动力，成本的降低有利于保险公司下调保险产品价格从而获得价格上的竞争优势。与此同时，方便、快捷以及价格的低廉刺激了客户进行网上投保，对网络保险的需求进一步扩大。

社交网络、大数据和云计算等技术的革新与创新，为保险公司产品的设计提供了数据支持，个性化服务、私人定制成为可能。传统保险行业在服务与产品的同质化上得到了解决。基于对客户数据的分析，保险公司对成本的管理以及风险的控制更加精细化与数字化，为保险行业的长期发展奠定了基础。

需要注意的是，网络保险毕竟处于发展初期阶段，在产品的设计以及用户体验上存在一定的欠缺。目前，网络保险还处于销售简单保险产品的阶段，而复杂的保险产品销售上还存在一定的法律问题。传统的保险公司，缺乏互联网基因，在用户数据积累上不足，与互联网企业深化合作才能创造互利共赢的局面。

整体来说，互联网金融的出现不仅弥补了以银行为代表的传统金融机构服务的空白，而且提高了社会资金的使用效率，更为关键的是将金融通过互联网普及化、大众化，不仅大幅度降低了融资成本，而且更加贴近百姓和以人文本。它对金融业的影响不仅仅是将信息技术嫁接到金融服务上，推动金融业务格局和服务理念的变化，更重要的是完善了整个社会的金融功能。互联网金融的发展壮大会给银行业带来一定冲击；但也为基金公司、证券公司、保险公司、信托公司等带来了新机遇。随着互联网金融沿上述九种模式的方向深入发展，将进一步推动金融脱媒，挑战传统金融服务的方式方法，改变金融业内各方的地位和力量对比。

第四节　互联网金融的基础理论[①]

互联网金融作为新兴金融服务模式，利用了大数据、云计算、社交网络和搜索引擎等互联网技术，有效解决了金融市场的信息不对称问题，减少了金融领域的逆向选择和道德风险，降低了交易成本且扩大了服务对象，从而加速了金融的去中介化进程，使虚拟经济服务于实体经济，对传统金融的变革与宏观经济的发展产生了积极效应。在第二、第三节中，笔者界定了互联网金融，归纳了其核心特征，并对其进行了分类。本节契合互联网金融发展的本质与意义所在，从产业经济学、信息经济学、金融中介理论入手，总结国内外研究成果，联系我国互联网金融各类细分领域的具体发展情况，试图构建起一个用以理解互联网金融发展的理论框架。夯实互联网金融的基础理论，是互联网金融健康发展的题中应有之义，这正是本书的目标之一。

一、产业经济学与互联网金融

（一）互联网金融中的规模经济与范围经济

规模经济（economics of scale）和范围经济（economics of scope）是产业经济学的两大重要概念。规模经济分为"供方规模经济""需方规模经济"，分别指同一供方内部成本随规模扩大而下降，需方所获价值随规模扩大而上升。范围经济是指同一供方内部品种越多，成本越低。

互联网金融表现出明显的规模经济和范围经济效应。供方规模经济与互联网的对接，使信息、知识、技术等要素超越传统经济中居于首位的资本与劳动力要素，打破了边际成本递增、边际收益递减的传统经济学规律。这些信息经济时代的新要素能够零成本地复制与应用，随着其投入的增多，产出也增多，供方的成本与收益就分别呈现出递减与递增态势。标准化是实现规模经济的前提条件，否则互联网金融服务就需支付与传统金融服务相当的高单位成本。互联网上开展保险销售业务是供方规模经济的典型案例。互联网保险销售平台不受货架和仓储的物理限制，成本主要有平台建设投入和宣传费用，投入运营后，依托计算机系统推行自助业务办理，打通标准化产品生产与流通通道，实现"批量化生产""程序化服务"，边际成本很低，在客户人数增

[①] 参见汪炜、郑扬扬：《互联网金融发展的经济学理论基础》，载《经济问题探索》2015年第6期。

加的同时不断摊薄刚性成本,并通过动态交易创生大量集成资产,从而低成本地调配各种金融合约风险,形成了供方规模经济,进一步提高盈利能力。

需方规模经济存在于市场主体的外部。余额宝等互联网货币基金显示出了较强的需方规模经济性。余额宝问世初期价值并未突显,所对应货币基金的客户数量较少;随后较高的收益吸引客户不断集聚,使边际成本递减的同时也加强了效益示范作用,越来越多的人发现其值得购买。客户数量和产品价值因"正反馈效应"相互助长。当到达客户数量的临界值后,该类基金的规模迎来爆发式增长,价值的增长速度变得非常惊人。1973年提出的梅特卡夫法则(Metcalfe's Law)是对这一现象的精炼总结:"网络价值以用户数平方的速度增长",这也意味着从需方整体角度来看,边际效用递增。

"网络外部性"[①](network externality)是需方规模经济背后更深刻的定义,也是产业经济学分支——"网络经济学"[②]的重要概念。在互联网金融领域,具有网络外部性的产品对于某一金融消费者的价值,将随着其他金融消费者人数的上升而递增,因此作出消费选择时除了考虑产品本身性能,还应关注其是否受众广泛。"交叉网络外部性"和"自网络外部性"都是双边市场的常见效应,前者使双边平台的一方客户的效用随着另一方客户人数的变化而变化,后者指因同一方存在集聚效应和竞争关系而分别带来的正负两面性的影响。[③] P2P平台就典型的具有上述两种效应,它撮合资金供需双方,既利用平台集聚功能促进双边用户规模与效用的交互增长,又在每一方用户内部形成集聚和竞争关系。与此同时,P2P网贷领域也存在网络外部性减弱的情况。由网络外部性导致的"锚定效应",往往使客户不愿在不同供方之间转换,因此传统金融领域常出现"强者愈强""赢家通吃"的局面。但P2P网贷市场的激烈竞争迫使互联网金融企业维持较低的服务费率、积极推出差异化产品、在细微处改善服务,满足需方不断提高的要求,需方的选择极端丰富,而且转换成本低廉、手续便捷,因此客户迁移极易发生,"锚定效应"被明显弱化。

范围经济在互联网金融领域有着众多的体现。如在股权众筹领域,众筹平台新增单个融资方的边际成本很低,融资方越多,吸引的投资者越多,平台成本协同节约能力也就越高。又如,第三方支付平台嫁接了手机话费充值、信用卡还款、公用事业缴费、保险理财、日常生活服务等多元化业务,能吸引更多客户、增加客户黏性,同时只要妥善解决技术兼容性和安全问题,就能将业务叠加所带来的额外成本控制在较低水平,使平台收入增加。

[①] 早期研究中,"网络效应"被作为与"网络外部性"等同或近似的概念交替使用。但 Liebowitz & Margolis(1994),闻中、陈剑(2000)等学者指出,网络效应与网络外部性并非一回事,只有当市场参与者不能把网络效应内化(internalize),即网络效应不能通过价格机制进入收益或成本函数时,网络效应才可被称为网络外部性。

[②] "网络经济学"(the economics of networks),有时也被称为"网络产业经济学"(the economics of network industries),很大一部分属于产业经济学的范畴,分析网络产业中的主体行为、结构与市场运行、结构,但也有一些研究成果超越了网络产业本身,讨论具有网络形态与特征的经济系统的内在原理。

[③] See N. Economides and C. Himmelberg. 1994. Critical Mass and Network Evolution in Telecommunications, Working Paper.

（二）互联网金融中的长尾经济

长尾理论最先由克里斯·安德森（Anderson）在《长尾》（*The Long Tail*）一文中提出，长尾理论论述的是利用成本优势打开大量利基（niche）市场，其共同市场份额可能等于或超过主流产品的市场份额。长尾经济与范围经济都注重品种的增多和降低协同成本，但前者是就整个市场而言，包含大量冷门需求，后者则是同一企业内部的长尾经济，且限于增加相对热门的品种。目前，国内外有关长尾经济的研究成果较少，既有文献集中在检验长尾经济、数学建模、应用性实证分析、管理理论与实践分析等方面。长尾理论适用于描摹某些传统经济学未能充分解释的互联网金融现象。

互联网金融居于金融产业的长尾之上，催生出一系列充分满足"普惠金融"需求的产品与服务，提升了金融的便捷性、平等性和开放性。互联网货币基金增加了小额、零散的投资机会，提供了"零门槛"的投资途径，从而开发了那些对手续简便度、额度灵活度十分敏感的尾部客户。互联网微贷公司凭借信息处理优势，全流程、高效率、低成本地把控借款人的信用水平，使微贷业务规模化成为可能，并设置灵活的期限与额度政策，服务人性化、个性化，迅速释放了大量小微借款，甚至碎片化借款的尾部需求，探索出了一条改善传统金融信贷体系信贷配给困境的新途径。

互联网金融对长尾的开拓打破了短缺经济学的假设。当互联网改变了市场环境，长尾理论作为"二八定律"的补充出现，分别解释了同一需求曲线的短头和长尾现象，并对应着丰饶经济学和短缺经济学的假设。谢平与邹传伟指出，互联网在相关科技手段的支撑下，能超越传统的商业边界，创造足够大的"交易可能性集"（transaction possibility set）。传统金融市场上，流行的金融产品销量很大，但并不等同于其需求很大，可能是因为金融消费选择短缺；互联网将金融业引入丰饶经济时代，客户越来越追求个性化。互联网金融企业必须坚持创新战略，通过对庞大多样化需求的柔性整合、提取共性，或者精细化打造非标产品、推出"私人定制"，新辟传统金融业缺乏动力开发的新的盈利空间。典型案例有专供互联网销售的保险产品，如保费 8 元/月/份的某肠胃健康险，保费 3 元/年/份的某手机资金安全险，保费 100 元/年/份的某电商平台医药险，保费 15 元/季/份的高温中暑意外险，保费 0.01 元/月/份的某公交出行意外险等，满足了大众的异质化需求，保费低廉、手续便捷的特色也具有较强的吸引力，与传统保险产品错位竞争。

互联网金融的成本优势是其延伸长尾的基础。降低成本的终极办法就是用可以无限复制和传播的字节处理一切。传统银行应用互联网平台打造直销银行，摆脱了物理网点与运输仓储，突破了时空限制，简化了业务流程，减少了基层人员，改变了边际成本—效益关系，而节省下来的成本，以更具吸引力的存款利率和服务费率等形式回馈客户，从而吸引新的客户群体——习惯运用互联网、收入较高、追求简便高效的群体，并进一步增加黏性。

二、信息经济学与互联网金融

起源于 20 世纪 60 年代的信息经济学（economics of information）以信息不对称

为起点,逐渐形成了包括逆向选择与信号传递、委托-代理理论与激励机制设计、价格离散理论与信息搜寻理论等内容在内的庞杂的学科体系。如今,信息经济学在互联网金融的实务中得到了新的延伸。

(一)互联网金融中的信息不对称理论

互联网金融与传统金融最大的区别在于信息处理方面,信息成为金融行业最重要的资源,改变了产业价值链。凭借信息处理优势,互联网微贷正在探索一种解决借贷前后两大信息不对称问题的全新路径。阿里小贷基于卖家自愿提供的基本信息以及阿里系电商平台十几年来数亿笔交易记录所形成的类目庞杂、更新频繁的数据库,自建信用信息体系。信息系统的固定投入较高,但一旦开始使用,运行成本较低。在贷前,从数据库提取数据,导入信用评估模型,并引入交叉检验技术,将隐性的"软信息"转变为显性的"硬信息",提高了信用水平甄别的精确度;在贷中,分散、无序的信息形成了动态、连续的信息序列,以趋于零的边际成本给出任何借款人处于动态变化中的动态违约概率及风险定价,为远程监测、实时预警提供了可能;在贷后,电商平台和小贷系统设有严格的曝光、禁入等违约惩罚措施,从而减少机会主义倾向。

P2P 网贷也是互联网时代突破传统借贷瓶颈的一大创新。P2P 平台根据借款人上传的身份信息和证明材料,进行信用初评,信用评价结果随着其借款成功次数、逾期率、逾期天数等信用记录的改变而动态调整。在贷前,贷款人通过观察公开的借款人信用评价结果、信用记录、该笔借款特征、借款人的人口统计学特征等"硬信息"来作贷款决策,并可利用互联网社交网络,甚至"人肉搜索"(cyber-manhunt)掌握更多"软信息",使 P2P 借贷的逆向选择风险得到一定程度的遏制;在贷后,P2P 平台及业内有关第三方组织的"黑名单""曝光栏"能及时警示失信的借款人情况,较为有效地防止道德风险发生。

(二)互联网金融中的搜寻理论

搜寻行为之所以存在,广义原因是信息不对称所导致的"搜索前置";狭义原因是"价格离散",即信息在交易双方之间的非均衡分布所引发的同地区、同质量产品的价格差异,信息搜寻因此才有利可图,专业化信息服务机构才得以产生。搜寻成本影响着定价和价格离散程度,搜寻成本越高,价格竞争越弱,离散程度越高,搜寻所获收益就越大。目前,互联网信息搜寻效率已达较高水平。我国学者韩民春、陈小璐率先以实证方式证明了互联网使信息在市场中呈现均衡分布,成本与价格的透明度被提高,从而网上商品价格也趋于收敛。与传统金融市场相比,若互联网金融市场搜寻成本的降幅不大,就会失去发展后劲。

以货币基金市场为例。传统市场上搜寻成本较高,信息扭曲严重,寻找高口碑供方的难度较大,只要低口碑供方有可能凭借降价(即降低利差或手续费)来弥补口碑劣势,高口碑供方受到建立、维护、宣传口碑的成本的限制,就不可能占据全部市场,因此会出现高口碑供方的产品价格和市场份额较高、低口碑供方的产品价格和市场份额较低的均衡,价格竞争较弱,离散程度较高。而在互联网市场上,搜寻成本大大降低,高口碑供方更易被需方选择,供方群体内部将加强价格竞争,均衡时的价格离散程度发生改变；低口碑供方不得不进一步降价，最终可能因产品价格低于成本而难以生存，市场结构发生质变，促成"良币驱逐劣币"的局面。

互联网信息搜寻中，搜寻方式代替搜寻成本成了核心内容。随着互联网信息技术不断进步，传统金融信息被动获取方式已转变为主动搜索方式。不过，互联网上的信息数量空前丰富，"信息噪音"也相应增多，单纯的主动搜索可能仍无法满足个体某个独特、切实的需要。大数据技术支持下的信息过滤技术、推荐技术，为互联网金融消费者提供了"刻画需求"和"推荐喜好"等新的信息搜寻手段，实现了"信息的定制化供给"，进一步降低了搜寻成本。"刻画需求"是指客户对金融产品构成因素进行自由选择与组合，互联网金融产品信息集散平台根据其具体要求反馈信息；"推荐喜好"是指凭借大数据，分析每一位客户对金融产品的喜好和接受金融服务的习惯，抛弃覆盖面大但成本高昂的渠道，使用狭小但定位准确的互联网渠道向客户推送针对性的内容。与此同时，搜寻成本的下降和搜寻方式的改进，促使拥有特殊需求的需方在互联网上快捷地匹配具备条件的供方，供方也可利用大数据挖掘技术主动寻找少数具有相似需求的需方，从而解决生产规模过小带来的成本问题，这为未来互联网金融产品的"私人定制"提供了便利。

（三）互联网金融中的声誉机制

声誉机制建立在信息经济学、博弈论基础之上。声誉模型是由戴维·克雷普斯（David M. Kreps）、保罗·米格罗姆（Paul Milgrom）、约翰·罗伯茨（John Roberts）和罗伯特·威尔逊（Robert Wilson）在1982年所建立，也称为"KMRW模型"。他们证明，参与人对其他参与人支付函数或战略空间的不完全信息对均衡结果有重要影响，只要博弈重复的次数足够多，合作行为在有限次重复博弈中就会出现。该理论解释了当进行多阶段博弈时，声誉机制能起到很大作用，上一阶段的声誉往往影响到下一阶段及以后阶段的收益，现阶段良好的声誉意味着未来阶段较高的收益。

声誉机制是促进博弈双方合作的重要机制。对其研究被纳入两个框架：一是在完全信息无限次重复博弈理论的框架内，"触发战略"（trigger strategy）意味着一旦背叛合作，声誉就会消失。二是在KMRW标准声誉模型的框架内，依靠声誉机制能够解决囚徒困境；之后，Kandori（1992）利用拓展标准声誉模型论证，若信息传播机制完善，除了"自我实施"（self-enforcement）机制，声誉的形成和维持还可通过"社会实施"（community enforcement）机制实现，因此交易者有足够的积极性保持良好声誉。在各类互联网交易中，互联网信息技术的发展极大地提高了声誉信息的采集与传播效率，降低了声誉约束成本，并将声誉机制的作用范围拓展到全球。

不少学者乐于分析声誉机制在借贷市场上发挥的作用（Stiglitz & Weiss, 1981；Diamond, 1984）。在P2P网贷市场上，借款人的借款记录和还款记录是其"声誉"的主要构成因素。现实中存在借款人凭借小额借款建立"好声誉"后再行诈骗、一旦留下失信记录后伪造身份信息重新"入场"的现象，因此针对P2P借款人的声誉机制要想真正生效，必须满足两个基本条件：一是信息高效率、低成本地传播，确保借款人不良声誉被及时披露和识别，促成集体惩罚；二是信息真实、完整，通过建立P2P

信用信息共享系统、接入我国正式的征信系统，使来自各个 P2P 平台的借款人信息互相补充和校验，构建网上网下统一联防机制，从而最大限度地提高信息造假的成本、降低信息甄别的难度，切实保障 P2P 贷款人的合法权益。

互联网金融企业可能与金融消费者形成委托合同关系，扮演代理人的角色。声誉能够替代"显性激励"（explicit incentive），给代理人带来"隐性激励"（implicit incentive）。（Holmstrom，1999）在 P2P 网贷行业中，P2P 网贷平台必须经受借贷双方委托人的审视和检验。每一位客户的评价经互联网广泛传播，以及第三方组织的正式评价，组成了 P2P 平台的"声誉"，是客户在众多 P2P 平台中"用脚投票"的决定性因素。好的声誉将提升盈利、促进经营规模的持续增长，因此即使没有显性激励，P2P 平台也有积极性采取高度诚信与尽责的策略，以便改进和维持声誉。

三、金融中介理论与互联网金融

金融中介理论（financial intermediary theory）主要分为基于信息经济学的不对称信息论（Chairperson et al.，1977；Campbell & Kracaw，1980）和基于交易成本经济学的交易成本论（Gurley & Shaw，1956；Benston & Smith，1976）两大流派，均受到了金融中介、金融市场发展现状的挑战。互联网促进了信息不对称程度的降低和交易成本的减少，使"互联网金融脱媒论"一度在学术界和实务界流行。该观点否定了金融中介在互联网金融体系中存在的必要性，我们认为是值得商榷的：

第一，在不对称信息论的视野里，互联网金融中介的产生源于互联网金融领域信息服务专业化的需求。首先，互联网不能彻底消除私有信息或隐藏信息，且即便缓解了过往信息的不对称，未来信息的不对称也永远存在；其次，互联网仅披露了可依法律法规、商业惯例、信息相关人授权而披露的"名义信息"，"实际信息"尚不透明，因此，互联网信息搜寻与处理仍需依赖金融中介；最后，互联网在提高了信息交换的数量、频率和密度的同时带来了信息爆炸，而且拉远了经济活动个体之间的距离，降低了虚假信息制造成本，这些都使得调查和鉴别的难度更大，互联网金融消费者并不完全具备处理和解读信息的能力，依靠金融中介才能筛选出有经济价值的信息或根据需要将信息转变为"知识"。

第二，从交易成本论出发，一方面，尽管互联网在一定程度上降低了金融活动"事前的交易成本"（搜寻、谈判、签约的成本），但由某一个体将大数据加工成"知识"仍需较高成本。金融中介代理利用规模经济效应和专业技术、能力，可以进一步减少各类交易成本。另一方面，"事后的交易成本"（监督、违约、救济的成本）因互联网金融消费者保护机制的欠缺而可能有所提高。委托金融中介作为监督者可以实现规模经济，同时通过契约设计解决"监督监督者"的问题，使监督金融中介的成本低于直接监督交易个体的成本，因此监管机构可通过对互联网金融中介的规制，以较低的成本维护互联网金融市场的秩序。

第三，从金融中介的能动性出发，金融创新不断深化的过程实际上包含了各类金融中介的发展演进，同时基于社会分工细化，创新产品和经营模式，塑造差异化优势，仍将在互联网金融领域扮演重要角色。

从20世纪90年代开始，功能论、价值论等新观点应运而生。由Bodie和Merton提出的"功能论"认为，金融中介的功能是稳定的，而其结构、形式是不定的，取决于市场环境、技术变迁以及创新、竞争带来的功能改善。根据功能划分，当前在互联网金融领域存在如下几类新型互联网金融中介：(1)支付中介，作为互联网金融发展最早也最成熟的分支，提供货币流通所需的技术性服务。(2)信息中介，只承担信息生产功能，主要从事互联网投资和信息咨询两类业务。前者包括股权众筹平台、信息中介型P2P平台；后者挖掘、汇总信息，帮助客户更快捷地从海量信息中"消除噪音""过滤杂质"，有的还提供定制咨询服务。(3)信用中介，主要指互联网微贷和现存的部分信用中介型P2P平台，不同程度地介入借贷关系，实现资金融通、分配、管理风险。[①] (4)综合中介，指涵盖上述多项中介业务的服务平台，是金融混业趋势在互联网上的表现。这些中介基于外部环境变化，细化与完善自身功能，以新的业务形式和组织结构履行传统中介的支付、信息、信用等方面的功能，提高了生产服务效率和风险管控能力，优化了客户参与金融活动的方式与流程。与此同时，"功能论"也可很好地解释互联网金融中介对互联网金融市场兴起的作用。中介和市场相互补充，先后履行不同的功能。中介是互联网金融产品走向市场的孵化器，是撬动社会资源、加速资产流动的助推器。中介推出高度定制化或创新的互联网金融产品，以此为基础构成新市场，负责检验品质、扩大交易；成熟的新产品为大多数人所接受后，市场将其付诸大规模、标准化的生产与交易，降低供需双方的成本，最终形成了新的金融品种交易市场。

继"功能论"之后，Allen和Santomero(1996)提出了"参与成本论"，认为金融中介减少交易摩擦的作用越来越弱，转而在转移风险、降低个人参与成本[②]方面扮演了重要角色。Scholtens和Wensveen(2000)在"参与成本论"的基础上提出"价值论"，强调金融中介是为客户提供增加值的独立市场主体，减少客户参与成本的效果属于伴随效应。近年来，传统金融中介开始由单纯的"代理人"角色转变为金融产品的创造者和金融创新的实践者，互联网金融中介加速了这一进程，以客户为导向，通过创造金融产品、拓展金融服务使客户增值，并从中获利以驱动自身发展。

第五节　互联网金融的影响与挑战

互联网金融通过扩大和延伸交易边界，使多元化、异质性、大众化的金融服务成为可能，金融下沉、下移、下放，金融成为普通民众参与的基本民主权利，具有很大

[①] 尽管银保监会已明确表示禁止P2P平台提供担保、建立资金池或非法吸收公众资金，"信息中介"是未来P2P平台发展的方向，但由于具体监管体制和监管规则尚待明确，目前P2P网贷市场上仍有不少P2P平台并未整改自身信用中介型的定位，或以信息中介的名义变相地承担了部分信用中介职能。

[②] 参与成本即学习有效利用市场并日复一日地参与到这个市场来的成本(胡庆康等，2003)，如金融消费者掌握某种新问世的金融工具所需要支付的固定成本。

的社会价值。此外，互联网金融通过对经济资源和要素的空间配置，将不断打破传统行业的市场垄断地位，加速市场竞争和产品创新，推动中国社会加快经济转型发展和结构性变革。但是，互联网金融也面临着巨大的挑战，就现阶段我国互联网金融的发展现状来看，恰恰反映了我国金融体系中的一些低效率或扭曲因素，以及金融监管中存在的一些问题，因此，我们必须保持清醒的头脑辩证、客观地看待互联网金融。

一、互联网金融的影响

互联网金融创新对盘活社会资金、加速金融创新和传统金融机构变革、缓解小微企业融资难提供了有利契机。

（一）有助于盘活社会资金

互联网金融的发展有助于扩大社会融资规模，提高直接融资比重，盘活社会资金，服务实体经济发展。一是互联网金融大大降低了普通百姓进入投资领域的门槛，通过积少成多形成规模效应，撬动更多社会资金。如绝大多数银行理财产品起步资金都在万元以上，而"余额宝"一元起即可购买，有助于吸引以百元和千元为单位的社会闲散资金大量进入。二是互联网金融可以依托资产证券化等手段盘活资产，实现资金快速循环投放。如阿里金融与东方证券合作推出的"东证资管—阿里巴巴专项资产管理计划"，使得阿里小贷能够迅速回笼资金，盘活小额贷款资产，提高资金使用效率。

（二）有助于加速金融创新

互联网金融打通了交易参与各方的对接通道，提供了不同类型金融业态融合发展的统一平台，有助于加快金融机构创新、金融模式创新和金融产品创新。一是互联网与金融的融合发展将重构当前的金融生态体系，新金融机构、泛金融机构、准金融机构等非传统金融机构将不断兴起，集成创新、交叉创新等创新型金融形态将不断涌现。近年来，支付宝、人人贷、阿里小贷、众安在线的出现和发展即为例证。二是在互联网金融的快速冲击下，金融机构既有的盈利模式、销售模式、服务模式和管理模式已经难以为继，倒逼其推动金融模式转型和创新。三是随着信息技术、社交网络技术、金融技术的不断突破，大量基于消费者和小微企业的个性化、差异化、碎片化需求的金融产品由理论变为现实，将大大丰富现有的金融产品序列和种类。

（三）有助于加快传统金融机构变革

互联网金融改变了传统金融机构的资源配置主导、定价强势地位和物理渠道优势，倒逼传统金融机构加快价值理念、业务模式、组织架构、业务流程的全方位变革。一是促进传统金融机构价值理念变革，摒弃以往过于强调安全、稳定、风险、成本的价值主张，更加注重无缝、快捷、交互、参与的客户体验和客户关系管理，真正做到以客户为中心、以市场为导向。二是促进传统金融机构业务模式变革，改变息差作为主要收入来源的传统盈利模式，通过产品创新和提供综合增值服务构建新盈利模式。三是促进传统金融机构组织架构和业务流程再造，加快组织的扁平化、网络化和

(四)有助于缓解小微企业融资难

互联网金融很大程度上解决了信息不对称引发的逆向选择和道德风险问题，有利于增强金融机构服务小微企业的内生动力，有效缓解小微企业融资难、融资贵、融资无门的问题。一是互联网金融依靠先进的搜索技术、数据挖掘技术和风险管理技术，大幅降低了参与方在信息收集、询价磋商、信用评价、签约履行等方面的交易费用，整体上降低了小微企业的准入成本和融资成本。二是互联网金融的运营特点与小微企业的融资需求具有很强的匹配度。如P2P网络贷款服务平台贷款门槛低、覆盖面广、交易灵活、操作便捷、借款金额小、期限短，可以为小微企业提供"量身定制"的金融服务。三是互联网金融引致的激烈市场竞争将推动银行等传统金融机构重新配置金融资源，大量小微企业将得到更多信贷支持。

二、互联网金融带来的挑战

从诞生到呈业态发展的趋势看，互联网金融和传统金融业已经形成了相互博弈、相互融合、共同发展的态势，互联网金融成为金融体系的有益补充。互联网金融凭借"开放、平等、协作、分享"精神，对传统的金融理念、金融模式、金融业务和金融监管体制形成了颠覆性的冲击和挑战。二者比较见表1-4。

表1-4 传统金融与互联网金融比较

	传统金融	互联网金融
金融对象	货币	可无实际货币资金的流通
金融方式	直接融资和间接融资	异于直接融资和间接融资的融资模式
金融机构	银行和非银行金融机构	供求方可直接交易
金融市场	包括资本市场、货币市场、外汇市场、保险市场、衍生性金融工具市场等	充分有效，接近无金融中介状态
制度和调控机制	对金融活动进行监督和调控	针对现有金融机构的审慎监管不存在，以行为监督和消费者保护为主
信息处理	困难，成本较高	容易，成本低
风险评估	信息不对称	数据丰富、完整，信息基本对称
资金供求	通过银行、券商等中介实现期限和数量匹配	自行解决
支付方式	银行支付	超级集中支付系统和个体移动支付的统一
供求方	间接交易	直接交易
产品	需要设计复杂的风险对冲	风险对冲需求较少
交易成本	交易成本较高	交易成本较低

(一)对金融理念的影响

基于搜索引擎、大数据、云计算、社交网络等现代信息技术和大数定律、概率统计、数据挖掘等行为分析技术支撑,互联网金融极大地改变了传统的金融理念和思维模式。一是边际交易成本和市场参与门槛大幅降低,信息安全保护和风控制度设计不断健全,使得金融需求端和供给端之间的"点对点"和"多对多"直接交易成为现实,实现了封闭式金融向开放式金融的转变。二是第三方支付等互联网金融机构的发展和虚拟货币的出现,改变了银行作为资金交易和支付中介的传统定位,加速了金融脱媒和"去中心化"进程。三是社交网络的发展使得平台化应用变成众享众制众筹模式,移动微博方式使得信息传播速度呈几何级数增长,"自媒体"成为趋势并带动"自金融"时代到来。四是互联网与金融的融合催生了大量需求驱动型的创新金融产品,普通消费者个性化、多样化、碎片化的融资和理财需求得到极大满足且被准确地风险定价,个人金融服务迅猛发展,传统金融向普惠金融转变趋势日益明显。

(二)对金融模式的影响

互联网金融的快速发展,将对传统金融机构现行盈利模式、营销模式、风控模式和组织模式带来很大影响。一是随着利率市场化进程稳步推进和存贷款利率上下限逐步放开,宜信、拍拍贷、人人贷等P2P网络贷款服务平台快速发展,将对银行依靠吸存放贷赚取息差为主的盈利模式造成重大冲击,倒逼银行加快转型。二是互联网金融的不断渗透将隔断银行与客户的联系,导致银行客户萎缩和业务流失。由于难以掌握客户交易行为和信用信息,基于客户信息的产品开发、市场营销和交叉销售等运营模式将愈加困难。三是互联网金融以庞大的电商交易和信用记录为基础,通过数据挖掘、社交网络和行为分析进行风险识别、信用评级、系统化审批和纯信用贷款,对传统金融机构以抵押、质押或担保为主的风险控制模式和信用审核模式产生很大的冲击。四是互联网金融依托信息技术和移动网络平台提供即时、快速、便捷的全天候服务,对银行、券商、保险公司等以物理网点和柜台服务为核心的组织架构和服务模式带来深远影响,促进金融机构传统组织架构由线下向线上延伸、由面对面服务向非现场服务转变。如美国已出现无网点、无ATM、无信用卡、无支票的"纯网络"银行。

(三)对金融业务的影响

互联网金融对传统金融机构的业务和功能产生极大的替代效应。一是第三方支付从入口处改变用户支付习惯,冲击银行传统汇款转账业务和增值业务。如支付宝、易宝支付、拉卡拉等可为客户提供收付款、转账汇款、票务代购、电费和保险代缴等结算和支付服务。随着身份认证技术和数字签名技术的发展,移动支付将会更多用于解决大额支付问题,替代现金、支票、信用卡等银行现有结算支付手段。二是互联网金融为各类金融产品提供扁平化的直销渠道,弱化了银行、券商、保险公司的传统通道业务功能。如余额宝在支付宝账户内嵌基金支付系统,用户既可以购买货币基金产品享受理财收益,又可以随时赎回用于消费支付,对银行传统代销基金业务产生较大影响。再如,众安在线不设分支机构,完全通过互联网进行保险产品销售和理赔业务。三是随着互联网金融的快速发展,资金、股票、债券、票据、产权、保险、大宗商品等交易方更多通过网上发布信息、磋商谈判、完成交易,对银行、券商、基金公司、保险公司、产权交易中心的存贷款、经纪、资管、投行等业务造成极大冲击。如

Wind资讯客户可以依托"万得市场"发布项目信息和寻找交易机会，目前"万得市场"已覆盖固定收益、上市股权、投行销售、理财产品、产权股权五大类和十五个小类。

（四）对金融监管的挑战

一是互联网金融导致不同金融机构之间、金融机构与非金融机构之间的界限趋于模糊，金融业务综合化发展趋势不断加强，金融工具和融资形式日益多样化、复杂化，风险跨机构、跨市场、跨时空关联和交叉感染的可能性显著上升，金融风险扩散速度加快，在现行"分业经营、分业监管"体制下，金融监管难度大大增加，给金融监管的统一性和协调性带来较大挑战。

二是互联网金融交易的虚拟性使金融业务突破了时间和地域的限制，交易对象的广泛性和不确定性使交易过程更加不透明，资金的真实来源和去向很难辨别，大量无纸化交易给监管机构进行稽核审查带来困难。

三是互联网金融作为新兴的金融实践，处于互联网、金融、科技以及通信多个行业的交叉领域，现有金融监管法规体系尚无法完全覆盖，明显滞后于互联网金融创新发展，存在一定的监管缺位，不乏个别公司违规经营，大搞线下业务，违规发行理财产品，甚至触碰"非法吸收公众存款""非法集资"的底线，风险隐患值得高度关注。

四是互联网金融违法犯罪日益增加，利用互联网进行洗钱、套现、赌博、欺诈等非法活动的案件比例逐年攀升。公安部数据显示，近几年，我国利用互联网犯罪的案件正以每年30%的速度递增，犯罪数额和危害性不断扩大；金融领域互联网案件占全国互联网案件的61%，每起金额都在几十万元以上，最大涉案金额达1400余万元，每年造成的直接经济损失近亿元；我国95%以上的网管中心都遭到境内外黑客攻击或侵入，其中银行、证券机构是黑客攻击的重点。此外，互联网金融犯罪充分利用了互联网络"无国界"的特点，大量采用跨国犯罪的形式，加大了国际金融监管协调和全球犯罪协调成本。

（五）对货币政策有效性的挑战

互联网金融的不断发展使人们的交易和支付方式发生潜移默化的变化。作为一种便捷高效的支付手段，互联网货币提高了资金融通效率，并在一定领域内执行了货币的价值尺度和流通手段职能，代表着货币形态的变化，它改变了货币供给结构，模糊了各层次货币间的界限，进一步加大了货币层次划分的难度。同时，由于互联网货币的发行由互联网服务商自行决定，无对外公开的数据，目前央行还无法准确掌握互联网货币的流通速度、发行规模等情况，而互联网货币的发行会通过替代流动中的现金和存款、降低存款准备金余额使货币乘数显著加大，增强货币供给的内生性和货币乘数变动的随机性，削弱中央银行对基础货币的控制能力，增加中央银行调控货币供给的难度，影响货币政策的有效性。

（六）互联网金融对金融消费者权益保护的影响

互联网金融作为金融模式的创新，其金融交易内在的复杂多样和专业性仍然存在，再与技术密集的互联网行业结合在一起，进一步加大了金融消费者准确理解和掌握互联网金融产品和服务的难度。而目前我国社会信用体系尚不完善，对于金融消费者教育和网络交易安全性方面的知识普及力度还不够，金融消费者风险防范意识、网络安全意识和自我保护能力较弱。统计显示，有四成网络支付用户对安全问题没有足够的关注，出现安全问题后，有四成消费者不会采取任何补救措施，个人信息泄露、被不法分子以钓鱼网站骗取钱财、被植入木马病毒获取账户密码、支付数据被篡改等风险也日益暴露，金融消费者权益保护工作任重道远。

三、互联网金融的研究趋势

从近 20 年来互联网金融的实践发展过程可知，其中还有相当多的问题值得深思和进一步的研究，尽管一些领域已有大量学者在关注。

第一，对互联网金融的概念和内涵的探讨。对该问题的思考，有利于进一步认清互联网金融未来的发展方向，以及驱动互联网金融发展的动力所在，为持续不断的金融创新提供理论依据和指导。在此基础上，互联网金融与传统金融市场的关系、影响和变革作用同样值得研究，以便促进两种金融模式的融合发展。

第二，作为传统金融市场的老问题，信息不对称性在互联网金融模式下衍生出新问题。互联网络技术的介入是否能减少信息不对称，仍然是有争议的问题。一些学者认为有利于减少信息不对称，而以传统金融界为代表的观点则认为互联网络技术并不能解决信息不对称问题。所以，由信息不对称导致的逆向选择和道德风险问题，仍然是互联网金融中值得研究的重要问题。就目前而言，无论哪一方的观点，都还没有给出详细的实证研究。

第三，在解决投资和融资过程中，P2P 网贷和众筹融资模式都不需要传统的金融中介机构参与。但它们都需要以互联网为基础的技术平台的参与，只有通过互联网技术平台才能完成投资和融资过程。作为新出现的投融资模式，在投资者、融资者和平台之间，如何设计有效的市场交易机制才能提高投融资成功效率，降低风险的发生，从而保证投资者、融资者以及 P2P 网贷平台和众筹融资平台都能获得最大的经济效用，或许是未来值得研究的一个方向。进一步，在没有传统金融机构参与的投融资过程中，金融产品或者服务的价格是如何确定的问题同样值得研究。此外，还可以分析在互联网金融模式下，金融市场对价格的发现是否比传统金融市场更为合理和有效，如 P2P 网贷利率的确定机理、股权众筹融资的价格、余额宝的收益率等都是需要进一步研究的重要问题。

第四，互联网金融的风险度量也是一个关键研究领域，包括信用风险、交易对手风险、流动性风险、运营风险、技术风险和操作风险等方面。以信用风险为例，在互联网与大数据环境下，交易对手涉及更多成员、分布于更广泛的区域、缺乏规范的财务信息、交易的虚拟化等因素导致更难验证交易对手提供的信息的可信度。这些交易特征使得识别交易对手的信用风险面临与传统金融模式下不同的生态环境，以及完全不同的技术要求。面对成千上万的交易对手和海量大数据，显然不可能按传统信用风险评价那样以评估专家为主导来评价交易对手的信用风险。因此，需要在大数据、网络碎片化信息环境下，开发新的基于大数据分析的信用风险评估模型，从而降低评估成本，最终减少交易成本和信用风险。

本章小结

本章是"互联网金融"这门课程的基础，主要学习了互联网金融产生的原因、发展历程，互联网金融的界定及特征。重点学习了互联网金融的四种模式，即新型货币、电子支付、资金筹集和资金融通。同时，探索了互联网金融的基础理论，包括产业经济学与互联网金融、信息经济学与互联网金融、金融中介理论与互联网金融等。在此基础上还分析了互联网金融产生和发展给传统金融带来的影响和挑战，并初步展望未来互联网金融的趋势。

问题与思考

1. 互联网金融产生的原因是什么？
2. 互联网金融经历了哪些发展阶段？
3. 简述互联网金融的特征。
4. 互联网金融的模式有哪些？
5. 举例说明互联网金融对传统金融理论的影响。
6. 互联网金融对传统金融会产生怎样的影响？

参考文献

[1] 戴建兵：《金融业的网络时代》，载《河北经贸大学学报》2000年第4期。

[2] 戴险峰：《"互联网金融"提法并不科学》，载《中国经济信息》2014年第5期。

[3] 狄卫平、梁洪泽：《网络金融研究》，载《金融研究》2000年第11期。

[4] 冯娟娟：《互联网金融背景下商业银行竞争策略研究》，载《现代金融》2013年第4期。

[5] 冯军政、陈英英：《P2P信贷平台：新型金融模式对商业银行的启示》，载《新金融》2013年第5期。

[6] 胡庆康、刘宗华、魏海港：《金融中介理论的演变和新进展》，载《世界经济文汇》2003第3期。

[7]〔美〕克里斯·安德森：《长尾理论》，乔江涛、石晓燕译，中信出版社2012年版。

[8] 刘江会：《证券承销商声誉的理论与实证研究——基于中国证券发行市场的分析》，复旦大学2004年博士学位论文。

[9] 陆磊：《发展具有中国特色的普惠金融体系》，载《中国农村金融》2014 年第 16 期。

[10] 盛松成、张璇：《余额宝与存款准备金管理》，载《金融时报》2014 年 3 月 19 日。

[11] 唐海军、李非：《长尾理论研究现状综述及展望》，载《现代管理科学》2009 年第 3 期。

[12] 王达：《美国互联网金融的发展及中美互联网金融的比较——基于网络经济学视角的研究与思考》，载《国际金融研究》2014 年第 12 期。

[13] 王国刚：《从互联网金融看我国金融体系改革新趋势》，载《红旗文稿》2014 年第 8 期。

[14] 王和：《大数据时代保险变革研究》，中国金融出版社 2014 年版。

[15] 王江：《金融经济学》，中国人民大学出版社 2006 年版。

[16] 闻中、陈剑：《网络效应与网络外部性：概念的探讨与分析》，载《当代经济科学》，2000 年第 6 期。

[17] 吴晓求：《互联网金融的逻辑》，载《中国金融》2014 年第 3 期。

[18] 吴晓求：《中国金融的深度变革与互联网金融》，载《财贸经济》2014 年第 1 期。

[19] 谢平：《互联网货币》，载《新世纪周刊》2013 年 4 月 1 日。

[20] 谢平、刘海二：《ICT、移动支付与电子货币》，载《金融研究》2013 年第 10 期。

[21] 谢平、邹传伟：《互联网金融模式研究》，载《金融研究》2012 年第 12 期。

[22] 谢平、邹传伟、刘海二：《互联网金融监管的必要性与核心原则》，载《国际金融研究》2014 年第 8 期。

[23] 谢平、邹传伟、刘海二：《互联网金融手册》，中国人民大学出版社 2014 年版。

[24] 徐忠、张雪春、邹传伟：《房价、通货膨胀与货币政策——基于中国数据的研究》，载《金融研究》2012 年第 6 期。

[25] 杨成、韩凌：《三网融合下的边界消融》，北京邮电大学出版社 2011 年版。

[26] 杨凯生：《关于互联网金融的几点看法》，载《中国金融电脑》2013 年第 12 期。

[27] 杨涛主编：《互联网金融理论与实践》，经济管理出版社 2015 年版。

[28] 张晓朴：《互联网金融将推动金融理论发展创新》，中国金融四十人论坛 2014 年内部交流论文。

[29] 钟向群：《探索互联网金融新模式》，载《中国金融》2013 年第 24 期。

[30] 周光友、施怡波：《互联网金融发展、电子货币替代与预防性货币需求》，载《金融研究》2015 年第 5 期。

[31] A. Mascolell, M. Whinston, J. Green. 1995. *Microeconomic Theory*.

Oxford University Press.

[32] A. Rajaraman, J. D. Ullman. 2011. *Mining of Massive Datasets*. Cambridge University Press.

[33] B. Holmstrom. 1999. Managerial Incentive Problems: A Dynamic Perspective. *The Review of Economic Studies*, 66 (1): 169-182.

[34] B. Scholtens, D. V. Wensveen. 2000. A Critique on the Theory of Financial Intermediation. *Journal of Banking & Finance*, 24 (8): 1243-1251.

[35] C. Dellarocas. 2003. Efficiency and Robustness of Bi-nary Feedback Mechanisms in Trading Environments with Moral Hazard. MIT Center for Business Working Paper.

[36] CGAP. 2010. Microfinance and Mobile Banking: The Story So Far.

[37] C. Lorenzo, S. Yunkyu, A. D. I. Kramer, M. Cameron, F. Massimo, N. A. Christakis, J. H. Fowler, L. Renaud. 2014. Detecting Emotional Contagion in Massive Social Networks. Plos One, 9 (3).

[38] C. Shapiro, H. R. Varian. 1999. *Information Rules: A Strategic Guide to Network Economy*. Harvard Business School Press.

[39] D. Diamond and P. Dybvig. 1983. Bank Runs, Deposit Insurance, and Liquidity. *Journal of Political Economy*, 91 (3): 401-419.

[40] D. W. Diamond. 1984. Financial Intermediation and Delegated Monitoring, *Review of Economic Studies*, 51 (3): 393-414.

[41] E. Fama, L. Fisher, M. Jensen and R. Roll. 1969. The Adjustment of Stock Prices to New Information. *International Economic Review*, 10 (1): 1-21.

[42] F. Allen, A. Santomero. 1996. The Theory of Financial Intermediation. *Social Science Electronic Publishing*, 21 (97): 1461-1485.

[43] F. Mishkin. 1995. *The Economics of Money, Banking, and Financial Markets*. Harper Collins College Publishers.

[44] F. Provost, T. Fawcett. 2013. *Data Science for Business: What You Need to Know about Data Mining and Data-Analytic Thinking*. O'Reilly Media.

[45] G. Benston, C. Smith. 1976. A Transactions Cost Approach to the Theory of Financial Intermediation, *Journal of Finance*, 31 (2): 215-231.

[46] G. J. Stigler. 1961. The Economics of Information. *Journal of Political Economy*, 69 (3): 213-225.

[47] Goldman Sachs. 2014. Overview: Emergence of Internet Finance to Reshape China's Lending Markets.

[48] H. R. Varian. 2003. Economics of Information Technology. Working Paper.

[49] H. Shefrin, M. Statman. 1994. Behavioral Capital Asset Pricing Theory.

The Journal of Financial and Quantitative Analysis, 29 (3): 323-349.

[50] IIF (Institute of International Finance). 2014. Chinese Internet Finance: Explosive Growth, Challenges Ahead.

[51] J. E. Stiglitz, A. Weiss. 1981. A Credit Rationing in Markets with Imperfect Information. *American Economic Review*, 71 (3): 393-410.

[52] J. G. Gurley, E. S. Shaw. 1956. Financial Intermediaries and the Saving-Investment Process, Journal of Finance, 11 (2): 257-276.

[53] K. Michihiro. 1992. Repeated Games Played by Over-lapping Generations of Players. *Review of Economic Studies*, 59 (1): 81-92.

[54] L. Dempsey. Libraries and the Long Tail: Some Thoughts about Librariesina Network Age, http://www.dlib.org/dlib/april06/dempsey/04dempsey.html, LibMagazine, 12 (4), 2006-04/2015-03-25.

[55] M. Armstrong. 2006. Competition in Two-sided Mar-kets. *Rand Journal of Economics*, 37 (3): 668-691.

[56] McKinsey Global Institute. 2011. Big Data: the Next Frontier for Innovation, Competition, and Productivity.

[57] M. Kandori. 1992. Social Norms and Community Enforcement. *The Review of Economic Studies*, 59 (1): 63-80.

[58] M. Lin, N. Prabhala, etal. 2009. Social Networks as Signaling Mechanisms: Evidence from Online Peer-to-Peer lending. University of Mayland Working Paper.

[59] N. Economides and C. Himmelberg. 1994. Critical Mass and Network Evolution in Telecommunications. Working Paper.

[60] N. Economides, F. Flyer. 1998. Equilibrium Coalition Structures in Markets for Network Goods. *Access and down load statistics*, (49-50): 361-380.

[61] P. Klemperer. 1987. Entry Deterrence in Markets with Consumer Switching Costs. *Economic Journal*, 97 (388a): 99-117.

[62] R. Botsman and R. Rogers. 2010. *What's Mine is Yours: the Rise of Collaborative Consumption*. Harper Business.

[63] R. B. S. Chairperson, H. E. Leland, et al. 1977. Informational Asymmetries, Financial Structure, and Financial Intermediation. *Journal of Finance*, 32 (2): 371-387.

[64] R. C. Merton, Z. Bodie Z. 1993. Deposit Insurance Reform: A Functional Approach. *Carnegie-Rochester Conference Series on Public Policy*, 38 (1): 1-34.

[65] R. Merton. 1995. A Functional Perspective of Financial Intermediation. *Financial Management*, 24 (2): 23-41.

[66] S. Freedman, G. Z. Jin. 2008. Do Social Networks Solve Information

Problems for Peer-to-Peer Lending? Evidence from Prosper. com. College Park Working Papers.

[67] S. L. Liebowitz, S. E. Margolis. 1994. Network Externality: An Uncommon tragedy. *Journal of economic perspectives*, 8 (2): 133-150.

[68] S. Salop, J. Stiglitz. 1997. *Bargains and Rip-offs: A Model of Monopolistically Competitive Price Dispersion*. Review of Economic Studies, (44): 493-510.

[69] S. Salop, J. Stiglitz. 1982. *The Theory of Sales: A Sim-ple Model of Equilibrium Price Dispersion with Identical Agents*. American Economic Review, 72 (5): 1121-1130.

[70] T. S. Campbell, W. A. Kracaw. 1980. Information Production, Market Signaling, and the Theory of Financial Intermediation. *Journal of Finance*, 35: 863-882.

[71] W. Diamond. 1984. Financial Intermediation and Delegated Monitoring. *Review of Economic Studies*, 51 (3): 393-414.

[72] W. Pyle. 2002. Reputation Flows. Middlebury College Working Paper.

[73] Zvi Bodie and Robert Merton. 2000. *Finance*, Prentice-Hall Inc.

第二章

电子货币

内容提要

本章学习的重点是电子货币对中央银行的影响、电子货币对货币层次的影响、电子货币对货币供求的影响及电子货币对货币政策的影响。学习的难点是电子货币对货币供求的影响中所涉及的相关理论模型。通过本章的学习，我们的目的是对电子货币有总体的理解和把握，掌握电子货币对中央银行、货币层次、货币供求、货币政策等的影响及影响机理。

第一节 电子货币概述

一、电子货币的产生及特点

进入20世纪中期以后，随着科学技术的进步和生产力水平的进一步提高，商品生产进入了现代化的大规模生产，经济结构也发生了重大变化，商品流通渠道迅速扩大，交换日益频繁，尤其是科技进步、第三产业以及互联网的迅速发展，使现代市场经济进入了大规模、多渠道和全方位发展的时代。高效、快速发展的大规模的商品生产和商品流通方式对传统的货币提出了新的挑战，对货币支付工具提出了新的要求，迫切需要有一种新的、先进的货币工具与高度发达的商品经济相适应。电子货币正是适应市场经济的高速发展，能够体现现代市场经济特点的货币形式。

（一）电子货币的产生与发展

1. 电子货币产生的原因

在数千年的货币历史发展过程中，随着商品经济的不断发展，货币的形式也在不断演变。人类经历了以实物、贵金属和纸币作为通货的不同阶段。最初的货币形式是实物货币，解决了物物交换的矛盾，有力地促进了商品经济的发展和人类社会的进步。但随着商品经济的发展和生产力的提高，实物货币的缺点日益显露出来，实物货币逐步被金属货币所取代。贵金属货币既弥补了实物货币的不足，又满足了当时商品交换的需要。最初的贵金属货币的名义重量与实际重量之间没有明显的差别。随后，足值的与经过磨损不足值的金属铸币在市场上同样发挥货币的职能作用，使人们认识到货币可以由不足值或无价值的符号来代替。随着金属货币不能满足商品经济发展的需要，货币进入了代用货币阶段。代用货币主要代表的是贵金属货币，从形式上发挥着交换媒介的作用，可以自由地向发行单位兑换贵金属货币，是货币发展史上的一次重大革命，而信用货币是代用货币进一步发展的产物，是以信用作为保证，通过信用程序发行和创造的货币。

目前，世界上几乎所有国家采取的货币形态（包括纸币、辅币或银行存款）都是信用货币。但随着网络技术和电子技术的飞速发展，信用制度的不断完善，出现了在交易或消费过程中充当"支付职能"的货币替代品——电子货币，货币形式从有形向无形转变（见表2-1），货币形式的演变证明了货币是商品经济发展的必然产物，其形式也是伴随着商品经济的不断发展而演变的。从实物货币到信用货币，货币发展史上这两次重大变革都伴随着商品经济的迅速发展和生产力的不断进步。

表2-1 货币的发展阶段

货币的阶段	货币的性质	货币的表现形式	货币的特点
实物货币阶段	货币发展的最原始形式，用常见的大家都普遍接受的商品作为固有的一般等价物	贝壳、布帛、牛羊、兽皮、盐、可可豆	体积笨重、不便携带；质地不匀、难以分割；容易腐烂、不易储存；大小不一、难以比较
金属货币阶段	实体货币，弥补了实物货币的不足，又满足了当时商品交换的需要	铜、白银、黄金	单位体积价值高、价值稳定、质量均匀且易于分割、耐磨损、便于储藏等
代用货币阶段	实体货币，作为货币物品本身的价值低于其代表的货币价值	不足值的铸币、政府或银行发行的纸币和票据	十足的贵金属符号，可以自由地向发行单位兑换贵金属货币
信用货币阶段	以信用作为保证、由国家强制发行的货币符号，通过信用程序发行的货币	纸币和小面额硬币	完全割断了与贵金属的联系，国家政府的信誉和银行的信誉是基本保证
电子货币阶段	一种抽象的货币概念，以电子信号为载体的货币	信用卡、智能卡、数字现金	无面额约束、提高货币流通效率、降低货币流通费用

2. 电子货币产生的条件

（1）信用的存在是电子货币产生的基础。电子货币的表现形式是计算机中的数字账号或价值符号，是货币流通现代化的产物，是信用制度发展的产物。信用，在现代社会已经被赋予了新的概念，正逐步被人们所认同。在国外，金融行业已普遍使用信用来评估一个人或一家公司。一个人的信用就是价值，价值最直接的表现形式就是货币。例如，金融机构推出的贷记卡，就是根据每个人的收入、家庭和还款情况等评定出一个信用等级，然后给予相应的贷款额度。电子货币为信用从虚拟到真实提供了良好的载体。

（2）市场形式的转移和改变使电子货币有了需求市场。任何一个新生事物的产生和发展，必须有其内在发展的动力。电子货币的发展是先从商业信用到银行信用，先发行零售店信用卡到后来发行银行信用卡，传统货币和电子货币的职能是一致的。传统意义上的市场有固定场所,随着银行网络化进程的加快,市场和消费的场所发生了从有形到无形、从固定到流动的改变。以银行卡为载体的网上银行业务得到迅速发展,持卡人可以通过互联网在任何时间、地点和任何形式的金融网络的终端进行交易。电子货币携带方便安全,满足了现代消费者不断变化的需求,成为经济生活和金融领域不可或缺的工具。

(3) 电子技术的高速发展与广泛应用为电子货币提供技术保障。银行与其他金融产业运用现代科学技术不断改进业务管理和服务系统,推出新的高科技含量的现代金融产品,将现代电子信息技术、管理科学和金融业务紧密结合。电子技术的应用和信息化的发展,是电子货币产生的必不可少的技术条件。电子货币已经从原先单纯概念上的信用卡发展到科技含量更高、对网络依赖更强的支付系统。银行的结算、核算和划转无一例外,都需要计算机的支持和安全保障。网络时代的到来,为依赖于银行结算体系的电子货币的发展提供了通道。无线技术的发展使得手机银行成为可能。科学技术的普及,使更多的消费者能够接受和使用计算机,使电子货币的使用有了更广阔的空间。电子货币的发展不仅依赖高度发达的商品经济条件,而且更重要的是依托于现代科学技术的进步。

(4) 信用卡是电子货币的雏形,是电子货币产生的重要标志。信用卡是随着商品经济的发展水平和科学技术的进步而产生的一种现代支付工具。银行作为买卖双方以外的第三者发行信用卡,使信用卡由过去仅限于买卖双方的信用工具发展成为一种银行信用形式,使信用卡的应用范围迅速扩大,信用实力进一步加强。信用卡在相当一部分国家和地区得到了普及,取代现金成为交易中介已成为一种必然趋势,尤其是随着现代科技的快速发展,其功能日益增强,使用范围更加广泛,信用卡已经成为电子货币时代的重要标志和主要表现形式。

(二) 电子货币的特点

现实交易中的货币作为一种媒介手段,具有交易行为的自主性、交易条件的一致性、交易方式的独立性和交易过程的可持续性等通货应具有的特性。电子货币作为一种新的货币形式,同样具有传统通货的属性。电子货币必须具有交易媒介的自主性、一致性、独立性和持续性。电子货币执行支付功能时本质上类似于传统通货,只是电子货币是通过销售终端、不同的电子设备之间以及在公开网络上执行支付。但与通货相比,电子货币具有一些特殊属性,一定程度上弥补了传统通货的一些不足,主要表现为以下几方面:

1. 发行主体趋于分散

从发行主体看,传统的通货是以国家信誉为担保的法币,由中央银行或特定机构垄断发行,由中央银行承担其发行成本,其发行收益则形成中央银行的铸币税收入。商业银行即使具有发行存款货币的权利,也要受到中央银行存款准备金等机制的影响和控制,货币发行权控制在中央银行的手中。但是电子货币的发行机制有所不同,呈现出分散化的趋势。从目前的情况看,发行主体既有中央银行,又有一般的金融机构,甚至是成立特别发行公司的非金融机构,如信用卡公司和IT(信息技术)企业,它们发行电子货币并从货币发行中获得收益,构成了一个特定的电子货币的发行市场。在这个市场中,大部分电子货币是不同的机构自行开发设计的带有个性特征的产品,其担保主要依赖于各发行机构自身的信誉和资产。其使用范围也受到设备条件、相关协议等的限制。电子货币以类似于商品生产的方式被生产出来,发行主体按"边际收益等于边际成本"这一规则来确定自己的"产量"。电子货币的总量不再受中央银行控制,其数量规模基本由市场决定。

2. 流通突破主权范围

一般而言,货币的使用具有严格的地域限定,一个国家的货币是在本国被强制使用的唯一货币(欧元除外),而且在流通中可能被持有者以现金的形式窖藏,造成货币沉淀,货币流通速度缓慢。但是电子现金以数字文件的形式,依托于虚拟的互联网空间,在一个没有国界地域限制的一体化空间内快速流通。消费者可以较容易地获得和使用不同国家的发行机构发行的以本币或外国货币标值的电子货币,而且这种流通自始至终在银行转账范围内,从而避免了资金在银行体外循环。但是电子货币的使用必须借助于一定的电子设备,不能像纸币一样直接流通。电子货币的电子设备的设置地点并不是交易双方所能决定的,这在很大程度上影响了电子货币的便携性。

3. 交易行为更加隐秘

传统货币具有一定的匿名性,但做到完全匿名不太可能,交易方或多或少地可以了解到使用者的一些个人情况。而电子货币支持的交易都在计算机系统和电子网络上进行,没有显见的现钞货币或其他纸基凭证。电子货币要么是非匿名的,可以记录详细的交易内容甚至交易者的具体情况;要么是匿名的,其交易完全以虚拟的数字流进行,交易双方根本无须直接接触,几乎不可能追踪到其使用者的个人信息。电子现金采用数字签名的技术来保证其匿名性和不可重复使用,对于交易有一定的隐秘性,为保护商业秘密,尊重交易双方的隐私,提供了可行的途径。但绝对的匿名性也带来了消极影响,极易被洗钱活动所利用。

4. 交易过程更加安全

传统的货币总是表现为一定的物理形式,如大小、重量和印记等,其交易中的防伪主要依赖于物理设备,通过在现钞上加入纤维线和金属线、加印水印和凹凸纹等方法实现。而电子货币主要是用电子脉冲依靠互联网进行金额的转账支付和储存,其防伪主要采取电子技术上的加密算法或者认证系统的变更来实现。电子货币下的支付行为,需要资金的拥有人持有一定的身份识别证明,如个人密码、密钥甚至指纹等来验证交易的合法性,这些电子措施的安全性要远远高于现钞货币的安全防伪措施,因此,安全可靠程度更容易被接受。

5. 交易成本更加低廉

传统货币的流通要承担巨额纸币印钞、物理搬运和点钞等大量的社会劳动和费用支出,而电子货币本质上是一组特定的数据信息,使用电子货币的交易行为是经由电子流通媒介在操作瞬间借记和贷记货币账户,一系列的识别、认证和记录数据的交易工作时间很短暂。电子货币的使用和结算不受金额、对象和区域的限制,信息流所代表的资金流在网上的传送十分迅速、便捷。这些特征使电子货币相对传统货币而言，更方便、快捷，从而极大地降低了交易的时空成本和交易费用。

二、电子货币的界定

在传统的货币理论中，可以根据货币的职能或者本质从不同的角度给货币下定义，然而，迄今为止，电子货币也没有一个统一明确的定义。虽然电子货币发展尚处于初期阶段，但有关电子货币定义的争论从来没有停止过，可以预见，随着电子货币的发展，它的定义也会不断延伸和演变。但从已有的定义看，其基本内容也大同小异，只是从不同的角度来对电子货币下定义。

一般来说，电子货币（electronic money）又称为"网络货币"（network money）、"数字货币"（digital money）、"电子通货"（electronic currency）等，是 20 世纪 90 年代后期出现的一种新型支付工具。与纸币出现后的一段时期内，各类银行券同时流通的情况相似，目前的电子货币基本上是各个发行者自行设计、开发的产品，种类较多。已经基本成形的电子货币包括赛博硬币（CyberCoin）[①]、数字现金（DigiCash）、网络现金（NetCash）、网络支票（NetCheque）等系统。尽管各种不同电子货币的具体形式差异较大，但在基本属性方面完全一样，具有传统纸币体系所包含的大部分货币性质，而又不以实物形态存在。

日本学者岩崎和雄、左藤元则在其《明日货币》一书中给电子货币下定义："所谓电子货币是指'数字化的货币'，举凡付款、取款、通货的使用、融资存款等与通货有关的信息，全部经过数字化者，便叫作电子货币。"可以看出，这种定义较为宽泛。姜建清在其《金融高科技的发展及深层次影响研究》一书中将电子货币定义为："电子货币就是将现金价值通过二进制数码（0，1）的排列组合预存在集成电路晶片内的一种货币，是适应人类进入数字时代的需要应运而生的一种电子化货币。"而姚立新对电子货币的描述为："电子货币，也称数字货币，是以电子信息网络为基础，以商用电子机具和各类交易卡为媒介，以电子计算机技术和通信技术为手段，以电子数据（二进制数据）形式存储在银行的计算机系统中，并通过计算机网络系统以电子信息传递形式实现流通和支付功能的货币。"较之前两种定义，这种定义更为详细具体。

在国际上，比较权威的关于电子货币的定义是巴塞尔委员会 1998 年发布的。巴塞尔委员会认为："电子货币是指在零售支付机制中，通过销售终端、不同的电子设备之间以及在公开网络（如 internet）上执行支付的'储值'和预付支付机制。"所谓"储值"，是指保存在物理介质（硬件或卡介质）中可用来支付的价值，如智能卡、多功能信用卡等。这种介质亦被称为"电子钱包"，它类似于我们常用的普通钱包，当

---

① 赛博硬币是由赛博现金（CyberCash）推出的网上电子支付系统。与电子现金不同，用赛博硬币进行支付时资金并不真正转入客户 PC 机中的账户或者赛博现金的电子钱包，而是通过一个在赛博现金银行设立的代理账户对交易情况进行记录，在交易额累积到一定程度时再通过电子自动清算所（Automatic Clearing House，ACH）按差额款项进行在线电子支付清算，提高了电子支付的清算效率，加速网上货币流通，这是一种很有前景的电子信用货币。

其储存的价值被使用后,可以通过特定设备向其追储价值。而"预付支付机制"则是指存在于特定软件或网络中的一组可以传输并可用于支付的电子数据,通常称为"数字现金",也有人将其称为"代币"(token),由一组组二进制数据(位流)和数字签名组成,持有人只需要输入电子货币编码、密码和金额,就可以直接在网络上使用。

中国人民银行2009年起草的《电子货币发行与清算办法(征求意见稿)》第3条规定:"本办法所称电子货币是指存储在客户拥有的电子介质上、作为支付手段使用的预付价值。根据存储介质不同,电子货币分为卡基电子货币和网基电子货币。卡基电子货币是指存储在芯片卡中的电子货币。网基电子货币是指存储在软件中的电子货币。仅在单位内部作为支付手段使用的预付价值,不属于本办法所称电子货币。"这一定义与巴塞尔委员会的定义基本一致。

由此可见,目前电子货币定义产生争议的原因在于学者们从不同的角度和范围对电子货币进行界定,有的学者从货币的职能和本质属性方面进行界定,有的则从使用方式及形式上进行界定。然而,不论哪一种定义都有其合理性,只不过是他们的侧重点有所不同而已。根据上述分析,我们认为,可以把电子货币分为狭义和广义的电子货币,巴塞尔委员会对电子货币的定义是狭义的界定,广义的电子货币应该是指以计算机网络为基础,以各种卡片或数据存储设备为介质,借助各种与电子货币发行者相连接的终端设备,在进行支付和清偿债务时,使预先存放在计算机系统中的电子数据以电子信息流的形式在债权债务人之间进行转移的,具有某种货币职能的货币。为了便于研究,我们采用广义的定义。

三、电子货币的类型

电子货币的种类根据不同的划分依据可以有不同的划分方法。

(一)根据是否以计算机为媒介作出的分类

1. 不以计算机为媒介的电子货币

不以计算机为媒介的电子货币以储值卡(stored-value card)为代表。其基本模式是发行人发行存储一定价值的储值卡,消费者购买储值卡用于支付所购买的货物或服务,出售货物或提供服务的人再从发行人处回赎货币价值。卡片储值的电子货币有单一发行人发行的电子货币和多个发行人发行的电子货币。前者如1995年英国Mondex模式的货币,后者如维萨集团推出的曾在1996年奥运会中实验过的维萨货币(Visa Cash)。美国联邦储备委员会将储值卡进一步划分为线下储值卡和线上储值卡两种。

(1)线下储值卡(offline stored-value card)即交易时不用进行授权和证实的储值卡,持卡人可以像使用钱一样直接用储值卡来购物,交易的信息通常是在交易后的一段时间之后再传送给金融机构(一般是发卡人)。根据发卡是否通过设置中央资料保存设备来追踪持卡人持有的储值卡的数额,线下储值卡又分为线下不可记录储值卡(offline unaccountable stored-value card)和线下可记录储值卡(offline accountable stored-value card),线下不可记录储值卡的交易情况记录保存在储值卡上,没有中央资料存储设备记录交易情况,如一般的电话卡、乘车卡等。线下可记录储值卡交易由发行人设置的中央资料存储设备记录交易情况,同时,储值卡上一般显示交易的情况和余额。

(2) 线上储值卡 (online stored-value card)。利用线上储值卡进行交易涉及线上的授权和证实。客户的资金余额保留在发行人的中央资料保存系统中,而不是记录在储值卡上,交易时,交易的信息从销售终端传到持有客户资金的金融机构,通知金融机构交易的数额和客户储值卡上的余额,金融机构进行证实,达成交易。美联储对这种储值卡提出了严格的要求,即必须遵守 E 条例的所有规定。

2. 以计算机为媒介的电子货币

以计算机为媒介的电子货币是将货币价值储存在计算机中,通过计算机网络进行电子交易,买卖双方即使距离很远也可以进行交易,其基本模式是买卖双方通过互联网进行网上交易,双方就主要条款达成一致后,买方通过网络通知其银行向卖方付款,银行在得到买方指令并加以确认之后,向卖方付款。目前,这种电子货币还处于实验阶段,主要有 DigiCash 和 CyberCash 两种模式。对于这种电子货币,美联储希望将有关法案和条例适用于该类产品,但还需要征求有关当事人的意见。

(二) 美国联邦存款保险公司对储值卡的分类

由于联邦存款保险公司有权决定哪些存款属于联邦存款保险保护的范围,因此,它根据金融机构持有客户购买储值卡支付资金的情况,即客户购买储值卡之后,金融机构是否建立了一个特殊账户代表客户持有资金,以及这一账户在客户金融交易时,是否受到交易的影响,将储值卡分为四种:

1. 属于银行客户账户的储值卡 (bank primary—customer account systems)

这种储值卡的特点是资金被转移给商人或其他第三方之前,由客户账户持有,这种保存在客户账户中的资金被认为是可以受到联邦存款保险保护的存款。

2. 属于银行准备金账户的储值卡 (bank primary—reserve systems)

这种储值卡的特点是资金不是保存在客户账户中,而是从客户账户中转移到银行的保证金账户或一般的负债账户中,交易时,再从保证金账户或一般负债账户中转移给商人或第三方,由于这种账户不是保存在客户账户中,因此,不受联邦存款保险的保护。

3. 属于第三方客户存款的储值卡 (bank secondary—advance systems)

在这种储值卡中,银行不是储值卡的发行人,仅仅是一个中介者,相对于银行和客户而言,发行人属于第三方,第三方发行储值卡,并将其电子价值转移给银行,银行代表发行人从购买储值卡币值的客户手里收取资金,再将资金转移给发行人。这类资金属于发行人在银行处的存款,因此受到联邦存款保险的保护。

4. 属于银行自身资产的储值卡 (bank secondary—pry-acquisition systems)

在这种储值卡中,银行从发行人手里购买电子货币的币值,然后再出售给客户,这一过程中,储值卡包含的价值在一段时间内属于银行所有,不涉及任何存款。

(三) 其他分类

还有的学者按照载体的不同将电子货币分为"卡基"(card-based) 电子货币和

"数基"(soft-based)电子货币。"卡基"电子货币的载体是各种物理卡片,包括智能卡、电话卡、礼金卡等。消费者在使用这种电子货币时,必须携带特定的卡介质,电子货币的金额需要预先储存在卡中。"卡基"是目前电子货币的主要形式,发行卡基电子货币的机构包括银行、信用卡公司、大型商户和各类俱乐部等。(具体见图2-1)"数基"电子货币完全基于数字的特殊编排,不需特殊的物理介质,只依赖软件的识别与传递。只要接入网络,电子货币的持有者就可以随时随地通过特定的数字指令完成支付。(具体见图2-2)

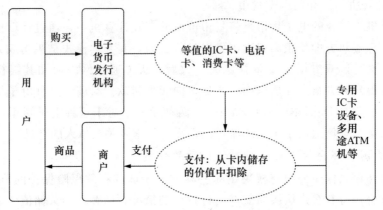

图2-1 "卡基"型电子货币支付流程图

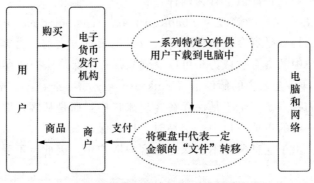

图2-2 "数基"型电子货币支付流程图

四、电子货币的职能与属性

(一)电子货币的属性

电子货币的作用类似于通货。在使用范围上,它与通货基本一样,主要用于小额的交易。在商品交易支付中,它也一样具有交易行为的自主性、交易条件的一致性、交易方式的独立性和交易过程的可持续性等通货应具有的特征。同样,电子货币也可被分割、易于携带。与传统通货相比,电子货币的属性有以下几个方面的特点:

1. 电子货币的发行机制与通货有所不同

纸币都由中央银行或特定机构垄断发行,中央银行承担发行的成本、享受铸币税收入、行使基本职能和保持相对独立性。而电子货币的发行机制有所不同，从目前的情况看，电子货币的发行者既有中央银行，也有一般金融机构，甚至非金融机构，而且更多的是后者。电子货币的发行与应用需要多个机构介入。一般而言，电子货币的发行和应用包括四类机构：

（1）电子货币的发起人或储值人（originator）——负责设计电子货币，并为电子货币赋值，形成电子货币的"储值"，对外出售。电子货币所"储存"的价值，构成发起人的负债。

（2）电子货币的发行人（issuers）——负责发行和销售电子货币。发行人可以是发起人，也可以是其他专业化机构。如果是后者，发行人向发起人购买电子货币，然后零售给消费者，发起人向发行人支付一定的费用。

（3）电子货币的硬件和软件供应商——负责提供生产电子货币所需的软、硬件技术支持。

（4）电子货币的清算人——负责电子货币的清算。清算人也可以是发起人或发行人，但通常情况下委托银行和其他金融机构承担。

2. 个性化

目前的电子货币大部分是不同的机构自行开发设计的带有个性特征的产品，其担保主要依赖于各个发行者自身的信誉和资产，风险并不一致，其使用范围也受到设备条件、相关协议等的限制。如果缺乏必要的物理设备，即使是中央银行代表国家发行的电子货币，也不可能强制人们接受。而传统通货是以中央银行和国家信誉为担保的法币，是标准产品，由各个货币当局设计、管理和更换，被强制接受和广泛使用。

3. 匿名性与非匿名性明显

一般来说，电子货币要么是非匿名的，可以详细记录交易，甚至交易者的情况；要么是匿名的，几乎不可能追踪到其使用者的个人信息。而通货既不是完全匿名的，也不可能做到完全非匿名，交易方或多或少地可以了解到使用者的一些个人情况，如性别、相貌等。

4. 打破了境域的限制

只要商家愿意接受电子货币，消费者可以较容易地获得和使用多国货币。而在欧元未出现以前，货币的使用具有严格的地域限定，一国货币一般都是在本国被强制使用的唯一货币。

5. 防伪技术要求高

电子货币的防伪只能采取技术上的加密算法或认证系统来实现，而传统货币的防伪可依赖于物理设置。

（二）电子货币的职能

货币的职能是货币本质的具体表现，一般认为，货币具有价值尺度、流通手段、储藏手段和支付手段的职能。就现阶段的电子货币来说，它是以既有实体信用货币为基础而存在的"二次货币"。因此，要能够完全执行货币的职能必须达到一定的条件。

1. 电子货币完全执行货币职能的条件

(1) 电子货币在任何时候都能与既有的实体货币之间以 1∶1 的比率交换

只有当电子货币在任何时候都能与既有的实体货币之间以 1∶1 的比率进行交换时,电子货币才可完全作为现金和存款的代表物,它除了发行者将货币的价值电子信息化之外,与实体货币之间没有什么不同。这是电子货币能够完全执行价值尺度和储藏手段职能的必要条件。

(2) 电子货币可用于包括个人之间支付的所有结算,而且任何人都愿意接受并持有到下一次支付

具备这一条件,表明电子货币可以广泛地普及在所有结算和支付过程中。同时,如果电子货币被用来进行支付,当其通过网络以数据信息形式从交易一方转移到另一方时,钱货两讫,交易应随即宣告完成。电子货币的获得者因交易的发生收到货币后,不必到电子货币的发行机构去兑换成传统信用货币,就能完成对款项的回收。同时,所有持有电子货币的经济主体,都愿意一直持有电子货币到下一次交易,而不用兑换成实体货币。这是电子货币能够完全执行支付手段和流通手段职能的必要条件。

2. 电子货币的职能

(1) 价值尺度

电子货币与其他货币支付手段相比,具有货币的一般性特征,但是电子货币缺少传统货币的价格标准,因为价格标准是人为的一个约定基准。作为"价值尺度"代表的货币单位必须是公认的、统一的和规范的,与其他度量单位相同,需要法律强制执行。没有价格标准支撑的电子货币,就缺乏人们普遍接受的信用。电子货币对商品价值度量的标准是建立在纸币或存款账户基础上的,遵循中央银行货币的"价值尺度"标准,电子货币要以中央银行货币单位作为自己的计价单位,发行主体要保证其能与实体货币以 1∶1 的比率兑换。电子货币由于带有明显的发行人特征,而不同的发行人对价值判断的标准不同,因此电子货币体系需要通过一个"外部"标准统一规范。

(2) 流通手段

当商品流通买和卖两个阶段的完成以电子货币充当交换媒介时,电子货币就发挥流通手段职能。作为流通手段的电子货币具有以下特点:

① 资金汇划快捷。可以使用电话、个人电脑或借助互联网,向国内外汇划电子货币,在几分钟或几秒钟之内就可以使资金转往目的地账户。

② 携带方便。可以使用电子钱包完成各种交易支付,免去了携带现金的麻烦和不安全。

③ 方便交互。可以随时利用电话或网络,通过画面、声音传递信息,并选择付款方式。

④ 兑换快捷方便。可以在电子线路上直接兑换货币,汇率立即可知。

⑤ 便于管理。由于电子货币在充当交易媒介时留下了数字记载,可以随时记录消费的时间、地点等资料,有利于家庭、个人有计划地设计消费方式和时间;便于银行适时分析、识别确切的资金流,从而了解国民经济动向,对地下经济和黑钱交易形成

一定的约束。

(3) 支付手段

当电子货币实行价值单方面的转移时,就发挥了支付手段的职能。如单位以银行卡的方式发放工资奖金、缴纳税收,银行通过发放银行卡的形式吸收存款,办理其他代收代付业务(代收电话费、水电费等),消费者使用信用卡进行交易,在电子货币存款不足时购买商品,银行履行付款责任,同时消费者和银行形成借贷关系,等等。

(4) 储藏手段

货币的储存手段是与货币自然形态关系最为密切的职能。利用货币"储存"价值的先决条件之一,是货币积累所代表的价值积累没有风险,或者风险极低。纸币代表一个债务符号,是发行国家与纸币本身的法律契约,是发钞国家对持有者的负债,国家信誉是有限信誉,尽管国家会努力承担其法律责任,但持有者无法控制发行国增加纸币发行的行为。电子货币的储存是以数字化形式存在的,目前的价值储存功能也依赖于传统通货,以现金或存款为基础,所以这样得到的电子货币永远不可能摆脱持有者手中原有通货的数量约束。这样,电子货币作为价值储存是名不副实的。所以,电子货币的储存功能是所有者无法独立完成的,必须依赖中介结构。

第二节 电子货币的作用及对中央银行的影响

一、电子货币的作用

电子货币作为社会经济活动流通、支付手段的基础性创新,对社会经济生活的各个方面产生了极其广泛的影响。电子货币的作用可以从宏观和微观两个层面体现。

(一) 电子货币微观层面的作用

1. 降低交易成本,提高效率,方便用户使用

现代市场经济条件下,商品的交易在很大程度上必须通过资金的支付和货币的转移才能完成。电子货币出现以前,交易的货币支付是商家与客户或商家授权的银行与客户面对面的人工处理,或借助于邮政、电信部门的委托传递进行。这种货币支付速度慢、成本高、效率低。电子货币出现后,通过电子货币,采用先进的数字签名等安全防护技术,商家或客户不必出门,不需要开支票,不必贴邮票发信件,只需轻松敲键盘,便能经由网络迅速完成款项支付或资金调拨,从而减少在途资金占用,缩短支付指令传递时间,提高资金运营效率。

2. 加剧企业的竞争,提高产品和服务的质量

在以电子货币为基础的电子商务环境下,不同企业面临同样的网络平台和支付系统,不同产品的生产和销售企业之间的传统界限日益模糊,传统的经营模式和业务领域不断突破,使各企业间的产品、服务品种的差异日益缩小,从而加剧了企业间的竞争。各类商家为了争夺更多的客户,不得不千方百计提高产品和服务质量,为客户提供质优价廉的产品和服务。

3. 促进企业商务活动的创新

随着世界各国对电子货币试验和使用的不断推进，电子货币应用环境不断完善，电子货币对贸易的影响不断深化，从而促进商务活动在各方面的创新。

(1) 促进营销结构的创新

电子货币的使用，使那些直接通过网络就能实现产品和服务传递的行业和企业，特别是信息、软件销售商和金融业这些只需要信息流和资金流就能在网上实现现货或现金交易的行业，比用传统的营销方式实现商品和服务流通要方便、快捷、节省得多，甚至接近于零成本交易，从而为销售商降低销售成本，增加信息、软件商品的销售提供了条件，促使这些行业选择电子商务的营销，实现营销结构的创新。这种营销结构的创新又进一步促进了信息、软件、金融商品和服务需求的扩大。

(2) 促进营销方式的创新

如上所述，电子货币的使用，促使信息、软件、金融业更多地采用网上营销方式，从而实现营销方式的创新。

营销方式创新的另一方面表现为：电子货币的流通促进了对信息内容细分化的营销新方式的发展。传统的营销方式下，信息、软件销售商必须对信息商品进行适当的汇总、综合之后，以批量成套出售，否则细分量小，销售利润微薄，其制作和流通成本难以回收；对于买方来说，若信息过于分散，按传统的信息检索方式获取信息，则费时费力，因而有必要一次性购入批量的信息以备后用。若以电子货币在网上进行信息的检索和购入，则商家的流通成本和买家的检索成本均会大大降低，从而为零售信息的细分化和计价单位的小额化创造了条件，出现了对信息营销细分化的新方式。例如，目前已经出现了以一页书、一篇文章、一则消息、一首歌、一幅画为单位的细分化营销方式。

(3) 促进商务结算方式的创新

电子货币的快捷、低成本和无限细分的优点，在促进营销方式创新的同时，也促进了结算方式的创新。网上细分化营销方式的出现，需要提供的最小单位往往不足1元或数元，如果仍用传统的现金、汇兑、转账等结算方式，顾客支付的手续费可能大大超过其实际购买商品的价款，而商家回收货款所花费的代价可能使其得不偿失，这样无论是买者还是卖者，参与电子商务的积极性必然会减弱。因此，过于微小的结算单位只能用电子货币结算，也就是说，电子货币的使用促进了结算方式由传统的结算方式向网上小额结算方式的创新。

4. 提供商机，繁荣商业

随着电子货币在日常生活领域的普及和流通范围的不断扩大，网上电子商务必然蓬勃发展，零售商可以减轻对实物基础设施的依赖，在因特网上以极低的成本投入，24小时不分时区地进行商业运作，向无限扩大的潜在顾客推销自己的产品，换取更多的商业机会。企业还可以将节省的开支部分转让给消费者，提高企业竞争活力。因此，电子货币为企业特别是商业零售业扩大了销售渠道，提供了新的经营契机，有利于商业的繁荣。

（二）电子货币宏观层面的作用

1. 刺激消费，扩大需求

电子货币网上支付，可以在极短的时间内完成货款的转移，商家可以以很低的成本快速地收回货款，顾客可以省略烦琐的支付手续，特别是信用卡的使用，可以在不需要办理烦琐的贷款手续的基础上，快捷地实现信用消费。因此，电子货币的使用刺激了人们的消费欲望，有利于扩大社会总需求。

2. 电子货币的发展有利于促进经济活动更加虚拟化

电子货币的使用为在计算机网络虚拟空间开展经济活动提供了配套金融服务，创造了在虚拟空间从事商业活动的金融环境。因此，可以认为，电子货币的使用和发展有利于促进经济活动的虚拟化，使目前的实物经济活动向虚拟化经济活动发展，并最终形成虚拟社会和虚拟经济。

3. 电子货币的应用和发展推动了世界经济一体化和金融全球化

电子货币与网络技术结合，以光和电作为物质载体，接近于光速在因特网上高速流通，使经济活动和贸易活动在时间、空间概念上都发生了根本变化，能够大大地加快速度，缩短距离，使跨国交易变得非常简单，从而能够极大地推动世界经济一体化和金融全球化的进程。

二、电子货币对中央银行的影响

（一）电子货币对货币发行机制的影响

从电子货币的发行主体看，与国家纸币由政府垄断发行不同，现阶段的电子货币的发行主体既有中央银行、商业银行以及非银行金融机构等信用机构，也有非金融企业。例如，荷兰、芬兰等国的中央银行已经决定自己发行电子货币；澳大利亚和丹麦的中央银行只是间接地参与发行新形式的电子结算媒介；在欧盟，各中央银行已一致同意多用途预付卡的发行应该仅限于信用机构，而更多的中央银行（包括中国）至今还未对电子货币的发行作出正式的政策响应。

从电子货币的流通方面看，与国家纸币由政府强制流通不同，现阶段电子货币并不具备国家强制力，更多反映的是在特定支付领域替代传统货币的一种更便捷、更高效的支付手段。尽管电子货币的推广不排除政府推动的因素，但是否使用电子货币很大程度上取决于使用者的自愿。

从电子货币的影响力看，现阶段非中央银行发行的电子货币，无论在规模上还是在使用范围上都比中央银行发行的电子货币要广泛得多。例如，因特网上使用的电子支票系统和数字现金系统等电子货币都不是中央银行发行的电子货币。

现阶段电子货币发行机制对货币发行机制的影响主要表现在电子货币扩大了货币发行的主体。从电子货币的发行主体区分，电子货币的主要发行机制有中央银行垄断发行和非中央银行竞争发行两种。这两种不同的电子货币发行机制各有利弊：

（1）中央银行垄断发行电子货币有助于避免铸币税损失和电子货币对货币政策可能产生的影响。此外，政府部门发行的电子货币能够给公众提供的好处是这些为小额支付而设计的电子货币不存在违约问题，有助于确保支付清算体系的安全稳定。

（2）中央银行垄断电子货币发行极有可能阻碍电子货币的创新和新技术的发展，从而使本国电子货币的发展落后于其他国家，并成为易受攻击的货币。此外，中央银行发行电子货币后往往面临着向其他政府部门（如司法部门）提供电子货币交易记录的需求，实际情况中，中央银行又很可能不愿意承担建设并提供这类信息数据库的责任。

（3）电子货币技术上的复杂性、涉及协议的多样性以及防范伪币可能的高成本，是中央银行垄断电子货币发行时必须面对的问题。此外，电子货币使用境域的开放性，也很难防止国外电子货币的渗入。

（4）非中央银行竞争发行电子货币符合支付制度沿着降低交易费用、提高经济效益的路径实施。例如，美国人相信更多私人部门参与电子货币的发行会将该领域引入竞争机制，从而可以不断提高电子货币产品的质量，认为严格的管制或者垄断，有可能挫伤民间机构的技术开发和创新精神。

（5）非中央银行竞争发行电子货币更能够满足电子货币使用境域开放性、技术复杂性、安全性要求高的实际需要。

通过比较这两种不同的电子货币发行机制，结合纸币对金属货币的取代过程和现阶段电子货币发行的实际情况，我们可以预见到今后电子货币发行的主要模式很有可能是非中央银行竞争发行机制。

（二）电子货币对中央银行铸币税的主要影响

中央银行铸币税是指中央银行由发行无息负债所换取孳息性资产的收益。从中央银行的资产负债表看，主要负债项目是不支付利息的通货，而资产一方则由负有利息要求的各种债权组成。因此，中央银行可以从资产与负债的利息差中获利。这种利润是中央银行收入的主渠道之一，这就是一般所称的"铸币税收入"。

就大部分国家而言，中央银行资金的主要来源是铸币税，它以中央银行作为货币发行者的独有地位为保障。当电子货币的竞争性发行机制确立后，随着电子货币被广泛地作为小额交易的支付工具，央行所发行的通货被明显取代，中央银行的铸币税收入将大幅度减少；且对通货流通余额占中央银行负债的比重较高的国家而言，铸币税减少的影响大于通货流通余额占中央银行负债的比重较小的国家。

此外，电子货币对铸币税可能造成影响的程度与电子货币产品的性质以及消费者如何使用有关：只有流通中的货币总金额大幅度减少时，才会造成重大的铸币税问题。如果电子货币主要用作现金的替代物的话，可能只有小面额的纸币（如面额低于20元的纸币）受到较大的影响，在此情况下铸币税损失很可能是非常有限的。但对于有巨额赤字的国家政府而言，即使铸币税损失不是很大，也有可能造成严重的影响。虽然电子货币必然会导致中央银行铸币税收入的减少，但是其对铸币税收入的具体影响程度取决于电子货币对通货的替代程度，并且最多以全部铸币税收入为上限。现阶段电子货币对铸币税收入的影响程度还比较有限。

(三)电子货币对中央银行独立性的影响

中央银行的独立性除依赖法律框架的保障外,还在很大程度上依赖其职能事实所必需的资金来源渠道。就大部分国家而言,中央银行资金的主要来源是铸币税。但由于竞争性电子货币发行必然会导致中央银行铸币税收入的减少,因此在铸币税收入减少过快、过多的情况下,中央银行将不得不寻找其他收入来源,中央银行的经费可能会变得越来越直接依赖于由政府提供,这将会影响到中央银行的独立性。以法国为例,如果铸币税减少54%,其中央银行就不得不依赖其他资金来源,从而使其独立性受到影响。对于发展中国家,由于其现金使用的范围较广,中央银行管理成本较高,会使这一问题更加严重。

第三节 电子货币对货币层次的影响

一、货币层次的划分

传统的金融理论根据金融资产流动性的不同,把货币划分为 M_0、M_1、M_2、M_3、M_4、L 等层次,并在此基础上根据宏观调控的需要,合理地制定和选择货币政策中介目标,通过运用各类货币政策工具达到货币政策的最终目标。一般来说,传统货币的定义可分为狭义和广义两种。

所谓狭义的货币,通常是由流通于银行体系之外的、为社会公众所持有的现金(即通货)及商业银行的活期存款所构成,狭义货币层次的构成在绝大多数国家是相同的;而广义的货币则由狭义货币和准货币构成,由于各国的经济发展程度、金融市场发达程度及国情并不相同,因此,对广义货币的定义也不尽相同,但主要分为 M_2、M_3、M_4 三个层次。其中,M_2 是指 M_1 加上商业银行的定期存款和储蓄存款;M_3 是指 M_2 加上非银行金融中介机构发行的负债;M_4 是指 M_3 加上各种流动性较高的非金融部门发行的负债。

我国从1984年开始探讨对货币层次的划分,此后经过多次调整,于1994年第三季度开始正式按季公布货币供应量的统计监测指标,并于2002年进行了修改。参照国际通用原则,根据我国实际情况,中国人民银行将我国货币供应量指标分为四个层次:第一层次是 M_0,即流通中的现金;第二层次是 M_1,由 M_0 加上单位活期存款和个人持有的信用卡存款构成;第三层次是 M_2,由 M_1 加上居民储蓄存款、单位定期存款和其他存款构成;第四层次是 M_3,由 M_2 加上金融债券和大额可转让定期存单构成。其中,M_1 是通常所说的狭义货币量,流动性较强;M_2 是广义货币量,M_2 与 M_1 的差额是准货币,流动性较弱;M_3 是考虑到金融创新的现状而设立的,目前暂未测算。

各种广义货币定义的提出,有助于人们正确地认识货币与其他流动资产的关系。但是,这些定义未能充分地认识货币所独有的交易媒介职能,因而把货币和非货币的流动资产混为一谈。因此,目前大多数经济学家都接受狭义的货币定义,从而把其他流动资产称为准货币或近似货币。但由于各国的统计口径不尽相同,只有"通货"和M_1这两项大体一致。不过,尽管各国中央银行都有自己的货币统计口径,但无论存在何种差异,其划分的依据和意义却是基本一致的。

二、电子货币对货币层次的影响

电子货币对传统货币的替代主要表现在货币形态的替代上,但这种替代并非是简单的货币形式上的替代。电子货币对传统货币的替代不仅会改变货币供给的结构,而且使传统货币在不同货币层次之间的相互转化变得更加容易,使各种货币层次之间的界限变得模糊,从而给传统的以金融资产流动性高低来划分货币层次的前提带来了挑战。具体来说,电子货币对传统货币的替代效应及其对货币层次的影响主要表现在以下两个方面:

(一)电子货币对金融资产流动性的影响

金融资产流动性的强弱及各种金融资产之间保持相对稳定是传统划分货币层次的前提,由于电子货币与传统货币相比具有高流动性的特点,它可以使不同流动性金融资产之间的相互转化变得轻而易举,因此,缩小了金融资产之间的流动性差异。例如,存放在银行卡上的存款没被支取之前可以把它视为银行活期存款,按照目前的货币层次将这部分存款归属为M_1,但是,一旦持卡人将银行卡上的存款变现,这就会导致银行活期存款减少,同时使流通中的现金M_0相应增加。相反,持卡人也很容易通过银行将持有的现金存放到银行卡上,从而使现金转变为活期存款。然而,这两种行为的发生也是经常的,这就使货币的存在形式很容易在活期存款和通货之间频繁转换,这就模糊了M_0和M_1之间的界限。同样,其他货币层次之间的相互转化也是如此,从而缩小了不同金融资产之间的流动性差异,同时也会造成货币存在方式的高度不稳定,这就意味着传统划分货币层次时要求金融资产之间保持相对稳定性的前提受到了挑战,从而加大了对金融资产进行货币层次划分的难度。

(二)电子货币对金融资产替代性的影响

这主要表现在电子货币模糊了金融资产之间的界限上。由于电子货币具有高流动性和便于金融资产之间迅速转化的特点,因此,电子货币可将不同存在形态的货币迅速地、低成本地转化为其他任何一种货币形态,这就使得不同形式货币之间的替代性增强。在电子货币条件下,金融资产以何种形式存在已变得不再重要,在电子货币完全取代传统货币的前提下,甚至可以将全部金融资产保留在一种货币形态上。然而,在目前流动性较低的金融资产具有高收益率的情况下,金融资产持有者在不损失或很少损失流动性的前提下,为了追逐高额回报,金融资产有从较低货币层次向较高货币层次转化的趋势。电子货币的这种替代效应模糊了金融资产之间的界限,也给货币层次的划分带来了挑战。为了说明此问题,本书用一个简单的模型。

为了便于分析,我们需作几个假设:一是假设经济中只存在两种不同类型的金融资产A和B;二是公众对A和B的需求量取决于它们的收益水平R_a和R_b;三是如果要将A、B变现,它们的成本分别是V_a和V_b。根据效用最大化原则,只有当$R_a =$

V_a，$R_b=V_b$ 时，才能使公众的持币结构达到均衡，而公众过多或过少持有两种金融资产中的某种时，都会造成效用损失。例如，当公众持有金融资产 B 的比重从 H_a 下降到 H_1 时，公众则会损失一部分收益，即图 2-3 中长方形阴影部分；相反，如果公众持有金融资产 B 的比重从 H_a 增加到 H_2 时，从图中可看出，由于 H_2 大于 H_a，此时公众要支付更多金融资产的转化费用，即图 2-3 中三角形阴影部分。

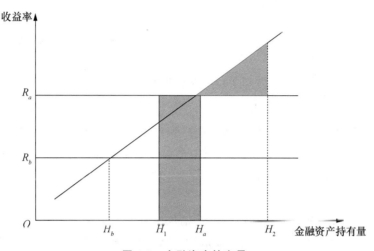

图 2-3 金融资产持有量

通过上述分析可知，在传统货币流通的情况下，金融资产变现的成本主要由以下几部分构成：首先是交通、时间及精力成本，即客户往返于银行的交通费用、时间及精力损耗等，它们可用银行与客户之间距离（d）的函数来表示；其次是劳动成本，它是客户劳动生产率（l）的函数；再次是机会成本，它是在金融资产变现过程中可能给客户造成投机机会损失的成本，在此可用时间（t）的函数来表示；最后是利息成本，可用利息贴现损失（r）来表示。因此，我们可以构建如下成本函数：

$$V_0 = f_0(d, l, t, r)$$

然而，在电子货币条件下，由于电子货币高流动性及实时交易的特点，它对金融资产的变现成本产生了两方面的影响：一是电子货币可以使公众持有的金融资产在不同的金融资产形态之间迅速转换，从而节约了公众往返于银行的交通费用、时间和精力等成本，因此，它们在本函数中可以忽略不计；二是各种金融资产的变现可以通过网络进行实时的转换，这时各种金融资产的变现成本几乎为零，在成本函数中也可以将其消除。因此，在电子货币条件下可将上述成本函数修正为：

$$V_n = f_n(l, r)$$

为了便于理解，我们可用图 2-4 加以说明。从图 2-4 中我们可以看到，成本曲线 V_0 较为陡峭，而 V_n 则较为平坦，也就是说 V_0 大于 V_n，此时，在同样的收益水平下，金融资产的结构就会发生明显变化：一是流动性高的金融资产比重从 H_{b1} 下降到 H_{b2}；二是收益较高的金融资产比重从 H_{a1} 上升到 H_{a2}。

然而，随着电子货币的快速发展及相关金融服务水平的迅速提高，人们在金融资

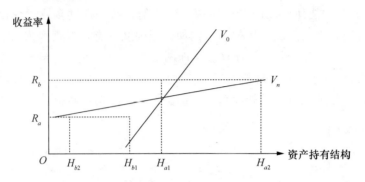

图 2-4 金融资产持有结构

产变现过程中的时间成本和精力成本也将随之减少，这时转换成本的曲线将会变得更加平坦，并有向水平方向发展的趋势，金融资产对收益率的弹性也将随之变大。在极端的情况下，假如 V_n 趋于 0，这时金融资产对收益率的弹性将趋于无穷大，B 就是金融资产唯一的存在形态了，在这样的情况下，对货币层次的划分也就失去了意义。

（三）思考与讨论

通过上述分析，我们可得出以下基本结论：首先，电子货币对传统货币具有明显的替代效应，而这种替代并非简单的形式上的替代，电子货币不仅改变了人们的生活方式和支付习惯，而且改变了传统的货币结构；其次，电子货币通过对金融资产流动性和替代性的影响，使各种金融资产之间的界限变得模糊，从而给划分货币层次的前提带来了挑战，使人们对传统货币层次的划分方法产生怀疑；再次，电子货币加大了中央银行选择货币政策工具和目标的难度，从而影响货币政策的有效性；最后，除了上述基本结论外，以下问题还值得我们进一步思考：

1. 货币层次划分的可能性

当前划分货币层次的依据是金融资产的流动性。如前所述，由于电子货币模糊了货币层次之间的界限，这就使得传统货币层次划分方法受到冲击。那么，是不是电子货币条件下就不能划分货币层次了呢？答案是否定的。虽然电子货币具有高流动性以及在不同货币层次之间快速转化的特点，但是，电子货币还是有规律可循和具有"相对稳定性"的。由于电子货币的种类很多，不同类型的电子货币所具有的属性也不一样。例如，存款替代型电子货币与传统存款最大的区别在于货币存在的形态不同，但它的存在是以存款为基础的，这种电子货币就具有相对稳定性，流动性与传统的存款也没有太大的区别，在划分货币层次时可将此类电子货币视同存款。而对于储值型电子货币，它一般代替流通中的现金，此类电子货币在划分货币层次时则可将它视为现金。因此，在电子货币条件下，电子货币并不像有的学者描述的那样"扑朔迷离"和"虚无缥缈"，其实它还是有规律可循和具有"相对稳定性"的。因此，只要我们弄清了它的本质之后，就能把握其规律性，我们也是可以对货币层次进行划分的。

2. 货币层次划分的可行性

从理论上说，在电子货币条件下同样可以对货币层次进行划分，其划分的依据是电子货币具有的规律性和"相对稳定性"。然而，如何把握其规律性和"相对稳定性"，以及如何衡量不同类型电子货币在货币总量中的比重，则是在电子货币条件下重新划分货币层次的关键。从目前的情况看，大多数学者认为，电子货币的存在加大了货币计量的难度，甚至认为划分货币层次的前提消失了，重新划分货币层次变得不太可能。虽然对此问题的研究也是近年来国内外学者关注的热点和焦点，但至今也没有得出一个有效的解决办法。之所以这样，可能有两个方面的原因：一是从电子货币发展的角度看，由于电子货币出现的时间很短，而它的发展可谓日新月异，在人们还没有把握其规律性时它就已经对经济、金融领域造成了极大的冲击，而对货币政策的影响首当其冲；二是由于电子货币自身具有流动性高的特点，对其进行统计、分析和测算的难度也很大，从而加大了货币计量的难度。因此，如何解决这个问题也就成为在电子货币条件下能否对货币层次进行重新划分的关键。

3. 货币政策中介目标的可靠性

一般来说，中央银行选择货币政策中介目标的主要标准有三个：一是可测性，二是可控性，三是相关性。在电子货币条件下，中央银行要把货币供应量作为中介目标也同样取决于它是否满足上述三个标准，换句话说，在电子货币条件下，如果货币供应量满足可测性、可控性和相关性三个标准，那么，它就可作为中央银行的货币政策中介目标。首先，从可测性角度看，中央银行必须能对电子货币加以比较精确的统计，根据上面的分析可知，在电子货币条件下，中央银行不仅可以对它进行观察、分析和监测，而且还可以迅速获得货币供应量的准确数据。其次，从可控性角度看，中央银行是能够对电子货币加以控制的，因此，在电子货币条件下，中央银行可以将货币供应量目标控制在确定的或预期的范围内。最后，从相关性角度看，由于电子货币只改变了货币层次的结构，以及加大了货币计量的难度，而对货币供应量作为货币政策中介目标与最终目标之间的关系没有影响，也就是说，电子货币并没有改变货币供应量与货币政策最终目标之间的紧密关联性。因此，不论从可测性、可控性还是相关性的角度来说，在电子货币条件下，货币供应量完全可以作为中央银行的货币政策中介目标。

第四节 电子货币对货币供求的影响

一、电子货币对货币供给的影响

在电子货币对传统金融理论的影响中，它对货币供给的影响最为明显，这种影响主要表现在电子货币对基础货币和货币乘数的影响两个方面。

（一）电子货币对基础货币的影响

根据现代货币供给理论，决定货币供给的因素有两个：一是基础货币，二是货币乘数。电子货币会对这两个因素都产生影响。所谓基础货币，是指中央银行能直接控制的、可作为商业银行存款创造之基础的那部分货币。具体而言，基础货币系由商业银行的存款准备金和通货两大部分构成。其中，商业银行的存款准备金，既包括法定准备金，又包括超额准备金。从其存在形式看，基础货币既包括商业银行的库存现金，也包括商业银行存在中央银行的准备金存款；所谓通货，则是指流通于银行体系之外、为社会公众所持有的现金。若以 B 表示基础货币，以 R 表示商业银行的存款准备金，以 C 表示社会公众所持有的现金，则根据基础货币的定义，有：

$$B = R + C \tag{1}$$

由公式（1）可知，决定基础货币的因素有两个：一个是存款准备金 R，另一个是流通中的现金 C。中央银行要控制基础货币，就必须能对存款准备金和流通中的现金加以直接或间接的控制。也就是说，衡量基础货币是否可控的标准就在于中央银行能否对存款准备金和流通中的现金进行直接或间接的控制。在传统的金融环境下，一方面，由于中央银行可以通过调整法定准备金率来控制商业银行的存款货币创造能力，从而控制货币供应量；另一方面，由于中央银行垄断货币发行权，因此，中央银行可以通过控制现金的投放与回笼，进而控制货币供应量。而在电子货币条件下，基础货币的可控性则是指，中央银行能否控制电子货币对存款准备金和流通中的现金的影响，进而控制基础货币的供应量。如果中央银行能对电子货币给存款准备金和流通中的现金带来的影响进行控制，则说明在电子货币条件下基础货币是可控的，否则就是不可控的。为此，电子货币对基础货币的影响主要表现在电子货币对存款准备金和现金的影响两个方面。

1. 电子货币对存款准备金的影响

在传统经济中，存款准备金政策是中央银行调节货币供给重要的货币政策工具，其作用机制是中央银行根据预期的货币政策目标，通过调整准备金率来改变货币乘数进而影响商业银行的信用创造能力，从而影响货币供给，并最终达到调节货币供给的目的。在电子货币条件下，电子货币的发展对其作用机制产生了明显的影响，具体如下图所示：

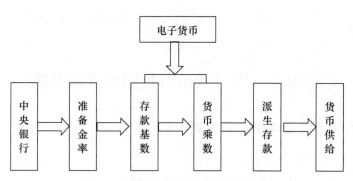

图 2-5 存款准备金政策的作用机制

从图 2-5 可以看出，存款准备金政策的作用过程是中央银行通过调节准备金率来影响货币乘数，进而影响商业银行的信用创造能力，最终达到控制货币供给的过程。其中，由于中央银行是存款准备金政策的发起者，这说明中央银行使用存款准备金政策时处于主动地位,即中央银行何时调整存款准备金率以及对它的调整幅度均可由自己决定,因此,电子货币对中央银行的行为影响不大。电子货币对存款准备金制度的影响主要体现在存款基数与货币乘数上。

(1) 电子货币对存款基数的影响

在准备金率既定的情况下,存款基数的大小决定了存款准备金计提的规模,它是中央银行实施存款准备金政策的基础和起点。一般来说,中央银行是在确定计提准备金的基数后根据相应的准备金率来收缴存款准备金的,但由于目前世界上大多数国家的中央银行只对存款货币银行的定期和活期存款收缴存款准备金,有的国家甚至放弃使用存款准备金政策,特别是对电子货币存款基本上没有准备金要求。而随着电子货币的流通范围和数量越来越大,它对传统货币的替代效应也越来越明显,电子货币的乘数效应也日益显现,它在货币体系中的地位也更加重要,如果不对其征收准备金,必然导致存款准备金计提基数下降,从而限制存款准备金政策的效率。

(2) 电子货币对货币乘数的影响(见后面的章节)

2. 电子货币对超额准备金的影响

超额准备金是银行持有的全部准备金扣除法定准备金后的余额,就对商业银行信用创造的影响而言,它与法定准备金率的作用大体相同。在传统经济中,商业银行的经营决策行为决定了超额准备金的持有水平,因此,任何影响商业银行经营决策行为的因素便是决定或影响超额准备金持有水平的因素。电子货币对超额准备金水平的影响也正是通过电子货币对这些因素的影响来实现的。具体来说,主要有三个:

(1) 市场利率。在传统经济中,商业银行贷款和投资的收益水平取决于市场利率的高低,因为市场利率代表了商业银行持有超额准备金的机会成本。因此,当市场利率上升时,商业银行就会减少超额准备金的持有水平而相应地增加贷款或投资,达到获取收益的目的。当市场利率下降时,商业银行则会保持较高的超额准备金水平。在电子货币条件下,中央银行通常通过公开市场操作对利率进行调整。中央银行在公开市场上买进有价证券的同时增加了基础货币的供应量,导致市场利率下降,市场利率的下降会减少商业银行持有超额准备金的机会成本,这样,商业银行就会持有更多的超额准备金;相反,商业银行就会减少超额准备金的持有水平。但由于电子货币会对央行储备产生影响,使中央银行资产负债规模缩小,使得中央银行加大了通过公开市场业务操作对利率进行控制的难度;同时,电子货币使得货币供给量和货币需求难以测度,因而必然会影响市场利率水平,进而也间接影响商业银行的超额准备金持有水平。

(2) 商业银行获取资金的难易程度及资金成本的高低。在传统的经济中,商业银行为了应付日常的需求,往往会保留大量的超额准备金,机会成本也相应地提高。而保留超额准备金的多少则取决于商业银行在急需资金时能否以较低的融资成本快速地从中央银行或其他渠道借入资金,如果能满足这两个条件,那么商业银行就可以减少超额准备金的持有水平。反之,就会增加超额准备金。在电子货币条件下,由于电子货币具有流动性高和转换成本低的特点,它恰好满足了上述两个条件。一方面,电子货币高流动性的特点为商业银行在急需资金时方便快速地借入资金提供了可能，并且这种借入资金的方式可不受时空的限制，这就降低了获取资金的难度；另一方面，电子货币低转换成本的特点也使得商业银行可以将流动性较低的金融资产以较低的成本转化为流动性高的金融资产，用以弥补超额准备金的不足。在上述两方面的共同作用下，商业银行的超额准备金将会减少。

（3）社会公众的流动性偏好及投资组合。在传统经济中，如果社会偏好通货，则会将存款转化为通货，这时为了应付社会公众的提现要求，提高自身的清偿能力，商业银行就会增加超额准备金。反之，如果社会公众偏好存款，则会将现金转化为存款，这时商业银行也就没有必要保留大量的超额准备金，从而使商业银行的超额准备金持有水平下降。在电子货币条件下，电子货币的特点决定了它可以满足不同社会公众的流动性偏好，并且可以使流动性不同的金融资产以较低的成本相互转化。加之，社会公众持有现金不能带来收益，因此整个社会的现金持有量将下降。这样，商业银行保留的超额准备金也将随之减少。

由此可见，在传统经济中，商业银行为了在最大程度上及时补充自身资金的需要，还是会在中央银行保留一定数量的超额准备金。但在电子货币条件下，电子货币的高流动性与低转化成本的特点增强了商业银行快速低成本地获取资金的能力，这时商业银行也就没有必要保留大量的超额准备金，因此，电子货币的存在会相应地减少超额准备金。此外，在电子货币条件下，随着社会公众对电子货币的普遍接受及新型消费习惯的形成，对现金的偏好将不断减弱，商业银行保留的超额准备金也相应减少。总之，随着电子货币的不断发展，商业银行的超额准备金呈下降趋势。

（二）电子货币对货币乘数的影响

在决定货币供给的两个因素中，除基础货币之外，货币乘数是影响货币供给的另一个重要因素。在本节第一部分，我们分析了电子货币对基础货币可控性的影响，认为电子货币加大了中央银行控制基础货币的难度。然而，除了基础货币难以控制外，电子货币也会加大货币乘数的内生性，使得中央银行很难对货币乘数加以控制。货币乘数反映货币供应总量与基础货币之间的数量依存关系。正确认识电子货币对货币乘数带来的影响，准确把握电子货币条件下我国货币乘数及其变动趋势，对我国中央银行灵活运用货币政策，提高宏观货币调控能力具有重要的现实意义。

1. 电子货币对传统货币乘数构成因素的影响分析

根据传统形式的货币乘数公式，狭义货币乘数 $m_1 = \dfrac{1+k}{r_d + r_t t + e + k}$，广义货币乘数 $m_2 = \dfrac{1+t+k}{r_d + r_t t + e + k}$。由于我国目前对活期存款和定期存款规定相同的法定存款准备金率，可将 r_d 与 r_t 统一用 r 表示，即：

$$m_1 = \frac{1+k}{r(1+t)+e+k}, \quad m_2 = \frac{1+t+k}{r(1+t)+e+k}$$

在上述模型中，除了法定存款准备金率 r 由中央银行规定，短期内不会发生较大改变，电子货币的产生与发展对模型中的 k、t、e 等因素都将造成直接影响，下面将对这些影响逐一进行分析。

首先，现金漏损率 k 为现金与活期存款的比率（$k=C/D$），主要取决于公众对持有现金的偏好。一方面，电子货币的普及对现金及活期存款产生了较强的替代效应，降低了社会公众对现金的需求；另一方面，电子货币加速了货币在各个层次之间的流动，加快了各类型金融资产之间的相互转化，公众可以轻而易举地将手中的生息资产变现。在这样的情况下，公众没有必要为保留流动性牺牲可能的收益。所以，电子货币的出现降低了现金漏损率。由于货币乘数 m_1、m_2 关于 k 的偏导数：

$$\frac{\partial m_1}{\partial k} = \frac{r(1+t)+e-1}{[r(1+t)+e+k]^2} < 0 \quad (按照常理 r(1+t)+e < 1)$$

$$\frac{\partial m_2}{\partial k} = \frac{r(1+t)+e-1-t}{[r(1+t)+e+k]^2} < 0 \quad (按照常理 r(1+t)+e < 1, t > 0)$$

因此，现金漏损率 k 降低，货币乘数增大。

其次，定期存款比例 t（$t=TD/D$）主要取决于社会公众的资产选择行为。社会公众在活期存款和定期存款之间的选择行为又包括两个方面，一是公众的流动性偏好，二是定活期存款的利差。由于电子货币具有高流动性的特点，促进了定期存款和活期存款之间的相互转化，在电子货币条件下两种存款的流动性并无太大差别。于是，人们为了追求利息收益更倾向于选择定期存款等具有较高收益的金融资产，这种倾向导致了定期存款比例 t 的上升。但是，电子货币的快速发展使得自动转账账户（ATS）等金融创新更加普及，定期存款与活期存款的界限更模糊，长期来看，定期存款比例 t 的变化趋势也更模糊，不及电子货币对现金漏损率的影响那么明显。狭义货币乘数 m_1 和广义货币乘数 m_2 关于 t 的偏导数分别为：

$$\frac{\partial m_1}{\partial t} = -\frac{r(1+k)}{[r(1+t)+e+k]^2} < 0 \quad (r > 0, k > 0)$$

$$\frac{\partial m_2}{\partial t} = \frac{e+(1-r)k}{[r(1+t)+e+k]^2} > 0 \quad (e > 0, r < 1, k > 0)$$

因此，定期存款比例 t 上升，狭义货币乘数 m_1 减小，广义货币乘数 m_2 增大。

最后，商业银行超额准备金率 e（$e=RE/D$）由商业银行自主决定，取决于商业银行的经营行为以及保留超额准备金的机会成本。电子货币的出现降低了商业银行的融资成本，使银行可以随时以低成本获取资金来满足客户提款需求或应付暂时性的流动性不足。在这种情况下，银行就没有必要为保留超额准备金而放弃贷款和投资的潜在收益。银行与公众相比，显然拥有更强的调配各类型资产的能力和更多样化的融资手段，随着电子货币及其他金融创新工具的发展，完全可以不依赖超额准备金来满足日常及突发状况下的流动性需求，长期来看，超额准备金率将减少甚至趋近于 0。当然，由于超额准备金在总存款准备金中所占比例较小，相应地，与 k、t 相比，超额准备金率 e 对货币乘数的影响也比较有限。将 m_1、m_2 对 e 求导：

$$\frac{\partial m_1}{\partial e} = -\frac{1+k}{[r(1+t)+e+k]^2} < 0$$

$$\frac{\partial m_2}{\partial e} = -\frac{1+t+k}{[r(1+t)+e+k]^2} < 0$$

超额存款准备金率 e 的降低将导致狭义货币乘数 m_1 与广义货币乘数 m_2 相应减小。

综合以上的因素分析，货币的电子化带来了现金漏损率 k 的降低、定期存款比例 t 的上升与商业银行超额准备金率 e 的下降。与后两者相比，现金漏损率 k 变化的趋势与幅度更明显，而 k 与货币乘数呈反向关系。所以，电子货币增大了狭义货币乘数 m_1 和广义货币乘数 m_2。同时，定期存款比例 t 的上升抵消了现金漏损率 k 对狭义货币乘数 m_1 的一部分放大效应；而对于广义货币乘数 m_2，电子货币对其三个构成因素的影响均导致 m_2 朝同一方向变化（即增大）。因此，货币电子化导致了货币乘数的增大，且 m_2 增大的程度大于 m_1。电子货币对货币乘数及其构成因素的影响汇总见表 2-2。

表 2-2 电子货币货币乘数及其构成因素的影响

构成因素	现金漏损率 k↓	定期存款比率 t↑	超额准备金率 e↓	最终效果
m_1	＋	－	＋	＋
m_2	＋	＋	＋	＋

2. 引入电子货币的货币乘数模型

本小节将基于电子货币对传统货币的替代效应，在传统的货币乘数模型中引入代表电子货币发展程度的新变量，推导出电子货币条件下的全新的货币乘数模型。在推导这个模型之前，为了简化分析，首先我们需要提出两个关键性的假设：

其一，商业银行不保留超额准备金。由于超额存款准备金在总存款准备金中占比较小，相应地，其对货币乘数的影响力也较现金、法定存款准备金等因素要小。尤其是在电子货币流通的条件下，商业银行调拨资金头寸的能力大大增强，资金的可得性有了保障，在突发状况下补充流动性的手段也多种多样，商业银行基本不需要依赖超额准备金满足流动性需求。因此，随着电子货币及其他金融创新机制的发展，长期来看商业银行超额准备金将越来越少甚至趋近于 0。基于此，我们假定商业银行不保留超额准备金，即超额准备金率 $e=0$，则上一小节中的货币乘数公式简化为 $m_1 = \frac{1+k}{r(1+t)+k}$, $m_2 = \frac{1+t+k}{r(1+t)+k}$。

其二，电子货币仅替代活期存款，对现金及定期存款不构成替代效应。就电子货币的形态与用途而言，电子货币主要对现金和活期存款产生替代效应，即其对传统货币的替代主要发生在 M_0 及 M_1 的货币层次，对其他类型流动性较低的资产基本不构成替代效应。同时，我国电子货币尚处于初级发展阶段，国内电子货币以银行卡为主（事实上，在电子货币相关实证研究中一般也使用银行卡的数据）。因此我们假定，只有存款部分的货币才可能被电子化，即电子货币主要对活期存款产生替代效应。在现实中，电子货币也替代了一部分流通中的现金，但本书出于简化推导过程的考虑，暂时忽略这一部分的影响。

基于以上假设,当电子货币替代一部分的活期存款,则 $D=E+D'$,其中 E 表示电子货币,D' 表示没有被电子化的那一部分活期存款。相应地,传统货币乘数公式中的现金漏损率 k 和定期存款比率 t 可以分别表示为:

$$k = C/D = C/(E+D')$$
$$t = TD/D = TD/(E+D')$$

由于电子货币目前在绝大多数国家都没有被纳入缴纳存款准备金的范围,活期存款中,只有非电子化的部分需要缴纳存款准备金。因此,电子货币条件下的商业银行存款准备金 R 和基础货币 B 可以分别表示为:

$$R = r(D' + TD) = rD' + rt(E+D')$$
$$B = C + R = k(E+D') + rD' + rt(E+D') = (k+rt)E + [k+r(1+t)]D'$$

对上式等号两边同除以 $E+D'$,则有:

$$\frac{B}{E+D'} = (k+rt)\frac{E}{E+D'} + [k+r(1+t)]\frac{D'}{E+D'}$$

根据上文假设,电子货币仅对活期存款产生替代效应。因此,我们将电子货币替代率定义为电子货币与活期存款的比率 $em = \frac{E}{D} = \frac{E}{E+D'}$,以此衡量电子货币的发展水平,则:

$$\frac{B}{E+D'} = (k+rt)em + [k+r(1+t)](1-em)$$
$$= k + rt + r(1-em) = r(1+t-em) + k$$

即:

$$E + D' = \frac{B}{r(1+t-em)+k}$$

根据货币供应量定义,有:

$$M_1 = C + D = C + E + D' = k(E+D') + E + D'$$
$$= (1+k)(E+D') = \frac{1+k}{r(1+t-em)+k}B$$
$$M_2 = C + D + TD = k(E+D') + E + D' + t(E+D')$$
$$= (1+k+t)(E+D') = \frac{1+k+t}{r(1+t-em)+k}B$$

于是得出电子货币条件下的货币乘数模型:

$$m_1 = \frac{M_1}{B} = \frac{1+k}{r(1+t-em)+k}$$
$$m_2 = \frac{M_2}{B} = \frac{1+k+t}{r(1+t-em)+k}$$

当 $em=0$,即不存在电子货币时,$m_1 = \frac{1+k}{r(1+t)+k}$,$m_2 = \frac{1+t+k}{r(1+t)+k}$,与传统货币乘数模型的简化形式完全一致。

为了定量分析电子货币对货币乘数的影响程度,本节接下来进行电子货币对货币乘数的边际分析，即将货币乘数对电子货币替代率 em 求偏导数：

$$\frac{\partial m_1}{\partial em} = \frac{r(1+k)}{[r(1+t-em)+k]^2} > 0$$

$$\frac{\partial m_2}{\partial em} = \frac{r(1+k+t)}{[r(1+t-em)+k]^2} > 0$$

所以，对引入电子货币的货币乘数模型进行边际分析，得出了与传统货币乘数模型的构成因素分析相同的结论：电子货币替代率与狭义货币乘数 m_1 及广义货币乘数 m_2 呈同向变化，电子货币的出现和发展加剧了货币乘数效应，提升了商业银行存款货币创造能力。且由 $\frac{\partial m_2}{\partial em} > \frac{\partial m_1}{\partial em}$ 可知，每一单位电子货币替代率的提高，引起的广义货币乘数 m_2 的增加大于狭义货币乘数 m_1 的增加。电子货币对于广义货币乘数 m_2 有着更为明显的放大效应。

3. 结论与讨论

电子货币的快速发展对现金和银行活期存款有明显的替代作用，在没有对电子货币作出法定准备金要求的前提下，如果电子货币取代传统的现金和银行存款，电子货币的快速发展必然会放大货币乘数的效应。然而，这是一个以电子货币发行者无需向中央银行缴纳存款准备金，电子货币代替现金或存款为前提条件而得出的结论。事实上，就电子货币对货币乘数效应的放大本身来说，它也会在很大程度上影响到货币供给。因此，除了得出上述结论外，我们还需对以下问题进行深入的思考：

(1) 电子货币条件下的货币乘数稳定性问题

在电子货币逐步取代传统货币的过程中，由于电子货币自身的变化较传统的货币具有"变幻莫测"的特点，从而造成了货币乘数的稳定。虽然货币乘数本身就具有动态变化的特性，但其运动具有"循环性"规律。随着电子货币的不断发展，除了货币乘数的动态变化之外，还会叠加上升的趋势。因此，货币乘数的内生性进一步增强，这就使中央银行预测货币乘数的变化更加困难，从而加大了中央银行控制货币供给量的难度。

(2) 电子货币会使货币乘数无限上升吗？

从理论上说，由于目前中央银行还没有对电子货币作缴纳存款准备金的要求，因此，电子货币的发行会导致货币乘数无限上升。然而，货币乘数是否会无限上升，以及上升可达到的最大限度是否可测对中央银行来说至关重要。如果货币乘数无限上升，中央银行维持货币政策有效性的难度就会加大，甚至可能会导致中央银行丧失维持货币政策有效性的能力。

二、电子货币对货币需求的影响

(一) 基于凯恩斯的货币需求理论的分析

货币需求目标函数值取决于函数中变量的变化，而函数变量的变化又受各微观经济主体货币需求动机的影响。凯恩斯的货币需求理论认为，人们持有货币的动机有三种，即交易动机、预防动机和投机动机。将三种动机的货币需求函数统一起来，可得到如下货币需求函数：

$$M = M_1 + M_2 = L_1(y) + L_2(r)$$

其中，L_1 是交易需求和预防需求的合并，统称交易性的货币需求，是实际收入 y 的增函数；L_2 是投机性需求，是利率 i 的减函数。交易动机的货币需求和预防动机的货币需求都是收入的增函数，可表示为：

$$L_1 = ky$$

其中，L_1 表示基于交易动机和谨慎动机的货币需求量，y 表示国民收入，k 表示出于上述两种动机所需货币量与名义收入的比例关系，y 与 L_1 正相关。

而投机动机的货币需求则受利率水平影响，是利率的递减函数，与利率水平呈负相关关系，可表示为：

$$L_2 = -hi$$

其中，L_2 表示投机动机的货币需求量，i 表示利率水平，h 表示货币需求关于利率的反映系数，可以看出，利率 i 的变化与 L_2 呈负相关变化。

因此，货币需求方程 M 可表示为：

$$M = F(L_1, L_2)$$

在电子货币流通和使用后，货币的流通速度将会加快，其流动性也得到增强，货币周转周期将大大缩短。因此，在短期内，人们为交易动机和预防动机所预留的货币量占名义收入的比例将减小，即系数 k 将减小，相应地，为这两个目的而产生的货币需求量也将减少。但是，大量的资金将随时准备着从原有的状态流向资金回报率更高的部门和行业，即系数 h 对货币需求的影响增强。因此，利率的微弱变化都会导致 L_2 的大幅度变化，从而投机动机的货币需求将得到加强。因此，在总的国民收入和利率水平不变的情况下，在电子货币流通的市场中，人们的手持货币量将减少。

（二）基于鲍莫尔—托宾模型的分析

在此，我们用"基于交易动机的货币需求模型"来分析货币的需求。这个模型是鲍莫尔和托宾在凯恩斯货币需求理论的基础上提出来的。现在我们试图用这个模型来分析电子货币应用对人们的货币需求，特别是基于交易动机的货币需求有什么影响。鲍莫尔—托宾模型基于下面的假设：

某个消费者在一定时期内有 X 元收入，以固定的利率 I 存入银行，为维持平时交易支付的需要，需从 X 元收入中支取 C 元现金持有。若在将银行存款变现的过程中，该消费者往返于银行的成本是 F 元，则往返于银行的次数为：

$$n = \frac{X}{C}$$

平均现金需求余额是 $\frac{C}{2}$，该消费者的收益 R 可以用下式表示：

$$R = \left(\frac{X-C}{2}\right)I - F\left(\frac{X}{C}\right)$$

其中，$\left(\dfrac{X-C}{2}\right)I$ 是平均存款保有量的利息收入，$F\left(\dfrac{X}{C}\right)$ 是银行往返成本。

消费者为使其收益最大化，将选择最佳的现金持有水平。公式等号两边对现金 C 求导，并令之等于 0，得：

$$\frac{dR}{dC}=\frac{d\left(\frac{1}{2}(X-C)\right)}{dc}-\frac{d\left(\frac{1}{C}FX\right)}{dC}$$

$$dRdC=-\frac{1}{2}+\frac{FX}{C^2}$$

令

$$-\frac{1}{2}+\frac{FX}{C^2}=0$$

求得 C，即：

$$C=\sqrt{\frac{2FX}{I}}$$

这个公式给出了保持收益最大化的最佳现金需求余额。它的含义是：第一，现金的交易需求与利率之间呈负相关关系，即利率越低，现金需求余额越大；第二，现金的交易需求与收入正相关，即收入越多，现金需求余额越大；第三，现金的交易需求与银行往返成本正相关，即成本越低，现金需求余额越小。

那么，如果电子货币大规模地应用，必将引起现金需求余额的减少。由于电子货币的储值、支付终端等设备的完善和普及，使人们能够方便地存取电子货币并进行交易，而不必像存取现金那样需要经常往返于银行，因此，电子货币的出现，将使消费者的交易成本降低。由于交易成本的大大降低，消费者将会选择增加存款和交换现金的次数，以减少无利息收入的现金的持有量，所以，基于交易需求的货币需求将下降。

根据以上分析可知，电子货币的广泛使用将会导致交易性货币需求下降。因此，电子货币在很大程度上满足人们的流动性偏好，从而改变了人们持有货币的动机，并引起货币需求构成的变化。电子货币使货币的交易动机和预防动机减弱，而投机性动机增强，表现为用于商品和劳务交易的商业性货币需求下降，而用于投机于获利性较强的金融资产的货币需求上升。从货币需求稳定性的角度看，由于交易动机的货币需求和预防动机的货币需求受规模变量（主要是收入和交易量）的影响较大，而规模变量在短期内是相对稳定的，这种稳定性决定了交易动机的货币需求和预防动机的货币需求具有可以预测和相对稳定的特点，即 $L_1(y)$ 相对稳定，而投机动机的货币需求主要取决于机会成本和个人预期等因素，加之市场利率的多变性和心理预期的复杂性、非理性，都会导致投机动机的货币需求具有多变和不稳定的特征，即 $L_2(i)$ 不稳定。由此可见，电子货币使交易动机货币需求和预防动机货币需求的相对比重下降以及投机动机货币需求的相对比重上升，削弱了货币需求的稳定性。

但是，以上分析暗含的假设是货币的不同用途之间存在明确的界限，且这种界限是相当稳定的。交易动机和预防谨慎动机受收入影响,而投机动机受利率影响。但是电子货币将对这一假设产生威胁。由于人们可以随时随地以几乎为零的交易费用进行货币用途之间的转换,各种需求动机之间的边界已不再明显,投资结构之间的可变性也大大增强了。换言之,电子货币已使 L1 和 L2 合而为一,将可能受到利率和收入两方面的影响。

(三)基于惠伦模型的分析

为简化起见,在分析货币的预防性需求时,假定各类资产收益是已知的,并假定个人在持有货币或债券之间作出选择。货币具有流动性,不付利息;债券无流动性,按其利率支付利息。惠伦在鲍莫尔交易需求模型上增加的一点是,为应付未预料到的交易,以短期通知的方式出售债券以获得货币,或不得不推迟进行这桩交易,都会有额外的惩罚成本。因此,融通交易的成本中包括三种成分:手续费、放弃的利息收入和惩罚成本。则与使用货币相关的成本函数为:

$$C = r_b M + B_0 Y/W + \beta p(N > M) \tag{1}$$

其中,C 为持有预防(包括交易)现金余额的名义成本,r_b 为债券利率,M 为持有的现金余额,B_0 为每次转化为现金的名义手续费,Y 为总的名义收入或支出,W 为每次从有息债券中提取的现金数量,β 为缺乏货币余额的名义惩罚成本,N 为净支付(支出减收入),$p(N>M)$ 表示 $N>M$ 的概率。

假定个人持有的现金余额 M 等于 $k\sigma$,其中,σ 为净支付 N 的标准差。根据切比雪夫不等式,变量 N 偏离其均值(假定为 0)超过其标准差 σ 的 k 倍的概率为:

$$p(-k\sigma < N < k\sigma) \geqslant 1 - 1/k^2$$

因此,$p(N>M) \leqslant 1/k^2$。假定个人的风险厌恶程度,足以使他把自己的货币持有量根据 $p(N>M)$ 的最大值来定。在这种情况下,$p(N>M) = 1/(M/\sigma)^2 = \sigma^2/M^2$。

将 $p(N>M) = 1/(M/\sigma)^2 = \sigma^2/M^2$ 代入 (1) 式中得:

$$C = r_b M + B_0 Y/W + \beta \sigma^2/M^2 \tag{2}$$

又由于 $M = W/2$,代入 (2) 式中得:

$$C = r_b M + \frac{1}{2} B_0 Y/M + \beta \sigma^2/M^2 \tag{3}$$

为使持有货币的成本最小化,(3) 式中 C 对 M 的偏导数为 0,即:

$$\frac{\partial C}{\partial M} = r_b - \frac{1}{2} B_0 Y/M^2 - 2\beta \sigma^2/M^3 = 0 \tag{4}$$

(4) 式两边同乘 M^3,得:

$$r_b M^3 - \frac{1}{2} B_0 M Y - 2\beta \sigma^2 = 0 \tag{5}$$

(5) 式是关于 M 的三次方程,一般情况下很难求解。

在惠伦模型的分析框架下,简化每次转化为现金的名义手续费为 0,即 $B_0 = 0$。

将 $B_0 = 0$ 代入 (5) 式中得:

$$M = (2\beta)^{1/3} r_b^{-1/3} (\sigma^2)^{1/3}$$

预防性货币需求是为了应对未来收入的不确定性。持有货币不再具有时间方面的优势，但存在安全性和收益性方面的优势。假定个人或完全持有现金或完全持有电子货币，下面讨论引入电子货币情况下的成本最小化条件。

首先不考虑电子货币使货币层次之间转化的成本降低，即先假定 B_0 不变，可将 (1) 式修正为：

$$C_e = (r_b - r_e)M_e + B_e Y/W_e + \beta p \quad (N > M) \quad (6)$$

其中，C_e 为持有预防（包括交易）电子货币余额的名义成本，r_b 为债券利率，r_e 为电子货币利率，并且 $r_b > r_e$，M_e 为持有的电子货币余额，B_e 为每次转化为电子货币的名义手续费，W_e 为每次从有息债券中提取的电子货币数量，β 为缺乏货币余额的名义惩罚成本，N 为净支付（支出减收入），p（$N > M$）表示 $N > M$ 的概率。

与上面的推导类似，得到成本最小的一阶条件为：

$$\frac{\partial C_e}{\partial M_e} = (r_b - r_e) - \frac{1}{2}B_e Y/M_e^2 - 2\beta\sigma^2/M_e^3 = 0 \quad (7)$$

若模仿惠伦模型的分析框架，简化每次转化为电子货币的名义手续费为 0，即 $B_e = 0$。

求得：

$$M_e = (2\beta)^{1/3}(r_b - r_e)^{-1/3}(\sigma^2)^{1/3}$$

对比：

$$M = (2\beta)^{1/3} r_b^{-1/3} (\sigma^2)^{1/3} \quad \text{和} \quad M_e = (2\beta)^{1/3}(r_b - r_e)^{-1/3}(\sigma^2)^{1/3}$$

可以发现：第一，持有现金和持有电子货币的预防性货币需求均与债券利率 r_b 负相关，与净支付 N 的标准差 σ 正相关。第二，电子货币相对现金具有收益性，因此，持有电子货币作为预防性货币需求的成本要低于现金，人们会减少对预防性现金的需求，电子货币对预防性现金需求产生替代。第三，考虑到持有电子货币的安全性，并且电子货币除了能像现金一样进行交易外，还能满足预防性和投机性货币需求，因此人们不愿意持有过多现金，而更愿意以电子货币形式持有。

第五节 电子货币对货币政策的影响

一、电子货币对货币政策工具有效性的影响

货币政策工具主要分为法定存款准备金、再贴现率和公开市场业务三种。电子货币的产生与发行使得中央银行的这三种政策工具的调控力度受到了不同程度的削弱。

（一）电子货币使法定准备金率的调节作用减小

过去，通货的发行总是由中央银行垄断，随着网络经济的兴起、电子货币的快速发展，这种垄断得以打破。对于电子货币余额是否要求一定比例的法定储备，目前还处于争议阶段。大多数国家对电子货币余额无储备要求，但有一些国家，如日本则要

求发行者缴纳相当于其发行电子货币余额50%的储备金。总的看来，电子货币开始呈现出减少法定储备金的趋势。从自身的构成看，法定存款准备金由活期存款准备金和定期存款准备金组成，并由中央银行决定，是外生变量。不过，电子货币的发展已经使得法定存款准备金率的作用发生了根本变化。一般说来，中央银行是根据不同存款的流动性分别对存款实行不同的准备金率。比如，相对于流动性低的存款来说，流动性高的存款具有较高的存款准备金率。由于各个金融机构可以独立发行自己的电子货币（担保依赖自身的信誉和资产），客户通过电子指令，可以在瞬间实现现金与储蓄、定期与活期之间的转换，由于这几项法定准备金有所不同，必然会产生中央银行准备金的不断变化，而由于客户的指令是随机的、难以预测的，必然给中央银行带来操作上的困难。对于法定准备金率而言，由于电子货币可能替代应提存准备金的存款，以及银行减少对清算头寸的需求，从而降低了法定准备金率的作用范围和作用力。

（二）电子货币降低再贴现政策的存在价值

再贴现政策的运用大部分用于解决银行流动性困难。但是在电子货币时代，由于商业银行能够自行发行电子货币，发行电子货币所产生的发行收益将会使发行市场处于充分竞争的状态。即使商业银行在流动性方面不存在问题，也会扩大发行，最终形成电子货币发行净收益为零的均衡。因此，再贴现政策对调整电子货币的供需不再起作用。

另外，再贴现率是中央银行向商业银行的借款利率，中央银行通过变动商业银行及其他存款机构的再贴现率来调节货币供给量。然而，再贴现政策是一种被动的调节措施，在电子货币通行的情况下，货币资本之间的转化更为容易。当再贴现政策的成本相对较高时，商业银行可通过其他途径来获得资金，如迅速出售证券、同业拆借等。因此，在电子货币流通的条件下，被动的再贴现政策的功能被削弱了。但是，由于电子货币仍需要依赖传统货币来保证其货币价值，当发行者面临回赎电子货币的压力而需要向中央银行借款时，再贴现率仍能显示出调整其借款成本的能力。

（三）电子货币使公开市场操作复杂化

公开市场操作是三大政策工具中最常用的方法，也是最重要的货币政策工具。而由于电子货币发行主体多元化，各金融机构发行的电子货币又各具特性，一则降低了中央银行的铸币税和资产发债规模，二则也使中央银行缺乏足够的资产，不能适时进行大规模货币吞吐操作，从而也减弱了这一货币工具的灵活性和时效性。特别是当大量"电子热钱"涌入或在外汇市场急剧变动的情况下，中央银行可能因为资产的萎缩而无法完成"对冲操作"，使本国汇率和利率受到较大的影响。

目前，不断发展的金融创新强化了公开市场业务的作用力，使得金融机构在补充流动性资产或进行资产组合调整时日益依赖公开市场操作，并积极参与市场买卖，这在客观上配合了中央银行的公开市场操作。金融市场创新和工具创新吸引了各微观经济主体对各种经济信息、动态和金融市场行情的关注，有利于中央银行通过公开市场操作发布明确的信息，也有利于对经济活动进行有效的引导和微调。

二、电子货币对货币政策中介目标有效性的影响

西方国家中介目标的选择大体上可以粗略地划分为以下四个阶段：20 世纪五六十年代，凯恩斯主义盛行，大都以利率作为中介目标；七八十年代以后，由于西方国家面临凯恩斯无法解释的滞胀局面，货币学派指出通货膨胀是由于货币供应量过多造成的，可以通过控制货币供应量来获得经济稳定增长，于是，货币供应量逐渐取代利率成为许多国家广泛采用的货币政策中介目标；80 年代末 90 年代初以来，由于金融创新、金融自由化和金融全球化的不断发展，导致货币需求函数的不稳定，货币层次的划分、定义和计量变得困难，货币流通速度难以测定，货币供应量作为货币政策中介目标的可控性和相关性都受到了影响，从而导致以货币供应量为中介目标的货币政策效果不断下降，许多国家货币当局放弃了以货币供应量为中介目标的做法，转而选取利率（尤其短期利率）作为中介目标。90 年代以来，货币政策目标的选择出现了很大的调整，呈现多元目标的局面。

我国自 80 年代中期建立中央银行制度以来，货币当局对货币政策中介的选择大体可以分为三个阶段：第一阶段是从 1984 年到 1992 年，贷款规模和现金发行为这一时期货币政策中介目标；第二阶段是从 1993 年中国人民银行正式对外公布货币供应量开始，转入以货币供应量和贷款规模作为货币政策中介目标。第三阶段是从 1998 年贷款限额取消控制后，贷款规模成为中央银行的一个监测指标，充当货币政策中介目标的主要是货币供应量。

（一）电子货币对利率的影响

利率是一定时期利息额与借贷资本额的比率。利率的高低是由资本借贷市场上的资本供应量和资本需求量共同决定的。如果货币供给与货币需求不是同步变化，则利率必然会变化。当货币供给小于货币需求时，利率上升，必将使货币资本向借贷市场大量流动，而货币流通速度的加快，必然会对利率的上升幅度和上升期限进行限制，使得利率上涨额不至于太高，上涨期限也较传统货币大为缩短；当货币需求小于货币供给时，利率下降，货币资本从借贷市场逃逸，而货币流通速度加快，使借贷市场在短期内达到均衡，从而利率的下降幅度不会太大，下降期限也不会太长。所以，在电子货币大幅流通的情况下，货币流通速度加快，使得利率的变化幅度变得更小，浮动期限更短。由于利率是市场运行的结果，电子货币的大幅使用将提高市场的效率和竞争水平，提高利率作为未来货币政策中介目标的重要性。不过，利率与最终目标之间的关系，会有一些变化，仍需要加以研究。如果中央银行不能准确、及时判断资本市场的变化，那么它通过利率进行宏观货币供给的调控能力就会减弱，这就对中央银行的调控能力提出了更高的要求。

由于利率的高低与货币需求密切相关，了解电子货币对货币需求的影响可以更好地掌握电子货币对利率的影响。我们采用货币需求理论中的鲍莫尔模型进行分析。鲍莫尔将管理学中的最优存货理论应用于经济主体的货币需求理论，认为货币的交易需求同样受利率的影响，求出了一个既不影响日常交易支出需要又将持有货币的损失降

到最小的最佳货币持有量。该模型作如下假定：经济主体的收入数量一定，时间间隔一定，支出数量事先可知，支出速度均匀；经济主体将现金换成生息资产采用短期政府债券的形式，具有流动性强、安全性高的特点；经济主体每次变现或出售资产与前一次的时间间隔及数量均相等。

设未来时间内所预计的交易支出量为 T，每次交换的现金额为 K，每次证券买卖的手续费为 b，市场利率为 i，持有现金的成本总额为 C，现金余额为 M，则经济主体在未来时间买卖证券的交易成本总额为 bT/K，平均持有的现金货币为 $K/2$，而持有现金是无利息收入的，故持有现金损失的利息收入或机会成本为 $Ki/2$，因此，持有现金的成本总额为：

$$C = bT/K + Ki/2$$

上式表明，经济主体持有现金的成本总额由两部分组成：一为交易成本，是现金持有量的减函数；二为机会成本，是持有现金量的增函数。

$$dC/dK = -bT/K^2 + i/2 = 0$$
$$d^2C/d^2K = 2bT/K^3 > 0$$

由上述两式可知，成本总额函数存在极小值，即：

$$K = \sqrt{2bT/i}$$
$$M = K/2 = \sqrt{2bT/i}/2$$

这表明：经济主体的交易性货币需求并不与总支出（或总收入）成正比例变化，持有现金余额应有一个最优规模，这个规模和交易总量的平方根成正比。即：当经济主体的交易量 T 和手续费 b 减少时，最优的现金余额就减少；而现金的交易余额与利率之间负相关，利率越低，现金需求余额越增加。反之亦然。

上述现金需求模型反映了现金与收益性资产（债券和股票）的关系。此模型扩展为研究现金与银行存款或者 M_2 与收益性资产的关系，可以得出一样的结果。电子货币出现以后，电子结算技术的运用使得人们进行资产转换的交易成本降低，这势必产生现金需求余额减少的结果，因为即使资产转换的佣金不变，电子货币的运用也使获取现金的方式变得直接、便捷，从而减少获取现金的附加费用（如客户在家中通过网络访问自己的存款账户，进行资产转换，增加所持有的 IC 卡中保存的货币价值，节约了特意往返于证券公司、银行的精力和费用）。另外，电子货币的运用，也会增加经济主体对提取现金方便度的预期（如可随时通过 ATM 取款，不必考虑银行的作业时间等问题），这也会减少居民的货币需求余额。而电子货币在信用创造方面的作用，又使得对货币的需求处于不稳定状态，这就会导致利率波动。而利率的微小波动又会引致经济主体对未来预期的变更，从而导致货币需求的较大波动。这样金融当局在利用货币政策工具通过影响利率而实施货币政策时，会由于上面的反作用而使利率的传导作用减弱。

（二）电子货币对货币供应量的影响

货币供应量（M_s）是指一定时点上由社会公众、企事业单位等持有的，由银行体系所供应的货币存量总额。常用的货币供应量包括狭义货币供应量和广义货币供应量两个层次。狭义货币供应量（M_1）等于流通中现金（C）和单位活期存款（D）的总和，即 $M_1=C+D$。广义货币供应量（M_2）等于狭义货币供应量（M_1）与居民储蓄存款、单位定期存款和其他存款等准货币的总和。货币供应量层次的划分即货币层次的划分，不同国家由于流通中的金融工具不同，具体的货币层次及结构也不尽相同。我国货币的层次分为三类：M_0、M_1 和 M_2。M_0 即流通中的现金，M_1 包括 M_0 和单位活期存款，M_2 包括 M_1、居民储蓄存款、单位定期存款、单位其他存款和证券公司客户保证金。中央银行体制下，货币供应量决定于基础货币（B）与货币乘数（m）两个因素的乘积，即：

$$M_s = m \times B$$

基础货币，又称"高能货币"，是中央银行直接控制的，对货币供应起基础性作用的中央银行负债，由社会公众持有的通货（C）和商业银行的存款准备金（R）两部分组成，其中存款准备金包括法定存款准备金（R_1）和超额存款准备金（R_2）。即：

$$B = C + R_1 + R_2$$

1. 电子货币对通货的影响

电子货币的使用必然使流通中的通货数量减少。电子货币作为一种数字符号，能借助网络满足人们交易和投机的货币需求。中央银行产生以来，通货的发行是由中央银行垄断的，而电子货币的产生和发展打破了这种垄断。随着电子货币的不断完善和成熟，当电子货币作为新的货币形式加入基础货币行列时，则可能使得基础货币虚拟化。电子货币的发展减少了流通中的现金，在银行准备金总额不变的情况下，基础货币将呈下降趋势。

2. 电子货币对法定存款储备金的影响

对于央行发行的货币，各国对于金融机构的存款准备都有具体的法律规定。对电子货币余额是否要求一定比例的法定准备金，目前存在较大争议。大多数国家对电子货币余额无准备金要求，但也有一些国家，如日本，则要求发行者缴纳相当于其发行的电子货币余额的50%的准备金。但总的来看，电子货币有减少法定准备金的趋势。因此，这将会减少商业银行的存款准备金，也会导致基础货币的减少。

3. 电子货币对超额准备金的影响

超额准备金是银行为应付流动性而自愿持有的头寸。网络技术的运用大大降低了银行进行资产转换的成本，银行可充分利用电子货币的高流动性，满足特殊情况下出现的流动性不足问题。可以肯定，当超额准备金利率不变或降低时，银行的超额准备金将降低；反之，则根据由此所带来的机会成本与资金运用的收益进行比较抉择。

由以上的分析可知，电子货币的使用使流通中的通货、法定存款准备金及超额存款准备金都下降，因此，电子货币使基础货币的总量下降。

另外，相关实证结果表明：电子货币的发展放大了货币乘数效应。电子货币与狭义货币乘数和广义货币乘数均呈正相关关系，说明电子货币的快速发展放大了货币乘数效应；同时由货币乘数的计算公式可知，在影响货币乘数的几个因素中，现金漏损率与狭义货币乘数和广义货币乘数呈负相关关系，因此，电子货币的发展使现金漏损率 k 呈明显的下降趋势，这意味着现金漏损率 k 的下降会间接地放大货币乘数。

同时，电子货币的发展加剧了货币乘数的不稳定。电子货币改变了决定货币乘数的多种因素原有的地位和作用，同时使货币乘数的内部结构发生了变化，并使这些因素处于不断变动之中，从而导致了货币乘数的不稳定。

由于电子货币对货币乘数的放大效应以及它导致的货币乘数不稳定，必然会增强货币乘数的内生性，如果中央银行以货币供应量作为货币政策中介目标来调节货币供给，货币政策的效果必然会大打折扣。

由以上分析可知，电子货币一方面使基础货币的总量下降，另一方面放大了货币乘数效应，使货币供应量难以控制，增强了货币供应量的内生性。

三、电子货币对货币政策传导机制的影响

货币政策传导机制是指由中央银行信号变化而产生的脉冲所引起的经济过程中各中介变量的连锁反应，并最终引起经济变量变化的途径。可以说，货币政策传导机制是连接操作工具直至最终实体经济的路径，包含很多环节，其中任何一个环节出问题，都会导致货币政策传导渠道的不畅。

(一) 电子货币改变了货币政策的传导机制

传统的传导机制理论中，商业银行充当重要的导体角色，中央银行的意图主要是通过商业银行传达到经济社会。随着电子货币及金融创新的发展，商业银行为了在激烈的金融竞争中求得生存和发展，被迫向"非中介化"方向发展，证券业务、表外业务和服务性业务的比重加大，这无形中削弱了它作为货币政策导体的重要性及其功能，特别是随着中央银行以公开市场业务为主进行货币政策操作，非银行金融机构在传导过程中的中介角色日益明显。

(二) 电子货币增大了货币政策传导时滞的不确定性

电子货币及金融创新改变了金融机构和社会公众的行为，使货币需求和资产的结构处于复杂多变的状态，从而加重了传导时滞的不确定性，使货币政策的传导时滞在时间上难以把握，传导过程的易变性很高，给货币政策的判定效果带来困难。

根据上面的分析，我们得出以下结论：

(1) 电子货币对货币政策工具有效性的影响结果。电子货币使法定准备金率的调节作用减小，降低了再贴现政策的存在价值，使公开市场操作复杂化。

(2) 电子货币对货币政策中介目标有效性的影响结果。电子货币的大幅使用将提高市场的效率和竞争水平，提高利率作为未来货币政策中介目标的重要性。电子货币使基础货币的总量下降，但又放大了货币乘数效应，使货币供应量难以控制，增加了货币供应量的内生性。

(3) 电子货币对货币政策传导机制的影响结果。电子货币改变了货币政策的传导机制，增大了货币政策传导时滞的不确定性。

四、电子货币对国内外货币政策协调的影响

由于电子货币的跨国使用远较传统货币方便，消费者既可以使用由本国机构发行的电子货币进行国外产品（如旅游、网络产品等）的购买支付，也可以接受国外电子货币的发行机构以外币或本币发行的电子货币直接用于消费，还可以利用因特网为国外厂商提供智力服务，并将其所得或收益转成电子货币在国内外使用。随着网络技术的发展，这种情况难以限制。另外，许多国家的电子货币都是在国外已有的先进技术和软件基础上开发的。如果这些现象在本国较为普遍，中央银行在测定电子货币量和执行货币政策时将不得不与相关国家进行相关政策的协调。这些协调至少包括：电子货币流动管理与报告制度、电子货币产品与系统资料交换方式、相互影响说明等。

本章小结

本章内容主要包括：（1）电子货币概述。我们首先探讨了电子货币产生的原因及其条件，指出电子货币具有的特点。在传统的货币理论中，可以根据货币的职能或者本质从不同的角度给货币下定义，然而，迄今为止，电子货币也没有一个统一明确的定义。电子货币的种类根据不同的划分依据可以有不同的划分方法。接着，我们指出电子货币具有的属性及其职能。（2）电子货币的作用及对中央银行的影响。我们从直接作用和间接作用两个角度分析了电子货币的作用，并从电子货币对货币发行机制、中央银行铸币税、中央银行独立性的影响分析了电子货币对中央银行的影响。（3）电子货币对货币层次的影响。电子货币对传统货币的替代效应及其对货币层次的影响主要表现在电子货币对金融资产流动性的影响和电子货币对金融资产替代性的影响这两个方面。继而，我们需要思考货币层次划分的可能性、货币层次划分的可行性和货币政策中介目标的可靠性等问题。（4）电子货币对货币供求的影响。在电子货币对传统金融理论的影响中，它对货币供给的影响最为明显，这种影响主要表现在电子货币对基础货币和货币乘数的影响两个方面。我们通过相关模型分析了电子货币对货币供给的影响。另外，我们基于凯恩斯的货币需求理论、鲍莫尔-托宾模型和惠伦模型等理论模型分析了电子货币对货币需求的影响。（5）电子货币对货币政策的影响。电子货币通过影响法定准备金率、再贴现政策、公开市场操作等对货币政策工具有效性产生影响。电子货币也对货币政策中介目标有效性和货币政策传导机制产生相关影响。

案例分析

中国人民银行行长易纲表示 DCEP 有利于满足公众数字经济时代的法币需求

2020 年 5 月,中国人民银行行长易纲在"两会"期间就重点问题接受了《金融时报》《中国金融》的采访,他表示法定数字货币的研发和应用,有利于高效地满足公众在数字经济条件下对法定货币的需求,提高零售支付的便捷性、安全性和防伪水平,助推我国数字经济加快发展。

易纲表示,数字经济是全球经济增长日益重要的驱动力,人民银行较早开始法定数字货币的研究工作。2014 年,成立专门团队,开始对数字货币发行框架、关键技术、发行流通环境及相关国际经验等问题进行专项研究。2017 年年末,经批准,人民银行组织部分实力雄厚的商业银行和有关机构共同开展数字人民币体系(DCEP)的研发。DC/EP 在坚持双层运营、现金(M_0)替代、可控匿名的前提下,基本完成了顶层设计、标准制定、功能研发、联调测试等工作。

易纲指出,目前,数字人民币研发工作遵循稳步、安全、可控、创新、实用原则,先行在深圳、苏州、雄安、成都及未来的冬奥会场景进行内部封闭试点测试,以检验理论可靠性、系统稳定性、功能可用性、流程便捷性、场景适用性和风险可控性。但目前的试点测试,还只是研发过程中的常规性工作,并不意味数字人民币正式落地发行,何时正式推出尚没有时间表。

而在 2020 年 12 月的访谈中,易纲表示将推进数字货币研发,健全法定数字货币法律框架。在完善货币供应调控机制方面,需增强货币政策操作的规则性和透明度,建立制度化的货币政策沟通机制,有效管理和引导预期。稳妥推进数字货币研发,有序开展可控试点,健全法定数字货币法律框架。

资料来源:《央行易纲:DCEP 有利于满足公众数字经济时代的法币需求》,https://xueqiu.com/2744910577/150149986,2020 年 5 月 30 日访问。

问题与思考

1. 为什么会产生电子货币?电子货币有哪些特点?
2. 电子货币有哪些类型?
3. 试谈电子货币的职能与属性。
4. 谈谈电子货币的作用。
5. 电子货币对中央银行有什么影响?
6. 谈谈电子货币对货币层次的影响。
7. 电子货币对货币供给有什么影响?

8. 电子货币对货币需求有什么影响？
9. 试述电子货币对货币政策的影响。

参考文献

[1] 狄卫平、梁洪泽：《网络金融研究》，载《金融研究》2000 年第 11 期。

[2] 李翀：《虚拟货币的发展与货币理论和政策的重构》，载《世界经济》2003 年第 8 期。

[3] 王潇颖、冯科：《电子货币对我国货币政策的影响：基于微观主体持币动机的研究》，载《南方金融》2011 年第 3 期。

[4] 谢平、尹龙：《网络经济下的金融理论与金融治理》，载《经济研究》2001 年第 4 期。

[5] 尹龙：《电子货币对中央银行的影响》，载《金融研究》2000 年第 4 期。

[6] 周光友：《电子货币的替代效应与货币供给的相关性研究》，载《数量经济技术经济研究》2009 年第 3 期。

[7] 周光友：《电子货币对货币流动性影响的实证研究》，载《财贸经济》2010 年第 7 期。

[8] 周光友：《电子货币发展对货币流通速度的影响——基于协整的实证研究》，载《经济学（季刊）》2006 年第 7 期。

[9] 周光友、邵锦萍：《电子货币发展与商业银行流动性需求——基于流动性偏好动机的视角》，载《金融经济学研究》2014 年第 1 期。

[10] A. Berentsen. 1998. Monetary policy implication of digital money. *Kyklos*, 51: 89-118.

[11] BIS. 1996. Implications for Central Banks of the Development of Electronic Money. BIS Working Papers, No. 9.

[12] B. M. Friedman. 2000. Decoupling at the Margin: the Threat to Monetary Policy from the Electronic Revolution in Banking. *International Finance*, 3: 21-30.

[13] C. Goodhart. 2000. Can Central Banking Survive the IT Revolution? *International Finance*, 3: 32-38.

[14] H. Fujiki, M. Tanaka. 2010. Currency Demand, New Technology and the Adoption of Electronic Money: Evidence Using Individual Household Data. Working paper.

[15] R. Griffith, F. Stephen. 2012. Electronic Money and Monetary Policy. *Southwestern Economic Proceedings*, 6: 7-55.

[16] S. D. Williamson. 2004. Limited Participation, Private Money and Credit in a Spatial Model of Money. *Economic Theory*, 4: 857-875.

[17] S. Singh. 1999. Electronic Money: Understanding Its Use to Increase the Effectiveness of Policy. *Telecommunications Policy*, 23: 753-773.

第三章 新型虚拟货币

内容提要

新型虚拟货币刚在人们的经济生活中崭露头角，便引起了各界对于货币本质及现行货币体系的深刻探讨。本章将对新型虚拟货币进行介绍和分析，同时将其与法定货币、传统虚拟货币和电子货币进行对比，并对新型虚拟货币的典型代表——比特币进行介绍。

第一节 新型虚拟货币概述

一、新型虚拟货币的界定

随着经济的发展，货币存在形式不断发生变化，由最初的实物货币，到足值的金属货币，到足值货币的代表，再到不可兑换的信用货币，以及最新的电子货币、虚拟货币等。"用一种象征性的货币来代替另一种象征性的货币是一个永无止境的过程。"多样的虚拟网络服务催生了虚拟货币：许多网络企业推出了自己的虚拟货币，比如Q币、新浪U币、网易POPO币、百度币、盛大点券等。虚拟货币（virtual money）也称"网络货币"（network money）、"网络虚拟货币"（network virtual money）等。欧洲央行对虚拟货币的定义为：一种不受监管的数字货币，通常由其开发者发行和控制，为特定虚拟社区的成员使用和接受。苏宁在《虚拟货币的理论分析》一书中认为，虚拟货币的界定可分为广义虚拟货币和狭义虚拟货币：广义的虚拟货币是指产生于虚拟世界，可以在虚拟世界中流通，并作为虚拟世界中商品交易的一般等价物的货币；狭义的虚拟货币是指由虚拟世界的中央银行或特定机构发行，在虚拟世界流通的法定货币。

除虚拟货币之外，另一极为类似的概念是20世纪90年代后期出现的新型支付工具：电子货币（electronic money），又被称为数字货币（digital money）、电子通货（electronic currency）等。目前的电子货币基本上由各个发行者自行设计、开发，具有多品种特征。目前已经基本成形的电子货币包括：赛博硬币（cybercoin）、数字现金（digicash）、网络现金（netcash）等。按照依托的计算机网络，可分为卡基型电子货币和数基型电子货币。卡基型电子货币的典型代表是银行卡,此外也有利用各种消费终端或电子设备进行支付的"储值"产品或预付机制,如电话卡、消费卡、公交卡等。数基型电子货币与狭义的虚拟货币大体相同,典型代表有腾讯公司发行的Q币等。

从以上叙述可以看出,虚拟货币、电子货币有所区别,但又有所交叉。本章将不会着力去区分二者,因为在数字化货币发达的今天,对于某种特定的数字化货币,它可能属于虚拟货币,可能属于电子货币,也可能同属于两者。而本章所要介绍的新型虚拟货币,与上述虚拟货币和电子货币有所相同,更有所不同。为区分新型虚拟货币与此前的虚拟货币,将用"传统虚拟货币"指代后者。

本章所指新型虚拟货币,目前尚未有公认的、完整的、明确的定义,也没有学术权威对此类新型虚拟货币进行系统介绍。在理论方面,新型虚拟货币的思想雏形在2008年由时任中国人民银行副行长苏宁在其著作《虚拟货币的理论分析》中有所提及,即所描述的"广义虚拟货币"。这个概念首次明确提出是在2014年,由李钧、长铗等在《比特币》一书中所描述,即"新型虚拟货币可以用这么几个核心概念来定义:去中心化,不受其开发者或者其他人完全控制,总量恒定;流通领域不受限制,只取决于使用者的意愿"。新型虚拟货币是一种基于计算机网络技术的新生事物,其货币性质仍存在很大争议。本章认为,新型虚拟货币是一种新的货币形态,但同时也保留对其货币性质的一些探讨。新型虚拟货币首先是虚拟的,虚拟的形态与存在。其次,具备货币的基本性质。最后,不同于传统虚拟货币。如前所述,新型虚拟货币是广义虚拟货币的一种,是指产生于虚拟世界、发行去中心化、总量恒定、流通领域不受限制,可直接或兑换为法定货币进行商品交易的一般等价物。此类虚拟货币没有实物形态,不由货币当局发行。典型的代表有:比特币(Bitcoin)、莱特币(Litecoin)、瑞波币(Ripple/XRP币)以及一些早期的新型虚拟货币如B-Money、eCash等。

新型虚拟货币是一个多学科相互渗透、相互交叉的新课题,涉及计算机技术、密码学、数学和经济学等学科领域。它可以作为一种新型虚拟货币在经济学领域被解读;也可以作为一个成功的电子支付系统在密码学、计算机等领域被剖析、模仿甚至超越;还可以作为一种思想被解构并应用到货币之外的领域。

二、虚拟货币的分类

根据现行虚拟货币的发展情况,可以按照其重要性将全部虚拟货币分成三类:次级货币、商品货币和道具货币。(具体见表3-1)次级货币是没有正式货币地位,但却可以参与正常经济生活的虚拟货币。一般通过电子挖掘获得,可与真实货币进行双向兑换。商品货币是通过购买获得的虚拟货币,用以在发行方平台内部使用,这种货币只可用真实货币购买,却很难反向兑回。道具货币是没有实际货币意义的道具、积分或产品,用以增加用户黏性,道具货币通过购买或用户在平台内的使用行为获得,几乎无法兑回。

表 3-1 几种主要新型虚拟货币的对比

概念	界定	获取方式	典型代表
次级货币	没有正式货币地位，却可以参与正常经济生活的虚拟货币	电子挖掘获得，或与真实货币进行双向兑换	比特币、莱特币、瑞波币
商品货币	通过购买获得的虚拟货币，用以在发行方平台内部使用	类似点卡，只可用真实货币购买，很难反向兑换回增加用户黏性，却可以参与正常经济生活的虚拟货币	Q币、亚马逊币、各类游戏平台点卡、手机充值卡
道具货币	没有实际货币意义的道具、积分或产品，用以增加用户黏性	通过购买或用户在平台内的使用行为获得，几乎无法兑回	游戏货币，如金币、论坛积分、商场积分

注：现在较为流行的新型虚拟货币：

1. 比特币（Bitcoin）

比特币是新型虚拟货币中最火爆、最受追捧的典型代表。比特币基于开源代码产生，不受中央节点控制。通过复杂的计算来获取货币，获取货币的过程叫做"挖矿"。近来，华尔街、多国央行等传统金融机构开始研究比特币区块链技术，日本政府正式承认比特币为法定支付方式，越来越多的日本商家接受了比特币支付。2021 年，受市场情绪影响，比特币价格经历几番大起大落，截至 2021 年 10 月 27 日，当年最高价为 66930.39 美元，最低价为 28722.76 美元。2021 年 10 月 27 日，比特币与美元兑换比率为 1∶61435.18，与人民币兑换比率为 1∶392988.56。

2. 莱特币（Litecoin）

莱特币技术原理同比特币一样，是比特币模仿者中最为成功的一种。与比特币相比，莱特币的交易时间更快，货币总量更大。开发者的初始定位是：如果比特币是黄金，那莱特币就是白银。比特币中国交易平台的描述"比特币、莱特币，好兄弟，在一起"则更通俗地体现了两者的关系。2021 年 4 月，莱特币社区经过投票达成协议，决定通过隔离验证软分叉对其区块链进行升级，随后莱特币价格大幅上涨。2021 年 10 月 27 日，莱特币与美元兑换比率为 1∶364.07，与人民币兑换比率为 1∶2329.3。

3. 瑞波币（Ripple/XRP 币）

Ripple 是由著名风投机构安德森·霍洛维茨基金注资、OpenCoin 公司推出的新型虚拟货币。和比特币相比，其优势在于交易迅速、操作简单，但其发行数量不固定、发行机制并不完全去中心化。2021 年 10 月 27 日，瑞波币与美元兑换比率为 1∶1.01502。

4. 点点币（PPCoin）

点点币是比特币的另一模仿者。开发者的初衷是在比特币的基础上实现一些创新项目，比如，不设定固定的货币供应上限、计算能耗更低及用中彩票的方式进行奖励等。2021 年 10 月 27 日，点点币与美元兑换比率为 1∶0.6751。

（数据来源：BTC-e 网；英为财情；CoinCarp）

三、新型虚拟货币的产生

虚拟货币是特定历史阶段的产物，只有在诸多因素同时具备的条件下才可能产生。新型虚拟货币是互联网应用和网络金融蓬勃发展下的成果，是现今互联网金融的重要内容。

如前所述，最早的新型虚拟货币实践产生于 20 世纪 90 年代，但由于许多因素最终都未能成功。2008 年 11 月，中本聪提出比特币的思想，并在 2009 年年初成功实践其理论系统。比特币的问世标志着新型虚拟货币进入崭新的发展阶段。在比特币产生之后，许多早于比特币产生的新型虚拟货币，如 B-Money、eCash 等才为人所知。同时也出现了大量的比特币模仿者，如莱特币、点点币、素数币等。

新型虚拟货币产生的重要原因在于互联网应用的高速发展以及网络金融体系的形成。始于20世纪60年代的第五次信息技术革命被认为是一次革命性的进步，缔造了无数神奇的发明，改造甚至颠覆了许多传统行业，如媒体行业等，同时也催生了新的行业，如电子商务等。电子商务的出现逐渐改变人们的生活习惯和购物习惯，也促使交易电子化以及现代物流等的发展。近几年，信息领域又出现了许多重大技术进步，如大数据、移动互联网、云计算等。在"大（大数据）、移（移动互联网）、云（云计算）"的加速推动下，网上购物兴盛、网络交易繁忙，形成了交易电子化的浪潮，同时催生了互联网金融。各式各样的网络交易为电子货币、传统虚拟货币的产生创造了条件，而电子货币、传统虚拟货币的安全性、低成本和便捷性又促进了互联网经济的蓬勃发展。电子货币、传统虚拟货币的出现使社会公众的货币使用习惯发生转变，享受到电子化交易便利快捷的人们逐渐习惯了无形货币、电子交易等。这样的大背景为新型虚拟货币的诞生创造了可能性，并为其广泛流通奠定了基础。此外，在互联网金融的背景下，各式基于互联网的新形态金融服务对传统金融行业形成冲击，已经形成互联网金融的氛围，这为新型虚拟货币的迅速传播创造了社会条件。

四、新型虚拟货币的发展

新型虚拟货币至今对许多人仍是新生事物，其发展历程短暂而曲折。本章根据新型虚拟货币发展不同阶段的特点及发展趋势，将其划分为如下几个时期：

（1）萌芽时期（1990—2007年）。这个时期出现了最早的新型虚拟货币，比如，1990年David Chaum，Amos Fiat，Moni Naor提出的eCash；1998年Wei Dai提出的B-Money等。不过，此阶段的新型虚拟货币并没有受到重视，也没有得到成功的应用。

（2）爆发时期（2008—2013年）。新型虚拟货币发展的转折点是比特币的问世。比特币问世初期并没有得到太多关注，仅在一批极客圈内和少数投资者的小范围内得到注意。在2013年，"比特币"通过媒体的大量报道一举成为年度热词。继比特币之后，很快出现许多模仿者，这些模仿者被通俗地称为"山寨币"，它们是基于比特币技术进行模仿或者改进的新型虚拟货币。但是许多"山寨币"并不具备真正意义的技术创新，很快就退出了舞台。在这个阶段，社会公众开始接触新型虚拟货币的概念，但对其本质并没有清晰的认知，存在盲目追捧和投机现象；另一方面，这个阶段的新型虚拟货币本身也并不完善，短时间内涌现出大量不同层次的新型虚拟货币，也有大量的"劣质"新型虚拟货币退出舞台。与此同时，形成了新型虚拟货币相关的金融体系雏形，如对应的新型虚拟货币银行、第三方支付机构等。此阶段的新型虚拟货币已经显现出与传统货币、电子货币、传统虚拟货币等同的购买力，受到世界范围广泛关注，同时也面临极大的政治风险。

（3）调整时期（2014年至今）。继爆发时期的爆炸性增长和世界性关注之后，以比特币为典型的新型虚拟货币被多方解读。学术层面，已有部分研究关注到此类形态的货币,并进行了一些理论分析;社会公众层面,借助一些论坛、交易平台和相关杂志等,对此类形态的货币有了进一步的认识;政府层面已经关注到此类型货币,但反映不一,采取了不同的应对措施。在美国、德国等国,采取了较为开放的态度,认可比特币作为"虚拟货币"的存在,同时对其可能产生的风险进行了严格控制;我国央行等五部委则明确否认其货币性质,并严格限制其相关交易。在此阶段,新型虚拟货币承受极大的政治压力和技术风险,发展并不明朗。政治压力来源于政府的否认和限制,技术风险则来自黑客对交易平台、新型虚拟货币账户的攻击等。

(4)稳定时期。本章认为,在经历爆发阶段的增长和理性调整后,新型虚拟货币会获得不同程度的政治认可,并进入稳定发展时期。这个时期的特点是:新型虚拟货币价值趋于稳定,自身体系及其相关金融体系比较完善;一种或多种优秀的新型虚拟货币将同时与法定货币、电子货币、传统虚拟货币共存,甚至会淘汰部分电子货币或传统虚拟货币;社会公众对新型虚拟货币有较为深入的认知。

第二节 新型虚拟货币的功能与特点

一、新型虚拟货币的功能

(一)货币替代功能

新型虚拟货币自产生之日起便成为传统货币的竞争者,其使用的便捷性、交易的安全性,特别是跨境支付的便利性很大程度地行使了传统货币的功能。但对新型虚拟货币的货币替代功能,仍然存在很大争议。有人认为它是"货币替代品",有人认为它是极度类似货币的商品,也有人认为这是哈耶克所提出的"货币的非国家化"的实践。世界范围内有国家认可其"虚拟货币"的合法地位,也有国家明确否认其货币性质。但实际上,新型虚拟货币在网络空间、现实世界确实行使了货币替代的功能。本节从货币本质及货币职能的角度,将新型虚拟货币与法定货币、电子货币和传统虚拟货币进行对比。

在传统的货币学理论中,货币被普遍认为是固定充当一般等价物的特殊商品,并体现一定的社会生产关系。作为货币的特殊商品,首先要具有使用价值和价值,其次要能直接同所有商品相交换。随着货币形式的发展,特别是进入信用货币阶段的时候,货币几乎不存在使用价值,但信用货币仍然能够作为一般等价物与其他商品相交换,这是由法律所确定的。从这个层面来说,新型虚拟货币具有作为货币的本质。新型虚拟货币作为商品的价值在于其产生过程凝结了无差别的劳动,是由人们提供"电子工作"的方式获取价值,同时,这个过程所消耗的计算资源和能源也构成其内在价值的一部分。新型虚拟货币能同其他商品进行交换。目前,比特币已经可以用于线上、线下购买支付。

货币职能是货币本质的具体表现,是商品交换所赋予的,也是人们运用货币的客观依据。货币在商品经济中执行着五种职能：价值尺度、流通手段、储藏手段、支付手段和世界货币职能，其中价值尺度和流通手段是货币的基本职能。

表 3-2　货币职能对比

货币职能	法定货币	电子货币	传统虚拟货币	新型虚拟货币
价值尺度	具备	不具备	不具备	可能具备
流通手段	具备	具备	具备	具备
储藏手段	不具备	不具备	不具备	可能具备
支付手段	具备	可能具备	可能具备	可能具备
世界货币	不完全具备	不具备	不具备	具备

1. 价值尺度

货币在表现和衡量商品价值时，执行着价值尺度职能。执行价值尺度的货币本身必须有价值；本身没有价值，就不能用来表现、衡量其他商品的价值。货币在执行价值尺度职能时，可以是观念中的货币，并不需要现实货币的存在。

现行的法定货币是纸币，是由国家强制流通的货币符号。虽然纸币本身的价值几乎为零，但同样可以行使价值尺度的职能。电子货币其实是法定货币的电子化，是一种"二次货币"，在流通过程中仍然使用传统货币的价值尺度，本身并不具备价值尺度职能。相较而言，传统虚拟货币更接近虚拟商品的属性，是一种"代币"，本身也不具备价值尺度职能。目前，新型虚拟货币尚不具备价值尺度的职能。对比价值尺度职能的描述，我们可以看到，新型虚拟货币本身具有价值，因此也可以用来衡量其他商品的价值。同时，货币执行价值尺度职能时，并不需要现实货币的存在。分析可知，新型虚拟货币是可能具备价值尺度职能的。

2. 流通手段

货币在商品交换过程中发挥媒介作用时，便执行流通手段职能。货币作为流通手段必须是现实的货币，即要求一手交钱、一手交货。货币发挥媒介作用只存在于买卖商品的瞬间，人们关心的是它的购买力，即能否买到等值商品，并不关心货币本身有无价值。

根据职能描述，法定货币显然具备流通手段职能。从"媒介作用""购买力"的角度看，电子货币、传统虚拟货币、新型虚拟货币都具备流通手段职能，但差别在于：电子货币、传统虚拟货币之所以具备流通手段职能，是因为其对法定货币的电子替代作用；而新型虚拟货币并不是在法定货币电子化的前提下具备流通手段职能的，新型虚拟货币具备的"媒介作用"和"购买力"来自新型虚拟货币本身。职能描述中还要求"作为流通手段的货币必须是现实的货币，即要求一手交钱、一手交货"。从表面上看，电子货币、传统虚拟货币、新型虚拟货币都不满足这个要求。但在互联网经济如此发达的今天，其实很多交易早已不是面对面的交易，不必满足"一手交钱、一手交货"而同样能顺利地进行交易。比如，在淘宝网上购物时，顾客并不需要到某个实体商店进行商品交易，有的网上商店可能根本就没有对应的实体商店，顾客在选好商品后可以通过网上银行、支付宝进行支付，顾客所支付的金额被划入第三方支付平台——支付宝的账户，待顾客收到卖家的货品并确认收货后，卖家将从支付宝获得该笔交易的付款。在整个交易过程中，顾客和卖家并未进行面对面交易，也没有使用现实的货币，而是通过电子化交易完成了购物过程。同样的道理，电子货币、传统虚拟货币以及新型虚拟货币在商品交换过程中也是经历了几乎相同的过程。因此，在互联网金融时代，流通手段其实并不一定要求是现实的货币。在这样的条件下，电子货币、传统虚拟货币和新型虚拟货币自然能履行流通手段的职能。

3. 储藏手段

货币退出流通，储藏起来，就执行储藏手段的职能。货币成为社会财富的一般代表，因此人们就有储藏货币的欲望。执行储藏手段职能的货币既不能是观念上的货币，也不能是不足值的货币或只是一种符号的纸币，它应当是一种足值的金属货币或是作为货币材料的贵金属。货币执行储藏手段职能，具有自发调节货币流通的作用，使货币量与商品流通相适应。

货币的储藏手段是以金属货币为前提，信用货币实际上并不具备储藏手段的职能。同样地，电子货币、传统虚拟货币也不具备储藏手段职能。储藏手段注重货币的"价值储藏"功能以及货币储藏后对货币流通量的调节作用。新型虚拟货币总量固定，具有类似黄金的稀缺性，而经济总量是不断增加的，在这种情况下，新型虚拟货币将处于不断升值的状态，是具备"价值储藏"功能的。在新型虚拟货币总量固定的前提下，如果部分新型虚拟货币退出流通领域，将减少流通中的货币，能够对货币流通量起到调节作用。从这个角度看，虽然新型虚拟货币不是金属货币，但其类似黄金的特性和实际起到的作用，是可能具备储藏手段职能的。

4. 支付手段

货币作为交换价值而独立存在，非伴随着商品运动而作单方面的转移，执行着支付手段职能。价值的单方面转移是支付手段的特征。支付手段主要应用在清偿债务方面，也可应用到如工资、佣金、租金等领域。

法定货币自然具备支付手段职能。随着电子货币、传统虚拟货币和新型虚拟货币使用范围的扩大和普及，也会被应用于清偿债务、支付工资和租金等交易，所以三者均可能具备支付手段职能。

5. 世界货币

当货币超越国界，在世界市场上发挥一般等价物作用时便执行世界货币的职能。世界货币职能主要表现为三个方面：第一，作为国家间一般的支付手段，用以平衡国际收支差额，这是世界货币的主要职能；第二，作为国家间一般的购买手段，用以购买外国商品；第三，作为国家间财富转移的手段。世界货币的职能是以贵金属为条件的。

理论上，现行法定货币，即纸币，是国家依靠法律强制发行，只能在国内流通的货币，不能够执行世界货币的职能。但实际上，一些发达国家的信用货币成为世界上普遍接受的硬通货，实际发挥着世界货币的职能。电子货币通常是在国内流通，传统虚拟货币仅在其发行企业内部流通，都不具备世界货币的职能。新型虚拟货币是基于互联网的货币，具有天然无国界、无地域的特点，具备在世界范围内流通的条件。另外，新型虚拟货币由于其交易特点，本身在跨境支付上有较大的优越性、便利性和安全性。如果新型虚拟货币能够得到国际范围内多数国家，或者得到主要发达国家的认可，那么它极有可能具备世界货币的职能。

在运用传统货币职能进行分析后，我们再从一个新的角度考虑：如果货币的价值尺度与流通手段职能分离，即执行价值尺度的货币与流通中的货币不是同一种货币，又会怎样？有学者认为，国家政权在铸币税及经济调控权的诱惑下，垄断了交易媒介发行权而导致两大职能的统一。但在电子货币取代纸币的情况下，货币乘数将由电子货币流通速度内生决定，可以趋向极大甚至无穷大，国家政权获取铸币税与经济调控权的模式因此失效，并将最终导致货币价值尺度与流通手段职能的分离。从职能分离的角度考虑，新型虚拟货币即便不具备价值尺度职能，也是可以成为货币的。

（二）投资功能

新型虚拟货币是一种新形态的货币，同时也可以作为一种投资产品。作为货币，新型虚拟货币具备自身的价值，与各国法定货币的价值不直接相关；作为投资产品，新型虚拟货币代表比特币一度在短期内增值数千倍，一跃成为史上增值最快的投资产品。值得指出的是，新型虚拟货币尚在初级发展阶段，价值波动大，是一种极具风险的投资产品，并不适合作为保值的资产选择。不过，本章认为，待新型虚拟货币发展稳定、价值稳定的时候，不失为一种资产持有形式的选择。即使现阶段的新型虚拟货币价值波动剧烈，但在一些特定背景，如该国法定货币存在较大程度通货膨胀或者其他导致公众对该国法定货币失去信心的情况下，仍然会有许多公众选择新型虚拟货币作为资产持有形式。

2013年3月，塞浦路斯出现银行危机。政府为拿到欧盟等外部救助金，推出了严苛的存款税及资本管制措施。例如，对储户开征一次性存款税：存款低于10万欧元需缴6.9%的税款，高于10万欧元需缴纳9.9%的税款。民众对此感到愤慨，抗议征税，开始排长队取款。与此同时，塞浦路斯群众为保护财产，迫切希望找到能保值的投资产品，开始疯狂购买比特币，导致比特币价格直线上升。在塞浦路斯事件之前，比特币的价格仅为20美元左右，而在塞浦路斯民众疯狂购买比特币之后，比特币价格在当年4月飙升至260美元左右，随后回落至120美元左右。

二、新型虚拟货币的特点

（一）虚拟性

新型虚拟货币没有物理形态，只存在虚拟的网络空间，表现形式为一段数位串。法定货币历来都是以实物形态存在，卡基型电子货币使得货币可以借助卡片的形式存在，而数基型电子货币、传统虚拟货币以及新型虚拟货币则是基于互联网存在的，是看不见、摸不着的。电子货币、传统虚拟货币的出现，已经将人们的经济生活带入一个"虚拟"世界；新型虚拟货币的出现，将使人们经济金融生活的"虚拟性"增强。

新型虚拟货币的虚拟性也是很多第一次接触它的人很难理解的一点：为什么一个似乎并不存在的东西会存在购买力，能够被称为"货币"呢？简而言之，新型虚拟货币是一个去中心化的、总量固定的货币系统，整个系统运行是基于开源代码实现的。它的产生、流通、交易及兑换都是基于网络完成，即使用于现实世界的商品交易，也是借助互联网终端、移动互联网终端或专门的ATM终端进行。新型虚拟货币的虚拟性与数基型电子货币和传统虚拟货币有些许不同。虽然后两者也没有实体形态，但其在本质上是依附于法定货币而存在的。如前所述，多数电子货币其实是"二次货币"，即法定货币的电子化；传统虚拟货币则更接近"代币"，即法定货币在特定空间和领域内的替代物。而新型虚拟货币则不依赖法定货币而存在，其虚拟属性更强。新型虚拟货币带给人们的影响，可以用"从原子世界向比特世界转移"来形容，所谓原子世界，是指人们能看得见、摸得着的物质存在空间；而比特世界，是由数字化信息所构成的虚拟空间。

（二）无界性

新型虚拟货币基于互联网而存在，"天生"独立于任何国家、任何政府、任何中央银行以及任何企业。新型虚拟货币作为流通手段，不受地域和国家限制，可以在全世界流通。电子货币通常只流通于国家内部，而传统虚拟货币流通范围则更窄，通常仅限于发行企业产品范围。多数国家的法定货币仅限于本国范围内使用；少数国家的法定货币，如美元、欧元等可以跨越国界，在世界范围内流通。但即使是行使世界货币职能的法定货币，在不同国家流通时仍需要进行兑换，需要付一定的手续费，并有一定的额度限制。新型虚拟货币相较于法定货币的国际流通，则更具有低成本、快速、安全的优越性。以比特币为例，比特币账户之间的交易实质是两个比特币地址之间进行数据的发送和接收，不需要手续费，且整个过程是基于全网确认，是相当安全的。比特币的国际流通，免去了法定货币国际流通的兑换成本，使得国际流通更为便捷。

（三）货币性

经上文分析，新型虚拟货币符合货币本质的定义，同时已经部分具备，并且可能全部具备传统货币的货币职能，是可以被认可为继信用货币之后的新的货币形态。一种新的流通手段已经显现出对法定货币的替代，并且不为货币当局所控制，这直接对央行的货币垄断权提出挑战。这样的局面使得很多国家不承认，甚至封杀新型虚拟货币作为货币形态在市场上流通。虽然现行新型虚拟货币并未得到法律上的货币地位的认可，但其在实际流通中确实行使了货币的功能，并且在某些方面比法定货币、电子货币更具优越性。

从另一个角度看，新型虚拟货币的供给总量由算法确定，通常是一个不可更改的值，其产生速度也是由算法确定的，不一定和经济所需要的货币量匹配。也就是说，新型虚拟货币虽然发行去中心化，但并不是一种内生性货币，它的供给并不能随着实际需求变化而调整，那么，它可能出现的供需不匹配的矛盾同样会形成通货膨胀或通货紧缩。对于这个问题，一种解释是它具备无限可分性。法定货币通常具备有限可分性。比如，人民币的基本货币单位为"元"，在此基础上可以细分为"角""分"。在我们的日常生活中，"分"其实是很少用到的货币单位了。电子货币、传统虚拟货币基本和法定货币一致，其可分性是有限的。新型虚拟货币也有其基本单位，不同的是，它可以被无限分割。它的无限可分性可以对货币供需矛盾起到调节作用。比如，比特币目前可以划分的最小单位为 0.00000001，具体划分情况见表 3-3。

表 3-3 比特币货币单位

货币单位	代表货币量	符号
比特币（Bitcoin）	1	BTC
比特分（Bitcent）	0.01	cBTC
毫比特（Milli-Bitcoin）	0.001	mBTC
微比特（Micro-Bitcoin）	0.000001	μBTC
聪（Satoshi）	0.00000001	

（资料来源：维基百科：http://zh.wikipedia.org/wiki/%E6%AF%94%E7%89%B9%E5%B8%81，2021 年 10 月 20 日访问）

（四）可兑换性

新型虚拟货币的可兑换性体现为体系内部与体系内外的可兑换。如图 3-1 所示，新型虚拟货币体系内，不同新型虚拟货币之间可以进行双向兑换，同时新型虚拟货币还可以与体系外的法定货币、电子货币、传统虚拟货币发生双向兑换。体系内外的兑换，均存在对应的"汇率"，这个"汇率"由市场决定。现行新型虚拟货币体系中，突出代表有比特币、莱特币等。目前，比特币与莱特币的直接兑换较少，而与体系外的兑换则较为频繁，且与体系外的兑换主要存在于与法定货币、电子货币之间。比特币在实现体系内外的兑换中实际使用了类似传统货币理论中的"间接标价法"，即以比特币为"本币"，体系外的货币为"外币"，如 1 比特币 = 3465 元（1 BTC = ￥3465）。

不同国家的法定货币之间可以实现双向兑换，但实际兑换主要集中于不同法定货币与几种主要发达国家的法定货币之间的兑换。不同电子货币之间的兑换主要集中于银行卡类电子货币与其他类型电子货币的单向兑换，具体而言，即使用银行卡类电子货币为其他类型电子货币储值。相对而言，传统虚拟货币则是一个比较分散的体系；体系内的货币也是为发行企业自身服务，通常不与体系内其他货币进行兑换。法定货币与银行卡类的电子货币可以实现双向兑换，但与如储值类电子货币则多为单向兑换，即法定货币兑换储值类电子货币；法定货币与传统虚拟货币之间为单向兑换；银行卡类电子货币可以与传统虚拟货币进行单向兑换，实质为法定货币与传统虚拟货币单向兑换的电子化。需要注意的是，新型虚拟货币体系内、体系内外的兑换不存在国家和地域限制，而法定货币、电子货币和传统虚拟货币之间的兑换通常存在国家和地域限制。

（五）复杂性

新型虚拟货币集合了多学科的前沿理论和技术，对第一次接触它的人而言是非常

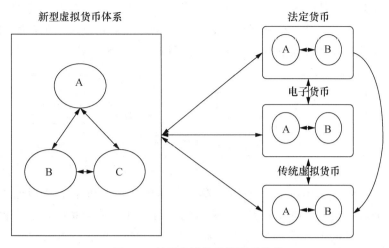

图 3-1 新型虚拟货币的可兑换性

难以理解的,这也是新型虚拟货币推广到普通公众将会面临的一个问题。也正是因为它的复杂性,学术界很难对新型虚拟货币达成共识。它的复杂性首先体现在它的概念上。比如,比特币的概念现在虽然已经比较普及了,但翻阅介绍比特币的文献,如果不是有相关背景的人,其实很难明白它到底是什么。其次,其运作模式和使用方式与法定货币、电子货币、传统虚拟货币都有很大差异。最后,它采用了非对称加密、多次网络节点确认的方式来保证交易信息的真实性和不可伪造性。

第三节 新型虚拟货币的发行、流通与交易

一、新型虚拟货币的发行

(一)法定货币的发行机制

在现代银行制度中,货币发行的主体为中央银行。中央银行垄断了货币发行特权,成为全国唯一的货币发行机构。中央银行通过掌控货币发行权,可以直接影响整个社会的信贷规模和货币供给总量,通过货币供给量的变动,作用于经济过程,从而实现中央银行对经济的控制作用。货币犹如经济中的"血液",中央银行掌握货币发行权,控制着货币供应量,也就掌握着经济"血液"的输入和输出,从而成为经济体系运行的心脏。

在我国,人民币的具体发行是由中国人民银行设置的发行基金保管库(简称"发行库")来办理的。发行基金是人民银行保管的已经印好而尚未进入流通的纸币。发行库在人民银行总行设总库,下设分支库,在不设人民银行机构的县市,发行库委托商业银行代理。各商业银行对外营业的基层行处设立业务库,它保存的人民币是商业银行办理日常业务的备用金。为避免业务库现金存放过多,规定有库存限额。

具体的发行程序为:当商业银行基层行处的现金不足时,到当地人民银行从其存

款账户提取现金。于是，人民币从人民银行发行库出库，进到商业银行的业务库，进而进入流通领域。当商业银行基层行业务库的人民币现金超过规定的限额时，超额部分必须送交人民银行，回到发行库，退出流通领域。（见图3-2）

图3-2　人民币发行程序

（二）电子货币的发行机制

电子货币是法定货币的二次货币，发行主体多元化。对于卡基型电子货币，比如，校园一卡通的发行主体是学校，公交卡的发行主体是公交系统，超市提货卡的发行主体是超市等。电子货币的发行主体通常只发行对应电子货币的载体（即卡片），对应的电子货币金额通常需要持有者用等额法定货币进行储值或购买。电子货币（载体）的发行量由发行主体根据需求确定，没有固定的发行量和发行次数。电子货币持有者根据自己的需要对其进行充值使用。数基型电子货币的发行机制则同传统虚拟货币一样。

（三）传统虚拟货币的发行机制

传统虚拟货币由对应的网络企业发行，传统虚拟货币的影响力和流通范围很大程度上局限于该企业内部。此外，由于传统虚拟货币出现比较早，国家已有相关法令限制传统虚拟货币的使用范围。它的发行量不是固定值，可以根据发行企业需要进行调整。

（四）新型虚拟货币的发行机制

新型虚拟货币区别于法定货币、传统虚拟货币以及电子货币的最大特点就在其发行机制。法定货币是由国家垄断发行，传统虚拟货币及电子货币等都由中央发行机构发行，其发行是为某一实体控制，发行量、发行周期等都是可控的。新型虚拟货币的发行与这些发行机制完全不同，最大特征在于"去中心化"。所谓"去中心化"，是指新型虚拟货币的发行不受中心机构控制。"去中心化"的最大好处在于可以最大限度去除货币发行中非货币因素的影响。

新型虚拟货币没有特定发行主体，其影响力、信用度和流通范围仅取决于使用者的接受程度和信任程度，不受限制，同时也不受控制。新型虚拟货币的发行量及发行周期是由算法确定的，就目前的新型虚拟货币（如比特币、莱特币）的发行机制来看，其发行量都是固定值，发行周期呈函数递减，P2P分布式特点和去中心化的结构设计至少在理论上排除了任何机构操控供给总量的可能性。可见，新型虚拟货币的发行量及发行周期在极力剥离人为影响因素的同时，也很大程度剥离了其与实体经济的联系。它不能随着实体经济的需要进行调整，这也是新型虚拟货币不敌法定货币的一方面。

本节以比特币的发行机制为例进行具体说明：

从表象上看，比特币的发行与金银等贵金属类似，因此被形象地称为"挖矿"，而挖矿的节点则被称为"矿工"。所谓挖矿，是指网络节点对全网数据进行运算，从而确认交易，每完成一个区块的数据，将产出一定数量的比特币。简单地说，挖矿即是争夺记账权：在比特币系统中，大约每 10 分钟会在全网公开的账本上记录一个数据块，这个数据块里包含了这 10 分钟内全球被验证的所有交易。而确认这个数据块的权利是需要"抢"的，"抢"到一个新区块的矿工会获得一定数量的比特币作为奖励；没有抢到记账权的矿工重新进入下一轮记账权的"抢夺"过程。所谓"抢夺"过程，实际上是进行一种安全散列算法的密码学计算，具体算法是 SHA-256。计算机的运算力越强，越有可能获得记账权。

比特币的"发行"是由算法固定，产生速度将随着全网算力的投入和时间推移而减慢，最终趋向 2100 万个比特币的总量。最初的比特币是每区块链产出 50 个比特币，此后每四年减半。2020 年 5 月 12 日起，经三次减半后每区块链产生 6.25 个新币，每天生成 900 个比特币。截止到 2021 年 10 月 28 日，已被开发出来的比特币总量为 18,856,856 万个。到 2140 年，比特币将达到总量，此后不再增加。从理论上讲，任何人都可以通过下载、运行软件来制造比特币。但实际上，随着比特币的发展，矿机装备竞赛越演越烈，挖矿需要有专门的矿机装备，挖掘的难度也已非常大，需要拥有极高的算力才能开采到。根据比特币的供应机制，每个节点能够挖到的比特币数量与其挖矿设备的算力占比特币全网算力总和的比例成正比。在早期参与者较少的时候，普通个人电脑就可以进行挖矿。随着矿机的大规模投入使用，2021 年 5 月 15 日，比特币全网算力达到历史最高的 176.06EH/S，随后经历了直线下跌，7 月 15 日最低跌至 99.38EH/S，跌幅为 43.55%，但之后又有所回升。挖掘难度的增长在保障比特币安全的同时也使得新币的获取异常困难。目前，普通个人电脑几乎不可能挖掘到比特币，矿机也通常需要加入大型"矿池"才有可能挖掘出比特币。而在 2021 年 5 月 21 日，国务院金融稳定发展委员会第五十一次会议要求打击比特币挖矿和交易行为。随后，内蒙古、四川、新疆等电力大省对比特币挖矿进行"一刀切"，政策持续高压使得全球算力第一大的蚂蚁矿池（AntPool）算力一度跌去 65.76%。但随着北京比特大陆科技有限公司积极实行"出海"策略，为国内矿工、矿场主出海提供便利，2 个月时间不到，蚂蚁矿池的算力就基本恢复到大跌前的水平。2021 年 10 月 28 日，全网算力为 158.09EH/S。

二、新型虚拟货币的流通

从货币体系角度看，新型虚拟货币的流通可以划分为新型虚拟货币体系内的流通和该体系之外的流通。在体系内，新型虚拟货币可以通过存储、转账等纯资金流转方式流通，也可以通过与商品或服务的购买实现流通；在体系外，新型虚拟货币可以通过购买、兑换、兑付等途径实现与法定货币、电子货币、传统虚拟货币的流通。然而，新型虚拟货币实现与体系外货币的流通并不是它进入现实世界的首要渠道，体系内外的流通正是公众对新型虚拟货币需求的体现。从比特币的流通经验看，多数从体系外流入的资金都是将新型虚拟货币作为一种投资产品或作为法定货币的保值替代品进入的。

从货币流通领域看,新型虚拟货币的流通可以划分为虚拟空间的流通和现实世界的流通。和传统虚拟货币类似,新型虚拟货币产生之初仅在虚拟空间内流通,可以应用于支付网上商户的服务和产品,以网络服务和产品居多。以比特币的应用为例,在2013年已有逾千家商户宣布接受比特币支付。和传统虚拟货币不一样的是,新型虚拟货币在诞生两年内便实现了在现实世界支付的突破。世界上首例新型虚拟货币用于实体商店的购买支付是在2010年5月,美国佛罗里达州程序员用10000个比特币购买了一张比萨店比萨优惠券(价值25美元)。此后在世界范围内多地曾出现比特币购买咖啡、比特币捐款、比特币购房等案例,更有美国夫妇尝试将比特币作为唯一货币用于各项生活开支。

以下以比特币的流通为例进行详细说明:

(1) 买入

买入是指通过交易平台,用法定货币换取比特币。目前,大型的比特币交易平台有:日本的Mt.Gox、俄罗斯的BTC-e、中国的BTCChina,以及Bitstamp等。比特币与法定货币的兑换"汇率"完全由市场决定,以大型交易平台的兑换汇率为参考。目前,比特币的交易是7×24小时不间断交易,且没有涨跌幅限制,不同交易平台在手续费和账户管理方面有所不同。由于比特币交易的特性,比特币交易市场容易受庄家操控,且价格容易出现暴涨暴跌、反复无常的现象。

在整个比特币产业链中,交易平台是相对容易受到攻击的对象,曾发生过多次交易平台受到黑客攻击以致服务器瘫痪、比特币账户被盗、交易关闭的情况。发生攻击时往往会造成比特币价格猛跌。全球最大的比特币交易平台之一Mt.Gox创立于2010年7月17日,当时比特币的价格不到5美分,在交易活跃的时候,其平台上的比特币交易量市场份额高达80%,而2014年2月24日,其交易平台的65万个比特币被盗。2016年8月2日,Bitfinex平台发布公告称出现安全漏洞,导致119756个比特币被盗,当时价值7200万美元。事件发生当天,比特币价格在美国下滑20%,从604美元降至482美元,而在3日回升至544.71美元。2017年12月19日,韩国YouBit交易所被黑客攻击,损失4000个比特币,交易所宣布破产。

(2) 换取

换取是指用产品或服务换取比特币。网络商户或者实体商户可以选择以比特币作为结算方式进行商品或服务交易。目前,已有数家网络商户宣布接受比特币支付,并有数家实体商户已经成功实践比特币支付。现在,一些比特币第三方支付已经可以提供比特币和法定货币的"兑付"功能,即:使用比特币进行支付,通过第三方支付将比特币兑换为法定货币,商户收款采用法定货币形式。无论是使用比特币直接支付还是通过第三方支付,都需收取一定的手续费。

需要指出的是,在我国,中国人民银行等五部委在2013年12月发布《关于防范比特币风险的通知》(以下简称《通知》),明令禁止各金融机构和支付机构开展与比特币相关的业务,并且加强了对比特币互联网站的管理。《通知》的颁布,使比特币从历史最高点(接近 8000 元)狂跌至 4500 元左右。《通知》禁止金融机构和支付机构开展比特币相关业务后,BTCChina 选择了用户汇款、平台为用户充值的方式保证了交易平台的运营;一些此前宣布接受比特币作为结算方式的商户也停止了比特币支付。

2017 年 9 月 4 日,中国人民银行、中央网信办、工业和信息化部、工商总局、银监会、证监会和保监会七部委联合发布《关于防范代币发行融资风险的公告》,宣布将 ICO(initial coin offering,首次代币发行)定位为"非法金融活动",禁止 ICO 新上项目,存量项目要限时清退,即明确禁止任何代币发行融资活动,所有 ICO 代币交易平台都需要在月底前清理关闭交易,比特币价值一度跌入谷底,Bitfinex 报价 2980 美元。而 2017 年 10 月 31 日,国内三大比特币交易所宣布停止人民币和比特币交易,当月比特币稳步上涨,于 11 月价格突破 10000 美元。

三、新型虚拟货币的交易

现实生活中,我们使用货币进行的交易大致可分为线上和线下交易。线下交易多使用法定货币或卡基型电子货币交易,交易双方能通过肉眼判别交易的进行状态、确认交易是否完成;线上交易通常使用数基型电子货币、传统虚拟货币,通过网上支付、移动支付或者其他网络接入设备完成交易。

新型虚拟货币的交易和我们通常所接触的交易有很大区别。简而言之,新型虚拟货币的交易形态比较接近现实生活中两个银行账户交易的情况。从表象上看,仅是两个账户上的金额发生改变;但从本质上讲,新型虚拟货币的交易过程和银行账户交易过程完全不同。本节以比特币在虚拟空间的交易过程为例进行详述:

顾客在网上购物时看中了一件价格为 2 个比特币的商品并决定购买该商品,顾客与店主约定,由前者将 2 个比特币打到后者的地址上,后者在收到比特币后再将商品发货。店主打开自己的比特币钱包,创建了一个新的比特币地址,并告诉该顾客。在此过程中,店主创建新地址的本质是生成了一个密钥对,包含一个公钥和一个私钥,其中私钥只有店主自己知道,公钥则是公开的,可以用来验证支付的真伪。顾客在收到店主的地址信息后,打开自己的比特币钱包客户端,将 2 个比特币发送到店主的收款地址。在发送比特币时,比特币钱包客户端以该地址的私钥对本次交易进行签名,并向全网公布这次交易信息。此时,网络上的所有节点(所有矿工)都会验证这个交易是否有效,验证的方法是对比这个地址的公钥是否正确。一旦交易通过验证,该交易信息便被放入内存,等待进入数据块,待电脑计算出一个符合条件的随机值,系统宣布一个新的合格数据块诞生,并向全网公布这一消息,其他节点收到该信息后就开始在这个数据块之后进行新的交易确认工作。而这笔交易信息就被放进了新产生的数据块中,并且得到初步确认。当下一个区块链接到这个区块时,交易得到进一步确认,在连续得到 6 个区块确认之后,这笔交易就不可逆转地得到了确认。整个过程大约持续 1 个小时。当店主发现 2 个比特币已经到达他的地址,便可以发货,此次交易完成。(具体见图 3-3)

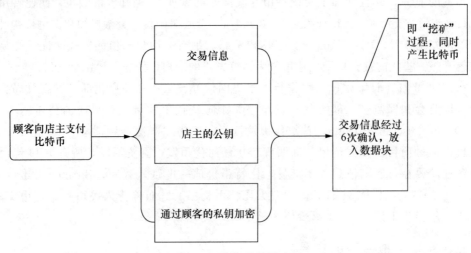

图 3-3　比特币交易过程

从上述例子可以看出，新型虚拟货币的交易过程完全是一个基于网络的数据确认工作，对比特币有所认识的读者会知道，整个交易过程也是比特币产生的过程——"挖矿"。同时，与法定货币、电子货币和传统虚拟货币相比，新型虚拟货币的交易也存在一个比较明显的问题：交易确认时间较长。前文所述比特币的交易确认需要大约1个小时，交易速度快于比特币的莱特币确认一笔交易也需要数分钟的时间，这对于小额支付而言是令人比较难以接受的。这是新型虚拟货币在交易方面尚需改进的地方，也是许多比特币追随者试图超越比特币的攻坚点。

在比特币出现之前，对于伪造和重复支付的问题，电子货币和传统虚拟货币通常采用的办法是建立一个中央结算体系，对所有的交易进行实时记账，同时确保人们使用过的电子货币不能再重复使用。在这样的体系中，需要一个有信誉的第三方机构来进行管理。日常生活中的银行便是采用这样的中央结算体系。而比特币采用的是公开分布式账本的方法避免重复交易：比特币的所有交易信息都通过块（block）的方式记录进账，而这个账本是全网公开的，任何网络节点都可以查询账本。

第四节　新型虚拟货币对传统货币的冲击

在新型虚拟货币出现以前，计算机网络的出现和日益发展已经形成一个新的市场。在这个新的市场中，电子货币和传统虚拟货币逐渐成为新的交易媒介手段。相应地，社会经济中出现了两种生成机制完全不同的货币体系，使得货币职能、传统货币供给理论等传统货币体系发生了变化。新型虚拟货币的出现在一定程度上强化了电子货币、传统虚拟货币对传统货币形成的冲击，并由于其特点对传统货币形成了新的冲击。

一、新型虚拟货币加强了电子货币带来的冲击

（一）货币形态

自从货币产生以来的很长时期内，货币都是以实物形态存在。从最早的实物货币，到金属货币，再到纸币，货币都是实实在在的有形实物。在电子货币产生的初期，出现了卡基型电子货币，即货币以卡片形式存储并且进行交易流通。在这个时期，人们在交易过程中已经看不见实体的货币形态，取而代之的是一张卡片（如银行卡、交通卡、提货卡等），人们已经比较能接受数字化形态的货币。电子货币随着网络购物、电子商务的发展，逐渐演变出网基型电子货币。人们在进行网络交易的时候，已经看不到即使是卡片的货币的"形态"，人们可以通过网络操作和自己的货币账户金额变化来感知货币交易。货币及交易形态演变过程如图3-4所示。在移动互联网、互联网金融发展的今天，人们可以通过手机支付或者微信、支付宝等移动支付方式进行支付，在交易过程中，人们可以通过手机操作及对应账户的金额变化来感知货币交易。

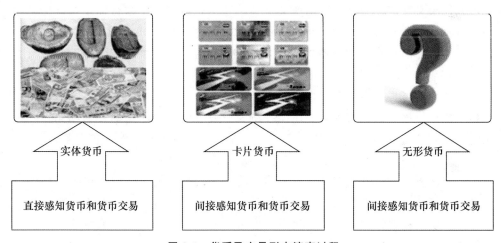

图3-4 货币及交易形态演变过程

新型虚拟货币的货币形态和货币交易形态在表面上与移动互联网时代的无形货币的货币形态和货币交易形态没有明显差异，只有一些细微区别：首先，新型虚拟货币无论在何种条件下都不具备实体形态，只具备唯一的数字形态，是始终"不可触摸""不可感知"的货币形态，只能通过新型虚拟货币的电子钱包或者账户的金额变化来感知货币交易。2013年11月，加拿大温哥华出现世界首台比特币ATM；中国首台比特币ATM于2014年引入上海。截至2021年10月23日，有近80个国家拥有使用法币交换加密货币的ATM。CoinATMRadar收集的数据显示，比特币ATM在全球的部署数量已达30036台。在2021年9月7日，比特币和美元一起成为萨尔瓦多的法定货币，官方推出电子钱包APP"Chivo"，并在全国布局200台比特币ATM。不过，比特币ATM实现的功能是法定货币与比特币账户之间的存取款以及比特币账户的交

易,是将比特币相关的交易或兑换从互联网"移植"到 ATM 上,并不是从比特币 ATM 中"取出"实体比特币。其次,货币交易过程的概念有本质变化。在能感知的货币形态时期,人们所理解的货币交易是发生在两个交易者之间,通常需要交易双方在同一时间、同一空间出现;在电子化的货币形态时期,货币交易更多地发生在两个资金账户之间,不需要交易双方在同一空间,甚至不需要双方在同一时间出现;在新型虚拟货币时期,货币交易是发生在两个"地址"之间,其交易过程是加密的、匿名的、不可追踪的。从表面上看,新型虚拟货币时期的货币形态和交易过程与电子化货币形态时期非常相似,都是不可直接感知的;但从本质上来讲,二者有着技术上的天壤之别。

(二)货币层次和货币总量

从货币本质看,货币是固定充当一般等价物,体现一定社会生产关系的特殊商品。这是货币区别于其他东西的最重要特征。但根据这个货币定义,我们很难判别现代经济生活中种类繁多的流动资产和信用工具是不是货币。目前,大多数经济学家都认为应根据金融资产的流动性来定义货币、确定货币供应量的范围。一般来说,货币定义可分为狭义和广义两种。所谓狭义货币,通常是由流通于银行体系之外的、为社会公众所持有的现金(即通货)及商业银行的活期存款所构成。如以 M_1 表示狭义货币量,以 C 表示社会公众所持有的通货,以 D 表示商业银行的活期存款,则:

$$M_1 = C + D$$

广义货币又可再分为三个层次:

第一层次根据货币储藏手段的职能,将商业银行体系中的定期存款和储蓄存款计算在内,得到广义的货币 M_2。如以 T 表示商业银行的定期存款和储蓄存款,则:

$$M_2 = M_1 + T$$

第二层次强调货币高度流动性的特点,在 M_2 的基础上,将商业银行之外的专业银行和接受存款的金融机构(如信用合作社、邮政储蓄系统等)等非银行金融机构的储蓄存款和定期存款计算在内,将货币供应量扩大为 M_3。如以 D_n 表示非银行金融机构的储蓄存款和定期存款,则:

$$M_3 = M_2 + D_n$$

第三层次定义了更为广义的货币 L,在 M_3 基础上,将非金融机构(如政府和企业)所发行的、流动性也较高的短期负债(如国库券、商业票据、企业发行的短期债券等)包括在内。如以 A 表示 M_3 以外的其他各种流动性较高的、由非金融机构所发行的负债,则:

$$L = M_3 + A$$

现阶段,我国的货币供应量划分为:

M_0 = 流通中的现金

$M_1 = M_0$ + 活期存款 + 个人持有的信用卡存款

$M_2 = M_1$ + 居民储蓄存款 + 单位定期存款 + 其他存款

其中,M_1 称为狭义货币量,M_2 称为广义货币量,$M_2 - M_1$ 是准货币。

电子货币具有高流动性,可以使持有者迅速实现不同金融资产之间的相互转化,它使得货币的存在形式在 M_0 和 M_1 之间频繁转换,从而模糊了货币层次的边界。电子货币的高流动性和使金融资产之间迅速转化的特点使得金融资产以何种形式存在显得不那么重要了。从理论上说,甚至全部金融资产可以保留在一种货币形态上。因为电子货币具有低交易费用的特点,可以实现在不同存在形态的货币之间低成本的快速转换。电子货币由此对货币层次划分的必要性提出挑战。一些学者提出了在电子货币条件下的货币层次划分新方法,即在原本的货币层次中根据电子货币的规律性和相对稳定性加入对应的电子货币,但这也使得货币的计量难度加大。

新型虚拟货币同样具备高流动性,可以实现不同金融资产之间的相互转化,并且由于新型虚拟货币的世界货币特点,使得不同法定货币之间、跨国金融资产之间的转换更为便捷和迅速。这样一来,新型虚拟货币在强化电子货币和传统虚拟货币对货币定义和货币层次冲击的同时,提出了对于跨国金融资产迅速转化为本国货币量的计量挑战。

货币总量通常是一个存量概念,是一个国家在一定时点上的货币总量。各国货币当局和中央银行都要根据具体的经济形势和经济政策的需要对它进行必要的调节和控制。不同形态的电子货币会对不同形态的货币产生不同的影响。一方面,电子货币替代现金后,使得货币流通速度加快,从而相对增加了货币总量;另一方面,由于大多数国家的中央银行尚未对电子货币存款作出法定准备金要求,中央银行不能用法定存款准备金政策手段来对供应量进行调控,这样会增强电子货币的信用创造能力,从而增加货币总量。

新型虚拟货币已经显现出对 M_0、M_1 的替代作用,同时又作为一种高流动性的金融资产,可以实现法定货币与金融资产的快速转换,从一定程度上加快了货币流通速度,从而相对增加货币总量。同样地,由于新型虚拟货币的发行并不被中央银行所控制,尚未有国家对新型虚拟货币做出法定准备金要求,而且从任何角度看,央行也无法对此类货币作出法定准备金要求,从而很大程度上限制了央行对新型虚拟货币产生的货币供应量进行调控,新型虚拟货币则以此增加了实际货币总量。

二、新型虚拟货币对传统货币形成的新冲击

（一）去中心化货币发行机制及其对中央银行地位的挑战

自政府控制货币发行以来,货币发行成为中央银行的垄断权力。在中央银行制度下,货币供应量是通过中央银行创造基础货币,再经过银行体系的货币乘数作用,创造出派生货币,最后构成整个经济体系的货币供给。然而,也有经济学家对中央银行货币垄断提出不一样的观点和看法。

哈耶克（Hayek）曾在其1977年出版的著作《货币的非国家化》（*Denationalisation of Money*）中分析了国家垄断货币发行权所带来的严重通货膨胀和通货紧缩等危害,呼吁由非国家主体发行私人货币。这些发行主体为了使自己发行的货币能流通使用,将会通过调节货币发行量等途径最大可能保证货币的购买力,从而解决垄断货

发行权下所存在的问题。米尔顿·弗里德曼（Milton Friedman）也曾提议：废除美联储，用一个自动化系统来取代银行，以稳定的速度增加货币供应量，并消除通货膨胀。这种货币不由政府创办，不经企业或银行发行，只是以特定的规则增加货币数量，并且支持各种真实交易场景，还能将通胀设定在可控水平上。

在传统虚拟货币发展后期，传统虚拟货币逐渐显现超出发行企业范围的、在一定范围内对传统货币的替代作用。新型虚拟货币的去中心化的发行机制，从某种程度上是对中央银行垄断货币发行权的挑战。新型虚拟货币在货币功能方面与传统货币无大的差异，而其去中心化的发行机制同传统货币的垄断发行相比，能很大程度上避免央行超量发行货币引起的通货膨胀。现实世界中，由于超发货币引发的通货膨胀并不少见，很多时候人们只能忍受这样的通胀增加的生活成本。新型虚拟货币能从一定程度上解决这样的问题，这也是其受到支持和追捧的原因之一。这样一来，货币当局发行的法定货币不再唯一，其特殊的垄断发行权将被削弱，对货币控制力也将减弱，从而对货币当局的货币发行主体地位形成冲击。

（二）多元化货币体系对现行货币体系的冲击

多元货币体系并不是新概念，哈耶克在其著作《货币的非国家化》中就提出了这种思想。哈耶克认为，货币由货币当局垄断发行并不是最优选择，他鼓励货币竞争，从而最优化货币选择。哈耶克在书中描绘了理想的货币体系：发行具有明显差异的、由不同货币单位构成的货币，包括让私人货币流通，并实现不同货币之间的竞争。但是在哈耶克的年代，他所提出的多元货币的理论和设想未能得以实践。

新型虚拟货币在发行、流通、交易等方面形成了一个独立于法定货币的、全新的货币体系，无论与法定货币还是此前电子货币、传统虚拟货币所形成的货币体系相比都有明显差异。如果存在法定货币以外的、不由货币当局发行的、能够起到货币作用用于流通交易的货币，那么货币持有者则可以根据自己的需要选择是否使用这种货币。如果这样的货币能够以更优越的性质，如安全性、便利性和流动性等，来满足货币持有者线上、线下的多样化交易需求，同时能以稳定的价值满足持有者的投机需求，那么货币持有者可以选择部分或者全部持有这种货币。新型虚拟货币虽然还在形成初期，但已经出现的新型虚拟货币（如比特币）从某种意义上成为社会公众可以选择的一种货币持有形式。曾有美国夫妇尝试将比特币作为唯一使用货币生活，实践表明是可行的。

新型虚拟货币最终可能并不是以唯一一种虚拟货币存在，而是几种优秀的虚拟货币共存。无论是在新型虚拟货币体系内，还是与体系外的传统法定货币、电子货币和传统虚拟货币一起，都将形成一种优胜劣汰的竞争局面。因为失去了国家信用，所以一种虚拟货币能否被广泛接受完全取决于其购买力的稳定性，波动过大的虚拟货币将失去竞争优势。多元货币体系将促进不同类型货币的不断更新，有利于形成最优货币。

（三）世界货币的形成

基于上述多元货币体系的分析，如果多元货币体系中存在一种或多种不受地域限制、不受国家限制的优秀货币,那么这种货币很有可能在履行货币的世界货币职能时,逐渐演化为专有世界货币。本章所设想的世界货币,是世界范围内存在一种或多种特殊的货币作为专有世界货币,不同国家可以保有自己的货币,但在进行国际贸易和结算时,通过将本币兑换为专有世界货币进行流通。这样一来,任何两种不同的货币都能实现与专有世界货币的兑换,从而促进国际经济往来。在发展初期,可能会首先在经济联系较为紧密的地域形成区域性世界货币,如亚洲币、美洲币等;但随着经济贸易的发展以及各经济实体之间的经济往来日益密切,区域性世界货币也将逐渐退化,演变成一种全世界范围的世界货币:世界范围内只存在一种或多种世界货币,而世界货币在世界范围各个国家通行。各个国家甚至不需要自己的货币。这样一来,国家间经济往来完全免除了货币兑换的风险和成本,从而真正实现经济金融全球一体化。我们尚不能得知新型虚拟货币能否促成这样的世界货币,但它的出现至少让我们看到:在现在的技术条件下具备存在专有世界货币的可能性。

第五节 新型虚拟货币的风险与监管

一、新型虚拟货币的风险

由于新型虚拟货币在一定领域内执行了货币的价值尺度和流通手段的职能,具有近似货币的性质,因此,它对当前的货币乘数、货币供应量、铸币税收入、通货膨胀等方面形成了一定经济金融风险。新型虚拟货币会面临诸如流动性风险、利率风险及市场风险等传统金融风险,此外,由于其特殊属性,还存在如下风险:

1. 技术风险

作为基于计算机技术、密码学、经济学等综合学科产物的新型虚拟货币,其所有的存储、流通及交易都是基于网络完成。首先,它在自身的设计上存在漏洞或者被更优越算法超越的可能性,这会对其自身体系的稳定性和安全性造成一定的威胁。其次,新型虚拟货币在流通的部分环节极易遭受非货币体系的攻击,如对交易平台、电子钱包账户等的攻击,对持有者的资金安全造成较大风险。

2. 法律风险

新型虚拟货币是一个非央行货币体系的新生事物,虽然能够满足持有者进行交易流通、资产持有形式的需求,但是能否被国家认可为合法货币则存在很大的风险。如果得不到多数国家的合法性认可,新型虚拟货币相当于从根本上被否定作为货币的可能性,只能流于商品一列。这种风险在一种新型虚拟货币出现初期、社会公众等多数群体并不了解的时期,会体现得非常明显,而且极有可能将该种新型虚拟货币扼杀在摇篮中。以现有新型虚拟货币比特币为例,德国已认可其作为虚拟货币的合法地位,但我国央行却明确表示比特币"不具有法偿性与强制性等货币属性,并不是真正意义的货币",它"是一种特定的虚拟商品,不具有与货币等同的法律地位,不能且不应作为货币在市场上流通使用"。①

3. 信心问题

新型虚拟货币得以流通交易的基础是持有者对该种新型虚拟货币的信心。如果大部分货币持有者因为货币本身的问题或者与货币相关的问题对该种货币失去信心，那么这种新型虚拟货币将会快速失去市场，甚至从此消失。这是新型虚拟货币特有的一种风险。法定货币是由国家法律保障并强制流通的货币，具有目前情况下的最大信用，在正常情况下不会出现信心问题。新型虚拟货币则不然。由于虚拟货币的发行机构是私人企业或根本没有发行机构，因此也不具备国家信用，这对用户广泛的接受和使用造成障碍。新型虚拟货币的发行和流通没有一个强有力的国家信用或者其他第三方信用提供保证，一旦出现问题，货币持有者很可能转换为持有信用度更高的货币形式。

4. 投机风险

由于新型虚拟货币的可兑换性，使用者可以在日常商品交易中使用虚拟货币，因而可能存在一些机构或个人趁机炒作此类货币的情况，从而引发投资及风险。同时，新型虚拟货币的相关交易市场仍处于自发状态，交易连续开放，没有涨跌幅限制，价格容易被投机分子控制，产生剧烈波动，投资者的合法权益难以得到有效保障。

二、新型虚拟货币的监管

相对于经济金融制度，法律制度具有稳定性和滞后性。一般情况下，现有的法律法规主要是根据当前或者可以预期的社会经济生活情况而设计的，而基于信息技术产生的新生事物往往超越立法者的预期，突破了现行法律制度的整体框架。新型虚拟货币的虚拟性、匿名性等特征及其所具有的独特风险致使现行多项经济法律制度形成诸多漏洞。对于上述新型虚拟货币的风险，特别是新型虚拟货币所带来的特有的风险，目前在监管方面还是一片空白。

本节先对比特币的监管历程进行简单回顾，具体见图3-5所示。

在比特币的监管问题方面，欧洲央行最早在2012年10月出台《虚拟货币报告》，对比特币作专门介绍，并表达对其安全性和可能被用于非法目的的担心。2012年8月，比特币基金会成立，其目的是通过标准化、保护和推进开源协议，促进比特币的全球增长。美国金融犯罪执法网络（FinCEN）在2013年3月出台针对虚拟货币的监管条例，明确规定了金融犯罪执法网络法规在个人管理、交换或使用虚拟货币中的应用，② 并在当年6月要求当时最大的比特币交易平台Mt. Gox进行登记，获取货币服务（MSB）牌照，从而实现合法经营。比特币基金会在2013年8月与美国联邦政府就比特币监管问题进行商谈，2017年12月初，作为比特币交易监管第一线的美国商

---

① 参见中国人民银行等五部委于2013年12月5日发布的《关于防范比特币风险的通知》。
② 参见美国金融犯罪执法网络2013年3月18日公布的《美国财政部——金融犯罪执法网络关于虚拟货币的文件》（文件编号：FIN-2013-G001）。

第三章 新型虚拟货币

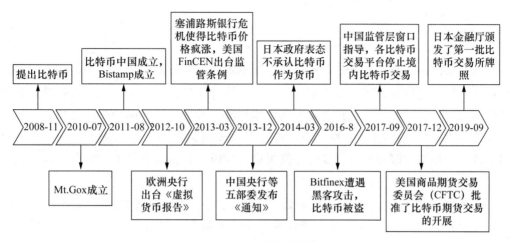

图 3-5 比特币监管历程

品期货交易委员会（CFTC），批准了比特币期货交易的开展，但同时也提醒投资者应当警惕比特币期货合约潜在的高波动性和风险，将严密监控相关比特币三方平台的交易活动，对暴涨闪崩等潜在的市场操纵和价格错配现象保持关注。2013 年 12 月，我国央行等五部委发布《关于防范比特币风险的通知》，明确否认比特币的货币性质，禁止比特币作为货币在市场中流通使用，禁止各金融机构和支付机构开展与比特币相关的业务，并且加强了对比特币互联网站的管理；直到 2017 年 9 月，监管层窗口指导，各比特币交易平台停止境内比特币交易业务。2014 年 3 月，日本政府表态不承认比特币作为货币，相关监管部门表示比特币不在其监管范围内；2016 年，日本批准了对数字货币的监管法案；2017 年 4 月 1 日，日本《支付服务修正法案》正式生效，比特币等数字资产在日本的支付手段合法性得到官方承认；2017 年 7 月，日本正式停止收取比特币交易 8% 的消费税；2019 年 9 月 29 日，日本金融厅颁发了第一批比特币交易所牌照，10 月起，日本金融厅开始对日本比特币交易所进行全方位的监管。在 2016 年 10 月，德国一家提供比特币借贷业务的公司宣布获得了德国联邦金融监管局（BaFin）颁发的牌照。到目前为止，德国是世界上少数的针对比特币交易制定了较为清晰的监管和法规政策的国家之一。

从上述比特币监管历程可以看出，对于新型虚拟货币的监管远滞后于新型虚拟货币自身的发展，既有的简陋条例和监管并不能有效避免新型虚拟货币所存在的、可能发生的问题，目前尚未有成形的针对新型虚拟货币的监管法律法规。新型虚拟货币的监管不是某一个国家的责任，也不是某一个国家能解决的，它需要世界范围内的主要国家联合起来，共同协商制定关于新型虚拟货币的监管法律法规，而欧洲央行，美国、中国、日本等主要国家应当充当主要角色来促成相关监管法律法规的出台。

本章小结

本章系统地介绍了与电子货币、虚拟货币不同的一种新的货币形态，即新型虚拟货币。主要的内容有：新型虚拟货币的界定，认为新型虚拟货币首先是虚拟的，是虚拟的形态与存在；其次，它具备货币的基本性质；最后，它不同于传统虚拟货币。新型虚拟货币是广义虚拟货币的一种，是指产生于虚拟世界、发行去中心化、总量恒定、流通领域不受限制，可直接或兑换为法定货币进行商品交易的一般等价物。此类虚拟货币没有实物形态，不由货币当局发行。

新型虚拟货币具有货币替代功能和投资功能，并具有虚拟性、无界性、货币性、可兑换性和复杂性等特点。新型虚拟货币区别于法定货币、传统虚拟货币以及电子货币的最大特点就在其发行机制。法定货币由国家垄断发行，传统虚拟货币及电子货币等都有中央发行机构，其发行是为某一实体控制，发行量、发行周期等都是可控的。新型虚拟货币的发行与这些发行机制完全不同，最大特征在于"去中心化"。

从货币体系角度看，新型虚拟货币的流通可以划分为新型虚拟货币体系内的流通和该体系之外的流通。从货币流通领域看，可以划分为虚拟空间的流通和现实世界的流通。新型虚拟货币的交易和我们通常所接触的交易有很大区别，简而言之，新型虚拟货币的交易形态比较接近现实生活中两个银行账户交易的情况。从表象上看，仅是两个账户上的金额发生改变；但从本质上讲，新型虚拟货币的交易过程和银行账户交易过程完全不同。

新型虚拟货币的出现在一定程度上强化了电子货币、传统虚拟货币对传统货币形成的冲击，并由于其特点对传统货币形成了新的冲击。一是去中心化货币发行机制及其对中央银行地位的挑战，二是多元化货币体系对现行货币体系的冲击，三是有利于世界货币的形成。

由于新型虚拟货币在一定领域内执行了货币的价值尺度和流动手段的职能，具有近似货币的性质，因而，它对当前的货币乘数、货币供应量、铸币税收入、通货膨胀等方面形成了一定经济金融风险。新型虚拟货币会面临诸如流动性风险、利率风险及市场风险等传统金融风险，此外，由于其特殊属性，还存在技术风险、法律风险、信心问题及投机风险等。对于新型虚拟货币的监管远滞后于新型虚拟货币自身的发展，既有的简单条例和监管并不能有效避免新型虚拟货币所存在的、可能发生的问题，目前尚未有成形的针对新型虚拟货币的监管法律法规。

案例分析 比特币——一个虚幻而真实的金融世界

比特币①是新型虚拟货币的典型代表。中本聪在 2008 年 11 月首次提出比特币思想，并在 2009 年 1 月 3 日成功实践其理论系统，"挖"出第一个比特币区块，包含 50 个比特币。比特币是基于网络、由开源代码产生、通过特定算法生产的新型虚拟货币，具有去中心化、总量固定、全世界流通、账户匿名、专属所有权等特点。它的最大特点在于"去中心化"，即发行不受中心节点控制，交易由整个网络节点进行确认和记录。比特币体现了互联网精神，是互联网金融中极为神秘的一部分。很多人疯狂追捧比特币，也有很多人提出质疑：它到底是一个全世界一起参与的游戏，还是一场预示未来金融体系的货币实验？

图 3-6　比特币

比特币被认为是当前全球升值最快的资产。2010 年 7 月，比特币价格不到 5 美分。2011 年 1 月，1 个比特币价值 30 美分，但在几个月内突破 1 美元，并很快上升到 8 美元，再到 20 美元。而在比特币价格大起大落的 2013 年，比特币最高价曾超过 1000 美元。2014 年，随着央行对比特币的监管，比特币开始走下坡路，但是比特币的相关应用却不断发展壮大。2017 年 9 月 4 日，中国人民银行等七部委发布《关于防范代币发行融资风险的公告》，要求各类代币发行融资活动立即停止。各交易所转战海外，分别开设了国外交易平台，比特币价格不断攀升。而 2020 年后，受疫情和比特币产量第三次减半影响，比特币价格出现大幅波动，多次突破 1 万美元。2020 年 12 月 16 日起，比特币价格多次创造历史新高。截至 2021 年 10 月 27 日，当年比特币最高价格为 66930.39 美元，最低价格为 28722.76 美元。比特币对人民币价格具体见图 3-7。

---

① 比特币并没有物理货币形态，图 3-6 中所示比特币仅是比特币拥护者为其制造的，不能在真正流通中使用。

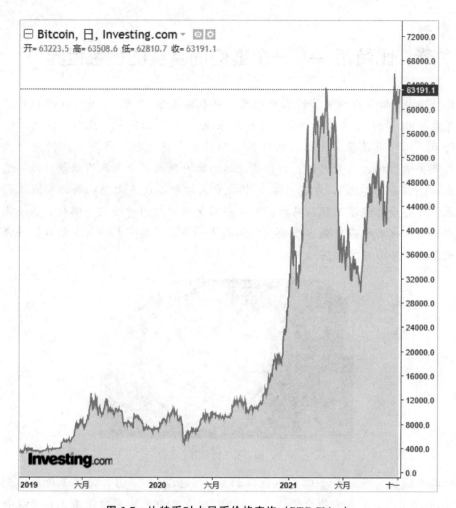

图 3-7　比特币对人民币价格查询（BTC China）

资料来源：http://btc.zhijinwang.com/。

比特币的价格基于比特币持有者对比特币的信心，在比特币价格走势的背后，是比特币经受公众质疑和拷问、政治限制与监管、技术攻击与突破等一步步完善与成熟的历程。

比特币代码开源的特点为其他机构或组织提供了围绕比特币建立生态圈和比特币金融体系的可能性。在比特币产生之后，随着比特币的广泛传播，已经衍生出了基于比特币的产业链，如图 3-8 所示。

比特币产业链大致可分为产出、存储、流通三个环节。产出环节主要为挖矿，包括挖矿机制造、挖矿芯片制造、矿池集合挖矿、挖矿软件开发等；存储环节主要为比特币钱包的开发，包括在线钱包、离线钱包等；流通环节包括转账、兑换、商品交易、投资交易四种交易途径。其中，转账是指比特币从一个地址转向另一个地址，可用于商品交易以及用户与用户之间的直接划转，转账可通过比特币官方自带的转账功能完成，也可通过比如比特币银行实现；兑换是指将比特币与法定货币或者其他新兴

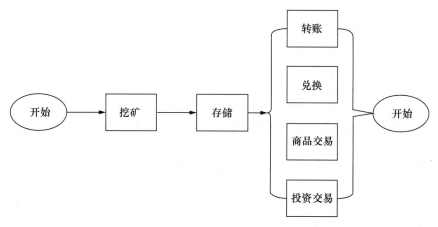

图 3-8　比特币产业链

虚拟货币按照一定汇率进行兑换，兑换功能主要在交易平台上得以实现；商品交易是指将比特币作为货币购买线上或线下的产品和服务，涉及第三方支付等；投资交易是指将比特币作为投资标的进行交易，涉及比特币衍生金融市场，如比特币股票、比特币基金等。此外，比特币虽然没有中央节点控制，但整个系统的维持还需要一些组织管理支持，涉及比特币基金会等；同时，作为新生事物的比特币还需要不断自我更新和宣传，涉及比特币论坛（如比特人等）、比特币杂志（如《比特币》）等。值得指出的是，比特币作为互联网金融的重要内容，其整个产业链贯穿了互联网金融的其他要素，如在挖矿机的生产过程中，常通过众筹、预付款的形式进行筹款；其流通更是极大程度体现了互联网金融的精神。

比特币的出现为传统的货币体系带来了巨大挑战，相比法币而言，比特币去中心化的特点让其免除通胀风险。但伴随而来的法律风险、技术风险和监管问题也是需要高度警惕的。

有人将比特币誉为"21世纪最伟大的技术创新"。虽然目前比特币的处境并不明朗，但对比特币的未来，我们还是持乐观态度。

比特币毕竟还在发展初期，当它发展稳定时，自会展现其魅力。甚至，我们对于比特币的思考，都不应当沿袭传统货币学的思想，而应当以一种全新的视角对其进行解读。此外，在关注比特币的同时，我们也当冷静思考：如果将比特币"去中心化"的思想应用于现有金融体系及其他方面，世界将会怎样？无疑，除却对比特币货币本质的探讨，更重要的是比特币所代表的这种思想和它所体现的技术创新，将推动现有法定货币的革新，促进现有电子货币的发展，为人类社会的进步注入强有力的希望。

截至 2021 年 10 月 28 日，当年比特币交易成交额高达 15.05 万亿美元。根据剑桥大学的比特币全球算力分布图，取 2019 年 9 月到 2020 年 4 月算力的平均值，比特币挖矿算力主要集中在亚洲，其次是欧洲、北美洲、南美洲，而非洲和大洋洲比特币挖矿算力最小。

注：比特币大事记

2008年11月，中本聪在一个隐秘的密码学论坛发表 Bitcoin：A Peer-to-Peer Electronic Cash System 一文，标志着比特币诞生。

2009年1月3日，中本聪通过"挖矿"产生了最初的50个比特币。

2010年7月17日，比特币交易平台 Mt.Gox 成立，每个比特币价格不到5美分。

2010年12月，世界上第一个矿池 SlushPool 挖出区块。

2011年5月，瑞典海盗党创始人查理德·法尔克维奇将其积蓄全部换成比特币，彼时比特币价格约8美元。

2011年5月，BitPay 成立，这是一家专注于比特币支付的初创公司，面向商户提供比特币支付方案。

2011年6月，比特币交易平台"比特币中国"成立。

2011年8月，比特币交易平台 Bitstamp 成立。

2012年6月，Coinbase 成立，提供比特币购买与支付服务。

2012年8月，比特币基金会成立，其目的是通过标准化、保护和推进开源协议，促进比特币的全球增长。

2012年10月，欧洲央行出台《虚拟货币报告》，对比特币作专门介绍，并表达对其安全性和可能被用于非法目的的担心。

2012年11月28日，比特币挖矿奖励第一次减半，产量由50个减至25个比特币。

2013年1月，专用 ASIC 阿瓦隆比特币矿机问世。

2013年3月18日，美国 FinCEN 出台了针对虚拟货币的监管条例。

2013年3月，塞浦路斯银行危机促使比特币价格从65美元升至历史最高值266美元。

2013年5月17日，由比特币基金会组织，在美国加利福尼亚州圣何塞市举办了以"未来的支付方式"为主题的比特币2013大型会议。

2013年6月，李笑来创建中国首只大型比特币基金 BitFund。

2013年6月24日，美国加州金融管理部门向比特币基金会发出终止信，认为基金会在未获得政府授权情况下进行了非法金融活动。

2013年6月28日，比特币最大的交易平台 Mt.Gox 根据美国 FinCEN 的条例，向政府登记并获得了 FinCEN 的货币服务（MSB）牌照（31000029348123），实现合法经营。

2013年8月19日，德国财政部发表声明，承认比特币是一种"记账单位"，既不是电子货币，也不是外币，可以用于"多边结算圈"。

2013年8月27日，比特币基金会与美国联邦政府进行会谈，就比特币监管问题进行商谈。

2013年10月2日，"丝绸之路"被查封，比特币价格当天下跌15%。

2013年10月30日，中国企业果壳电子宣布开通比特币支付功能，并在同年"双十一"期间，完成首例零售订单。

2013年12月5日，中国央行等五部委发布《关于防范比特币风险的通知》，明确否认比特币的货币性质，禁止各金融机构和支付机构开展与比特币相关的业务，并且加强了对比特币互联网站的管理。

2014年2月25日，Mt.Gox 因系统漏洞损失大量比特币致使无法弥补客户损失，申请破产保护。

2014年3月7日，日本政府公开表示，将不承认比特币作为货币，也没有计划将比特币作为金融产品进行管理。

2016年7月9日,比特币挖矿奖励第二次减半,产量由25个减至12.5个比特币。

2017年8月,隔离见证被成功激活,比特币的第一个分叉币出现。

2017年9月,中国人民银行等七部委发布的《关于防范代币发行融资风险的公告》。

2017年12月,比特币价格飙升至20000美元。

2018年2月,3点钟无眠区块链社群成立,2月底数字泡沫破灭,比特币最低跌到6000美元,小币种普遍跌幅达到80%以上,行业开始进入下行通道。

2019年4月,比特币价格突然暴涨,一度达到5000美元。

2018年8月,SEC宣布拒绝9起比特币ETF申请,行业继续在寒冬中艰难前行,小币种普遍跌去90%。

2019年10月,中共中央政治局会议上,习近平总书记指出:把区块链作为核心技术自主创新重要突破口,加快推动区块链技术和产业创新发展。

2020年5月12日,比特币挖矿奖励第三次减半,产量由12.5个减至6.25个比特币。

2020年10月16日,OKEx暂停提币,称部分私钥负责人正在配合公安调查。

2020年12月16日,比特币价格创历史新高,达到21500美元。

2021年3月12日,比特币价格再创新高,达到60000美元。

2021年5月18日,中国互联网金融协会等三协会发布《关于防范虚拟货币交易炒作风险的公告》。

2021年5月19日,比特币价格暴跌40%,最低达30000美元。

(资料来源:比特币相关新闻稿)

问题与思考

1. 请从具体方面论述传统虚拟货币和新型虚拟货币的区别与联系。
2. 谈谈你认为新型虚拟货币可能具备的、区别于法定货币及其他现有货币的新功能。
3. 你认为新型虚拟货币对传统货币最大的冲击是什么?
4. 如果存在优于现阶段比特币的新型虚拟货币,你认为它应当具备哪些特点?
5. 在现有监管空白的情况下,你认为应当建立一个什么样的针对新型虚拟货币的监管体系?
6. 如果你有1万元可供投资,你会选择新型虚拟货币、股票还是其他互联网理财产品?为什么?
7. 与同学讨论一下你对比特币前景的判断。

参考文献

[1] 褚俊虹、王琼、陈金贤:《货币职能分离及其在电子货币环境下的表现》,载《财经研究》2003年第8期。

[2] 胡庆康主编:《现代货币银行学教程(第四版)》,复旦大学出版社2011年版。

[3] 黄达：《金融学（第二版）》，中国人民大学出版社 2009 年版。

[4] 李钧、长铗等：《比特币：一个虚幻而真实的金融世界》，中信出版社 2014 年版。

[5]〔德〕马克思：《政治经济学批判》，人民出版社 1976 年版。

[6] 苏宁：《虚拟货币的理论分析》，社会科学文献出版社 2008 年版。

[7] 万建华：《金融 e 时代：数字化时代的金融变局》，中信出版社 2017 年版。

[8] 王燕、周光友：《比特币的货币属性分析》，载《金融教育研究》2014 年第 3 期。

[9] 许良：《新型虚拟货币的风险及防范》，载《光明日报》2014 年 6 月 18 日。

[10] 周光友：《电子货币对货币政策传导机制影响的实证研究》，学林出版社 2008 年版。

第四章

电 子 支 付

内容提要

本章主要向读者介绍电子支付的相关内容，包括电子支付的产生及其起源，网上支付的基本类型，网上支付对消费者行为的影响，电子支付对传统支付方式的冲击以及带来的风险。读者在学习本章内容时，需要对电子支付的起源、产生及其基本类型有所了解；需要着重掌握网上支付对消费者行为的影响，这是本章的理论推导部分，属于重点和难点内容。另外，要理解电子支付对传统支付方式的冲击及其带来的风险，这部分内容是属于要理解的部分。学习好本章的内容会对后续继续学习互联网金融的相关内容有所帮助。

第一节 电子支付概述

一、电子支付的产生及其发展

（一）电子支付的产生

所谓电子支付，就是利用现代计算机技术进行记账、转账、交割、汇兑等一连串的金融服务活动。美国早在1918年便建立起了专用的资金传输网，后来经过无数次的改进，在20世纪60年代组建了电子资金转账系统。之后，德国和英国相继也研制出自己的电子资金传输系统。直到1985年，世界上出现了电子数据交换技术并在电子支付中得到了广泛的应用。

自人类诞生以来，随着货币的演变发展，支付工具越来越多样化，支付方式越来越丰富。从最初原始社会的物物交换，到一般等价物的产生，再到黄帝后期贝壳作为货币，然后出现金属货币，最后出现纸币，货币经历了几千年的演变，在人类支付结算活动中扮演了重要的角色。

20世纪90年代，美国信息科学技术革命迅速发展，国际互联网迅速普及化，逐步从大学、科研机构走向企业和家庭，每个人都可以通过互联网与世界建立起普遍而广泛的联系。古代有句俗语："秀才不出门，尽知天下事。"21世纪，由于互联网的存在，人们真正实现了"尽知天下事"。互联网的功能也从信息共享演变为一种大众化的信息传播手段,众多的商业人士也认识到了互联网领域存在的巨大商机。人们通过使用互联网,降低了交易成本,也造就了更多的商业机会,电子支付系统从而得以发展,逐步成了互联网应用的最大热点。

政府或企业的采购,企业商业文件的处理,从手工书面文件的准备和传递转变为电子文件的准备和传递;随着网络技术的发展,电子数据资料的交换,又从磁带、软盘等电子数据资料物理载体的寄送转变为通过专用的增值通信网络的传送,近年来更转移到通过公用的因特网(internet)的传送。银行间的电子资金转账(EFT)技术与企事业间电子数据交换(EDI)技术相结合,产生了早期的电子商务或称"电子商贸"(electronic commerce,EC)。信用卡(credit card)、自动柜员机(ATM)、零售业销售终端(POS)和联机电子资金转账(POS/EFT)技术的发展,以及相应的网络通信技术和安全技术的发展,导致今天网上持卡购物(B2C,business to consumer)与企业之间网上交易(B2B,business to business)这两种模式的电子商务得到飞速的发展。

现代支付工具(电子支付工具)是在电子信息技术发展到一定阶段后产生的新兴金融业务所使用的支付工具,多数依存于非纸质电磁介质存在,大量使用安全认证、密码等复杂电子信息技术。随着电子银行的兴起和微电子技术的发展,电子支付技术日趋成熟,电子支付工具品种不断丰富。电子支付工具从其基本形态上看是电子数据,它以金融电子化网络为基础,通过计算机网络系统以传输电子信息的方式实现支付功能。利用电子支付工具可以方便地实现现金存取、汇兑、直接消费和贷款等功能。

目前,电子支付工具包括由商业银行发行的银行卡、由非金融机构发行的储值卡以及由电子商务公司发行的虚拟卡等。1985年,中国银行发行了第一张银行卡,标志着货币正式进入另一个阶段。如今,现金和银行卡已经成为人们经济生活中最重要的支付工具。票据的产生为企业与企业之间的支付结算提供了一条捷径。现金支付、银行卡支付、票据支付作为传统支付结算方式,在目前以及未来很长一段时间内都将是最主要的支付结算方式。

1999年,招商银行全面启动国内首家网上银行——"一网通",建立由网上企业银行、网上个人银行、网上证券、网上商城、网上支付组成的较为完善的网络银行体系。由此,电子支付在我国浮出水面,而支付方式也开始从传统支付方式向电子支付方式过渡。电子支付在发展初期主要采取网上银行支付方式。我国的互联网用户随着互联网的快速发展而快速增长,从而推动了网上银行用户数量的增长。

2003年,我国进入"信用卡元年",标准贷记卡从零起步,呈现快速增长态势。银行卡产品的发展自然推动了销售点终端交易(POS交易)和自动柜员机交易(ATM交易)的增长,电子支付开始在国内起步并发展。在这个时期,银行完全主导电子支付,大型企业用户与银行建立支付接口是最主要的支付模式。而随着中小商户支付需求的不断增加和多样化,第三方支付也开始介入电子支付领域,充当商户和银行之间的桥梁。在POS交易和ATM交易方面,发卡市场发展较快,借记卡已具相当规模，信用卡发展也在加速。中国银联披露的数据显示，我国银行卡总量已经超过美国，成为世界上银行卡数量最多的国家。

2005年，我国进入"电子支付元年"。网上银行支付被越来越多的商家和消费者所认识和接受，网上银行支付日渐成为消费者的首选付款方式。与此同时，电话支付、手机支付、第三方支付等全新的电子支付概念层出不穷，这预示着我国开始进入真正的电子支付时期。

2006年，电子支付进入"电子支付1.0时代"，电子支付产业保持快速增长，网上银行支付、移动支付、电话支付等支付方式继续发展。而此时，电子支付迅速进入以价格战为代表的行业恶性竞争阶段。第三方支付从2003年开始起步，2005年，我国第三方支付达到50多家，到2006年，已经有了一定的影响，商家和消费者都开始接受这种新的支付方式。计世资讯（CCW Research）的数据显示，2006年，有80.5%的网民正在使用或愿意接受网上支付。网上支付的对象结构也产生了变化，为传统行业提供的支付服务额度越来越高。网上支付中，纯粹的互联网业务的比例在降低，而电子客票、代收费等业务所占的比例在逐步增加。

2006年，虽然电子支付风云变幻，但此时中国银行业正在经历类似电信产业的变革道路，商业银行衍生出多样化的增值业务，而这些增值业务模式的产生将意味着巨大的商业机会。由于市场需求正在觉醒并逐渐变得多元化，在政策法规和市场发展趋势的双重作用下，电子支付已经从以纯支付网关为业务特色的1.0时代逐渐进入以多元化平台和按需支付为业务特征，并且能够提供完整的支付解决方案乃至电子商务解决方案的全新电子支付产业时代，即电子支付2.0时代。

目前，我国的电子支付正处于"支付2.0时代"的初级发展阶段，电子支付工具层出不穷，电子支付方式种类多而繁杂，支付平台和支付渠道正处于激烈的"圈地"运动中，各种具体的有针对性的政策法规还没有真正出台。

电子支付系统在中国的普遍使用也得益于互联网在国内的迅速发展，进入21世纪以来，以阿里巴巴为代表的互联网企业首先发起一轮创新，成立浙江支付宝网络技术有限公司，到如今第三方支付得到了蓬勃发展。传统商业银行为了应对互联网公司的挑战，相继发展网上银行，争抢客户。可以说，电子支付是资金交易从线下转向线上的一种创新模式，在互联网金融对传统金融理论产生如此大冲击的今天，它把人们的视野从实体交易转向了网上的电子化操作。从超市购物、电话充值、购买车票到网上购物等一系列的生活方式也因为电子支付的出现而彻底改变。随着人们持有的信用卡、银行卡数量的增加，企业商户POS机的安装，居民消费变得便利化和电子化。在央行退出支付清算系统后，企业之间的资金往来也更加方便，技术上的支持也使得交易时间成本和资金成本不断下降。智能手机的广泛使用，Wi-Fi无线网络热点的全面覆盖，使人们随时随地可以进行网上消费支付。从电子支付系统产生至今，系统不断地升级，央行的清算系统也已经更换了好几代，可以说，这当中既有互联网技术快速发展的功劳，也有人们消费观念的更新和对更高效结算手段的追求。

（二）电子支付的发展

电子支付的发展是与电子银行业务紧密相关的，大致分为五个阶段：

第一阶段：银行内部电子管理系统与其他金融机构的电子系统连接起来，如利用计算机技术处理银行之间的货币汇兑，资金划拨与结算、交割等业务。

第二阶段：银行计算机与其他机构的计算机之间的资金划拨，如绝大多数企业、事业单位、政府机关等都是通过银行之间的清算系统来进行资金转移，不仅有效地节约了交易成本，并且保证了大额资金的调动安全性。代发工资便是很典型的例子，企事业单位通过自己的计算机系统向银行发布资金转移的命令，这就是电子支付安全高效的体现。

第三阶段：通过网络终端向客户提供各项自助银行服务，如 ATM。现如今在大街小巷，都能很容易找到银行的 ATM，通过各种自助终端服务，客户能够方便快捷地办理以前必须在银行网点才能办理的业务。

第四阶段：利用网络技术为普通大众在商户消费时提供自动的扣款服务，如 POS 机。在大型的超市、酒店等提供公共服务的场所，我们随处可见的是客户用 POS 机进行消费，它的普及，使得银行卡、信用卡的使用更加方便，减少了使用纸币带来的不安全以及纸币可能磨损的问题。

第五阶段：随着电子支付的发展，电子货币可随时随地通过 Internet 直接转账、结算，形成电子商务环境。电子商务的迅速发展是一场革命，它对传统支付方式的冲击是显而易见的，Internet 带来的便利性，也是以前的消费转账模式无法估量的。

目前，电子资金转账系统是银行同其客户进行数据通信的一种有力工具，通过它，银行可以把支付系统延伸到社会的各个角落，例如，零售商店、超级市场、企事业单位甚至家庭，从而为客户支付账单、申请信贷、转账、咨询、交纳税金、进行房地产经营等活动提供方便、快捷的服务。同时，电子支付系统打破了传统支付模式对营业网点的依赖，从时间和空间上对支付系统进行了一场深刻的变革。21 世纪，正是这种变革来得最迅猛，给人们生活带来最颠覆性变化的时代。我们身处这个时代，就应该更加利用好高新技术，使我们的生活变得更加美好。

尤其是在网络时代，电子资金转账系统的应用已经发展成了一个集 Intranet，Extranet 和 Internet 于一体的广泛的电子支付网络系统。如图 4-1 所示。

（三）电子支付的现状

近年来，我国电子支付的发展可谓突飞猛进，特别是随着近年来电脑、智能手机、平板电脑迅速普及化，人们对电子支付似乎更加情有独钟，不管是以信用卡、银行卡为代表的卡业务发展，还是以网上购物为代表的网购蓬勃发展，均呈现出井喷式上升的势头。

始于 2009 年，淘宝商城在每年 11 月 11 日举办的网络促销活动，已成为名副其实的全民购物盛宴。2019 年，天猫"双十一"当天交易额最终达到 2684 亿元。

根据艾瑞咨询公司 2016 年的调查报告，2015 年中国网络购物市场中 B2C 市场交易规模为 2.0 万亿元，在中国整体网络购物市场交易规模中的占比达到 51.9%，较

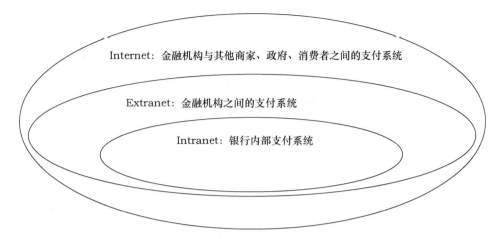

图 4-1 电子支付网络系统关系示意图

2014 年的 45.2% 提高 6.7 个百分点，年度占比首次超过 C2C。

在第三方支付方面，2015 年中国第三方互联网支付交易规模达到 118674.5 亿元，同比增长 46.9%，整体市场规模持续高速增长，在整个国民经济中的重要性进一步增强。第三方支付凭借其便捷、高效、安全的支付体验，使得中国的支付市场成为国际领先的支付市场之一。互联网金融对于第三方互联网支付的推动作用持续增强。

二、电子支付的基本特征

（1）电子支付采用先进的技术，通过数字电文的流转，完成信息传输，其各种支付形式均采用数字化方式完成款项支付；而传统支付方式则是通过现金流转、票据转让及银行汇兑等物理实体的流转完成款项支付。消费者之所以进行网上购物，就是看重电子商务的便捷性，而如果支付方式滞后将会阻碍其发展。例如，手机支付的兴起，动一下手指便可完成支付，不再需要去银行汇款，而且支付越快，物流越快，也就能够越快完成购物流程，消费者当然愿意使用。

（2）电子支付的工作环境基于一个开放的系统平台如因特网，而传统支付则是在较为封闭的系统中运作。除了不透露消费者的个人隐私外，整个支付流程中支付信息的安全也是非常重要的。试想一下，在支付过程中，银行卡信息被未授权的第三方盗取，然后将导致消费者卡上的资金减少。如果支付方式不能提供消费者满意的安全解决方案，相信他们是永远不会采取这种支付方式的。

（3）电子支付使用因特网、移动通信等先进通信手段，而传统支付则仅使用传统通信媒介。电子支付对软、硬件设施的要求较高，一般要求有联网计算机、相关软件及其他配套设施，而传统支付在上述方面的要求较低。消费者选择一种支付方式，也会考虑交易费用，如电汇、邮汇等，由于交易成本高，人们也越来越摒弃这些支付方式。

（4）电子支付具有方便、快捷、高效、经济的优势，成本大大低于传统支付。任何一个消费者都不希望自己的个人信息被泄露,成为"透明人",因此,任何一种支付方式都应该给消费者提供匿名保护性,否则,消费者将不会信任和采纳这种支付方式。消费者会选择法律、法规已经有了明确规定和规范的支付方式,这样让他们觉得放心。目前,我国还处于支付"混乱"中,出现的许多支付方式都还没有法律的规定和约束,这也造成有些支付方式始终得不到消费者的大力支持。

三、电子支付系统的构成及基本流程

(一)电子支付系统的构成

基于互联网的电子支付系统由客户、商家、认证中心、支付网关、客户银行、商家银行和金融专用网络构成。

(1)在现代的电子支付系统中,客户的概念很广泛,只要是基于消费或者从事某项交易目的而需要进行电子支付的居民或者企业,他们就能通过电子交易平台与商家交流信息、签订交易合同,用自己拥有的网络支付工具进行支付。

(2)商家是指向客户提供商品或者服务的企业或者个人。在电子支付系统中,商家必须能够根据客户发出的交易指令向银行等金融机构申请交易结算,这一功能一般通过银行等金融机构在商家经营场所安装的机器来完成。在国内,大部分交易通过POS机完成,另外,客户也可以通过ATM来完成。

(3)认证中心,为安全电子交易中的重要单位,为一公正、公开的代理组织,接受持卡人和特约商店的申请,会同发卡及收单银行核对其申请资料是否一致,并负责电子证书的发放、管理及取消等事宜;是在线交易的监督者和担保人,主要进行电子证书管理、电子贸易伙伴关系建立和确认、密钥管理、为支付系统中的各参与方提供身份认证等。认证中心类似于现实生活中公证人的角色,具有权威性,是一个普遍可信的第三方。

认证中心可通过官方渠道将某个公钥授权给用户。如果一个公司在内部或同可靠的商业伙伴交往时使用了数字证书,就可能会出现这样一个机构。Netscape和Xcert提供了用于管理数字证书的证明服务器。当很多用户共用一个证明权威时,证明权威应该是个受到大家信赖的可靠方。证明权威甚至可以是个规模更大、公用程度更高的实体,比如,GTE、Nortel或Verisign,它们在验证身份和签发数字证书上的严谨态度早已众口皆碑。

(4)支付网关是银行金融网络系统和Internet网络之间的接口,是由银行操作的将Internet上传输的数据转换为金融机构内部数据的一组服务器设备,或由指派的第三方处理商家支付信息和顾客的支付指令。支付网关可确保交易在Internet用户和交易处理商之间安全、无缝地传递,并且无需对原有主机系统进行修改。它可以处理所有Internet支付协议、Internet安全协议、交易交换、信息及协议的转换以及本地授权和结算处理。另外,它还可以通过设置来满足特定交易处理系统的要求。离开了支付网关,网络银行的电子支付功能也就无法实现。

(5)客户银行。在电子支付系统中,客户一般需要事先与某一银行金融机构进行

签约认证，客户通过信用卡或者银行卡进行消费后，银行通过客户的消费指令将资金划拨出客户的账户，央行清算系统再将资金转入商户签约银行的账户。

（6）商家银行。在电子支付系统中，商户也需要实现在金融机构开立企业网上银行账户，当与消费者发生资金交易时，商户将交易指令发送给指定银行，银行再通过清算系统将资金调拨进商家的账户，完成一次电子支付过程。

（7）金融专用网络是银行内部及各银行之间交流信息的封闭的专用网络，通常具有较高的稳定性和安全性。

（二）电子支付系统的基本流程

在现代电子支付系统中，支付流程一般包括以下环节：发出支付指令、交换并且清算支付指令、对支付指令进行结算等，如图4-2所示。

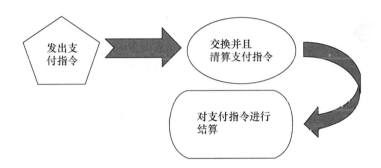

图4-2 电子支付系统的基本流程图

发出支付指令是指客户通过特定的设备向签约银行发出支付指令，支付指令一经发出，商户与客户之间的交易基本完成，剩下的资金划拨过程则是银行与清算所的工作了。指令的清算指结算之前对支付指令进行发送、对账、确认的处理，还可能包括指令的轧差。指令的轧差指交易伙伴或参与方之间各种余额或债务的对冲，以产生结算的最终余额。指令结算指双方或多方对支付交易相关债务的清偿。严格意义上，清算与结算是不同的过程，清算的目的是结算。但在一些金融系统中清算与结算并不严格区分，或者清算与结算同时发生。同时，电子支付分为以下两个方面：

（1）信用卡网上支付。近年来，我国信用卡发卡数量增长比较快，用信用卡进行支付的比例不断上升，根据中国人民银行发布的《2020年支付体系运行总体情况》，我国信用卡和借贷合一卡的人均持有张数为0.56张，同比增长3.91%。通过信用卡进行支付的流程如图4-3所示。

（2）电子支票支付。电子支票是将纸质支票全部电子化后形成的电子版，使用电子支票进行网上支付前，消费者和商家必须到各自的开户行申请电子支票应用授权，获得数字证书及电子支票相关软件等。

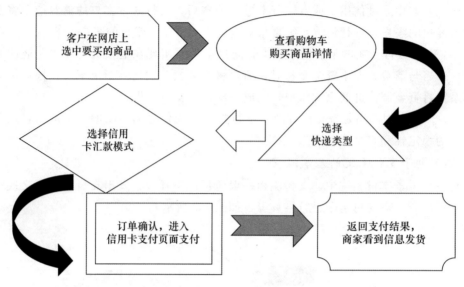

图 4-3 信用卡支付系统的基本流程图

第二节 电子支付的类型

电子支付按照支付指令的发出可以分为网上银行支付、第三方支付、移动支付、电话支付以及自助银行支付。在国内，网上银行和第三方支付中的支付宝、银联支付使用的比例最高，将会详细介绍，而近几年来随着智能手机的普及，移动支付和电话支付的方式具有很好的前景。

一、网上银行支付

网上银行是传统的商业银行基于互联网技术，在 Internet 上开设的银行，它不受时间、空间的限制，客户可以在网上办理支付、转账等各种金融业务。目前，关于网上银行并没有很科学规范的定义，在巴塞尔协议中，网上银行被定义为那些"通过电子通道，提供零售与小额产品和服务的银行"。这些产品和服务包括：存贷、账户管理、银行顾问、电子账务服务以及其他一些诸如电子货币等电子支付的产品和服务。欧洲银行标准委员会将网上银行定义为"那些利用网络为通过使用计算机、网络电视、机顶盒及其他一些个人数字设备连接上网的消费者和中小企业提供银行产品服务的银行"。在 2000 年，美联储对网上银行下过另一个定义，即"网上银行是利用互联网作为其产品、服务和信息的业务渠道，向其他零售和公司客户提供服务的银行"。总体看来，尽管不同的机构或组织对网上银行有不同的定义，但是，在本书中，网上银行就是指采用 Internet 数字通信技术，以 Internet 作为基础交易平台和服务渠道，在线为公众提供办理结算、信贷服务的商业银行或金融机构服务系统，也可以理解为 Internet 上的虚拟银行柜台。

网上银行按照客户对象一般可以分为个人网上银行和企业网上银行，个人网上银行主要是针对家庭和居民的日常消费和金融服务，居民可以通过网上银行查看自己账户的余额、交易状况，购买基金保险等理财产品；而企业网上银行是针对公司团体或者政府部门的金融业务往来，企业或者政府部门可以通过网上银行了解其财务状况以及组织内部的资金调拨状况。网上银行的广泛普及，不仅方便了客户，也使银行的店面业务大部分转到线上，节约了银行网点的巨大固定成本。网上银行基于Internet，利用互联网的高科学技术，有以下几方面的功能：一方面是传统商业银行业务在互联网上的延伸，用户到商业银行开设网上银行账户，用账号和密码登录后，原先必须在银行网点办理的支付、结算、汇兑、存贷款业务，现如今都可以用电脑操作，在网上办理，既节约了用户的时间，也使银行更加高效。另一方面，网上银行还可以利用互联网技术来办理传统银行无法办理的业务，实现了金融的创新，在组织机构和业务管理模式方面从根本上打破了传统商业银行的各种条条框框。网上银行一个最重要的功能便是网上银行支付，下面将会着重介绍。

网上银行支付功能主要是向客户提供互联网上的资金实时结算功能，是保证电子商务正常开展的关键性的基础功能，也是网上银行的一个标志性功能，没有网上支付的银行站点，充其量只能算作一个金融信息网站，或称作上网银行。就目前网上银行的发展来说，网上银行支付带给客户的功能主要有：① 内部转账功能。用户在网上可以自由地将存款在本账户中划拨，如活期转定期，定期转活期，买卖外汇、股票、期货等，也可以在自己名下的不同账户之间互转。② 转账和支付中介服务。每位客户可以自由地根据自身需求将资金划拨到其他人的账户上，同时也可以缴纳公共费用、支付工资、充值等；作为支付的中介，也可以完成B2C和C2C商务模式下的购物、订票、证券买卖等零售交易，以及B2B商务模式下的网上采购等批发交易。③ 金融创新。网上银行是传统商业银行面对阿里巴巴等互联网公司创新出的第三方支付方式的一种应对方式。在互联网金融蓬勃发展的今天，基于Internet多媒体信息传递的全面性、迅速性和互动性，网上银行可以针对不同客户的需求开辟更多便捷的智能化、个性化的服务，提供传统商业银行在传统业务模式下难以实现的功能。如企业集团客户通过网上银行可以查询各子公司的账户余额和交易信息，并在签订多边协议的基础上实现集团内部的资金调度与划拨，提高集团整体的资金使用效益，为客户改善内部经营管理、财务管理提供有力的支持。

电子支付的方式一般可以分为B2C、B2B、C2C、B2G、G2C、G2G。但大多数人接触的都是B2C、C2C、B2B三种类型。在我国，网上银行按照服务对象一般分为个人网上银行和企业网上银行，个人网上银行可以满足B2C和C2C的业务需求，而企业网上银行则可以满足B2B的业务需求。下面将会详细介绍个人网上银行和企业网上银行的不同支付流程：

（一）个人网上银行的网上支付

在国内，个人网上银行的支付是通过关联借记卡的账号进行支付，很少部分用户是关联信用卡，而在国际上则是通过关联信用卡。这主要是因为我国利用信用卡超前消费的观念比较薄弱,应该说起步比较晚,但发展速度迅猛。根据中国人民银行统计数据,截至 2020 年末,全国银行卡在用发卡数量 89.54 亿张,人均持有 6.40 张,北京、上海地区持卡数量比较高,信用卡的使用频率与地区经济发展程度和居民生活水平有关,越是发达地区,信用卡使用越频繁。但无论是关联信用卡还是关联借记卡,都是通过客户的卡账号进行支付的。应用个人网上银行进行支付的一般流程如图 4-4 所示。

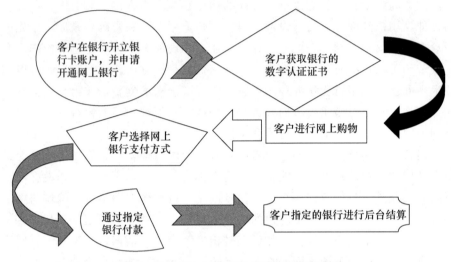

图 4-4 个人网上银行支付系统的基本流程图

(1)客户在银行开立个人网上银行账户。个人既可以通过新开设银行卡账户并存入一定数量的资金,专门用于个人网上银行支付,也可以通过已有的银行卡,到银行柜台再重新申请办理网上银行业务,这样原先的银行卡账户就与网上银行账户相关联。

(2)客户获取银行的数字认证证书。客户在银行办理个人网上银行后,银行会给客户一个网上支付的认证方式,有的银行是 USB 接口,有的银行是动态口令,客户在进行支付时则必须获取认证证书的认证。

(3)客户进行网上购物。客户在网上选择某一购物网站,也可以选择网上充值、缴纳各种公共费用等,并检验商家的身份是否正规。

(4)客户选择网上银行支付方式。在客户选择某一商品后则需要进行付款,利用个人网上银行支付方式时,进入个人网上银行的支付界面,客户输入登录账号和密码。

(5)通过指定的银行付款。客户输入登录账号和密码进入个人网上银行的主页面,确认需要支付的金额,通过认证证书的认证,系统将付款资料传入银行网络完成验证并反馈回来,如果成功,则支付款项已经在客户账户中扣除,商家则可以组织发货。

(6)客户指定的银行进行后台结算。在商家发货后,客户指定的银行会将资金划拨进商家指定的银行账户,当客户商品到位、商家资金到位后,那么一次通过个人网上银行支付基本完成。值得注意的是,以上一系列的个人网上银行支付完成只是纯粹的直接支付转账模式。网上银行的网上支付功能是非常强大的,这只是商家和客户直接交易的一种方式,个人网上银行支付也可用于第三方支付平台。

(二)企业网上银行的网上支付

企业网上银行的支付流程与个人网上银行的支付流程非常相似,只是企业网上银行除了关联借记卡的账号外,还可以运用电子支票来完成支付活动,由于企业与企业之间、企业与银行之间的资金往来通常是大规模的,因此企业在运用网上银行账号进行网上支付时对安全和保密要求都非常高,安全防护手段也会更加高端。企业在进行支付时,前台是基于 Internet 的高效率,采用数字签名、认证证书的方式,以保证资金的安全与真实有效,后台则是采用银行专用的金融网络,类似于电子汇兑的处理方式。企业或者政府部门在网上进行采购时,一般需要经过准备阶段、买方采购阶段、买方支付阶段、银行后台结算阶段,具体支付流程如图 4-5 所示。

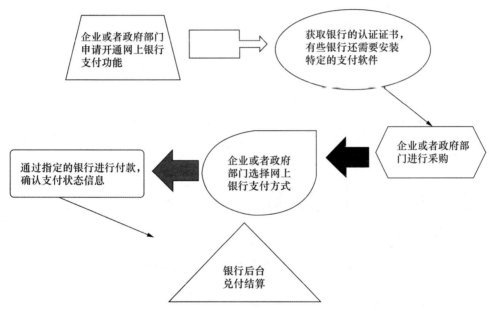

图 4-5　企业或者政府部门在网上采购的基本流程图

(1)企业或者政府部门开通网上银行支付功能。企业或者政府部门以单位法人的名义在银行开立支付账户,并申请开通企业网上银行,也可以通过电子支票的方式进行。

(2)获取银行的认证证书,并安装特定的软件。由于企业资金往来数量巨大,需要特定的安全保护措施,并安装认证支付软件。

(3)买方网上购物并进行支付。企业在选定商品进行支付时,选择指定的银行,进入支付页面。

(4)买方支付货款。在输入登录账号并且确认货款进行支付时,进入网上银行支付表单。这时表单中已有买方支付账号以及企业的相关信息,在表单中按要求填入信息,然后就可以确认支付。网上银行支付表单直接提交给买方开户行,经其确认真实有效后,直接在后台利用电子汇兑系统进行资金转账处理。确认支付的过程就是把相应的支付表单借助相关安全手段提交给买方开户行,同时给卖方发送一个付款通知。

(5) 不管企业支付成功与否,都会出现提示窗口。

(6) 银行后台资金操作。在网上操作成功后,那么剩下来的操作便是银行的后台资金划拨过程,企业网上银行收到买方提交的支付表单后,通过 CA 中心对买方身份、支付表单内的真实性与有效性进行认证,如果认证不能通过,则回送买方拒绝处理消息。如果通过,则企业网上银行向买方企业发出支付表单确认通知,利用后台系统,向卖方开户行划出相应资金金额。卖方开户行确认资金到账后,向企业网上银行发送确认消息,同时向卖方企业发送到款通知。最后,当买方企业网上银行收到卖方开户行的收款通知后,向买方企业发出付款通知。至此,整个支付流程结束。现实中,企业网上银行在业务流程、技术应用、法律保护等方面需要进一步规范,从而更好地保证企业网上采购的安全、便捷。

(三) 非网上购物的网上银行支付流程

非网上购物的网上银行支付主要是指在网上充值缴费,购买基金外汇等金融产品或者新的理财收益产品。其支付流程如图 4-6 所示。

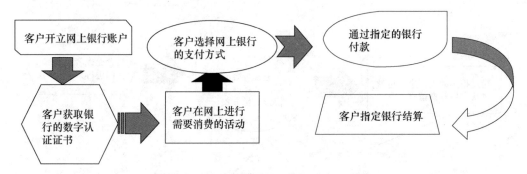

图 4-6　非网上购物的网上银行支付流程图

二、第三方支付

随着网上购物的发展,很多年轻人对支付宝并不陌生。那么,支付宝又和上节谈到的网上银行支付方式有什么区别?第三方支付和第三方支付平台有什么区别?近年谈得火热的余额宝理财产品又是怎么回事?本小节将会解答这些问题。

(一) 第三方支付

"第三方支付"这个概念首先是由马云在 2005 年世界达沃斯论坛上提出的。"第三方支付"的提出解决了很多电子商务方面的问题,极大地推动了电子商务的迅速发展。根据最新发布的《中国第三方支付市场数据发布报告》,2021 年第 1 季度,我国第三方互联网支付交易规模约为 5.9 万亿元,环比 2020 年第 4 季度交易规模增长 4.9%。伴随我国宏观环境的稳中向好及产业互联网的逐步发展,我国第三方互联网支付市场正逐渐走出因 P2P 清零而造成的负增长周期。艾瑞咨询认为,基础支付服务利润较薄且缺乏类似 P2P 的大规模爆发式增长点，导致互联网支付行业已步入行业转型期。深耕细分产业，提供"支付+"的行业整体数字化解决方案已成为大势所趋。

第三方支付是具备一定实力和信誉保障的独立机构，采用与各大银行签约的方式，提供与银行支付结算系统接口的交易支持平台的网络支付模式。在第三方支付模式中，买方选购商品后，使用第三方平台提供的账户进行货款支付（支付给第三方），并由第三方通知卖家货款到账，要求发货；买方收到货物，检验货物，并且进行确认后，再通知第三方付款；第三方再将款项转至卖家账户。第三方支付是电子支付产业链中重要的纽带，一方面连接银行，处理资金结算、客户服务、差错处理等一系列工作；另一方面连接商户和消费者，使客户的支付交易能顺利接入。由于拥有款项收付的便利性、功能的可拓展性、信用中介的信誉保证等优势，第三方支付较好地解决了长期困扰电子商务的诚信、物流、现金流问题，在电子商务中发挥着重要作用。第三方支付服务商与多家银行合作，提供统一的应用接口。这样，无须分别安装各银行的专用接口，商家就能够利用不同银行的支付通道，在支付手段上为顾客提供更多选择。同时，第三方支付也帮助银行节省网关开发费用，创造更大的利润空间。因此，第三方支付既可以节省买卖双方的交易成本，也能节约资源，降低社会交易成本，有利于提高网上交易的效率，促进电子商务的拓展，创造更多的社会价值。随着电子商务的快速发展，人们对电子支付的需求进一步提升，而第三方支付凭借其对交易过程的监控和交易双方利益的保障，获得了广大个人用户及商户的青睐。此外，企业逐渐开始利用第三方电子支付进行跨地区收款及各类资金流管理，行业应用逐渐普及。

（二）第三方支付平台

第三方支付平台是指平台提供商通过通信、计算机和信息安全技术，在商家和银行之间建立连接，从而实现消费者、金融机构以及商家之间货币支付、现金流转、资金清算、查询统计的一个平台。随着电子商务的蓬勃发展，网上购物、在线交易对于消费者而言已经从一个新鲜的事物变成了日常生活的一部分。相关调查表明：由于远离拥挤、堵车、排队付款等麻烦且随着电子商务活动交易制度的日渐规范和安全保障的日益完善，更多的消费者正在走出国美、家乐福等大型商店超市，在易趣、淘宝等线上通道进行在线购物。对于网络商家而言，传统的支付方式如银行汇款、邮政汇款等，都需要购买者去银行或邮局办理烦琐的汇款业务；而如果采用货到付款方式，又给商家带来了一定风险和昂贵的物流成本。因此，第三方支付平台在这种需求下逐步诞生。第三方支付平台将交易信息和物流信息进行整合，为电子商务的资金流、信息流、物流三大瓶颈问题提供一致的解决方案。通过第三方支付平台，商家网站能够进行实时交易查询和交易系统分析，提供及时的退款和止付服务，便于客户查询交易动态信息、物流状态，以及对交易进行相应处理等。第三方支付平台关于交易信息的详细记录，可以防止交易双方对交易行为的抵赖，也为售后可能出现的纠纷问题提供相应的证据，维护双方权益。

第三方支付平台是在网络安全平台之上建立的在线支付服务平台，作为买卖双方交易过程中的"中间件"，第三方支付平台旨在通过一定手段为交易双方提供信用担保,从而化解网上交易风险的不确定性,有效防止电子交易中的欺诈行为,增加网上交易成交的可能性,并在交易后提供相应的增值服务。有了它,买卖双方的交易得以轻松地进行,它伴随着网上交易而来,只要拥有一个或多个在线支付平台账号,就能够在一个相对安全的网络环境里享受购物的乐趣。

(三)第三方支付与第三方支付平台

通过上述对第三方支付与第三方支付平台的简单介绍,可以得出结论:第三方支付与第三方支付平台不是一个概念,但它们之间存在密切的关系。

首先,第三方支付是一种支付方式,或者说是一种支付渠道。在这种支付方式中,由第三方独立机构担当买卖双方的"信用中介",同时提供与多家银行支付结算系统的对接,保障了买卖双方的合法权益。第三方支付平台则是一种由网络、技术、软件、服务等构成的实现第三方支付的平台系统。不同的第三方机构可以建立不同的第三方支付平台,目前,第三方支付平台已达50家,其中比较著名的有支付宝、安付通、首信易、云网等。

其次,第三方支付平台是第三方支付这种支付方式得以实现所必需的媒介,或者说,第三方支付平台是看得见的第三方支付形式。没有第三方支付平台,第三方支付也就只能停留在理论层面,而不能真正付诸实施。正因为第三方支付平台和第三方支付之间存在如此紧密的关系,因此,人们在平时谈到第三方支付和第三方支付平台时并没有对二者进行严格的区分。

所以,第三方支付实际上是第三方支付服务公司,第三方支付平台实际上是第三方支付系统。第三方支付服务公司运营第三方支付系统。

(四)第三方支付的优势和劣势

1. 第三方支付的优势

(1) 操作简单方便

用户通过第三方支付的方式在网上进行支付,支持多家银行的多卡支付,采用很好的保密方式,保存了商家和用户的资料信息;同时,商家和用户之间的资金往来通过第三方支付平台来完成,使网上交易更加简便;还根据不同的用户提供更加人性化的界面和操作服务。

(2) 解决了网上交易的诚信问题

网上交易由于用户和商家不能见面,用户对商品的真实性和质量无法分辨,存在严重的信息不对称。根据信息经济学,我们可知,在信息不对称的情况下,市场会出现道德风险和逆向选择。为了避免市场效率的损失,第三方支付就很好地解决了这个问题,不管是国际上还是国内的第三方支付,都是颇具信誉的公司发起成立的。用户在进行网上消费支付时,先将资金存入第三方支付账户,然后待商家确认后发货,用户收到货物并且确认无误后,在网上通过收货认证,第三方支付再将资金打入商家自有的账户,一次性的支付过程便完成了。这样,交易中的商家和用户信息不对称问题便得到了很好的解决。

（3）提高市场交易的效率

电子商务从起源至今，都是从事线上的交易。在互联网还未普及之前，传统的支付必须采用邮电汇兑等方式，既浪费时间，又不能保证资金的安全，而第三方支付则可以很好地解决这个问题，大大缩短了用户和商家之间的交易时间，在途资金的减少也使用户和商家的资金利用效率更高。

（4）促进银行服务质量的提高和服务的创新

第三方支付是由银行和互联网公司合作，或者像中国银联这样的非银行类金融机构的独立支付平台，一方面打破了银行对传统支付业务的垄断，迫使银行金融机构提升自身服务水平，提升管理水平，创造更多的利润；另一方面，银行面对第三方支付的竞争，也不得不对自身业务进行创新，如利用互联网技术成立网上银行便是对激烈竞争的一次升级。不管是传统的支付方式还是新兴的支付方式，说到底，资金的划拨与清算都必须通过银行的系统来运行，在互联网如此高效的今天，银行自身必须作出改变，迎合互联网技术的大浪潮。

（5）比较有效地解决了互联网时代资金在时间和空间上不对称问题

第三方支付在商家与顾客之间建立了一个安全、有效、便捷、低成本的资金划拨方式，保证了交易过程中资金流和物流的正常双向流动，有效缓解了电子商务发展的支付压力，成为解开"支付死扣"的一种有益尝试。

2. 第三方支付的劣势

（1）结算周期长

由于第三方支付的存在，一般用户在网上消费后，商家并不能立即回收资金，得等到用户收到货物并且确认后，第三方支付平台才通过银行将资金划拨到商家的账户上，这一过程一般需要十天左右。由于物流配送的原因，用户收到货物的时间并不能确定，这就延长了资金结算的时间。

（2）面临银行和银联的强势竞争

在第三方支付推出后，传统商业银行为了应对竞争，推出了网上银行支付业务，中国银联也凭借自己的独特优势，推出了第三方支付系统平台。应该说这在一定程度上降低了第三方支付的用户数量。由于第三方支付一般都是民营企业，面对强烈的竞争压力，第三方支付不得不逼迫自身不断提升效率，创造更多的利润。

（3）盈利少

第三方支付的维护运营成本比较高，也没有很好的盈利模式，因此基本上处于低利润的阶段。但是第三方支付的用户数量和用户的数据资料是其可以盈利的点。在支付宝和天弘基金合作成立余额宝后吸引了众多用户将资金存入支付宝，这也是对传统银行的巨大挑战。

（4）必须与银行合作

由于第三方支付缺乏认证系统，为了支付信息的安全，必须依赖于银行的专业技术，同时资金的流动也依赖于银行的清算。

(五)我国的第三方支付

我国的第三方支付产品主要有 PayPal、支付宝、微信支付、百度钱包、财付通、盛付通、腾付通、易宝支付、快钱、乐富、宝付、宝易互通、汇聚支付、环迅支付 IPS、网银在线、网易宝、物流宝、国付宝、中汇宝、通联支付。其中,用户数量最大的便是 PayPal 和支付宝。前者主要在欧美等国家使用,而后者则主要在国内,是阿里巴巴旗下的产品。早在 2009 年,支付宝的用户数量便超过了两亿,超越 PayPal 一举成为全世界最大的第三方支付产品。

我国最早的第三方支付公司是成立于 1999 年的北京首信和上海环迅,两家公司主要面向 B2C 的支付业务。2004 年下半年,第三方支付开始受到市场的极大关注,国内各大商家纷纷涉足。之后,各大 C2C 购物网站如淘宝网、易趣网都分别推出了各自的第三方支付工具"支付宝""安付通"。2005 年,PayPal 与上海网付易信息技术有限公司合作建立了本土化支付产品"贝宝"。与此同时,快钱、银联电子支付等国内专营第三方支付平台的公司纷纷出现,共同分享这块市场。

根据艾瑞咨询发布的 2021 年我国网上支付市场数据,2020 年我国第三方互联网支付市场交易规模达 21.8 万亿元,同比下降 12.8%;2020 年我国第三方移动支付市场交易规模达 249.2 万亿元,同比增长 10.2%。在过去的十年中,整体市场持续较高速地增长,在整个国民经济中的重要性进一步增强。随着我国电子商务环境的不断优化,支付场景的不断丰富,以及金融创新的活跃,使得网上支付飞速增长,而第三方收付机构的互联网业务也将得到较快的增长,后续预计将保持稳定增长,速度稍降。其交易规模如图 4-7 所示。

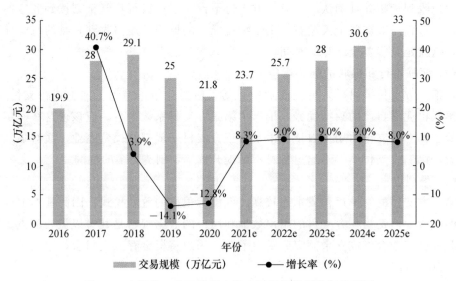

图 4-7 中国第三方互联网支付交易规模发展情况及预测

(六)余额宝

余额宝是由第三方支付公司支付宝打造的一项全新的余额增值服务。首期便支持天弘基金的增利宝货币基金，在 2013 年 6 月 13 日上线。用户通过余额宝可以在支付宝网站购买基金等理财产品，可以获得相对于银行活期存款较高的收益，同时余额宝内的资金可以随时用于网上购物、支付宝转账、信用卡还款、充话费等支付功能。余额宝内的资金主要是用于投资国债、银行存单等安全性高、稳定的金融工具，收益每天发放。一般来说，在当天 15 点之前转入余额宝的资金在一天之后会看到收益，但是被消费或者被转出的那部分资金当天没有收益，每天收益计算公式如下：当日收益＝（余额宝确认资金/10000）×每万份收益。余额宝总体来说具有以下几方面的优势：

（1）资金转入余额宝即为向基金公司等机构购买相应理财产品，余额宝首期支持天弘基金"增利宝"货币基金。货币基金作为基金产品的一种，理论上存在亏损的可能，但从历史数据来看收益稳定，风险较小。

（2）余额宝目前手续费相对较低。

（3）转入、转出到余额和使用余额宝付款都是实时的，无须等待，让用户的资金既有收益，又不耽误使用。

（4）操作流程简单。余额宝服务是将基金公司的基金直销系统内置到支付宝网站中，用户将资金转入余额宝，实际上是进行货币基金的购买，相应资金均由基金公司进行管理，余额宝的收益也不是"利息"，而是用户购买货币基金的收益，用户如果选择使用余额宝内的资金进行购物支付，则相当于赎回货币基金。整个流程就跟支付宝充值、提现或购物支付一样简单。

（5）最低购买金额没有限制。余额宝对于用户的最低购买金额没有限制，一元钱起就能买。余额宝的目标是让那些零花钱也能获得增值的机会，让用户哪怕一两元、一两百元都能享受到理财的快乐。

（6）收益高，使用灵活。跟一般"钱生钱"的理财服务相比，余额宝更大的优势在于，它不仅能够提供高收益，还全面支持网购消费、支付宝转账等几乎所有的支付宝功能，这意味着资金在余额宝中一方面在时刻保持增值，另一方面又能随时用于消费。

尽管余额宝从诞生开始，就受到社会大众和媒体的热捧，但是，作为普通民众，应该对余额宝的本质有清醒的认识。余额宝的本质是利用用户存在支付宝里的钱去购买天弘基金的基金份额，具有公募基金的性质，用户可以随时随地"购买基金份额，赎回基金份额"。说到底这是一项投资，投资必然会存在风险，而银行的活期存款是具有国家显性或者隐性的担保，没有任何风险即可以获取活期利息。拿一项具有风险的投资收益和没有风险的活期利息相比较，显然是不科学的。余额宝的规模也不是阿里巴巴可以决定的，而是取决于货币基金的规模，并且对货币基金的流动性要求会比较高，一旦经营不善就会出现亏损。在余额宝规模不断突破新高时，媒体普遍宣传余额宝和微信财付通会"革银行的命"，这个说法显然很牵强。因为众所周知，货币基金是通过募集社会上的闲散资金投资于货币市场的工具，相对于债券、股票型基金来说，具有较高的安全性、高流动性和稳定的收益，具有"准储蓄"的性质。我国货币基金市场起步较晚，发展也很缓慢，也始终没有能力去"动银行的奶酪"。余额宝从2013年6月诞生至今，虽然规模从几百万元一直上升到几千亿元，甚至一度突破万亿元级别，但终究只是整个社会融资规模的非常小的一部分，与银行庞大的储蓄规模和日积月累的储户优势相比，简直是小巫见大巫。"大部分银行存款流向余额宝"这个说法也略显苍白。因为某一个高收益的理财产品出现，必然会使资金大规模地涌向这个产品，余额宝的规模突破也不例外，这种现象只是银行和理财产品之间资金的正常流动，对银行的影响可以说是微乎其微。另外，不管是阿里巴巴的余额宝还是微信的财付通，都依赖于用户的忠诚度，余额宝成功地依靠淘宝网提供的便捷购物，用户对其有很强的黏性，一旦某天哪个更好的购物网站出现，余额宝的用户数量便会大规模流失，微信用户也是如此，微信通过发红包和微信支付理财吸引了大批的使用者，但归根结底，这些用户的忠诚度还值得考验。这些新兴的互联网金融理财产品和银行的巨大网点优势以及长期积累起来的储户依赖感相比，对银行业的影响可想而知。银行在这场互联网金融的战争中，也并非是任人宰割的羔羊，在利率市场化到来之前，银行拥有货币市场利率和银行利率之间息差的天然优势。现如今面对互联网行业的竞争，银行要做的并不是努力去拥抱互联网，因为银行永远成不了互联网公司，银行面对的竞争对手来自利率市场化，一旦利率市场化后，传统银行的利差优势不复存在，如何才能在巨大的竞争压力面前生存下来，是如今银行业需要认真思考的事情。

目前，社会上唱多余额宝的声音主要来自余额宝相对于银行活期利息的高收益，但是带有风险的收益实际上是最不靠谱的事情，一旦哪天体验的用户不能持续地获取高收益，大规模的资金必然会流出余额宝，因为资金的天性就是逐利。余额宝通过技术上的创新加剧了套利过程，一旦市场实现了均衡，套利过程必然会消失，受损失的还是广大的体验用户。那么支付宝为什么要推出余额宝呢？之前支付宝里的资金赚取的是客户无利息的沉淀资金和银行给予的协定利息之间的差价，也一样是躺着赚钱的路径，推出余额宝之后，反而要将一部分收益分红给用户，想必前者的收益一定是大于后者的吧。支付宝推出余额宝也是不得已而为之，为了应对央行备付金管理制度，要求支付机构的实缴货币资本与客户备付金日均余额的比例不得低于10%，其中实缴货币资本是注册资本最低限额。这意味着，第三方支付暂存周转的客户资金越多，其需要另外准备的保证金也就越多。于是，余额宝顺利地将息差转化为投资者的投资行为，不仅顺利将息差转化为代销费用，还缓解了备付压力，吸引了更多的用户，最终看来，是一个双赢的决策。但是余额宝的推行对传统商业银行还有一点致命的威胁就是它会倒逼利率市场化的改革，在后利率市场化时代，银行会面临更加激烈的竞争，促使金融资源更加优化配置，提高金融机构的市场效率，但也加剧了金融市场的不稳定。从短期看，银行的成本会因此上升，利差会进一步缩小，在存款保险制度推出后，银行也会面临倒闭的风险，这是一个金融市场优胜劣汰的过程，银行必须接受，并且要习惯在市场中寻求更好的盈利点。从这一点看，余额宝的推出对社会融资效率的提高会有一定的作用。

三、移动支付

在 3G 还没有在全国普及时，2013 年 12 月底工信部便向中国联通、中国移动、中国电信三大运营商发出 4G 牌照，移动网络的升级不仅带来上网速度更加方便快捷，而且对蓬勃发展的移动支付也是一大利好消息。2009 年，中国的移动电话用户便成功跃居世界第一位。工信部发言人表示，截至 2021 年 2 月底，全国移动电话用户总数约为 15.92 亿。智能手机得到普及，人们不管走到哪里，都习惯用手机上网，移动支付越来越成为一个大众化的趋势。

（一）移动支付的概念

移动支付的概念有两种不同的解释：① 移动支付的工具，主要包括平板电脑、手机、移动 PC 等。② 移动支付的网络，有学者认为是通过 Wi-Fi 等无线通信网络实现支付，另一部分学者认为是通过移动通信网络支付。那么总的来说，移动支付有广义和狭义两方面的定义，狭义的移动支付仅仅指的是通过移动支付网络进行支付（例如手机银行），广义的移动支付除了手机支付外还包括其他支付方式。本书中所指的移动支付仅仅指手机银行的支付。手机目前是我国使用最为广泛的支付工具，相比较日本和韩国的手机支付业务来说，我国的手机支付还处于刚刚起步的发展阶段。

手机银行就是通过移动通信网络与移动通信技术实现手机与银行的连接，通过手机界面操作或者发送短信完成各种金融服务的电子银行创新业务产品，是手机支付的一种实现方式，也是目前移动支付中使用最普遍的一种支付方式。手机银行作为一种结合货币电子化与移动通信的服务，不仅可以使人们随时随地处理多种金融业务，而且极大地丰富了银行服务的内涵，使银行能以便利、高效而又较为安全的方式为客户提供传统和创新服务。现如今，随着无线网络和移动通信网络设备的不断升级，相比较笔记本电脑的体积大、不灵活等特点，用户随身携带手机进行支付更加快捷，更加方便，也有人称手机银行为"网上银行的手机版"或者"移动银行"。

手机钱包是手机与电子钱包的结合，2005 年，中国银联、中国移动的合资公司——北京联动优势科技有限公司联合传统商业银行推出了手机钱包，通过把客户的手机号码与银行卡等支付账号进行绑定，使用 USSD、WAP、语音、短信等操作方式，随时随地为拥有中国移动手机的客户提供移动支付通道服务。手机钱包的优势不言而喻，还具有很多个性化的服务，具体包括个人账户查询、手机订报、购买数字点卡、手机投保、远程教育、查缴手机话费、手机捐款、公用事业缴费、电子邮箱付费等多项业务。目前，众多城市已经实现利用手机乘坐地铁公交，出入门禁，这种智能式的手机支付方式正在国内蓬勃发展。

（二）移动支付的类型

根据不同的分类标准，移动支付类型的分类不同。

（1）根据使用的账户，移动支付可以分为基于后台账户的移动支付和基于银行卡账户的移动支付。移动运营商的小额支付、各种储值卡的刷卡支付是基于后台账户的移动支付；中国银联开展的移动支付以及商业银行推广的手机银行则属于基于银行卡账户的移动支付。

（2）根据事先是否指定受付方，移动支付可以划分为非定向支付和定向支付。例如，手机购物属于非定向支付，而手机话费的支付就属于定向支付。

（3）根据金额大小，移动支付可以划分为微支付、小额支付和大额支付。至于移动支付金额大小的划分，取决于每个具体国家的经济发展程度和居民的生活水平，在不同国家的经济发展水平上，微支付、小额支付和大额支付划分的标准有所差异。目前，我国的移动支付主要以微支付和小额支付为主，大额支付的情况比较少见。

（4）根据使用的传输方式和技术，移动支付又可以划分为近距离支付和远距离支付，或者称为现场支付和远程支付。例如，通过手机购买数字化产品或者网上购物选择手机支付则属于远程支付，而用手机乘坐公交车、地铁和交停车费等则属于现场支付。

（三）移动支付举例

目前，四大国有银行和几大股份制商业银行均已经完成了手机银行的布局开端，下面以招商银行手机银行业务为例分析移动支付的具体方式。

招商银行于2020中国银行业发展论坛智慧金融（北京）峰会暨第八届银行综合评选颁奖典礼获"年度最佳手机银行"奖项，这是对招商银行手机银行业务的莫大肯定。其手机银行提供包括账户收支管理、支付结算、投资理财、贷款、城市便民生活等全方位的综合金融服务，由网络化、大数据化不断向智能化转型升级，对用户数据进行多维度交叉分析，从而达到千人千面的服务，并引入社区服务和城市服务板块，不断"打通服务边界"。此外，招商银行既可以采用WAP版登录，也可以采用手机银行客户端登录。使用招商银行手机银行，用户仅需要向移动运营商支付访问手机银行所产生的网络流量费用，此外无须支付任何其他服务费用。移动互联网业务正在成为移动运营商一个重要的利润增长点，为了迅速推动移动互联网业务的普及和成长，移动运营商不断降低手机上网费用，这将是一个长期的趋势。

招商银行手机银行的功能可以分为以下几个方面：

1. 一卡通功能

持有招商银行一卡通的客户可以享受招商银行手机银行的以下功能：

（1）账户管理：账户查询、交易查询、密码管理、挂失。

（2）自助转账：转一卡通、转信用卡、转存折、转他行账户、定活互转、银证转账。

（3）投资管理：基金、证券。

（4）自助缴费：缴手机费、缴电话费、缴其他费用。

（5）网上支付：网上支付交易查询、网上支付额度管理。

2. 信用卡功能

持有招商银行信用卡个人卡的客户可以享受招行手机银行的以下功能：

（1）账户管理：账户查询、已出账单、未出账单、密码管理。

（2）还款管理：自动还款设置、还款明细查询。

（3）网上支付：网上支付功能申请、网上支付交易查询、网上支付额度设置。

(4) 卡片管理：卡片额度调整。

(5) 自助缴费：缴手机费、缴电话费、缴其他费用。

(6) 积分管理：积分查询。

3. 理财助手

(1) 提醒服务：每日基金净值短信提醒管理、日程安排及短信提醒管理。

(2) 工具箱：包含一些实用工具。

为保证安全，对某些功能，招商银行会要求客户到柜台办理相关协议手续。

招商银行手机银行使用流程如下：

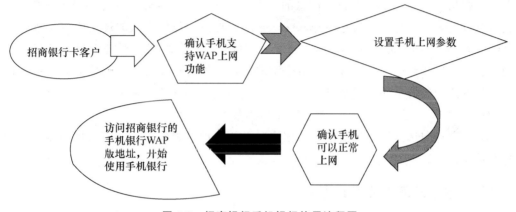

图 4-8　招商银行手机银行使用流程图

第三节　网上支付的现代信息经济学理论模型分析

一、现代信息经济学的演进

两百多年来，古典经济学一直受到学术界的推崇，其理论广泛用于分析社会中各种各样的经济问题。但随着社会的发展、人们认识水平的提高和研究的深入开展，人们开始对其中一些理论提出挑战，特别是古典经济学基本假设之一："市场上任何一个从事经济活动的主体都对有关经济情况具有完全的信息"。这一点遭受到前所未有的质疑，因为人们通过研究发现，现实中信息往往是不对称的，因而造成古典经济学一些理论在分析现实经济问题时会出现失灵。

不对称信息（asymmetric information）是指交易的一方拥有另一方不拥有的信息，甚至第三方也无法验证，即使能够检验也要花费大量的人力、物力、财力和精力，在经济上是不划算的。不对称信息现象存在的根源不仅与厂商或市场参与者所拥有的私人信息有关，同时也是由于参与者基于不同的信息获取能力而获得不同的信息所致。在市场交易中，当市场的一方无法观测和监督另一方的行为或无法获知另一方行动的完全信息，或观测监督成本高昂时，交易双方处于不对称信息状态。后来，一些经济学家对市场中普遍存在的不对称信息现象从不同视角使用不同方法进行了深入研究，并取得了一系列成果，使不对称信息理论成为经济研究中最充满生机的领域之一，不对称信息模型也成为现代经济学研究中重要的分析工具。2001 年，瑞典皇家科学院将诺贝尔经济学奖授予乔治·阿克尔洛夫（George Akerlof）、迈克尔·斯宾塞（Michael Spence）和约瑟夫·斯蒂格利茨（Joseph Stiglitz），以表彰他们在研究不对称信息条件下市场运行机制方面的开创性贡献。乔治·阿克尔洛夫证明了市场上买卖双方信息不对称怎样导致逆向选择（adverse selection）；麦克尔·斯宾塞则分析了不对称信息市场上掌握更多信息的一方可以通过向信息贫乏的一方传递可靠信息而在市场上获益，即不对称信息条件下改善市场效率的信号传递（signaling）理论；约瑟夫·斯蒂格利茨证明了掌握较少信息的一方可以对一项特定交易设立多项选择契约而获得对方更多的信息，即信息甄别（screening）理论。他们三人的理论构成了现代信息经济学（information economics）的核心，其研究工作改变了经济学家对市场功能的看法，他们所创立的分析方法已被广泛地应用于解释许多社会经济体制。这些新的理论和方法为经济学注入了新鲜血液，强化了主流经济学的解释能力，使经济学焕发出新的活力。

其中，逆向选择理论和信号显示理论对于我们理解和分析第三方支付的作用机理具有重要作用。

二、第三方支付的交易模式

用现代信息经济学理论分析第三方支付的作用机理之前，首先必须对第三方支付的交易模式进行解析。根据第三方支付运作原理和大多数服务机构的运作模式，本书将购货和付款流程分为 7 个步骤，将退货和退款流程分为 3 个步骤，并将其综合在一张图中进行分析，如图 4-9 所示。

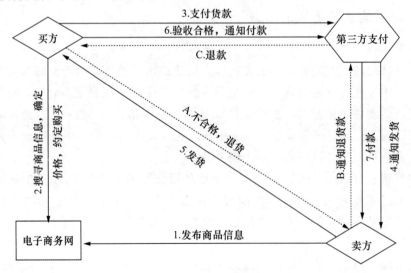

图 4-9　第三方支付的交易模式图

注：步骤 1—7 用实线表示购货和付款流程，步骤 A—C 用虚线表示退货和退款流程。

步骤1：卖方在电子商务网上发布自己的商品信息，包括产品的名称、规格、包装、图片、性能说明、价格、运输方式及运费、服务承诺等。步骤2：买方在电子商务网上浏览需求商品的相关信息，通过电子邮件、即时聊天工具、电话等通话工具与卖方进行沟通，确定商品规格、数量，商定价格和运输方式等。步骤3：买方按约定将所购商品的费用暂时付给独立的第三方支付平台（服务机构）。步骤4：第三方支付平台在收到货款后通知卖方发货。步骤5：卖方接到第三方支付平台发货通知后，立即按约定方式发货。步骤6：买方收到所购货物并检查合格后，通知第三方支付平台付款给卖方。步骤7：第三方支付平台得到买方的付款指令后，将货款最终付给卖方。以上7个步骤描述了一个成功的电子商务活动的整个过程。

电子商务活动中的退货流程主要步骤如下：步骤A：接上面步骤5，买方收到所购货物并检查，发现不合格或不符合约定时，退货给卖方。步骤B：卖方收到退货后，通知第三方支付平台退货款给买方。步骤C：第三方支付平台接到卖方的退货款指令后，退款给买方。

在电子商务活动中，第三方支付的介入弥补了电子商务的先天不足，即非面对面交易使交易双方难以相互信任，任何一方都不愿意使自己在交易活动中处于被动的高风险位置。难以相互信任的交易双方通过第三方支付有效地防范了对自身的交易风险，使得电子商务活动得以进行，推动了电子商务的快速发展。

三、第三方支付作用机理的经济学分析

通过对第三方支付的交易模式进行分析，可以看到，第三方支付的介入使电子商务交易过程变得更加公平，有效降低了交易风险。下面将运用现代信息经济学中的道德风险模型、逆向选择模型和信号传递模型，从理论上分析第三方支付的作用机理。

（一）道德风险模型

道德风险（moral hazard）是指从事经济活动的人在最大限度地增进自身效用时作出不利于他人的行动。道德风险的实质是制度约束软化和个人追求收益最大化之间的矛盾所导致的一些不合乎道德规范的社会现象。道德风险行为使得最优契约结果发生了偏离。道德风险常常发生在签订合约之后，在电子商务发展初期，道德风险现象较为突出。当卖方发货后，由于处于信息劣势，卖方无法准确和完全地监督买方的行为，当买方有意拒付货款或者退货时，就有可能出现道德风险。

按古典经济学理论，信息是对称的、完全的，卖方出售商品 M，获得均衡利润 R，效用为预期效用 U_S；买方支付货款 K，获得商品 M，效用为预期效用 $\overline{U}_B$，市场是一个完全均衡的市场。

在电子商务发展的初期，卖方与买方直接交易，卖方通过电子商务网站展示商品，买方在网上预订选中的商品，然后通过传统的交易方式在网下进行交易。按交易中付款时间不同可以将交易方式分为"先付款后发货"和"先发货后付款"两种。其中，"先发货后付款"中包括"货到付款"，因为"货到付款"与"先发货后付款"在此分析中属于同一性质，产生的结果也相同，因而将这两者归为同一类交易方式。由

于不对称信息的存在，就有可能产生道德风险。在"先付款后发货"模式下，可能会发生卖方收到款后不发货、少发货、拖延发货或发次品货的道德风险行为，如图4-10所示。这时，卖方不仅没有出让商品 M，而且获得了超过均衡利润的超额利润 $\text{Max}R$，此时卖方效用最大化，为 $\overline{\text{Max}U_S}$，而买方支付货款 K 后却一无所获，效用为零。当然，买方可以直接寻找卖方或通过法律手段要求其发货或退款，但却会产生更多的资金成本和时间成本。在这种情况下，买方的最优选择就是不参与此种方式的交易活动，从而退出市场。而在"先发货后付款"模式下，可能会出现相反的现象，即可能发生买方收到货后不付款、少付款、拖延付款甚至拒绝付款的道德风险行为，如图4-11所示。这时，卖方出让商品 M 后却没有得到货款 K，不仅没有获得均衡利润 R，而且还损失了生产成本与交易成本，卖方的效用为零，而买方没有支付货款 K 却获得了商品 M，获得超过预期效用 $\overline{U_B}$ 的最大化效用 $\overline{\text{Max}U_B}$，此时，卖方可以直接寻找买方或通过法律手段要求其付款或退货，但却会产生更多的资金成本和时间成本，并且卖方不一定能达到目的。在这种情况下，卖方的最优选择就是不参与这种方式的交易活动，从而退出市场。因此，在这两种情况下，交易活动都不可能持续下去，造成一种无效的市场。这就是电子商务中的道德风险模型。

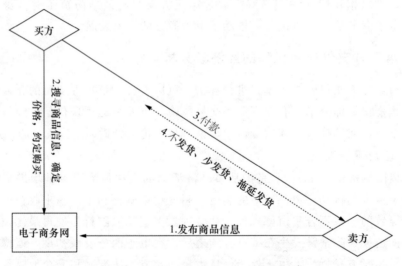

图4-10 先付款后发货方式的道德风险行为

为了防范由于不对称信息而产生的道德风险，必须在买方与卖方之外引入一个独立的第三方作为信用中介，此时，第三方支付应运而生，为电子商务买卖双方交易提供信用保障。同时，对电子商务交易中的订货、付款、发货、退货等流程进行了改进。买方在网上订货后，将货款先打到第三方支付账户中，然后第三方支付通知卖方发货给买方，买方收到货后通知第三方支付平台付款给卖方。这样就有效地杜绝了"先付款后发货"模式下卖方收到款后不发货或推迟发货的道德风险行为和"先发货后付款"模式下买方不付款或少付款的道德风险行为。

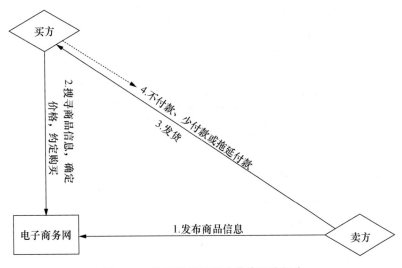

图 4-11 先发货后付款的道德风险行为

(二) 逆向选择模型

乔治·阿克尔洛夫在《柠檬市场：质量的不确定性和市场机制》一文中提出逆向选择理论并最早指出，由于市场上存在质量信息的不对称，消费者只能以平均质量定价，所以低质量的产品将会把高质量的产品驱逐出市场，从而导致市场的萎缩和社会福利的损失。他揭示：在不对称信息市场中逆向选择导致了市场运行的低效率和无效率。

逆向选择问题来自买方和卖方对有关商品质量的信息不对称，是事前隐藏信息的行为。在电子商务中，卖方知道该商品的真实质量，而买方不知道。假定将电子商务中待交易的所有商品按质量从高到低分为三种，分别为上等商品 Q_1、中等商品 Q_2、次等商品 Q_3，其内在价值分别表示为 V_1、V_2、V_3，其中 $V_1>V_2>V_3$，其市场价格分别表示为 P_1、P_2、P_3。按古典经济学理论，在市场均衡条件下，$P_1=V_1$、$P_2=V_2$、$P_3=V_3$，其中 $P_1>P_2>P_3$，每种商品按其本身价值成交，即确定市场价格，每个卖方获得平均利润，买方获得等价商品，这是一种完美的市场秩序，这就是在完全对称信息下的交易模式。但现实情况是，由于不对称信息的存在，卖方就会有以次充好，获取超额利润的动机，企图将中等商品 Q_2 以 P_1 的价格卖出。当然，买方也不傻，尽管他们不了解该商品的真实质量，但却知道商品的平均质量，在第一阶段交易中，如图 4-12 所示，买方愿按平均质量接受中等价格 $(P_1+P_2+P_3)/3=P_2$，这样一来，那些高于中等价格的上等商品 Q_1 就可能会退出市场。接下来的演绎是，在第二阶段交易中，如图 4-13 所示，由于上等商品 Q_1 退出市场，买方会继续降低估价，只愿意接受中等价格 $(P_2+P_3)/2$，而 $(P_2+P_3)/2<P_2$，那么，中等商品 Q_2 会退出市场。演绎的最后结果是：在第三阶段交易中，如图 4-14 所示，在市场上只剩下了次等商品 Q_3，在极端的情况下一件商品都不成交。这就是电子商务中的逆向选择模型。

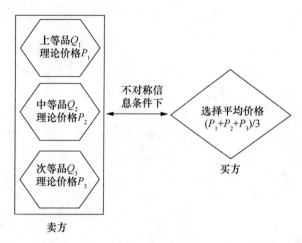

图 4-12　第一阶段交易

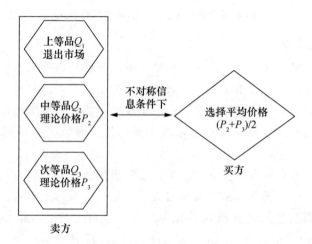

图 4-13　第二阶段交易

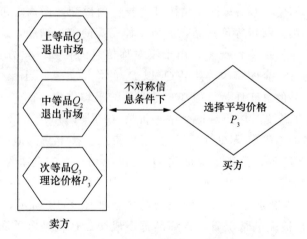

图 4-14　第三阶段交易

由于不对称信息而产生的逆向选择,使得现实市场中社会实际成交量小于均衡成交量。这就需要一种新的制度安排,产生一种质量不合格的退货机制。为了公平起见,退货合约不能单方面地由买方或卖方制定,必须由独立的第三方来约定。同时,为了能有效地实施退货机制,第三方必须参与进来,对交易和退货过程进行监督。在这种情况下,第三方支付作为信用中介,为电子商务交易双方提供信用保障。

(三)信号传递模型

信号理论之父迈克尔·斯宾塞在开拓性论文《劳动力市场的信号传递》中,提出信号传递理论。在不对称信息市场中,为了克服逆向选择带来的市场失灵和低效率,交易双方都会寻求一种方式来传递信息,以提高市场效率,即信号传递。信号传递是指拥有信息优势的市场参与者采取行动,使处于信息劣势的市场参与者了解产品的价值或质量,消除逆向选择,并从中获利,使市场有效率。市场中具有信息优势的个体为了避免逆向选择行为的发生,将"信号"可信地传递给在信息上处于劣势的个体。信号要求经济主体采取观察得到且具有代价的措施以使其他经济主体相信他们的能力,或相信他们的产品的价值和质量。在电子商务活动中,卖方拥有一些买方所没有的且与参与人的效用或支付相关的信息。卖方发出一个信息或称为一个信号,这一阶段买方只能看到卖方发出的信号,而看不到卖方所拥有的全部信息,买方接收到信号后作出一个行动,对策结束。这时,买卖双方的效用就得到确定。他们的效用既是私人信息,又是公开信息,同时也是买方所选择行动的函数。这就是电子商务中卖方的信号传递模型,其实质是一个动态不完全信息对策。这一模型可以合理地解释现在为何广告越来越多,也可以解释一些卖方为何不断提高服务质量。电子商务活动中的卖方为使买方了解自己产品的质量,常常用广告、注册资本、质量认证、荣誉证书和良好的售后服务等方式作为传递信号。这些信号传递手段要花费大量成本。如市场中存在高质量商品 M_1 和低质量商品 M_2,其销售量分别是 Q_1 和 Q_2。若两种商品同时进行广告宣传、质量认证、售后服务,其成本均为 C。由于高质量商品 M_1 可以给消费者带来较大的效用,使用安全方便,维修率较低,从而受到消费者的欢迎而产生重复购买行为和正向的口碑效应,使得更多的人购买该商品,销售量 Q_1 不断扩大,因而,高质量商品 M_1 的单位成本,即 C/Q_1 较小,进行广告宣传、质量认证、参加评优和进行良好的售后服务等信号传递的单位成本较低,收益较大,风险较小。而低质量商品 M_2 虽然也可以进行广告宣传、质量认证、售后服务等信号传递活动,但由于自身质量和技术等问题只能使消费者对其产品仅购买一次而不会重复购买,甚至会产生负的口碑效应,使得销售量 Q_2 较小,因而,单位产品的信号传递成本 C/Q_2 很高,收益较小,经营风险就比较大。在这种情况下,买方就有可能以广告、注册资本、质量认证、荣誉证书和良好的售后服务等作为甄别不同商品质量高低的信号。

在我国,随着国家对第三方支付的重视与规范,国家将只对达到一定规模的第三方支付服务商颁发牌照,这将有利于提高市场的信心和降低相关风险。这里的牌照既是一种行政许可,从现代信息经济学上讲又是一种信号传递,它向市场各方传递出获得牌照的服务商有实力在这一领域里做得更好的信号,这有助于增强市场各方对获得许可服务商的认可与信赖，有利于电子商务快速持续发展。

同时，第三方支付的出现本身就是强信号，因为它独立于买卖双方之外，向市场传递出中立、公平、公正的信号，起到了信用中介的作用，增强了买卖双方的交易信心。这就是第三方支付的信号传递模型，它解决了双方不对称信息造成的交易不畅问题，增加了人们对电子商务交易活动的信心与交易本身的安全性。

第三方支付以其自身的安全性和稳定性替代了电子商务活动中使用商业信用的风险性和不稳定性。电子商务活动最大的优势在于信息搜集和交易的低成本以及交易的跨越时空限制，但跨越时空交易却使交易双方互不信任，缺乏互信肯定会使交易中断。作为交易的任何一方都是风险厌恶者，都不愿意使自己处在风险之中，而使对方获利，在这种情况下，交易难以完成。为了克服这种交易模式的弊端，电子商务活动中引入独立于买方和卖方之外的第三方支付，由于第三方支付与买卖任何一方都没有利益上的联系，处于中立地位，可以其自身的安全性和稳定性替代电子商务活动中使用商业信用的风险性和不稳定性，从而以此为基础建立了交易信用关系，解决了电子商务活动中买卖双方的信用问题。

第三方支付实质上是一种信用中介。通过构建电子商务中的道德风险模型说明，早期电子商务活动中由于不对称信息会产生"先付款后发货"模式下卖方收到款后不发货或推迟发货的道德风险行为和"先发货后付款"模式下买方不付款或少付款的道德风险行为。电子商务中的逆向选择模型说明，早期电子商务活动中由于不对称信息会产生逆向选择行为，将会使该市场完全沦为次品货市场。电子商务中的信号传递模型说明，如果没有信号显示与传递，人们就无法对商品的质量进行判断，从而无法作出理性的选择。因此，人们必须在交易的买卖双方之外，引入一个独立的第三方服务机构作为信用中介，为交易的支付活动提供一定的信用保障，从而消除由于买卖双方不对称信息而产生的信用风险。

综上所述，本书通过道德风险模型、逆向选择模型和信号传递模型，从理论上阐释了第三方支付的作用机理，分析了第三方支付介入电子商务活动后有效降低了交易双方的交易风险，特别是减少了电子商务活动中的道德风险和逆向选择行为，同时通过信号传递增强了交易双方的相互信任程度，推动了电子商务的快速持续发展。

第四节　电子支付风险分析

一、网上银行支付风险

（一）网上银行支付过程中用户所面临的风险

个人用户在使用网上银行进行支付时可能遇到以下安全问题：

1. 用户卡号和密码被盗

用户安全意识薄弱是影响网上银行交易安全的一个重要原因，不少网上银行用户设置密码过于简单，容易被不法分子破解，或将自己网上银行密码设为与其他网站的用户密码相同的密码,而其他网站由于缺乏严密的安全控制机制,密码数据库容易被攻破或泄露并殃及网上银行密码。部分网上银行用户还在公共计算机上使用网上银行服务,极易被隐藏在公共计算机上的病毒、木马程序等通过键盘记录盗取密码。同时,我国金融企业的网址域名还没有得到规范,从网址名称上很难判断真假,不法分子利用这一点,制作与真正网上银行网站极为类似的假网站、假支付页面等,利用部分用户安全意识薄弱,要求用户填写个人账号、密码等银行资料信息,骗取用户网上银行登录账号和交易密码。

2. 用户误操作

网上银行的业务都需要用户具备一定的操作技能,如果用户操作不当,就会造成不可挽回的损失,例如,转账时输错转入账号等。

3. 双方的身份确认出现问题

在互联网上,银行和用户间需要双向的身份识别和确认。对用户来说,在互联网上存在一些假冒的银行网站,用户需要认真识别登录的银行网站,一旦登录到错误网站,用户发送的所有信息都会被非法网站所截获和利用。另外,银行要正确识别和确认用户身份,确认用户身份的方式有的比较安全,而有的仅靠账号和密码,这些信息一旦被盗取,银行的计算机将无法识别出非法用户。

4. 用户计算机被攻击

互联网是一个开放的网络,病毒、黑客攻击时刻都对网上银行交易造成威胁,稍有不慎,用户的计算机就可能被植入木马程序或被黑客控制,导致身份信息被盗,身份被冒用。

(二)网上银行支付过程中银行面临的风险

在了解了网上银行的支付流程之后,便可以很清楚地分析网上银行的支付所面临的风险,因为网上银行业务的数据大多数都是与储户相关的敏感数据,如储户的账号密码、账户密码、账户中的存款余额等。而互联网是一个开放的公共网络,在这样一个开放的网络上拓展银行的传统业务,安全是需要首先考虑的。一般来说,网上银行系统在运行过程中受到的安全威胁主要来自以下几个方面:

(1)窃取网络上信息。攻击者在网络的传输链上,通过逻辑或者物理的手段,对数据进行非法的截取与监听,从而得到通信中的敏感信息。系统中的用户及外来者未经授权偷看或窥视他人的电文内容以获取商业秘密,损害他人的经济利益。

(2)否认所发的信息。用户可能对自己发出的信息进行恶意否认,例如,否认自己发出的支付命令。

(3)反复发出相同的信息。除了上述否认发出的信息,还存在"反复发出相同的信息"的攻击方式,即攻击者在截取网络上的密文信息后,并不将其破译,而是把这些数据再包装发出去,以实现恶意攻击的目的。

(4)假冒用户的身份。攻击者盗用合法用户的身份信息,以假冒的身份与他人进行通信。这是最为常见的网络攻击方式,传统的对策采用用户名和登录密码对用户身份进行认证,用户名和登录密码是以明文的形式在网上进行传送,这就很容易被攻击者截取,攻击者以此来非法访问系统，冒充授权者发送和接受消息，造成信息的丢失和泄露。

（5）篡改网络上信息。攻击者在截取到网络上的信息后，可能篡改其内容。

（6）拒绝服务。局部系统的失误及通信各部分的不一致所引起的事故（如路由表或者映射表的错误）而导致系统停止工作，不能对外服务。

（7）抵赖。某些用户会恶意否认自己曾进行过的网上交易，易造成经济损失。

（8）文电丢失。安全措施不当会导致丢失电文，如误删。

二、第三方支付所面临的风险分析

分析第三方支付面临的安全问题，主要是依据对第三方支付整个运作过程的考察，确定支付流程中可能出现的各种安全问题，分析其危害性，发现第三方支付过程中潜在的安全隐患和安全漏洞，从而使第三方支付的安全管理能做到有的放矢。概括起来，第三方支付的安全问题主要涉及信息的安全问题、信用的安全问题、安全的管理问题以及安全的法律法规保障问题。下面从宏观层次和微观层次分别进行分析。

（一）第三方支付宏观层次存在的安全风险

1. 信息不对称带来的违约风险

网络经济是一种虚拟的经济形态，交易者无法确切知道交易对手的真实情况和身份。在交易过程中，商品和资金的流动在时间、空间上都存在着不对称，这些都增加了人们对于信息鉴别的成本，使得买卖双方的博弈更加复杂，导致了交易双方的安全感不足。

2. 安全技术风险

一方面，第三方支付服务的核心是在线提供支付服务，产业链中的任何一个环节出现了安全隐患，都有可能转嫁到支付平台上；另一方面，网络技术的变化日新月异，对于提供钱包支付的服务商，其安全性级别不及银行的安全性级别，需要不断投入，时刻监控，对各种纠纷进行应急处理等。

3. 道德信用风险

在虚拟空间内完成物权和资金的转移，信用问题就显得尤为突出。第三方支付平台存在的信用风险主要是买卖双方对对方信用的怀疑和商家担心来自第三方支付平台的欺诈。买卖交易双方的行为受到必要的约束和控制，是交易顺利执行的前提。

（二）第三方支付微观层次存在的安全风险

1. 卖家面临的安全问题

（1）入侵者的破坏。入侵者假冒成合法用户来改变用户数据（如商品送达地址）、解除用户订单等。

（2）竞争者的信息窃取。恶意竞争者以他人名义订购商品，从而了解有关商品的递送状况和货物的库存情况；或者是被冒名而损害企业的名誉。

（3）买家的恶意退货。尽管不存在产品质量问题，但部分买家收货后对货物不满意，找各种理由退货。卖家为了自己的信誉不得不接受退货，与此同时还要承担运费。或者部分买家虽然顺利收到货物，但在确认收货后却不给卖家好评。

（4）虚假交易及交易诈骗。在B2C和C2C模式下，最常见的违约方式是个人在网上注册信息不真实，下虚假订单，或进行虚假拍卖，操纵交易结果。由于网站无法对个人的真实信息进行核实，最后的确认信息也只是依托于用户已经申请的电子邮箱，而提供电子邮箱的网站也不会进行用户的真实信息确认，所以给一些居心不良的交易者以可乘之机，致使商家遭遇无效订货（查无此人）或送货地址不符等问题。从另一方面来说，有一部分交易者由于不信任网站对于隐私性的保障，也不会完全把自己的真实信息提供给网站，这也为个人日后取消不想要的交易创造了条件。

2. 买家面临的安全问题

（1）虚假信息。在网络经济这一新兴媒体中，发布信息不像传统媒体受到那么多的制约，一般消费者即使已经觉察到信息有误，也很难向发布信息的商家进行追究，甚至根本就不知道商家的地址。而很多网站和支付平台为了吸引交易者，不断简化注册手续和验证程序。因此，一些不良卖家肆无忌惮地在网上发布各种虚假信息，对商品作虚假宣传，致使商品品质、声音、色彩、形状等与实物存在较大差异，借此欺骗买家下订单；部分商家还制造虚假的商品销售排行榜、所谓的让利促销活动等，借此吸引买家或者创造所谓的点击率，以扩大自己的商业影响，谋求经济效益。

（2）卖方不履行服务承诺。交易中买家付款后收不到商品，或者即使卖方履行了交易承诺，但是在送货时间、方式或者售后服务、退货等方面没有按照网上的条款或者承诺进行。

（3）机密性丧失。买家可能将秘密的个人数据或自己的身份数据发送给冒名为销售商的机构。同时，这些信息在传递过程中也有可能受到窃听的威胁。

（三）移动支付所面临的风险分析

移动支付中面临的安全问题主要存在于三个方面：无线链路、服务网络和终端。具体而言，主要包括以下问题：

1. 窃听

窃听是最简单的获取非加密网络信息的形式，这种方式可以同样应用于无线网络。由于无线网络本身的开放性特点，以及短消息等数据一般都是明文传输，使得通过无线空中接口进行窃听成为可能。攻击者通过窃听有可能了解支付流程，获取用户的隐私信息，甚至破解支付协议中的秘密信息。

2. 重传交易信息

攻击者截获传输中的交易信息，并把交易信息多次传送给服务网络。多次重复传送的信息有可能给支付方或接收方带来损失。

3. 终端窃取与假冒

攻击者有可能通过窃取移动终端或 SIM 卡来假冒合法用户，从而非法参与支付活动，给系统和交易双方造成损失。通过本地和远程写卡方式，攻击者还有可能修改、插入或删除存储在终端上的应用软件和数据，从而破坏终端的物理或逻辑控制。

4. 中间人攻击

如果攻击者设法使用户和服务提供商间的通信变成由攻击者转发，那么该中间人可完全控制移动支付的过程，并从中非法牟利。

5. 交易抵赖

当移动支付成为普遍行为时，就可能存在支付欺诈问题。用户可能对发出的支付行为进行否认，也可能对花费的费用及业务资料来源进行否认。随着开放程度的加强，来自服务提供商的抵赖可能性也会有所增加。

6. 拒绝服务

拒绝服务主要体现为破坏服务网络，使得系统丧失服务功能，影响移动支付的正常运行，阻止用户发起或接受相关的支付行为。

本章小结

信息技术的发展使得传统的支付方式在人们生活中的地位变得不那么重要。高科技的迅猛发展使得传统的东西发生了革命性的变化，这一切的始末，也源自人们内心对新兴事物的好奇与追寻。

本章着重介绍了电子支付，现代支付工具（电子支付工具）是在电子信息技术发展到一定阶段后产生的新兴金融业务所使用的支付工具，多数依存于非纸质电磁介质，大量使用安全认证、密码等复杂电子信息技术。随着电子银行的兴起和微电子技术的发展，电子支付技术日趋成熟，电子支付工具品种不断丰富。电子支付工具从其基本形态上看是电子数据，它以金融电子化网络为基础，通过计算机网络系统以传输电子信息的方式实现支付功能。利用电子支付工具可以方便地实现现金存取、汇兑、直接消费和贷款等功能。目前，电子支付工具包括由商业银行发行的银行卡、由非金融机构发行的储值卡以及由电子商务公司发行的虚拟卡等。

本章的重点在于，现代的电子支付对传统金融理论和传统银行的影响。本章从消费者行为学的角度出发，通过模型介绍，分析了电子支付内在的本质性的东西。同时，还简要介绍了现阶段很流行的支付宝以及余额宝，它们的出现从一定程度上来说给传统商业银行带来了竞争压力，然而，这种压力也并非是致命性的。银行所遭受的革命性的压力始终是利率市场化，所以，银行要想面对以后激烈的金融市场竞争环境，则必须妥善处理好后利率市场化时代的金融关系。

本章最后分析了电子支付的风险，从另一个方面为未来的互联网金融发展提供了方向。

案例一　微信支付、支付宝与银联云闪付壁垒正逐渐"破冰"

近期，微信支付、支付宝先后公布了与银联云闪付推进互联互通的进展情况。这标志着支付机构之间的壁垒正逐渐"破冰"。

目前，支付宝已向银联云闪付开放线上场景，首批覆盖85%淘宝商家。支付宝工作人员告诉《经济日报》记者，预计支付宝与银联云闪付在2022年3月将实现全国收款码扫码互认。微信也发布声明称，微信支付已与银联云闪付实现线下条码互认互扫，银联云闪付全面支持Q币、QQ音乐和腾讯视频的充值服务，微信小程序也逐步支持云闪付支付。

(1) 打破壁垒是必然

近年来，不同支付机构之间存在一道壁垒。之前二维码支付服务市场较为混乱，线下互相排斥竞争对手的支付服务，线上不同平台的App之间也呈现割裂状态，其他平台的支付服务不可选。如今在商场或是餐厅，收银处摆放多个二维码已是常态。

"平台公司天然具备赢者通吃属性。"中国人民银行行长易纲表示，市场垄断会降低创新效率，国内部分平台公司通过交叉补贴等方式抢占市场，获得市场支配地位后实行排他性政策，如排斥竞争对手进入平台、提供服务，二维码支付业务仅支持科技集团内部相关App扫码支付等。

对于支付市场的乱象，中国人民银行副行长范一飞也表示担忧："部分支付机构使用低价倾销、交叉补贴等不公平竞争方式抢占市场份额，垄断用户、流量、数据，限制其他机构竞争。长此以往，不仅不利于自身创新，还会扰乱市场秩序，压制产业创新，进而削弱我国电子支付总体的领先优势。"

"平台之间的相互分割，就会造成信息、资金、人员以及数据等一系列要素的分割。"博通分析金融行业资深分析师王蓬博表示，这种分割衍生出很多问题，如平台要求商户或者用户去作选择，商户和消费者面临"二选一"甚至"多选一"的局面，这无疑将明显提高商户成本，是对用户选择权的不尊重，更会阻碍企业创新。

范一飞列举了一组数据：欧盟去年发布的研发支出，全球企业50强中，阿里、腾讯分别位列第26位和第46位，远低于美国谷歌和微软等企业。"与国际科技巨头相比，我国大型科技公司研发重点多集中在应用领域，包括大型金融科技公司在内，基础技术创新不足，研发投入偏少。"

(2) 支付互联互通时代将至

随着支付互联互通时代的到来，支付机构之间打破壁垒、相互开放支付接口将成必然。"支付行业互联互通既是监管的要求，也是行业发展到当前阶段的必然选择。"王蓬博认为，支付业的分割不仅会阻碍中小企业的创新和行业应有的变革，还会加大行业的流通成本，违背互联网的本意和初心，一定要努力促进支付行业自身变革。

"支付互联时代将至。"易观高级分析师苏筱芮认为，支付宝、微信支付分别向银联云闪付开放支付场景，意味着外部支付方式开始进入这些"巨头"的生态之内，这有助于打破支付垄断，促进支付市场充分竞争。

对于支付业互联互通的方向，金融监管机构已经定调。范一飞强调，要聚焦公平竞争，推动平台企业有序开放支付接口，不能仅考虑某一家机构，要真正向所有支付机构开放，严禁排他性、歧视性支付协议。

央行在2019年9月发布的《金融科技（FinTech）发展规划（2019—2021年）》

中已明确提出,推动条码支付互联互通,研究制定条码支付互联互通技术标准,统一条码支付编码规则,构建条码支付互联互通技术体系,打通条码支付服务壁垒,实现不同App和商户条码标识互认互扫。

不少市场分析人士认为,支付行业互联互通全部实现,关键还要看支付宝、微信支付二者之间的互扫互认。支付宝、微信支付实现互联互通只是时间问题,无论从监管机构的决心还是商业基础设施的运行,互联互通都是不可逆转的趋势。

(3) 是机遇也是挑战

互联互通之后,支付行业格局是否会发生变化?

王蓬博认为,行业格局在短期内并不会改变。当前,支付宝和微信支付在市场上占据"大头",用户已经养成了使用习惯,再加上各自提供的其他增值服务,这使得互联互通后,两家支付机构现有的份额不会明显改变。

在互联互通过程中,支付机构必然会面临不少新问题。王蓬博举例说,如支付宝和微信支付互联互通后,显然会影响到各自的流量。此外,互联互通后形成的数据归属和分润问题也待厘清,前者决定了产业链地位,后者在支付利润越来越微薄的时代决定了平台的收入上限,这些细节都需要支付机构之间去协商解决。

但对于消费者而言,支付互联互通显然是好事。"消费者将有更多选择权。"苏筱芮表示,如今,支付宝、微信支付向云闪付等开放支付场景,意味着巨头自有生态圈内的用户将基于自身偏好拥有更多支付选择权,进而倒逼各类支付主体做好支付体验、深耕用户精细化运营。

"互联互通所带来的支付巨变既是一种机遇,也是一种挑战。"苏筱芮说,对于此前凭借行业优势地位来展业的支付巨头而言,多年积累下来的"护城河"能否继续吸引与留存客户,未来同样充满了不确定性,对于各支付机构而言,均需重新思索在充分市场竞争的大环境下,如何凭借先进的技术水平与优质的服务来立足市场。

"用户将会'用脚投票'。"王蓬博认为,长期来看,支付仍受制于对场景的控制。以支付为入口的流量会慢慢分流,谁对相关场景的掌控程度更深,或者说在整条产业链上更有话语权,消费者就会选择谁。

(资料来源:陈果静:《支付互联互通谁受益最大》,载《经济日报》2021年10月29日)

案例二　数字人民币成金融竞争新高地

近年来,最新潮的支付方式莫过于"数字人民币"了。2020年10月,数字人民币外部可控试点首次在深圳罗湖展开,正式拉开我国数字人民币大范围公测的序幕。此后,数字人民币试点活动在全国多个城市火热开展,应用场景遍地开花。人民币国际化机遇下,未来数字人民币的跨境应用备受业界期待。

(1) 多场景测试,交通领域助力低碳出行

北京近日启动第三轮数字人民币试点活动,聚焦交通出行场景,在京消费者通过

开通相应银行的数字人民币钱包，可享受支付优惠，最低只需1分钱。用一张普通银行卡大小、附有电子墨水屏幕的"可视卡硬钱包"，轻轻触碰共享单车的车锁处，车锁即弹开，这是数字人民币的最新应用场景。在北京的交通出行领域，数字人民币正迎来高光时刻，地铁公交搭乘、共享单车骑行、首都机场消费等场景下，市民都能用数字人民币买单了。

根据中国银行业协会近期发布的《2021年度中国银行业发展报告》，截至2021年6月末，数字人民币试点场景已经超过132万个，覆盖生活缴费、餐饮服务、交通出行、购物消费、政务服务等领域。不用连接网络，也不用打开手机扫码，只要用手机或卡片等硬钱包触碰一下，就可逛无人超市、参与无人公交试乘、直接兑换多种外币、体验多项公共服务……在全国各地，数字人民币试点频频增添新场景。

（2）多公司"抢滩"，挖掘更多生活应用可能性

数字人民币试点深入推进的背后，多家银行、运营商、科技公司渐次进入，在多个领域实现创新。

在近日举办的"2021金融街论坛年会"上，多家银行都设置了展位，观众可尝鲜体验各类数字人民币硬钱包的最新应用。中国银行展出的滑雪手套是一款数字人民币硬钱包，在冬奥会期间，运动员可通过"碰一碰"的方式进行支付。在活动现场，观众可以下载数字人民币App"软钱包"，数字人民币新用户正成为各大商业银行花式"拉新"的重点，各银行还设计出多种形态的"硬钱包"，助力数字人民币贴近生活场景。

据了解，工、农、中、建、交、邮储六家国有银行和网商银行、微众银行两家民营银行，已研发出多种硬钱包载体。中国电信和中国移动两家电信运营商也推出了各自的数字人民币钱包。

临近"双11"，京东宣布支持数字人民币支付订单，用户还有机会领取数字人民币红包和优惠券；华为近日宣布与工商银行合作，启动数字人民币穿戴支付项目；美团共享单车此前搭上了数字人民币的"东风"，凡工作生活在北京、上海、海南、深圳、苏州等试点地区的用户，都可领取数字人民币红包后开启绿色骑行，活动上线一个月吸引用户超百万。

（3）多地区表态，申请纳入数字人民币试点

据央行披露信息，到2020年10月，数字人民币增加了上海、海南、长沙、西安、青岛、大连六个试点地区。加上此前深圳、苏州、雄安新区、成都四地及北京冬奥会会场等试点地区，数字人民币试点已经形成"10+1"的格局。近期，天津市、广州市、义乌自贸试验区、湖南省等地纷纷表态，将推进申请数字人民币试点工作。

中国人民银行调查统计司司长、新闻发言人阮健弘此前介绍称，从前一阶段的试点看，我国数字人民币试点测试范围有序扩大，应用模式持续创新，系统运行总体稳定。

数字人民币试点应用还将有哪些新突破？在金融科技专家苏筱芮看来，后续数字人民币或将在社区服务、社保医疗、企业商贸等更为细分的特色场景得到进一步拓展应用。

当前，全球央行数字货币领域竞争加剧，数字货币正成为未来国际金融竞争的终极场所。"要把数字人民币打造成全球最佳的央行数字货币。"中国互联网金融协会区块链研究组组长、中国银行原行长李礼辉近日公开表示，这不仅有利于推进普惠金融，而且有利于在数字经济时代促进全球货币金融体系的均衡和协调，维护我国的货币主权，保护我国的金融安全，进一步提升我国的国家实力。

（资料来源：潘福达：《数字人民币成金融竞争新高地》，载《北京日报》2021年10月28日）

案例三　央行处罚拒收现金行为　数字人民币与现金将长期并存

对拒收人民币现金的行为，人民银行定期予以曝光。近日，人民银行就公布了2021年三季度拒收人民币现金的处罚情况。

10月29日，央行有关部门负责人表示，整治拒收现金工作是人民银行金融为民的基础工程。现金在保障公众支付权利公平、在重大自然灾害等极端情况下稳定公众支付需求等方面具备不可替代的优势，是我国境内最基础的支付手段。

近年来，随着第三方支付手段深入人心，购物、用餐、用车、买票等多个场景的现金支付已逐渐被手机扫码所取代。与此同时，流通领域人民币现金使用也出现了一些新问题，如一些消费者在旅游景区、餐饮、零售等行业商户消费时被拒收人民币现金。

2021年三季度，人民银行依法对13家拒收现金的单位及相关责任人作出经济处罚，处罚金额从1000元至50万元人民币不等。被处罚的单位包括交通、水电等公共服务机构以及大型商超、景区、停车场、保险公司等。

上述负责人表示，目前我国已形成现金、银行卡、互联网支付、移动支付并存的多样化支付工具体系，同时正在部分地区开展数字人民币试点，不同的支付工具各有优势，较好地满足了不同市场主体的支付需求。

随着数字人民币试点的稳步推进，公众关注的另一问题在于：未来，数字人民币是否会全面取代现金？

实际上，对于上述问题，央行曾多次公开作出回应，任何单位和个人不得拒收现金，要保障消费者支付方式选择权；电子支付不是拒收现金的理由；数字人民币未来将和现金并行，不会对现有金融体系和实体经济产生较大影响。

央行有关部门负责人强调，未来数字人民币与现金将长期并存。人民银行将坚持金融为民、金融惠民理念，支持各种支付方式协调发展，充分发挥各种支付手段的优势，尊重公众的选择权，打造多元化支付方式下的现金和谐流通环境。

（资料来源：《央行处罚拒收现金行为，数字人民币与现金将长期并存》，http：//www.chinanews.com/cj/2021/10-30/9598249.shtml，2021年10月30日访问）

第四章 电子支付

 问题与思考

1. 请简要论述我国电子支付发展现状与未来趋势。
2. 请谈谈对当前网上支付的看法。
3. 请谈谈支付宝及余额宝对传统金融行业的冲击。
4. 如何看待互联网公司对移动支付的布局？
5. 简要分析传统金融行业与互联网公司未来的关系。
6. 请用现代信息经济学的相关理论分析第三方支付的支付行为。

参考文献

［1］胡秋灵、王哲：《网上支付流程》，载《华南金融电脑》2005 年第 7 期。

［2］帅青红、夏军飞编著：《网上支付与电子银行》，东北财经大学出版社 2009 年版。

［3］师群昌、帅青红：《移动支付及其在中国发展探析》，载《电子商务》2009 年第 2 期。

［4］帅青红：《电子商务安全证书分析》，载《西南民族大学学报》2005 年第 4 期。

［5］帅青红：《电子支付与结算》，东北财经大学出版社 2011 年版。

［6］帅青红：《网上支付与安全》，北京大学出版社 2010 年版。

［7］帅青红主编：《现代支付系统概论》，西南财经大学出版社 2010 年版。

［8］杨林、陈炜编著：《电子商务基础》，首都经济贸易大学出版社 2009 年版。

第五章

网 络 银 行

> **内容提要**
>
> 本章将阐述网络银行的概念与基本特征，对比国内外网络银行的发展现状，并在此基础上讨论未来网络银行的发展趋势。第二、第三节将重点阐述网络银行对传统银行业务的冲击和网络银行面临的风险。本章将从技术、战略、操作和法律四个方面探讨网络银行所面临的风险，在阐述风险的同时，本章也会讨论对风险的控制办法以及政府对网络银行的监管政策。最后，本章将以世界上第一个纯网络银行——美国安全第一网络银行进行案例说明。

第一节 网络银行的概念和发展趋势

一、网络银行的概念

（一）网络银行的概念

20世纪90年代，伴随着美国信息技术革命浪潮而来的互联网技术高速发展，人类已经进入一个崭新的时代。在这个Internet世界里，几乎所有的线下操作都可以放到线上，传统商业银行也不例外，传统商业银行的网上操作，即可以称作网络银行，或者叫作网上银行。这是网络银行最简单、最通俗易懂的概念。

网络银行是在传统银行业信息技术，特别是网络技术的推动下发展起来的，它不断地获取市场竞争优势的创新结果，是电子商务在传统银行业的表现形式。网络银行利用互联网和计算机技术，为客户提供实时的、综合的全方位银行服务。相对于传统的商业银行来说，网络银行是一种全新的银行业服务手段或全新的企业组织。到目前为止，网络银行的构成还没有形成固定的模式，但是国外的网络银行发展给中国的传统商业银行面对互联网公司的强势来袭提供了很好的借鉴。不仅国外的很多互联网公司和商业银行推出了自己的网络银行兴建模式，而且国内的银行也开始逐渐重视起这个问题了。

互联网的迅速发展和上网用户数量的急剧增加极大地促进了电子商务的迅猛发展。2021年8月，中国互联网络信息中心（CNNIC）在京发布第48次《中国互联网络发展状况统计报告》(以下简称《报告》)。《报告》显示,截至 2021 年 6 月,我国网民规模为 10.11 亿,互联网普及率达 71.6%。我国互联网发展呈现以下四方面特点:

一是 10 亿用户接入互联网,形成了全球规模最大、应用渗透最强的数字社会。互联网应用和服务的广泛渗透构建起数字社会的新形态:8.88 亿人看短视频、6.38 亿人看直播,短视频、直播正在成为全民新的生活方式;8.12 亿人网购、4.69 亿人叫外卖,人们的购物方式、餐饮方式发生了明显变化;3.25 亿人用在线教育、2.39 亿人用在线医疗,在线公共服务进一步便利民众。

二是农村互联网普及率进一步提升,城乡差别在缩小。截至 2021 年 6 月,我国农村网民规模为 2.97 亿,互联网普及率为 59.2%,城乡互联网普及率差距进一步缩小至 19.1 个百分点。一方面,农村互联网基础设施建设不断完善。全国行政村通光纤和通 4G 比例均超过 99%,农村和城市"同网同速",让城乡互联网接入鸿沟逐步缩小。另一方面,农村数字经济新业态不断形成。"互联网+"农产品出村进城工程初见成效,以直播电商为代表的互联网新模式发挥带货能力,成为引领农产品网络销售的新路径。

三是中老年网民规模增长最快,普遍服务得到重视。2021 年 4 月,工业和信息化部发布《互联网网站适老化通用设计规范》和《移动互联网应用(APP)适老化通用设计规范》,在服务原则、技术要求等方面作出了具体的要求,为中老年网民更加深入地融入互联网生活、共享互联网红利创造了便利条件。在政府、企业、社会各方的共同努力下,中老年网民群体在总体网民中的占比有显著增长。截至 2021 年 6 月,50 岁及以上网民占比为 28.0%,较 2020 年 6 月增长 5.2 个百分点。

四是对互联网平台经营及数据安全加强监管,引导互联网产业健康有序发展。一方面,对平台反垄断的监管持续加强。2021 年 2 月,国务院反垄断委员会印发并实施《关于平台经济领域的反垄断指南》,有关部门先后对互联网领域多起涉嫌违法违规问题开展调查,国家市场监督管理总局依法对平台"二选一"垄断行为作出行政处罚。另一方面,数据保护立法加速推进。《数据安全法》《个人信息保护法》先后出台,标志着我国信息安全法律保障体系初步完善。

2021 年是中国共产党成立 100 周年,也是"十四五"规划开局之年。2021 年上半年,我国互联网基础资源领域以推进制造强国、网络强国建设为指导,持续强化互联网基础建设,推动数字经济高质量发展,有效应对国内外互联网基础资源领域风险挑战,取得了新的进展。从本次《报告》中可以发现以下特点:

一是互联网基础建设稳步推进,5G 规模全球领先。截至 2021 年 6 月,我国 IPv6 地址数量达 62023 块/32,较 2020 年底增长 7.6%,IPv6 普及应用取得新的成效。光纤宽带用户占比从 2015 年年底的 56% 提升至 2021 年上半年的 94%。信息领域新基建蓬勃发展,我国已累计开通 5G 基站 96.1 万个,覆盖全国所有地级以上城市;5G 手机用户数迅速扩大,截至 2021 年 6 月,5G 手机终端连接数量达 3.65 亿户,较 2020 年 12 月净增 1.66 亿户。

二是数字经济蓬勃发展,助力构建新发展格局。其一,网民规模突破10亿,为数字经济发展奠定坚实基础。其二,工业互联网平台体系基本形成,有效助力产业数字化水平提升。2021年,我国工业互联网"综合性＋特色性＋专业性"的平台体系基本形成,具有一定行业和区域影响力的工业互联网平台超过100家,连接设备数超过7000万台(套),工业App超过59万个。其三,互联网新应用加速普及,拓展社会生产生活新空间。截至2021年6月,我国在线医疗用户规模达2.39亿,较2020年12月增长2453万,占网民整体的23.7%;在线办公用户规模达3.81亿,较2020年12月增长3506万,占网民整体的37.7%。其四,互联网政务服务水平持续提升,数字惠民迈上新台阶。截至2021年7月,我国正在运行的各级政府网站数达14537个。在省级行政许可事项中,99.6%的事项实现网上可办,89.8%的事项实现网上受理和"最多跑一次"。

提起网络银行,人们一般认为它是利用电子化手段提供银行产品和银行服务的银行,其服务载体是电子网络。还有很多人把网络银行和电子银行相混淆。电子银行是指商业银行利用互联网技术和网络通信手段,通过语音或者其他自动化设备,以人工辅助或自助形式,向客户提供全方位的、综合快捷的金融服务。CDM、POS、无人银行、呼叫中心等多种形式的金融服务全部涵盖在电子银行的范畴之内。尽管网络银行的发展起步较早,但目前为止,关于网络银行并没有一个清晰明确的概念,学术界没有形成科学、规范且准确的定义。为了方便对网络银行进行一些管理和研究,许多机构都对网络银行进行了科学、规范的表述,从而形成了关于网络银行的一些定义。以下是笔者查阅相关权威监督管理机构的网站和书籍对网络银行所下的定义:

1. 美联储对网络银行所下的定义

在2000年左右,美联储内部对网络银行下过一个比较粗浅的定义:网络银行又指网上银行,是利用互联网技术作为其产品、服务和信息的业务渠道,向公司客户和零售客户提供专业化金融服务的银行。应该说,该定义指出了网络银行的基本服务手段和作用,但这仅是网络银行作用的其中一个方面,不够全面,解释得也不够彻底。

2. 欧洲银行标准委员会对网络银行的定义

早在1999年,欧洲银行标准委员会在其发布的《电子银行》公告中,就将网络银行定义为:那些利用互联网技术为通过使用计算机、移动设备、机顶盒及其他一些个人数字设备连接上网的消费者和中小企业提供银行产品服务的银行。这一定义主要是从银行客户的角度概括网络银行的活动,也有一定的局限性。在欧洲大陆,随着网络银行的发展,特别是在2000年后,欧洲中央银行在实际工作中已将网络银行的活动范围扩展到了所有客户,并且也加强了对网络银行的安全措施监管,不管从哪一方面来说,网络银行为客户带来的业务便利很大程度上改变了欧洲民众的生活方式。

3. 美国货币监理署(OCC)关于网络银行的表述

1999年,美国货币监理署发表了《网络银行检查手册》,这个手册全面总结了过去对网络银行的各种说法,给出了一个用于监管的定义。在此定义中,"网络银行是指一些系统，利用这些系统，银行客户通过个人电脑或其他的智能化装置进入银行账户，获得一般银行产品和服务信息"。OCC 的定义是目前网络银行定义中最全面的。OCC 提出的"系统"概念，实质上表明了网络银行作为一个独立组织存在和运行的方式，避免了人们将网络银行活动与营销宣传活动简单等同。同时，将网络银行的业务扩展到"一般银行产品和服务信息"，也扩展了网络银行的外延。

4. 英国银行服务管理局对网络银行的定义

在 2000 年 4 月公布的《储蓄广告条例》中，英国银行服务局以附录的形式对网络银行提出了一个笼统的表述。按照这种表述，网络银行可以定义为："通过网络设备和其他电子手段，为客户提供信息、银行产品和服务的银行"。以上这些定义可以分为广义定义和狭义定义两种：广义网络银行所涵盖的"网络"和"银行业务"的范围较广，"网络银行"一词中"网络"的含义，并不仅指局域网（LAN）、互联网等开放型电子网络，还包括各类银行内部网络、资金转移网络、支付清算网络，甚至电信网络；网络银行包括 POS、电话银行、PC 银行、家庭银行（home banking）、互联网银行等，涵盖了银行信息化的各个过程。狭义网络银行中的"网络"和"银行服务"指向比较明确，是指在开放性网络上开展一类或几类银行实质性业务，这里的"开放性网络"主要指互联网。

5. 巴塞尔银行监管委员会关于网络银行的表述

1998 年，巴塞尔银行监管委员会（BCBS）发表了题为《电子银行与电子货币活动风险管理》的报告。在这个报告中，网络银行被定义为："那些通过电子通道，提供零售与小额产品和服务的银行"。这些产品和服务包括：存货、账户管理、银行顾问、电子账务服务以及其他一些诸如电子货币等电子支付的产品和服务。一般认为，这个报告是国际银行机构首次以书面和正式文件的形式对网络银行概念作出的定义。这个定义的最大贡献在于，它将网络银行的活动与传统银行的活动分成了两个相对独立的层面，使网络银行的研究摆脱了具体技术和业务方面的局限性。这个定义将网络银行界定为"提供零售与小额产品和服务的银行"，隐含了网络银行是传统银行营销业务的辅助手段的含义。2000 年 10 月，巴塞尔银行监管委员会又发布了新的《电子银行集团活动白皮书》，对网络银行的定义进行了一些补充。新的定义指出："这种银行服务既包括零售业务，也包括批发和大额业务。"按照新的定义，网络银行具有与传统银行对等的业务职能，使网络银行具有相对独立的地位。

通过上述介绍可以认为广义的网络银行是指电子银行，而本书所说的"网络银行"，除非特指，都是狭义的概念。网络银行，就是指采用 Internet 数字通信技术，以 Internet 作为基础交易平台和服务渠道，在线为公众提供办理结算、信贷服务的商业银行或金融机构服务系统，也可以理解为 Internet 上的虚拟银行柜台。

（二）网络银行的特征

按照各种权威机构的定义，可以总结出网络银行的以下几种特征：

1. 虚拟性

相较于传统商业银行的实体网点，网络银行只需要技术部门在网上开设网站，并且通过各种优化措施,将所有线下功能设置到网上,利用技术设置网上安全防护措施,那么一个成功的网络银行的雏形便形成了,虚拟性造就了网络银行的经营无须受到经营场所的局限,使银行的触角更容易进入世界的各个角落,并且直接进入千家万户,是客户当家理财的好帮手。另一方面,网络银行的虚拟性也使得办公地址不确定,所需要的工作人员和硬件设施大大减少,所以开设网络银行的成本仅仅相当于开设传统商业银行的2.5%—5%。没有营业场所,也没有通常所说的支付费用,只需要定期对网络银行的网站进行维护,更新一下实时新闻动态。网络银行经营没有地址,只存在一个网站,而建设网站并维护以及对技术人员支付薪水和购买网络设备,相较于传统银行大规模的员工和实体店的店面租金来说,成本大大降低。据调查,网络银行的经营成本只占其收入的15%—20%,而传统银行经营成本则占经营收入的60%。

2. 便捷性

网络银行的设立依托当今互联网行业迅猛发展的计算机和计算机网络与通信技术,利用渗透到全球每个角落的互联网,最大限度地突破了传统业务的操作模式,摒弃了由门店、前台到柜面等传统模式的服务流程,把银行的业务直接在互联网上推出。以前必须到实体银行网点操作的银行业务现如今均可以在网上操作,大大节省了客户的时间。同时,银行可以对每个客户提供更加优质快捷的服务。客户去传统银行网点办理银行业务时,往往要等待很长的时间,并且可能会面临着银行员工态度不友好的情况,这些难题在网络银行时代已经得到了很好的解决。传统银行的营业时间也有限制,往往只在工作日上班期间才能办理业务,这也给客户带来了不便,而在网络银行时代,客户可以24小时办理转账、结算、汇兑、支付等业务。另外,随着网购的兴起,更多客户会选择网上购物,这也对传统银行不能提供及时的支付业务带来了挑战,所以网络银行的兴起,使人们的生活得到了极大的便利。同时,采用先进的技术来保证交易的安全性,使客户、商户和银行三者的利益能够得到保障。随着银行业务的网络化,商业犯罪变得更加难有可乘之机,但是网络银行往往对银行工作人员的计算机处理能力有很高的要求,在互联网时代,创造了一大批技术性人才,同时黑客也趁机对网络进行攻击,银行需要不断升级设备,为客户创造更加安全放心的消费环境。

3. 个性化

相对于传统银行来说,各银行可以根据自己的市场定位和市场创意将网络银行量身定制成具有自我特色的可以为各类型的客户服务的网络银行。同时,借助于网络银行的交易记录,银行可以对客户的网上交易行为进行分析和数据挖掘,从中发现有价值的客户。通过对客户的偏好分析,细分服务市场,利用互联网交互性的特点,制定投其所好的营销策略和服务内容,对产品进行金融创新,从而为客户提供量身定做的个性化服务。在互联网时代,金融业不断创新,依托强大的技术优势,带来消费者消费行为的变革,不仅改变了消费者的消费行为,同时也改变了金融机构的经营模式。传统的银行网点,面对前来办理业务的客户,通常都是提供千篇一律同质化的银行服务,大大降低了金融机构在激烈的市场环境中的竞争力,银行为了增加利润,降低成本，不得不进行金融创新，而网络银行的设立便是其中的一个例子。在网络银行时代，银行可以更加细分市场，辨析消费者，为不同的消费者提供不同的服务。

总体来说，网络银行具有"3A"式特点，因为它不受时间、空间的限制，能够在任何时间"anytime"、任何地点"anywhere"，以任何方式"anyhow"为客户提供金融服务。可以针对客户的具体需要定制个性化的服务，有利于企业和个人进行理财，有利于降低经营成本，提高资金的周转时间。交易成本低廉，服务响应快捷，是网络银行的主要特征。

二、中国网络银行发展现状

2014年7月，中国银监会批复由腾讯发起的深圳前海微众银行的筹建申请；9月又批复由阿里发起的浙江网商银行的筹建申请。两家银行深厚的互联网背景给了外界对网络银行在中国的发展以更大的想象空间。关于浙江网商银行，浙江蚂蚁小微金融服务集团副总裁俞胜法透露，网商银行将以互联网为主要手段和工具，全网络化营运，为电子商务平台的小微企业和个人消费者提供金融服务，提供有网络特色、适合网络操作、结构相对简单的金融服务和产品，主要提供20万元以下的存款产品和500万元以下的贷款产品。2014年12月13日，微众银行成为首家获得银监会开业批复的民营银行。

根据艾瑞咨询2016年发布的数据，2015年，我国网络银行交易规模达到1803万亿元，同比增长38.2%；虽然网银交易规模增速稳定，但其增长主要依赖于企业网银，未来增速会有所放缓。艾瑞咨询认为，一方面，国有商业银行掌握国内大量核心企业用户资源，随着"一带一路"倡议的展开，商业银行有了转型的契机，将带动银行多种业务的快速拓展，包括项目融资、境外投资等，而成熟的网银交易系统也将为此业务的开展提供更加方便快捷的交易、结算方式，在一定程度上提高企业网银的交易规模，成为未来商业银行网银交易规模增长的主要动力；另一方面，商业银行在个人网银业务上不断尝试增加新的服务，但第三方支付等互联网企业的不断侵蚀，使得个人网银业务增速有所减缓。

三、网络银行的发展趋势

网络银行是现代银行业的发展方向，指引着银行未来的发展趋势。在全球化的金融浪潮下，网络银行是国际上各银行面对日趋激烈的国际竞争谋求变革、谋求生存、谋求发展的必然选择。在国际银行业竞争不断加剧的情况下，银行业开拓业务受到阻碍，促使金融机构努力拓宽服务领域和提供便捷的服务手段，现代化的通信和信息技术的高速发展使网络银行成为必然的选择。随着我国金融市场的逐步开放，金融一体化进程不断加快，银行、证券、保险、信托之间的业务混合经营趋势加剧，来自其他行业的竞争突显出现代市场格局中的繁荣。为了提升自身在市场中的份额，各金融机构都使出了浑身解数，不断推出金融创新产品，抢占市场份额，然而，传统银行要在市场竞争中领先，则必须抢占互联网金融的高地，利用强大的用户群体，推出适合于现代消费者的消费服务。但是，金融机构不是互联网公司，也成为不了互联网公司，在这名为"互联网金融"的战场上，银行要做的不是拥抱互联网，而是改进自身的业务体系。虽然互联网公司拥有的网上客户数据和消费信息强大，但是和银行数百年来积累的信誉优势和强大网点带来的储户数据资料相比，显得微不足道，甚至在这场"战争"中，银行占据的优势更为明显，因为在老百姓的消费观念中，银行仍然是首选的，互联网公司如今的火热之势迎合了广大消费者的从众、好奇心理，一旦用户对某一项体验感到疲惫，大规模的用户便会流失。之前开心网便是一个很好的例子。开心网创办之初，迎合了很大一部分网上消费者的消费心理，用户数量急剧上升，然而几年之后，体现出"忠诚度"的用户少得可怜。另外一个例子便是微博的使用，微博刚推出时，用户凭借着好奇和涉猎的心理，广泛注册，然而几年之后，用户活跃程度大大降低，一旦这种好奇心理消失，用户也就随之流失了。所以说互联网时代的消费者是最没有"忠诚度"可言的，即便能在短期内吸引住了大量的用户，但要想在长期吸引用户，必须不断地为用户提供新鲜刺激感。淘宝和腾讯在这方面做得比较好，淘宝通过提供方便快捷的购物平台，牢牢地吸引住了很大一批"忠诚"的用户，使得余额宝的规模不断上升；腾讯凭借QQ用户，成功推出微信，也就是为用户提供源源不断的新鲜感，现如今的微信支付也就是这个道理。但是传统银行则不同，它凭借数百年来积累的信誉和深入人心的服务，在这场"战争"中仍占据着一定的优势。即便如此，面对互联网公司"来势汹汹"，传统银行也必须在自身业务方面作出改变，这个改变就是未来网络银行的发展方向。网络银行作为金融的创新，在当今金融经济活动中，已经越来越多地成为企业和个人生活中进行资金管理和资金转移的必要工具。随着信息技术的不断进步，网络银行的经营和使用成本降低，且其超越时空限制，成为人们信息生活中不可缺少的一环。其发展趋势也将主要呈现以下几个方面。

1. 未来的网络银行交易会更加安全

安全问题是网络银行的一个基本问题，也是一个突出问题。机密交易资料被盗用或改变，用户账户密码被窃取或非法篡改，账户资金被挪用等情况时有发生，诸如此类的安全问题已经成为网络银行风险防范的重点。目前，各银行虽然都采取了各种安全手段，例如，设立防火墙、采用数字证书、CA认证等加强身份识别，使用密码数字键盘、验证码、加密狗等加强信息传输安全，但是安全事故仍然不能避免，采用诸如更复杂的加密算法、指纹识别等更加安全的技术措施和风险管理方案，进一步加强安全风险监控，仍将是各网络银行的重点关注点。发展互联网的核心要素便是对安全的更高要求。随着计算机网络安全技术的不断进步，从网络银行用户到服务器的整个环节将会采取更加安全的加密、传输、存储、验证技术来保证交易过程的安全。用户的安全意识、银行的风险监管将会在网络银行的使用过程中得到加强。

2. 合规与标准化

网络银行以虚拟化方式方便快捷地为客户提供丰富的金融产品和服务，与传统银行传统业务相比，网络银行具有新渠道、新产品、新特性，也面临新问题、新风险、新环境，过去制定的相关法律法规、流程规则已不能满足需要，制定和完善适当的行业标准、业务流程、法律法规，采用标准的网络、软硬件平台和工具将是网络银行的一大发展方向。随着各家银行对网络银行应用技术认知程度的不断加深以及开发技术的优选创新，用户的网上冲浪行为将越来越多地忽略终端环境配置水平的限制，从而更好地体验网络银行功能简便性所带来的方便与快乐。

3. 交易的内容更加丰富

互联网的发展，就是为了应对人们日益变换的消费需求，消费者都是喜新厌旧的，未来能在竞争不断激烈的市场环境中抢占市场高点的公司必定是能够为消费者提供交易内容更加丰富的产品的公司。随着金融活动在普通居民中变得日益频繁，银行业务将不断改进和创新。网络银行的使用，将驱使银行整合尽可能多的银行业务提供给网络用户使用。同时，银行也会在成本、质量、客户满意度和反应速度上有所突破，继而能够集中核心力量，获得可持续竞争的优势，最终使网络银行进一步加快向业务综合化、国际化和高科技化的方向发展。这就是人们常说的金融创新带来的业务突破。

4. 交易介质的变化

网络银行发展到现在，为了保证用户消费时的安全，用户在进行网上支付、转账、汇兑、结算等时，必须输入动态口令或者交易密码等作为防伪的标志，这在一定程度上保证了用户的个人信息免遭他人非法窃取。随着未来互联网技术的高速发展，技术的不断进步，用户进行交易时的介质会不断升级，往更加安全、使用更加方便、体验也更加唯一的方向发展，像现在某些银行已经在试水的指纹、眼纹、基因识别等方法和手段会更加普及，用户在使用网络银行时会更加安全。

5. 金融服务线上化

随着视频通信技术的成熟、数据传输速度的加快，远程面对面的人工服务得以通过网络实现，过去受制于物理空间的金融服务开始通过网络技术向线上延伸，突破了电子银行只能做标准化程度较高、程序比较固定的业务模式。金融服务的线上化，将为未来银行业带来三种变化：首先，银行线下渠道将弱化业务办理的功能，而强化金融服务的功能。线下渠道将更多地为电子银行提供支持，当用户对电子银行新业务存在疑虑时，线下渠道将有效为之解答和作详尽的介绍；其次，由于视频技术突破了人工服务的束缚，使得未来银行所有的业务都可以通过线上渠道办理，因此会有更多更复杂的金融服务通过线上办理；最后，金融服务线上化使用户行为习惯数据能够得到完整记录和积累，后期银行通过数据分析将进一步优化已有的复杂金融服务流程，进一步提高现有金融服务的合理性和办理效率。

所以说，未来的网络银行，必将是传统银行竞相争逐的地方，是未来银行业的必争之地。

第二节 网络银行对传统业务的冲击

一、网络银行的功能

互联网技术日新月异,各种新事物层出不穷,Internet技术不断升级创新,网络银行为广大客户提供的服务种类、服务水平、服务深度都在不断完善、丰富和提高。从现如今网络银行的发展过程和发展趋势看,网络银行能够提供的服务总体来说包含两个方面:一方面是传统银行业务在网上的延伸,这部分业务只需要银行技术人员在网上操作,设置相关的操作程序,用户便可以轻松在网上办理各种以前必须到银行才能办理的业务。这类传统银行业务现如今也在网络银行建设之初占据着主导地位,传统商业银行把网络银行作为自身业务品种的一个新兴分销渠道来对待,可以称得上银行对互联网公司的强势来袭以及第三方支付兴起的一个应对之策,以不变应万变,才能使银行在激烈的业务竞争中处于不败之地。另一方面则是传统商业银行面对互联网的新媒体互动特性来设计提供金融创新品种,同时,组织机构和业务管理模式也从根本上打破了传统商业银行的壁垒与局限,成为真正意义上的网络银行。例如,很多传统商业银行现如今也推出了众多金融互惠活动吸引储户。支付宝和天弘基金强势合作推出余额宝时,微信利用QQ的众多用户推出微信支付。那么传统银行如何应对这些互联网公司对自身用户的"侵蚀"呢?这些问题都是传统银行业必须要深思熟虑的问题。从业务品种的细分角度来说,网络银行一般具有以下几方面的功能:

1. 相关账目的查询

网络银行相较传统银行而言,具有的服务可以算得上是一对一的服务,即任何人只要想在网上办理相关业务,均可以及时办理,不受时间上的限制,而传统银行则是一对多的服务,即某一员工必须接待众多的客户,利用网络银行这一特点,向企事业单位和个人客户提供其账户余额、账户状态、账户一段期间内的交易明细清单等事项的查询功能。同时,为企业集团提供所属单位的跨地区多账户的账务查询功能。这类服务的特点主要是客户通过查询来获得在银行账户的信息,以及与银行业务有直接关系的金融信息,而不涉及客户的资金交易或账务变动。

2. 向用户发布公共信息

网络银行是一个很好的信息发布平台,并且在这个平台上发布的信息往往可以辐射很大的范围,不管你身处何方,只要能够上网,均可以看到银行发布的某一信息。网络银行通过Internet发布的公共信息一般包括银行的历史背景、经营范围、机构设置、网点分布、业务品种、利率和外汇牌价、金融法规、经营状况、招聘信息以及国内外金融新闻等。通过公共信息的发布,网络银行向客户提供了有价值的金融信息,同时起到了广告宣传的作用。通过公共信息的发布,客户可以很方便地认识银行、了解银行的业务品种以及业务运行规则,为客户进一步办理各项业务提供了方便。

3. 申请和挂失

以往客户的银行卡丢失，必须到相关银行网点办理挂失补办业务，而现如今网络银行使得人们可以随时办理这类业务，主要包括信用卡及银行卡的开户，空白支票、电子现金申领，各种贷款、信用证的申请，企业财务报表、国际收支申报的报送，预约服务的申请，账户挂失，预约服务撤销等。客户通过网络银行能够清楚地了解有关业务的章程条款，并在线直接填写、提交各种银行表格，简化了手续，方便了客户。同时，在线交易时如果有不懂的地方，可以随时向客服网上或者电话咨询。

4. 受理客户咨询投诉

银行是现代服务行业，属于和客户打交道很多的领域。那么，如何及时得到客户对银行提供服务质量的反馈就非常重要。往往在银行办理业务的客户都会接到银行的回访电话，以及时地反映银行提供的服务是否合乎客户的需求，那么网络银行便可以很好地为银行提供受理客户咨询投诉的平台，通过电子邮件或者银行的论坛，向客户提供业务疑难咨询以及投诉服务，并以此为基础建立网络银行的市场动态分析反馈系统。通过收集、整理、归纳、分析客户各式各样的问题和意见以及客户结构，及时了解客户关注的焦点以及市场的需求走向，为决策层的判断提供依据，便于银行及时调整或设计创造新的经营方式和业务品种，更加体贴周到地为客户服务，并进一步扩大市场份额，获取更大收益。

5. 网络银行支付

网络银行设立之初，有一个目的便是应对成长快速的第三方支付抢占银行的支付结算业务。网络银行的网上支付功能主要是向客户提供互联网络的资金实时结算功能，是保证电子商务正常开展的关键性的基础功能，也是网络银行的一个标志性功能，没有网上支付的银行站点，充其量只能算作一个金融信息网站，或称作上网银行。网上支付按交易双方客户的性质分为 B2B（business to business），B2C（business to consumer），C2C（consumer to consumer）等交易模式。目前，出于法律环境和技术安全性方面的考虑，在 B2C 和 C2C 功能的提供上各家银行比较一致，B2B 交易功能的提供尚处在不断摸索和完善之中。

二、网络银行的优势

网络银行作为一个全新的概念出现在人们面前，颠覆了传统银行的操作概念，给广大的用户带来了全新的体验模式。它通过互联网与银行的直接相连，在网上使用各种支付命令，给人们的消费方式带来了革命性的体验。网络银行的优势不言而喻，总体来说，可以概括为以下几个方面：

（1）计算机技术的应用使得信息收集处理成本降低，场地、人员成本的节省，无纸化办公等，使得业务处理的边际成本降低，能够更好地利用规模经济的优势。网络银行可以更加方便地对各家客户进行信誉评估，以确定是否向某企业发放贷款、以何种方式发放贷款、发放多少贷款、贷款多长时间等，由此，网络银行更加易于加强资产负债管理，防范并且降低信贷风险；还可以拓展银行业务范围，开展各种各样新业务，如信息发布、留言板和商业服务等。

(2) 节约客户和银行的成本。以往客户办理银行业务必须到银行的营业网点去，工作日往往时间不够充裕，而在周末去办理业务则需要等候很长的时间，这既是对银行工作人员的业务挑战，也是对客户的挑战。但是网络银行的设立，很大程度上解决了这些问题。一方面，客户在网上可以全天候随时随地办理自己的业务。另一方面，银行也可以根据自己的需要随时随地为用户提供更加个性化的体验。

(3) 让交易和服务突破时间、地域的限制。网络银行无须借助传统的经营场所，使银行的触角可以深入世界的各个角落，并且直接进入千家万户，是客户当家理财的好帮手。应该说，网络银行让交易和服务突破了传统时间以及空间上的限制，缩短了资金周转的时间。

(4) 具有平台效应，更方便银行实施混业经营，提供各种金融服务，提高银行的竞争力。网络银行的快速发展，使得金融行业更像是一个巨大的"产品超市"，在这个充满琳琅满目的金融产品的"购物平台"上，众多的网络银行不断地创新自己的产品，提升自己的服务水平。因为未来的网络银行为银行混业经营提供了极大的便利，一方面，网络银行有平台效应，在这个平台上，证券公司、保险公司、信托投资公司可以借助自身的优势，出售理财产品，银行从而收取中间服务费用；另一方面，银行也可以吸取广大的同业金融机构的长处，提升自身的竞争力。在平台效应发挥作用时，便是充满竞争活力的金融市场。

(5) 增加客户数量，提高服务水平。由于网络银行有许多优势，因此客户数量在不断迅速增长，据有关统计，其用户以每年15%的速度增长。2008年，在英国约有1100万用户登录银行网站，这个数字大约是英国所有网民的33%，最受欢迎的网络银行是苏格兰皇家银行，拥有290万用户。不仅如此，客户因错过营业时间被拒于门外的现象将不会再发生，因为网络银行提供每周7天，每天24小时服务，充分满足了客户的需要。

三、网络银行对传统银行业的冲击

借助互联网技术，网络银行对传统银行业务产生了巨大的冲击。以前用户必须在好几家银行网点才能完成一项业务，而现在则可以在网络银行上完成。现如今漫步在北京、上海这样的大城市里，看到比比皆是的银行网点，老百姓对此的感受到底如何呢？据调查，相当一部分的用户对当前的银行网点服务不满意，因为大部分网点仅限于人民币的存贷款业务，客户想办理其他业务则必须得跑到其他相关的金融机构。贷款机构少也是广大中小企业和个人消费者叫苦不迭的。用户为了办理一笔贷款业务往往得跑好几家机构或者同一家银行的好几个部门，而且用户办理贷款的手续非常复杂，从接待用户、考察用户偿贷能力、考察用户过往银行信贷记录、撰写银行信贷审批报告、信贷审批报告上报行长签字再到发放贷款一整套流程下来，得花费很长的一段时间。银行各个部门又往往各自为政，如果客户的业务需要好几个部门协同办理，需要客户来来回回在各个部门之间奔波，造成了用户体验感的下降。普通老百姓去银行办理业务，通常需要排很长的队伍，有的等待很长时间后去窗口询问时，才发现自己所办理的业务要到另外一家银行网点办理，真的是让客户失望。从20世纪90年代开始，为了治理我国混乱的金融市场，监管当局对金融行业采取了金融分业监管的经营方式。所谓分业经营，是指将银行、证券、信托、保险、基金等金融业严格分开，"自家田自家种"，决不允许各家金融机构越"雷池"半步。我国之所以采取分业经营的监管模式，主要是缺乏像国外的那种混业经营的监管经验。这一举措对我国金融秩序的稳定起到了不可磨灭的功劳，但也就是因为这样，普通用户想要办理各种混合金融业务就很不方便了。在银行只能办理传统商业银行业务，在证券公司则只能办理证券业务，如果用户想要办理某一项混合业务则必须跑好几家金融机构。所有这些原因，造成了用户对传统银行业务的服务不甚满意。银行应对这些问题必须作出自身的改变，网络银行的设立便是对这些问题的最好应对之策。总的来说，网络银行的设立对传统银行业的冲击主要体现在以下几个方面：

（1）由产品为主导向以客户为主导转变，提供更专业化的服务，即以物为中心向客户为中心转化

传统银行大多从规模经济和范围经济的角度出发，实现"以量胜出"的"产品或市场核心主义"。网络银行的经营同样离不开规模经济和范围经济的理论基础，但更为重要的是实现"以质胜出"的"客户核心主义"。如果说传统银行中存在规模不经济的现象，那么在网络银行业中，规模不同的大中小银行在理论上可以并存，大银行无法利用规模经济的优势来降低长期成本，从而无法达到把中小银行排挤出该行业的目的。这是因为在网络经济时代，从理论上讲，各类规模大小不同的网络银行在网络上的机会是平等的，它们均可通过运用数据仓库和数据挖掘等技术，为客户提供个性化服务管理。同时，随着网络技术的进步、市场的深化和信息透明度的提高，网络银行个性化服务管理的业务创新将会不断涌现。

近几年来，商业银行越来越注重零售银行业务的发展，在以往以公司银行业务为主导的银行市场，我国的零售银行业务发展非常缓慢，应该说还处于起步阶段。零售银行业务是始终以客户为导向，以客户为中心，运用现代化的管理手段和经营服务理念，依托互联网行业的高新技术，向广大中小企业、家庭和个人提供优质化、一体化、综合性的现代银行服务。

零售银行业务在我国的利润前景非常巨大，并且相对于公司银行业务来说，具有较低的成本，相对于公司银行业务饱和的市场来说，具有相当大的市场潜力。商业银行的零售业务主要是面对个人客户，交易金额相对公司银行业务来说较小，交易也更加零星、分散化。传统的零售银行业务包含内容相当广泛，主要包括资产业务、负债业务和中间业务。从资产业务看，主要有消费者的住房贷款、耐用消费品贷款、信用卡融资和消费透支。从负债端的业务来说，主要包括储蓄存款、活期存款、定期存款、个人支票存款、信用卡存款、金融债券、大额可转让定期存款以及一些金融创新产品。从中间业务来说，主要包括个人保管、个人租赁、个人信托、个人票据托收、代理支付、个人咨询及理财业务、个人汇兑结算、信用卡、个人外汇买卖及外币兑换

业务等。但随着网络银行的兴起，商业银行零售业务不断创新，私人银行以及个人银行正在逐步成为零售银行业务的重要组成部分。网络银行带来的零售业务创新主要表现在客户及未来的市场竞争中。客户成为竞争的核心因素，所有的金融机构必须围绕客户来提升自己的服务水平，围绕客户需求加强产品创新。在竞争激烈的零售银行业务领域，客户资源对于商业银行来说至关重要。商业银行要坚持以客户为中心，实行客户关系管理。坚持以客户为中心，就要通过对客户心理账户的调查与研究，根据客户的不同投资收益期望和风险承受能力，对客户进行分类与界定；针对客户不同的心理需求，进行金融产品的体系设计、产品开发、营销方式与金融服务的创新等。

具体而言，在产品研发阶段，要准确了解客户需求，在产品功能设计上更多地考虑客户的利益性和方便性；在营销推广阶段，可针对不同的客户类型，按照年龄、收入、性格偏好、教育程度、居住地等因素制定营销方案，举办多种多样的活动，使营销手段贴近客户；在售后服务阶段，可定期通过电话、电子邮件、信函、联谊会等形式联系客户，提高客户的忠诚度。同时，还应大力加强零售业务客户信息资源的管理，建立起一个既能完整、准确、迅速地反映客户信息，又能进行定性、定量分析的强大的基础信息数据库。在此基础上，配备专门的客户经理，架起银行与客户之间的桥梁，及时向客户推出新的产品和服务，密切银行与客户的关系，培植和巩固客户群体，给客户一个崭新的整体服务概念。坚持以客户为中心，还要对客户实行差异化服务。按照客户对银行利润的贡献、未来业务潜力、使用本行产品的频率来划分客户等级，不同等级的客户享受不同标准的服务。对优质客户特别是对大客户，要提供个性化、专业化的贵宾服务，确保其享受优先优惠的服务待遇，如利率费率优惠、信息服务、业务办理优先、专门的私人顾问和专门服务区等。可以考虑成立专门的私人银行业务部，把对大客户的服务从理财服务发展到私人财富管理。

客户关系管理是一种"以客户为中心"的新型商业银行营销模式。它通过向银行的销售、市场、服务等部门和人员提供全面及个性化的客户资料，并强化跟踪服务、信息分析，使银行能够协同建立和维护一系列与客户以及商业伙伴之间卓有成效的"一对一"关系，从而使银行得以提供更方便快捷和周到的优质服务，提高客户满意度，改善银行与客户的关系，吸引和保持更多的客户，增加营业额和收益，并通过信息共享和优化业务操作流程有效地降低经营成本、提高经济效益。加强对客户资源的经营管理是重要的举措，围绕客户体系构建服务体系，围绕客户需求开发和设计金融产品，以市场为导向，根据市场特点制定营销策略，实现差异化服务。强调特色、发挥优势、扬长避短是开展金融营销的内在要求。未来的金融服务将更注重特色营销，网络金融超市[①]应通过市场调研活动，在把握金融需求趋势的基础上，认清企业的经营环境和营销重点，适时适地确立企业经营发展的目标，建立客户信息数据库，有计划、分步骤地主动进行业务营销，设计特色产品，推进金融产品和服务的创新，以不

---

① 网络金融超市是以互联网为媒介的一种新型服务模式，为用户提供综合化、一体化金融理财产品的一种经营方式。

同的金融产品满足不同层次的消费需求。

(2) 银行发展模式不同，强调信息化，加强对信息技术人才的培养，增加银行人才的复合度

网络银行模式下的零售银行业务的创新是市场对现代消费者需求的及时反映，零售银行业务是一项高技术、高智能的知识密集型业务，对从业人员的要求非常高，并且新兴零售银行业务在网上成功实现了突破。商业银行根据市场变化和业务发展趋势，制订科学的培训计划，定期组织对员工特别是一线员工的业务培训，使其知识和技能适应客户需求和业务发展，提高零售银行业务的服务水平。在注重业务素质培训的同时，也应该加强对从业人员职业道德的培养。当前要重点培养两种类型的零售业务人员。一是零售业务产品开发人员。组建包括会计师、税务专家、律师、证券发行商、资本市场工作人员、交易商、金融分析家、建模小组、编程人员、信息服务人员等在内的金融工程师小组，专门负责金融产品的开发。在互联网金融时代，零售银行业务部门除了需要员工具备专业的金融知识、完备的市场营销分析能力，还要求员工必须掌握现代计算机的前沿技术。这批高素质的员工在现代化的市场中可以跟踪最新技术、业务和市场动态，将最新科技应用与现代金融业务完美结合，以技术进步引领金融创新，使银行在竞争中保持优势。由于科技人员掌握业务应用比业务人员掌握科技应用来得快，可以通过加强科技人员在银行业务岗位的轮换、引进专家、配备高学历人才等方式来加快零售业务产品开发人员的培养。二是高素质的投资理财专业人员。要选择具有一定业务能力、公关能力和一定市场营销理论及实践经验的人员进行定向培养，使其成为精通各种银行业务，通晓各类金融市场运作和投资优化组合技术，熟悉股票、债券、保险、基金及有关法规，掌握营销技巧，善于与客户沟通的能手，能够为客户提供全面的服务，为客户解答各种问题，提供各种投资方案。

(3) 业务拓展模式不同，一个是扩展分支机构，有地域限制；一个是直接在网络上经营，没有地域限制

中国工商银行是中国资产规模最大、营业网点最多的商业银行，也是人们在街头巷尾最为常见的国有银行。中国银行、中国建设银行、中国农业银行也是如此，这些大型的国有银行凭借雄厚的金融实力，在大街小巷成立了众多银行网点，满足了绝大多数居民日常的金融服务需要。应该说，这是在网络银行并未兴起之前，大多数银行扩大利润、争抢用户的主要方式。一方面，众多的网点数量有广告效应，很多居民都有着就近消费的习惯，哪个银行网点离自己居住的地方近，便会成为优先的考虑对象。另一方面，分布广泛的网点优势，可以起到规模经济的作用，起到"薄利多销"的作用。但是扩展分支机构受到地域限制，并且在一定程度上往往会带来巨大的固定成本。比如，某个地方人口不够多，但是为了抢占市场资源，银行往往也会开设网点，在经营过程中才发现利润不及成本，带来业务上的亏损。网络银行的设立，则成功地突破了地域上的限制。在这一点上，网络银行的业务拓展模式与传统银行业不尽相同。

(4）促进银行的混业经营，形成金融超市的概念

网络银行的发展有助于形成混业经营，形成金融超市。在发达国家，人们并没有储蓄网点这个说法，通常遍布大街小巷的往往就是网络金融超市，人们在这个"大超市"里，可以办理自己所需要的金融业务，包括贷款、储蓄、汇兑、支付、结算、投资、支付等。与传统业务相比，网络金融超市具有以下几个方面的特征：首先，网络金融超市的服务质量更加优越，因为入选网络金融超市的员工都是精挑细选的，都对金融行业的各项业务（银行、证券、信托、保险）非常精通，应该说这些员工素质优异，力求让每位来到"超市"的客户都非常满意，就像很多大型的商场一样，金融超市里也有导购，不过这种导购的专业水平更高，是银行的客户经理。客户一进门，就能够为他们推介超市的服务产品、服务程序，能够让客户免受四处奔波之苦，让他们享受更加高质量的服务。其次，金融超市的服务效率更高，如今人们购物往往会选择到像沃尔玛、家乐福这样的大型超市里买东西，因为大型超市提供更加丰富多样的产品，金融超市的成立便是这个道理，它迎合了现代人高节奏、高品位的生活方式，为每位客户提供类似于自助餐形式的服务。试想一下，以前办理业务需要跑好几家机构才能办理妥当，现如今有一家集贷款、基金、债券、股票于一体的金融服务超市，能不受广大消费者的欢迎吗？最后一点便是金融超市往往规模大，绝对不会出现排队等候的现象。网络银行的发展能够很大程度上促进网络金融超市的形成，因为在网上，任何用户都可以集中办理很多跨行业的业务。

网络金融超市包含两个层面的含义，一是指以传统商业银行为代表的金融机构将其经营的各种产品和服务进行有机整合，并通过与证券、保险、抵押登记、评估、公证等多种社会机构和部门协作，向客户提供一种涵盖众多金融产品与增值服务的一体化经营方式；二是第三方金融服务平台以网络为媒介，通过自身的规模效应，将各家商业银行或其他金融机构的同类产品集中，进行横向整合、对比，为客户提供系统分析、规划、选择的一种金融服务模式。

网络银行促成的网上混业经营模式对线下金融超市的形成会有很大的促进作用，因为网络银行业务的金融创新将会推动金融市场网络化发展，并可能再现综合性市场。

第三节　网络银行面临的风险

网络银行在带来高效快捷服务的同时，也存在着很多问题。新闻上时常会听到关于网络银行的各种负面消息，很多人拒绝使用网络银行，除了不熟悉以外，不相信其安全性也是一个重要原因。对客户来说，最常见的安全问题就是技术风险，这也是制约网络银行发展的一个重要因素。除了对客户的风险之外，网络银行对银行本身也有风险，如银行发展战略的选择、政府监管政策的变化、网络银行创新可能触及法律底线等。

一、技术风险

网络银行是依托互联网技术发展起来的，由于方方面面对计算机技术的依赖，在享受着互联网技术带来的便捷的同时，也面临着互联网所带来的技术风险。

其一，计算机信息系统本身具有风险性，其在运行时所具有的不确定性会给网络银行的业务带来极大风险。首先，来源于硬件损坏的风险，如服务器停机、软件运行出错、磁盘损坏等。当前，大型银行都花费极大成本对其数据中心进行维护升级以确保其安全性。为保障服务器24小时不宕机，现在的银行机房配备非常规范，对湿度、温度等要求都极为严格；同时，还配有备用方案以应对意外情况，如针对服务器的临时性故障，一般都会提供双机热备，即两台服务器同时保证业务进行，一台出问题，另一台马上跟上，在客户层面不会感觉到有任何影响。为了防止突然停电，机房还备有发电机，若出现断电情况，会马上跳到备用电源，也不会造成影响。即使如此，信息系统也还是会有意外风险，有些甚至不可抗拒，比如，机房安全事故或者地震等自然灾害。和传统物理介质不同的是，机房的损坏可能导致银行数据的丢失，给业务造成极大风险。其次，网络银行的软件系统错误也会带来一定风险。虽然软件的自身执行很少出错，但是软件都是由工程师所设计编写，在系统设计时需要将业务层的具体操作抽象为计算机逻辑，在转化过程中难免会出现逻辑上的纰漏或者程序上的错误。虽然在后面的运行过程中会逐渐改善，但在运行前期导致出错的案例在实际使用中并不少见。

其二，网络银行有来源于外部的黑客入侵风险。网络银行在整个互联网平台上运行，这也产生了黑客入侵的可能性。虽然网络银行都设计多层安全系统，并不断出现新的、安全的技术及方案以保护虚拟金融柜台的平稳运行，但还是无法完全避免黑客的入侵活动。当前，网上黑客的袭击范围不断扩大，手段日益翻新，攻击活动能量正以每年10倍的速度增长，可利用网上的任何漏洞和缺陷非法进入主机，窃取信息，发送假冒电子邮件等。目前所使用的Internet采用的是TCP/IP协议，此协议规定主机之间的相互通信以信任为基础，在数据交换、信息处理上力求方便快捷，其安全性能的设计尚有欠缺，因此数据和信息传输过程中容易被窥视和截获。加之，我们目前使用的计算机网络核心技术掌握在国外发达国家手中，外资银行进入我国后，在与国内银行开展网上银行业务竞争时，是否会利用技术优势获取我方客户的信息和商业秘密，利用我们还未掌握的网络安全防卫技术扰乱我们的业务处理程序，尚不可预测，这些都将会给我国的银行业带来重大的风险隐患。

其三，网络银行还面临来源于内部的员工利用系统漏洞进行非法操作的风险。一方面，网络银行通过因特网连接了本行的各家机构，甚至与中央银行或其他商业银行相连。在网络通过的各个银行分支机构中的员工都有可能利用他们的职业优势，通过快捷的网络传输，轻而易举地窃取联行资金、储蓄存款、信用存款，且金额巨大，使银行和客户的资金蒙受损失。另一方面，软件工程师在开发银行系统时可能会留下一些安全后门，通过这些后门获利。据报道，德国有个银行的软件工程师，在开发银行业务时，使用程序后门使得客户每做一笔业务都会向自己账户转账几分钱。这最终被一个固执的老太太举报，她向银行质问为什么转账需要收取几分钱的手续费才让这个漏洞浮出水面。

其四，我国网络银行还未做到统一认证。对于网络银行的安全防范，数字证书与认证中心是两个不可或缺的辅助要素。由于我国缺乏网络银行系统设计开发的经验，在相关系统的建设中规范化、标准化不一，没有一个详细的总体战略和规范标准，如认证体系不统一、软件开发重复低效、硬件设备的购置标准各异等，给网络银行的发展人为制造了一定障碍。

其五，我国网络银行在面临技术选择时出现了乱象，偏重硬件设备的投入，却不太重视软件系统的发展。大型银行在发展网络银行时每年都会投入巨资对设备进行升级换代，而服务器的价格非常昂贵，一台 IBM 大型主机最高可达数百万美元。但是，相比在硬件上投入的巨资，银行对软件系统的投入却少得可怜，这导致我国网络银行发展出现了一个怪现象：使用世界上最高端的硬件技术，却提供着很低效的服务。如果软件系统不友好，会直接导致对客户服务质量下降，造成服务低效。国内很多网络银行客户对银行提供的网络服务并不满意，页面响应时间长，界面风格不友好，操作不人性化等问题突出。这种软硬件不匹配其实造成了资金的极大浪费，相当于一个人住一栋大楼，没有有效地利用好硬件优势。国内银行应加强对软件系统的重视程度，提升系统开发水平，满足客户日益增长的需求，从而提升自身的竞争力。

二、战略风险

网络银行的技术创新，必然会带来银行的业务创新。现在大部分银行家都认为，网络银行将是 21 世纪银行发展的主流形式。为了增强竞争力，传统银行纷纷进入网络银行。人们很容易看到网络银行的战略优势，但却忽视了它的战略选择风险。在面临网络银行这种新的经营理念时，需要银行考虑进入方式、进入时机、提供的内容、优势来源、如何塑造优势等关键战略性问题。这要求银行家具有更高的战略眼光、更好的专业素养，否则，战略选择的错误会让银行面临极高的战略风险。[①]

简单地说，网络银行的战略风险是指网络银行的经营决策错误或对决策执行不当而给银行造成的风险。战略风险的产生主要是由于银行管理层对网络银行的风险缺乏足够的认识，从而作出错误的决策或规划。网络银行的投资时机、投资规模、投资方式等选择的不确定性，构成了银行业发展的总体投资战略性风险。过早地大规模投资，投资项目形式太相似，或者投资技术选择不当，业务缺乏深化，都会引发网络银行业本身的阶段性调整和整合，从而增加后期金融体系总体风险。相反，投资过迟，或者规模过小，不能形成网络银行的相对业务优势，又可能导致银行业在国际竞争中处于劣势。罗伯特·西蒙斯指出，战略风险有三大基本来源，即营运风险、资产减值风险和竞争风险。我们可以借鉴西蒙斯的模型来识别网络银行所面临的战略风险的具

---

① 参见曾嵘：《网上银行的战略风险分析》，载《经济与管理研究》2006 年第 7 期。

体构成要素。

营运风险是某种操作、制造或加工过程的核心能力出现故障的结果。所有通过制造或提供服务创造价值的公司，都会面对不同程度的营运风险。当关键产品或流程出现问题时，营运风险就会发展成战略性风险。网络银行与传统银行的主要区别在于客户遍及全球和客户访问的随机性，处理能力不足而导致无法及时地向客户提供服务，对业务发展造成不利的影响。在任意时间，银行的客户都有可能通过网络进行交易，这对网络银行的业务处理系统的可用性提出很高的要求，银行若不能及时地向客户提供服务会导致客户满意度降低，甚至失去客户，并且会波及银行传统业务。

战略性风险的第二个来源是资产减值风险。资产是公司为未来创造现金流所持有的资源。当资产在未来所创造的现金流有可能减少时，资产战略风险的来源会出现减值。如果资产减值发生在那些对战略实施非常重要的资产上，便会成为一种战略风险。对于网上银行业务，知识产权、庞大的客户群、独占的客户信息等无形资产的价值往往比有形资产还要高。因此，无形资产消失或被破坏的可能性，会成为严重的战略性风险。例如，竞争对手未经授权使用知识产权，在未经授权的情况下有人将商业秘密向竞争对手或第三者透露等。

战略性风险的第三个来源是市场竞争的风险。当竞争环境转变，损害了公司创造价值和建立产品或服务差异化经营的能力，便会形成竞争风险。以竞争对手开发更优秀的产品和服务为例，如 1995 年 7 月 3 日，招商银行在国内率先推出了集本外币、定活期于一身的一卡多功能电子借记卡——"一卡通"，对当时携带不方便的存折产品就有相当强的替代作用，促使国内银行卡走进新的竞争时代。此外，还有监管规则和公共政策的转变，例如，资本充足率；客户需求或者偏好的改变，例如，对网上购物的认可；供应者供货价格和政策的转变等。

三、操作风险

操作风险是银行面临的最古老的一种风险，由于网络银行的产生和发展是银行业借助网络进行创新的结果，网络仅仅作为一种产品和服务的提供途径，并不会消除操作风险，更甚的是，由于新业务的产生，在熟悉业务过程中可能会产生更多的操作风险。网络银行的操作风险来源于两部分：第一是内部操作风险，第二是用户操作风险。

（一）内部操作风险[1]

第一，内部操作风险可能来源于员工技能或者业务欠缺。技术进步要求的不仅是硬件上的升级和创新，更要求员工在知识结构和管理技能上不断"升级"和创新，这样才能适应网络时代的需要。但银行员工却不一定能够及时跟上技术变化的步伐，银行的管理层和员工无法完全理解所采用的新技术或技术升级的特点，使得网络银行新

---

[1] 参见李婧：《网络银行操作风险监管研究》，西南财经大学 2007 年硕士学位论文；刘芳：《我国网上银行操作风险分析及其应对措施》，载《中国证券期货》2013 年第 8 期。

技术的实施效果差强人意，且对客户提供的后续服务效率低下。有些银行只是片面地注重对公众进行网络银行的宣传，却缺乏对前台人员进行必要的网络银行业务知识培训，或者网络银行业务知识培训的内容比较落后，跟不上日新月异的网络技术及由此衍生的网络银行业务，致使客户到银行营业网点申请办理有关开户等业务时，工作人员面对客户提出的一些技术性问题不甚了解，造成服务质量低下。另外，银行工作人员的疏忽也可能会导致重大安全事故，从而危及网络银行的总体安全。

第二，内部操作风险来源于内部员工的欺诈。网络银行的出现，一方面方便了顾客，另一方面也方便了作案者。因为内部员工对于网络密码、认证方式都了如指掌，一些不自律的员工可能试图超越权限进行交易，利用工作之便进入系统内部进行非法操作，修改银行数据，从记录中获取客户的账号和个人资料，然后冒充客户从银行账户中提取现金。这也对银行的公司管理提出了新的要求，否则会由于监管不力导致员工欺诈的产生。在各种网络银行操作风险的表现形式中，这类表现是最值得关注的。在新闻报道中，银行员工违规操作的案件屡见不鲜。2011年9月，渤海银行一名员工利用自身权利私自为客户办理网银，然后将几十名客户上千万存款挪作他用，涉嫌非法集资。2011年6月，柳州中信银行高某利用职权伪造理财合同，非法集资3000多万用以其他贷款，最终贷款无法收回，给客户和银行造成了巨大损失。

（二）用户操作风险

客户在使用网络银行的过程中，由于安全意识不强，也可能引发风险。互联网的进步使网上银行得以迅速发展，但是网络银行业务科技含量较高，缺乏相关知识的客户很难正确全面地掌握网络银行的操作方法，客户的操作失误和使用不当也是引发网络银行操作风险的重要原因。另一种情况是，有的客户可能在不安全的电子传输渠道中使用个人信息，如信用卡卡号、银行账户号等，这就有可能泄漏重要信息，给别有用心的不法之徒以可乘之机。

四、法律风险[①]

网络银行虽然发展很快，但是产生时间还很短，特别是在国内，与之相配套的法律法规还不够成熟。这也导致在实际经营过程中可能遭遇法律风险。网络银行的法律风险，是指违反、不遵从或无法遵从法律、法规、规章、惯例或伦理标准而给网络银行所造成的风险。法律风险使金融机构面临着罚款、赔偿和合同失效的风险。严重时还将导致银行信誉贬低、免赔限额降低、业务机会受限制、拓展潜力降低以及缺乏合同的可实施性等严重后果。网络银行的法律风险可产生于以下几种情况：

（一）网络银行运行中的责任风险

在网络银行法律风险中，有很大部分是关于责权分配的。在发生纠纷的情况下，一般是根据相互之间的交易合同来划分网络银行、客户、网络银行服务的技术提供商

---

① 参见王淑萍：《试论网络银行法律风险的防范对策》，载《科技与企业》2013年8月22日；陆鸿飞、沈飞：《网络银行的法律风险及其防范》，载《特区经济》2004年11月25日。

之间的责任。但是由于现实变化多样，交易之前签订的服务协议不一定会包含所有情况，从而导致裁决困难，也让银行和客户无法明确自身责任。另外，在使用电子货币的电子化结算服务中，对有关服务承担者的资格、交易双方当事人权责以及保护消费者权益等方面，都应作出明确的法律规范。如在进行支付结算业务时，其实现首先要通过通信系统或互联网送到银行计算机系统，经过认证系统和网关后才能完成。其中，各相关机构和服务商都对业务的实现起着关键的作用。基于此种服务和作用，它们虽与银行客户之间无契约上的法律关系，但其间无疑已经形成一种事实上的法律关系。然而，它们的法律地位如何确定，应承担怎样的法律责任，在现行法律中还难以找到依据。一旦出现纠纷，银行的法律责任并不清晰。

（二）客户隐私权保护问题

为保证网络银行的正常运行，银行一般要让客户出示相关的真实个人信息，这样就使客户的隐私面临相当大的风险。新闻常有报道，银行涉嫌泄露客户隐私，虽然财大气粗的银行不屑于贩卖客户隐私，但是银行由于公司内部管理问题，导致客户信息泄露还是有很大可能的。另外，这些信息都是客户非常隐秘的私人信息，包括身份证号、住址、电话号码等，随便泄露可能对客户造成极大损失。2009年2月28日颁布实施的《刑法修正案（七）》对侵犯公民个人信息罪进行了立法，明确规定了出售公民个人信息、非法提供公民个人信息以及非法获取公民个人信息三项罪名。

2021年6月10日，第十三届全国人民代表大会常务委员会第二十九次会议通过《数据安全法》，自2021年9月1日起施行。2021年8月20日，第十三届全国人民代表大会常务委员会第三十次会议通过《个人信息保护法》，自2021年11月1日正式施行。《数据安全法》《个人信息保护法》的先后出台，标志着我国信息安全法律保障体系初步完善。

（三）境外业务中的法律冲突风险

同传统银行相比，网络银行模糊了国与国之间的疆界，可以方便地扩展到世界的各个角落。这就向基于地理疆界和纸质合约的法律法规提出了挑战，主要体现在以下方面：

（1）跨境网上金融服务交易的管辖权、法律适用性问题。

（2）较传统金融合约的诸要件而言（如执行条件、相关责任、抵押和担保条款、书面形式等），网络金融服务和交易合约存在不同国境内的合法性问题。

（3）若国外机构在网上涉嫌侵犯知识产权，因其认定、取证和处理难度较大，易产生相应的纠纷。

（4）对境外信息的有效性与法律认定问题。

（5）面对非本国居民的客户时，网络银行所面临的语言选择的合法性问题。

五、国内网络银行的监管思考

网络银行作为在因特网上进行的一种全新模式的商务活动，其新型运作机制无疑会对我国央行现行监管制度带来冲击。面对监管的新挑战，当前监管存在着一些问题，政府应该主动应对，积极而慎重地推出新的法律和政策，以跟上网络银行创新的步伐。但是，新的监管也要注意不要扼杀金融创新能力，需要考虑监管成本和监管效率的权衡。

（一）监管总体落后于网络银行发展的现状

首先，网络技术的全面发展打破了金融行业的传统分工，模糊了银行业、保险业和证券业之间的界限，银行不仅提供存贷款等传统银行业务，而且提供投资、咨询、保险、金融衍生业务等全方位、综合性的金融业务。但我国的网络银行监管基本上沿用的是机构监管和传统业务的管理模式，很难适应网络银行业务多元化的特点。

其次，我国网络银行监管法律体系不完善。目前，我国在规制银行业行为方面，法律层次上主要有《银行业监督管理法》《中国人民银行法》和《商业银行法》，在这些法律中都未涉及任何有关网络银行方面的规定。对于网络银行的风险管理，也仅仅作了一些概括性的规范，没有具体的技术标准、安全认证方面的要求。唯一专门规范网络银行的是一部银监会颁布的法规《电子银行业务管理办法》。可见，国内对网络银行的监管还很不成熟。

（二）国外对网络银行的监管现状

国外对网络银行的监管形成了美国和欧洲两种模式。美国监管当局对网络银行采取审慎宽松的政策，基本上通过补充新的法律、法规使原有的监管规则适应网络电子环境。因此，在监管政策、执照申请、消费保护等方面，网络银行与传统银行的要求比较相似。欧洲对网络银行的监管，采取的办法较新，其监管目标主要有两点：一是提供一个清晰、透明的法律环境，二是坚持适度审慎和保护消费者的原则。欧洲中央银行要求其成员国采取一致性的监管原则，欧盟各国国内的监管机构负责监管统一标准的实施。它要求成员国对网络银行业务的监管保持一致，承担认可电子交易合同的义务，并将建立在"注册国和业务发生国"基础上的监管规则，替换为"起始国"规则，以达到增强监管合作、提高监管效率和适时监控网络银行风险的目的。

（三）监管尝试的考虑

首先，政府需要对社会监管成本与监管效率进行权衡，但确定某一规范和标准会引发一个问题，即有可能造成高昂的社会监管成本或无效监管。

其次，是监管的容忍度问题。监管既需要规范网络银行的发展，降低银行运行风险，提升其竞争力，同时也不要过度抑制其发展。我国现行的分业监管体制在一定程度上可能影响到我国国内监管的竞争力。如果从一开始就对网络银行实施较为严格的监管，虽然可能有效地降低网络银行乃至整个金融体系的风险，但却会对网络银行的演进与变化，以及网络银行业务的发展起到一定的抑制作用。例如，当前我国在网络银行的设立登记监管方面，实行的是核准制。由于我国网络银行在业务上采取的是不完全的混业经营制，除了可以从事银行业务外，还可以从事与保险、证券等直接相关的业务。因此，对于网络银行和传统银行实行一致的准入标准，无形中提高了市场的进入成本。非银行机构进入网络银行市场的门槛过高，有悖于网络银行低成本、高效率的特点。

最后,监管还需要考虑国内银行保护与社会福利损失的平衡。网络银行的模糊疆界和相对较低的转移成本,使监管也形成了一个竞争性的市场。据有关统计研究,网络银行中的资金和客户,都会向具有"软"规则的地区或国家迁移。侧重于保护本国的监管政策,会造成社会资源和福利的损失。

案例分析 美国安全第一网络银行

(一)简介

1994年4月,美国的三家银行联合在因特网上创建了美国第一联合国家银行,称为美国安全第一网络银行(Security First Network Bank,SFNB)。1995年10月18日,SFNB正式宣布成立,成为得到美国联邦银行管理机构批准,在因特网上提供银行金融服务的第一家银行,也是在因特网上提供大范围和多种银行服务的第一家银行。SFNB是一家纯网络银行,脱离传统具有物理介质的实体银行模式,完全依赖Internet进行运营。客户不受物理空间及时间限制,只要能登录其网站并拥有其网络账号便能享受其便捷、高质量的服务。

1995年10月,SFNB在网上开业。开业后的短短几个月,即有近千万人次上网浏览,给金融界带来极大震撼。于是更有若干银行立即紧跟其后,在网上开设银行。随即,此风潮逐渐蔓延全世界,网络银行走进人们的生活。

1996年年初,SFNB全面在因特网上正式营业和开展银行金融服务,用户可以采用电子方式开出支票和支付账单,可以上网了解当前货币汇率和升值信息,而且由于该银行提供的是一种联机服务,因此用户的账户始终是平衡的。

1998年1月,SFNB通过因特网为用户提供一种称为环球网(web invision)系统的服务。环球网系统是建设在SFNB pc invision之上的一种金融管理系统。利用该系统,用户能够通过因特网访问自己最新的账目信息,获取最近的商业报告或通过直接拨号实时访问资金状况和投资进展情况,不需要在用户端安装特殊的软件。环球网系统主要是面向小企业主和财会人员设计的。这些人可以利用环球网系统了解公司资金的最新情况,还可以利用环球网系统使用他们的电子邮件与SFNB联系,访问全国或地区性的各种经济状况和各种相关数据。

由于经营上存在问题,公司一直未获盈利。1998年,公司被加拿大皇家银行以2000万美元收购了其除技术部门以外的所有部分。在被收购后,SFNB转型为传统银行提供网络银行服务。

(二)业务介绍

1. 柜台业务

(1)信息查询(information):可查询各种金融产品种类、银行介绍、最新信息、一般性问题、人员情况、个人理财、当前利率等；

（2）利率牌价（rates）：可以直接查看利率牌价；

（3）服务指标（demo）：告诉客户如何得到银行的服务，包括电子转账、信用卡、网上查询检查等；

（4）安全服务（security）：告诉客户如何保证安全以及银行采取的一些安全措施；

（5）客户服务（customer）：由银行客户服务部的人员解答各种问题；

（6）客户自助（customers）：客户在办理业务时，需要输入用户名及其密码方可进入系统等。

2. 产品业务与服务

SFNB 提供的具体产品业务与服务如下：

（1）SFNB 产品：银行业务的更高形式；

（2）现行利率：产品的现行利率和月费用；

（3）基本电子支票业务：提供 20 种免费电子月支付方式，可以联机提供明细表，可以进行在线注册登记，提供已结算的支票联机记录和在线金融报告等；

（4）利息支票业务：方便所有基本支票业务计算利息和附属电子票据支付；

（5）货币市场：提供一些最高的货币市场利率，将货币投资在 SFNB 的货币市场，赚取利息，然后在需要支付时，即可划转资金到支票账户；

（6）信用卡：SFNB 向预先经过核查符合条件的顾客发行 visa classic 和 visa gold 信用卡等；

（7）基本储蓄业务：以有竞争性的利率，让顾客通过储蓄获利，顾客的目的有的是为了准备购置一台新的汽车，有的是用于孩子完成学业，也有的干脆把它存储起来，专用于获取利息；

（8）CDS：大额可转让证券，这是客户利用资金赚取利息的最容易的方法，提供一种最高利率业务中的一部分服务。

3. 金融业务服务

（1）存款信息：客户可以迅速轻松地得到所需要的在 SFNB 账户上的存款信息；

（2）总裁的信：向客户描述了如何使用 SFNB 的网上服务和如何省钱；

（3）SFNB 网上服务欢迎您：当客户第一次进入银行开设账户时，它能告诉客户如何开设账户、存取账户、存款和核查账户等；

（4）在线表单：订购存款单和信封，建立 ACH 存款，还可以订购支票和改变地址信息；

（5）无风险保证：SFNB 承诺可以保证用户的交易 100% 无风险；

（6）SFNB 的私人政策：用于了解 SFNB 的私人信息的保密情况等。

（三）意义

SFNB 虽然最终被收购了，但它开创了一种新的发展模式，为全世界的银行和金融机构创建和发展网络银行积累了丰富的经验，对后来者有重要的借鉴意义。

本章小结

本章主要就网络银行的概念和发展趋势、功能及对传统银行业的冲击、网络银行潜在风险及监管措施进行了详述和探讨。网络银行具有虚拟性、个性化、便捷性等特征，未来将呈现交易更加安全、内容更丰富、金融服务线上化等趋势。网络银行因信息化、线上化等优势可能会给传统银行带来一定冲击，但其风险也是不容忽视的，如技术风险、战略风险和操作风险等。随着网络银行的发展，对网络银行的监管也将是一个越来越重要的政策课题。

问题与思考

1. 网络银行的概念是什么？
2. 网络银行的功能有哪些？
3. 网络银行对比传统银行的优势是什么，又有可能存在什么风险？
4. 谈一谈中国网络银行的发展现状。
5. 谈一谈如何对网络银行进行监管。

参考文献

[1] 陈四清：《建立科学的风险管理模式，促进零售银行业务健康发展》，载《国际金融研究》2002年第12期。

[2] 刘志强：《关于发展零售银行业务的几点思考》，载《中国金融》2003年第5期。

[3] 王广宇：《我国零售银行业面临的冲击与改进战略》，载《金融论坛》2003年第10期。

[4] 吴志峰：《我国商业银行零售业务：组织结构模式比较与设计》，载《上海金融》2005年第4期。

[5] 尹立国：《中资银行与外资银行零售业务经营管理的比较分析》，载《新金融》2003年第2期。

[6] 张燕：《对发展银行零售业务的几点思考》，载《中国城市金融》2001年第2期。

[7] 赵萍：《中国零售银行的理论与实践》，中国社会科学出版社2004年版。

第六章

众 筹 融 资

> **内容提要**
>
> 众筹作为互联网金融时代的一种全新融资模式，近些年越来越成为金融界甚至是我们日常生活中的一个热门概念。以互联网为代表的现代信息科技，因其便捷、高效的特点已将革新的触角延伸到传统金融领域，出现既不同于商业银行间接融资、也不同于资本市场直接融资的第三种金融融资模式，即一种互联网金融模式——众筹融资。人们已不满足于在日常生活中如图书、音乐、购物的电子化，为梦想融资的众筹形式已在互联网上风生水起。本章将对众筹融资进行全面介绍和深入分析。

第一节 众 筹 概 述

一、众筹的界定

众筹源于另一个新词：众包（crowd funding）。杰夫·豪 2006 年在《连线》杂志首次提出了"众包"概念，将其定义为"由非专业人士提供专业内容，消费者兼为内容创造者"。张媛（2011）在《大众参与众包的行为影响因素研究》中将众包划分为大众智慧、大众创造、大众投票和大众集资四种类型。众筹对投资者来讲可以看作大众投票和大众集资的结合。针对众筹这一新兴的概念，Ordanini（2009）最早给出了众筹的定义：众筹是通过网络将大众及他们的钱聚集的集体力量来投资和支持由他人或组织发起的项目；Lambert 和 Schwienbacher（2010）在《小型创业企业的众筹》（Crowd Funding of Small Entrepreneurial Ventures）一文中认为，众筹是一个开放的系统，众筹投资者大都通过网络，为特定目标去支持创意，以捐赠或以获得某种回报的方式为他人提供资金支持；Andrea Ordanini（2011）等认为，众筹是指消费者作为投资者，为他人的项目提供资金支持，并期望从中获得回报（金钱回报或非金钱回报）。Belleflamme 和 Lambert 等（2011）总结了众筹的三个特征：第一，项目发起人依靠预付的现金进行产品生产，在资金募集阶段，仅提供对最终产品的描述并承诺产品会上市；第二，众筹投资者比一般消费者花费更多的金钱去购买产品；第三，众筹投资者处于享有特权的消费者群体中，在这个群体中，他们不仅可以投资，还享有表决权。

2015年7月18日，中国人民银行等十部门发布《关于促进互联网金融健康发展的指导意见》，对股权众筹融资进行了定义。股权众筹融资主要是指通过互联网形式进行公开小额股权融资的活动。股权众筹融资必须通过股权众筹融资中介机构平台（互联网网站或其他类似的电子媒介）进行。

在本书中，笔者对众筹作出较为普遍的界定：众筹是指项目发起者通过利用互联网和 SNS（social networking services）传播的特性，发动众人的力量，集中大家的资金、能力和渠道，为小企业、艺术家或个人进行某项活动或某个项目或创办企业提供必要的资金援助的一种融资方式，可以运用于救灾、艺术活动、政治运动、创业投资、电影音乐制作或免费软件发明和科学研究等活动。现在，众筹的外延得到了极大的扩展：凡是通过互联网方式发布筹款项目并募集资金的活动，广义上都可以称作众筹。相对于传统的融资方式，众筹更为开放，能否获得资金也不再以项目的商业价值作为唯一标准。只要是网友喜欢的项目，都可以通过众筹方式获得项目启动的第一笔资金，为更多个人或组织实现目标、梦想以及助力公益等提供无限的可能。

众筹主要包括三个参与方：筹资人、平台运营方和投资人，如图6-1所示。其中，筹资人就是项目发起人，在众筹平台上创建项目，介绍自己的产品、创意或需求，设定筹资期限、筹资模式、筹资金额和预期回报率等；平台运营方就是众筹网站，负责审核、展示筹资人创建的项目，提供服务支持；投资人则通过浏览平台上的各种项目，选择适合的投资目标进行投资。

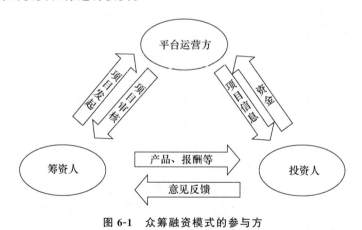

图 6-1 众筹融资模式的参与方

二、众筹的特点

众筹与银行信贷、债券、股票这些传统的融资方式相比有着许多自己的特征，主要包括：

（1）低门槛：无论身份、地位、职业、年龄、性别，只要有想法、有创造能力都可以发起项目。传统的融资方式，无论是银行的信贷，还是面向大众的IPO、公司发行的债券都需要筹资人已经拥有相当规模的公司，而在众筹平台上，你不需要是一个企业家，不需要是一个成功人士，你只需要一个可展示的具有创意的想法就可以放在上面去寻求志同道合的投资者。

（2）多样性：众筹的方向具有多样性，在大多的众筹网站上的项目类别包括设计、科技、音乐、影视、食品、漫画、出版、游戏、摄影等。这种多样性就是源自其低门槛，社会上形形色色的创业想法都在上面找到了展示的机会，所以也就造就了其多样性。

（3）依靠大众力量：支持者通常是普通的民众，而非公司、企业或是风险投资人。在众筹平台上的投资金额一般不是由一个或者数个投资人组成，这与 PE、VC 有着本质区别，这种融资模式更多依靠网络上的大众力量而不是等待像中奖一样被天使投资人看中。群众的眼睛是雪亮的，一个好的想法在众筹网站上一定会被大众所发掘。

（4）注重创意：发起人必须先使自己的创意（设计图、成品、策划等）达到可展示的程度才能通过平台的审核，而不单单只是一个概念或者一个点子。这个特征也避免了众筹网站上的项目太过参差不齐，为投资人和融资人构建一个更好的生态环境。

三、众筹产生的原因

2012 年 5 月，在美国众筹网站 Kickstarter 上线的 Pebble 智能电子表项目，艾瑞克用 37 天的时间获得了 10266845 美元的支持，共有 68929 人参与支持此项目，所有 85000 只尚未生产出来的智能表被网友们抢购一空，使众筹名噪一时。国内点名时间、淘梦网、点梦时刻等网站都是创业者实施众筹的平台。以淘梦网为例，2014 年，参与出品和宣传发行影片总点击量超过 50 亿，包括 120 部网络电影，50 部网络剧及 1000 部微电影，总时长超过 700 小时。如今淘梦网不仅仅局限于众筹。经过几年的发展，当初的淘梦网已经成为如今的淘梦控股，旗下包括了淘梦网络、淘梦影业、淘梦华元、美亚淘梦、淘梦文学、淘梦娱乐、淘梦传播、铠甲娱乐等多家子公司。淘梦官网显示，目前淘梦已经累计发行作品五千余部，累计票房金额超 18 亿，成果惊人。从影视众筹平台，到微电影发行，再到网络电影业务，淘梦靠《道士出山》一战成名，以行业瞩目的态势，成为网大行业最早的入局者，一直在发展壮大，并且引领行业。在众筹网站上，创业者可以利用更多的资金、信息、人力、智力等资源，使产品成功上市，在使消费者获得了满意的产品的同时，极大地避免了创业失败。目前，全球共有将近 500 家众筹网站，注册会员超过一亿人，交易金额超过百亿美元。越来越多的创业者开始尝试众筹模式的实践。

众筹是一个十年前出现的市场，众筹概念最早应用于个人艺术家和电影市场，然后广泛应用于信息通信技术、新闻业、体育等行业，众筹将是一个逐渐发展的全球趋势。以下将从三个方面分析其兴起的动因：

1. 创业者方面

创业者即所有拥有梦想和创意且希望获得成功的个体或组织，既包括产品创新者，还包括有梦想的艺术家、电影人、音乐人、作家，甚至是拥有创意和梦想的普通人。这一群体被称为"创客",是在众筹网站上筹资的个人或组织。创业者使用众筹网站进行创业融资,将消费者——普通大众纳入创业活动中去,充分利用消费者的资金和智慧,主要有以下三个原因:

第一,改变以前筹资依附于风险投资,靠资本说话的现状。由于创业者缺乏抵押物和充足的现金,且与投资者之间存在明显的信息不对称,所以创业者创业初期所面临的固有问题是如何吸引外部投资。在创业筹资期间,他们仍然大部分依赖自己家庭和朋友的支持以及自己的存款。在创业的过程中,他们通常大量使用自力更生的方式,通过尽可能节省成本推进短期利润的增长来减少投资限制。而参与众筹的项目特点是比较小众,且很有创意,获得赢利的周期较长,很难得到投资人的认可。众筹集中大众的资金、能力和渠道,为创客提供必要的资金援助,这种模式保证了参与者的数量,每个个体的投资数额虽小,但总体金额却很大,使创客可以做出普通人做不出的东西。同时,众筹区别于传统融资方式在于,在传统融资中,如果有很多人参与,每个人占有一定的股份,按股份拥有对公司决策的发言权,这样就会导致公司很难走到一个共同的方向去;利用众筹融资,投资者不占有公司股份,他们可以发表意见供创客参考,但不能决定项目产品的修改,这从根本上改变了其他融资方式依靠资本说话的现状。用不涉及股权的方式来筹资是对融资领域的颠覆,但对众筹项目的独特性而言是优越的和合理的。

第二,缩短创业周期,降低创业的风险和成本。产品生命周期理论认为,产品的市场寿命是一种新产品从开始进入市场到被市场淘汰的整个过程。对于传统产品来说,先研发生产,再推向市场,因此在算入研发和生产成本之后,在产品进入发展期之前是亏损的。而运用众筹方式,如果项目在期限内达到融资目标,那么在产品介绍期就已经盈利了,因为他们的研发成本是由投资者(产品用户)来支付的,因此,成功的项目就推翻了产品生命周期理论关于产品在进入发展期之前不能盈利的论断。从图 6-2 中可以看出,利润由以前从发展期才开始由负转正,变成了从介绍期就开始盈利,但由于目前没有先例来表现成熟期和衰退期的情况,很难判断它在发展期之后的利润水平会高于还是低于传统的模式。对于在众筹平台上没有成功融资的项目,表明现在市场上不需要这样的产品,也避免了创业者投入大量资金从事一项必定会失败的项目所带来的浪费。哪些产品应该被制造,最终消费产品的人最有发言权,预测市场可以极大地促进公共和私人领域的决策过程,控制风险。克里斯·安德鲁在《长尾理论》中讲到:参与生产的人就是最关心生产的人,他们最了解自己的需求。

第三,利用大众这一广泛群体消费者的人际关系网络,提高营销效率。在一直以来的商业流程运作中,销售环节是整个供应链的关键。小公司由于实力较弱,无法将生产的产品交给实力较强的分销商,无法与大公司进行竞争。但互联网的出现发展和大众的参与使得销售变得和发送电子邮件一样容易,由此为小企业带来了更多的机会。在大众参与时代,互联网为创业者创造了机会。众筹将位于网络节点上的每个消费者这个孤立的个体融入创业者的创业活动中,大众参与者为了获得自己所希望的产品,就会发动自己身边的人支持这个项目,以保证自己投资的项目能筹资成功,从而

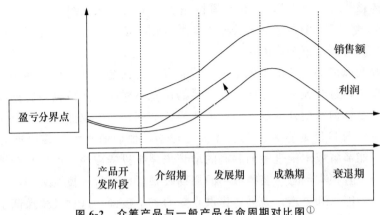

图 6-2　众筹产品与一般产品生命周期对比图①

提高了众筹项目和创业者信息传播的有效性，节省了创业者的营销成本。

2. 消费者方面

维基百科将参与众筹的消费者定义为：前置消费者，指愿意主动参加投资还没有上市的新产品或服务的人群。众筹网站是前置消费者参与新产品制造的重要渠道，创客在网站上公布他们还未上市的创意项目的细节，前置消费者可以选择是否为他们投资，也可以直接在网上向创客提出各种疑问。当一个项目所筹集的资金达到创客设定的目标后，就进入项目的实际生产阶段，在产品生产出来后，前置消费者便可以得到相应的回报。以下三个方面可以解释前置消费者参与众筹活动的原因：

第一，众筹项目很出色，很有创意，展示了一般市场上无法获得的产品，满足消费者对个性化产品的需求。众筹强调多样性在经济中的核心地位，多样性导致小批量、多品种的生产方式，进而帮助人们寻找价值领域的新高端。众筹网站上的项目涉及产品、电影、音乐、服装、书籍以及创意小产品等，项目比较新颖，再加上前置消费者可以与创客进行沟通，对项目提出自己的建议，创客会根据用户的可行性建议对产品进行修改，从而使消费者获得最满意的产品。每个人既有普遍性需求又有独特性需求，独特性需求又因个体差异存在差别，众筹恰好为满足个体的独特性需求提供了条件。

第二，消费者希望获得更多的话语权。如今投票已经成为一种消费文化，斯特金定律讲到，任何事情（特别是用户创造的内容）90%是垃圾，大众会起到过滤出10%有用事物的作用。用户创造内容需要有足够多的用户使用才能具有价值。现在的大众主导消费者普遍具有较高的文化素质和成熟的消费观，且消费者主权意识的增强使消费者不再满足于被动地接受企业生产的产品，而是要求能主动参与到产品的设计生产中，获得自己满意的产品。埃里克·冯·希贝尔（2007）阐述消费者如何慢慢获得创新权时讲到：富有创新精神的用户能将自己真正想要的东西创造出来，而不是让制造商代为完成，因为大多数由制造商制造的产品并不尽如人意。前置消费者通过自己的

---

① 资料来源：Kickstarter官网。

投票权和建议权参与到产品的制造中去,使自己获得满意的产品。未来学家阿尔文·托夫勒(1980)指出,我们在自助运动、自己动手生产的趋势以及新科技生产技术中发现,消费者正逐步参与到生产活动中,消费者和生产者的界限正在逐步消失,生产由"为交换而生产"转至"为使用而生产"。

第三,众筹这一新兴事物的参与主体是80后和90后,即"数字原住民"。他们对陌生人没有太多的恐惧,而且可以进行很融洽的合作和沟通。他们有很大热情去创造一种事物而非仅仅作为消费者去参与某项活动。伴随着互联网的兴起和发展而出生的这一代人,将互联网作为一种生活方式,互联网已经成为他们生活的一部分,同时移动互联网这种更为先进的互联网技术的兴起,使得他们成为移动互联网的关键使用人群。他们在消费时很重视自我,只要喜欢就会去消费;对新鲜事物表现得很积极,愿意去尝试;由于在网络上接触较多的新鲜事物和观点,所以对不同的观点和行为也表现出更多的包容和支持,且喜欢原创,不喜欢模仿的事物;喜欢虚拟社区带来的成就感和参与感,社区的意见对其消费行为会产生很大的影响。因此,要想在营销上打动他们,首先,必须在方式上有所创新,其次,要与他们零距离接触,让他们体验产品、体验文化,只有让他们获得体验的快感,他们才会考虑与你成交。对80后、90后这一未来中国消费的主流力量来说,众筹在交易方式和营销策略上都具有创新性,正好迎合了这一消费群体的需求。

3. 技术方面

第一,Web 3.0时代的到来。相对于Web 1.0时代依靠企业对用户进行单向的信息传递,消费者只是信息的被动接受者而言,Web 2.0时代是依赖于用户参与、用户共享、用户互动的新一代互联网应用的统称。Web 2.0模式下的互联网应用具有以下显著特点:用户分享、信息聚合、以兴趣为聚合点的社群、开放的平台和活跃的用户。在这个大背景下,创客可以将自己的项目发布到网上,征求大众的参与和支持,同时双方还可以互相交流,参与者之间也可以交流想法,大众对产品是否生产具有投票权,这种权利是借助网络的力量产生的。因此,Web 2.0时代为众筹的发展奠定了良好的基础。Web 3.0时代是应众筹模式的出现而产生的,是社交网络与资本筹集的融合,这一融合将为大众参与整个经济发展提供强大的基础。互联网消除了大众参与众筹的障碍。

第二,社交营销的兴起。托马斯·马龙在《未来的工作》中讲到:"通信的成本正在降低,积极性、创造性、灵活性以及其他由于化整为零所产生的收益创造了商业价值。"网络已经逐步代替电视、报纸、杂志等媒介平台,成为年轻人感知社会和相互交流的第一选择。因此,将社区论坛、微博、微信等社会化营销工具运营娴熟,不但能降低成本,更能有效进行品牌传播。社交营销的精髓在于:你可以随时和消费者进行互动,听取他们的意见并及时反馈自己的动态,也能够第一时间发给所有粉丝。众筹网站充分利用社交营销,使用户达到关键规模的同时,对用户进行长期维护,以获得用户的长期支持。

同时,微支付技术也在众筹的发展中起到支持的作用,连同社交媒体和网络社区使得低成本吸引潜在无限的支持者并获得他们的资金成为可能。

四、众筹的发展

（一）众筹发展历程

众筹的文化根源是通过社区为项目进行募资，后者已有数百年的历史。互联网的发展使得这种基于社区的融资模式迁移到线上，降低了交易成本并拓展了潜在的受众。早在2000年年初，众筹就成为一种新型的为项目进行融资的方式。受益于这种低成本的融资方式，小企业以及在金融业中缺乏背景的企业家们得以通过网络平台进行募资。2008年全球金融危机之后，各国的经济普遍陷入低迷，企业融资更加困难。众筹以快速、低廉的特性成为一种日益流行的融资方式。众筹的兴起源于美国网站Kickstarter，该网站通过搭建网络平台面对公众筹资，让有创造力的人可能获得他们所需要的资金，以便使他们的梦想有可能实现。

众筹发展经历过三个阶段：第一阶段是用个人力量就能完成，支持者成本比较低，在最初更容易获得支持。第二阶段是技术门槛稍高的产品。第三阶段则是需要小公司或者多方合作才能实现的产品，这个阶段的项目规模比较大、团队更专业、制作能力更精良，因此也能吸引更多的资金。

从全球范围看，近年来众筹融资发展迅速。根据市场调查公司Massolution的研究报告，2009年，全球众筹融资额仅5.3亿美元，2014年快速上升至162亿美元，2015年达到344亿美元。2007年，全球有不足100个众筹融资平台，2014年年底已接近1200个，到2015年年底，全球众筹公司达到了1544家。从地区分布看，北美和欧洲是众筹最活跃的地区，其在2012年的众筹融资额占全球众筹融资总额的95%。从募资形式看，2012年众筹融资募得的27亿美元中，52%通过捐赠模式，44%通过借贷模式，4%通过股权模式。欧洲是股权模式使用最广泛、增长最快的地区。

回报众筹融资占众筹融资平台的数量最大，并且保持较快的复合增长率，复合增速达79%；而债务众筹融资在众筹融资平台的占比最小，复合增速50%；股权众筹融资则保持最快的复合增长率，达到114%，主要在欧洲呈现高速增长。在筹资效率上，财务回报型的众筹平台——股权众筹融资和债务众筹融资在诸如应用软件和电子游戏开发、电影、音乐和艺术领域表现得非常有效率。其中，债务众筹平台的融资效率最高，该类平台上的项目从发起到完成募集的时间只有股权众筹和捐赠众筹的一半，而股权众筹则在筹资规模上突出，超过21%的项目融资额都超过250000美元，只有6%的项目所筹集的资金规模小于10000美元。股权众筹也因此成为中小企业融资的一种可行的替代方式。

在盈利模式上，众筹平台主要通过向筹资者收取一定的交易费用（佣金）来获取收益，佣金的数额按支付给筹资者资金的一定比例来确定，支付比例从最低的筹资规模的2%到最高的25%不等。其中，北美和欧洲由于众筹平台之间的竞争程度较高，平均佣金比例为7%，低于世界其他国家8%的平均水平。此外，众筹平台还有一部分收入来源于向投资者收取的固定费用，大约是每个项目15美元的平均水平。

(二)中国众筹融资的发展现状

2011年7月,国内第一家众筹平台点名时间上线,标志着我国众筹行业的开端。随后一系列大平台上线代表了国内众筹的重要节点,2011年9月,追梦网在上海上线;2012年3月,淘梦网上线运营,这是国内较早的垂直类产品众筹平台,主要面向微电影领域;2013年12月,淘宝的众筹平台(淘宝众筹平台成立时的名字为"淘星愿",后经两次改名最终定名为"淘宝众筹")成立,意味着电商巨头开始挺进产品众筹行业;2014年7月,京东众筹上线;2015年4月,苏宁众筹上线,电商巨头在产品众筹领域的布局逐渐清晰。2016年至今,监管趋严,全国正常运营的平台数量骤减,行业进入洗牌阶段。

1. 众筹平台数量

从图6-3可见,2016年我国运营中的众筹平台数量达到巅峰,共有532家。从2017年开始,各类平台数量开始下降,截至2019年6月底,在运营中的众筹平台仅有105家。

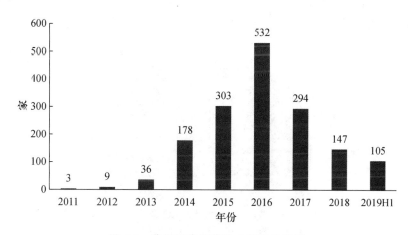

图6-3 我国正常运营的众筹平台数量

2. 各类型众筹平台占比分布

截至2019年6月底,全国处于运营中的众筹平台中,股权型平台数量最多,有39家,占比37%;权益型平台次之,共32家,占比31%;综合型平台14家,占比13%;物权型平台13家,占比12%;公益型平台数量最少,只有7家,仅占比7%。2016年下半年,汽车众筹全面爆发,大量平台上线,使得物权型平台一度在各类型平台中占比最高。但随着行业发展,汽车众筹爆发出诸多问题,不断有平台下线,导致目前物权型众筹平台的数量远不及股权型和权益型平台。(如图6-4所示)

3. 众筹平台地区分布

截至2015年12月,全国众筹平台分布在21个省份,北京作为众筹行业的开拓地,平台聚集效应较为明显,以63家平台数位居第一,广东以61家平台位居第二,上海以40家平台数位居第三,浙江以17家平台排在第四,江苏以11家众筹平台位列第五。(如图6-5所示)从全国众筹平台的地域分布中可以看出,平台多集中于沿海

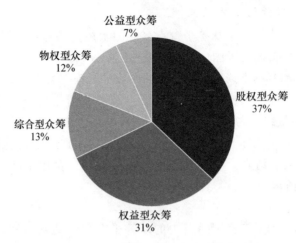

图 6-4　各类型众筹平台占比分布

地区,京津冀、长三角、珠三角地区成为众筹平台集聚中心,这与各地互联网金融发展程度、社会认知度、配套设施、投融资环境、创业氛围有很大的关系。

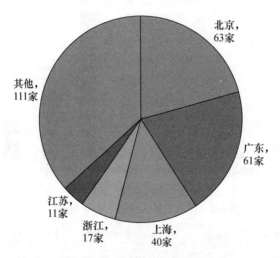

图 6-5　众筹平台地区分布

(三) 众筹融资未来发展趋势

众筹模式是一种崭新的金融模式,潜力巨大。它提供了一种独特的融资渠道,是一种由市场来选择和检验的融资模式,同时也可以作为产品预购的新方式。目前,全球大概有 500 到 800 个众筹融资平台。据行业网站 Crowd Funding Mentors 估计,2012 年全世界范围内通过众筹融资渠道筹集的资金为 30 亿美元,且这种指数级的增长方式将持续。就像每一个新兴事物一样,众筹的未来一定是我们关注的重点。

首先,众筹模式的未来非常有可能和 Facebook、Twitter 这样的大型社交网站相结合,使现在主要提供娱乐交友服务的平台变为一个服务于创业者的融资平台。众筹模式需要大量的用户才可以更好地推其平台上的创业项目,而且一般比较偏好于众筹这种投资方式的投资者以青年人居多,所以综合上述两点,具有庞大青年人用户的社交网站是以后众筹网站完美的合作对象。加强与成功网站的合作,进行资源整合,加强网络资源融合,可以扩大众筹网站的影响力。

其次,未来的众筹网站会出现各个小众细分市场。就是说,以后不排除出现某一个大型众筹网站,上面各种类型的投资项目都有,但是更加有可能的趋势是出现许多家出色而具有特色的众筹网站,各自占据一个细分市场,就像今天的BAT模式,百度占据搜索领域,阿里巴巴占据电商领域,而微信则占据社交领域。对于众筹来说,这种可能性是比较大的,因为投资者一般不会涉及所有领域,每个投资者都会有自己关注的重点,他们会偏好选择那些专业做他们关注的领域的网站,这样众筹网站就抓住了细分客户群。聚集众人的力量已经是众多行业内的热门生意手段,众筹网站正是这种热门手段与网络的创新式体现。在众筹网站中,参与众筹项目的出资者得到的不仅仅是经济上的回报,更多的是通过全程参与,得到乐趣,得到精神上的满足,这是其他网站所不能比拟的。因此,锁定目标群体,加强对目标受众的调查与分析,了解目标受众的特点与兴趣,制定相关的发展策略是今后众筹网站长期发展的重中之重。

最后,未来众筹网站会进行平台扩展。在网络发展迅速的今天,方便快捷是各大新媒介发展的重要因素,所以除了网站自身的不断完善,硬件平台对各大新媒介的发展也很重要。伴随着手机技术的不断改进,随时随地使用各种新媒介成为可能。手机这一移动平台逐渐成为各个互联网公司争相发展的重要领域。众筹网站未来发展的主要领域是手机平台上的发展。手机具有即时性、便捷性、传播速度快等优势,有效利用手机平台可以有效促进扩大众筹模式的影响力,完成项目融资。

由此可见,虽然众筹网站在我国乃至全球都处于起步阶段,但众筹网站适应网络发展的环境,顺应了市场发展的规律,也符合网民的需求。众筹网站的模式是具有颠覆性的,这种模式一旦发展成熟,可能会颠覆当下的网络营销思路,同时也促进文化创意产业的发展。展望未来,众筹网站或将成为今后互联网金融里不可或缺的力量之一。

第二节 众筹融资的模式

一、众筹融资运作模式

在整个众筹融资模式运作过程中,项目发起人、众筹平台、项目支持者三方参与主体分别发挥自身优势,履行各自工作内容,通过多方资源有机整合,促进项目融资的顺利完成。

(一)众筹融资模式的运作流程

基于对目前我国众筹融资发展的认识,综合现行众筹融资项目的运行机制,将我国众筹融资模式的运作流程分为三阶段:项目准备、项目融资和项目经营。项目准备阶段是整个众筹融资的孕育期,即项目在众筹平台对外展示并筹资之前的准备工作期，具体包括发起人的项目申请和众筹平台的项目审核，只有通过审核的项目才能进入下一阶段；项目融资阶段是整个众筹融资的筹资期，即从项目展示到收获筹资的整个融资过程，具体包括项目展示、项目评估、项目支持、筹资管理、收获佣金、收获筹资；项目经营阶段是整个众筹融资的经营期，即筹资结束后开始项目经营到项目成果分配的全过程，具体包括项目经营、项目监管、成果分配、收获回报。如图6-6所示：

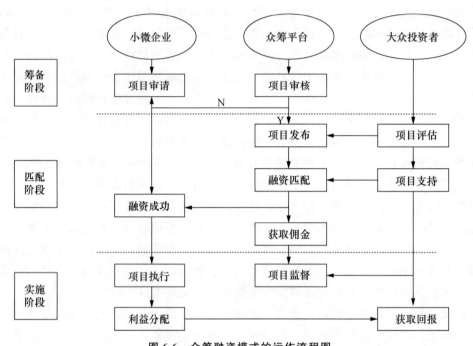

图6-6 众筹融资模式的运作流程图

（二）三方主体的工作内容分析

下面基于上述运作流程，从众筹融资三方参与主体的角度出发，对三方主体各自的具体工作内容和流程进行分析。

1. 项目发起人

项目发起人作为项目的直接发起者、资金筹集者以及日后项目经营者，在项目创意与项目经营上具有优势，其主要工作内容是向外界展示项目创意、项目前景、项目风险、资金需求等，开展日后项目经营，分享项目成果。具体工作按流程主要包括：项目申请、收获筹资、项目经营、成果分配。如图6-7所示：

图6-7 项目发起人工作流程

项目申请即向众筹平台提交项目融资请求，主要内容包括申请人信息、项目名称、项目团队介绍、图片或视频式的项目描述、筹资额度与期限、项目进展与风险、项目承诺与回报。

收获筹资表明项目申请已通过众筹平台审核，并在设定的期限内完成设定的筹资额，发起人可以顺利从众筹平台获得支持者所投资金。倘若未能在期限内完成设定的筹资额，表明筹资失败，发起人不能收获筹资。通常，收获筹资的金额为期限终止时实际筹资额的 90%～100%，剩余资金作为众筹平台的佣金及服务费。

项目经营是发起人收获筹资后的重要工作，也是发起人融资的最终目的。为了保证项目经营的顺利实施，支持者需对项目进行监管，发起人也有义务定期向支持者发布项目经营信息。

成果分配是发起人最后的工作，也是向支持者发放回报以实现承诺的信用体现。项目经营成功，发起人需在预先约定的时间完成承诺的回报；如若未能在约定的期限内实现承诺，视为项目经营失败，发起人后期可不再履行成果分配的义务。

2. 众筹平台

众筹平台作为发起人与支持者的中介机构，具有专业化服务及平台优势，其主要工作内容是在保护发起人与支持者利益的前提下，为项目资金筹集牵线搭桥。具体工作按流程主要包括：项目审核、项目展示、筹资管理、收获佣金。

项目审核是众筹平台工作的开始，也是决定项目能否参加众筹融资的关键。众筹平台在收到项目申请后，需对项目申请内容进行审核，评估申请信息的完备性、真实性及项目可行性，只有满足完备性、真实性、可行性要求，项目申请才能通过审核。如图 6-8 所示：

图 6-8　众筹平台工作流程

项目展示表明项目审核已经通过，并通过众筹网络平台向外展示。项目展示包括项目预展示与项目展示。项目预展示主要是为了争取网民关注，获得市场反馈，从而调整项目内容，确保后期项目展示能筹集足够资金；项目展示的内容包括项目详细介绍、筹资金额、筹资期限、支持方式、项目回报等。

筹资管理即在发起人预先设定的筹资期限内对所筹集资金进行日常管理，以及筹资期结束后对实际筹资额的分配。筹资期结束后，若实际筹资额达到或者超过预先设立的筹资额，表示筹资成功，筹资平台从中抽取一定的佣金及服务费后，将剩余资金及时交给发起者；若实际筹资额小于预先设立的筹资额，表示筹资失败，筹资平台需将实际筹资额返还支持者，众筹平台不收取任何佣金及服务费。

收获佣金即在筹资成功后，按照预先约定的佣金比率（一般为 0～10% 不等），从实际筹资额中抽取作为项目佣金及服务费，这也是众筹平台收入的体现形式。

3. 项目支持者

项目支持者作为项目所筹资金的来源者，具有资金优势，其主要工作内容是在发挥自身资金优势的前提下，支持、监督项目实施，并获得项目成果分享。具体工作按流程主要包括：项目评估、项目支持、项目监管、收获回报。如图 6-9 所示：

图 6-9 项目支持者工作流程

项目评估是支持者参与众筹融资的开始，支持者根据项目介绍、筹资额度、项目回报等项目展示信息，以及自身兴趣、爱好、风险偏好等，评估该项目是否具有支持价值。

项目支持是支持者对项目的实际投入工作，当前我国主要形式为资金支持，支持者只需按照众筹平台指导，在网上即可完成项目资金支持工作。

项目监管是支持者为了确保项目经营的顺利实施，定期或不定期地与发起人进行沟通，项目发起人也有义务定期向项目支持者发布项目经营信息。

收获回报是支持者参与众筹融资的最终收益体现形式，发起人需按约定发放对支持者承诺的回报。当前，众筹融资在我国发展并不明朗，为了与非法集资相区分，很多众筹平台均规定不得以股权、红利等形式作为承诺回报，而以实物资产的形式，如项目最终产品等。

二、众筹的模式分类

（一）根据融资机制分类

从融资机制上看，主要可以分为固定融资众筹和弹性融资众筹。

1. 固定融资众筹

固定融资机制是指项目发起人必须在融资方案设定的时限之内完成目标筹资额。如果在此期限之内，通过平台公司筹集的资金无法达到目标规模，那么项目发起人便无法获得投资人的资金支持，资金需返还给投资人。反之，若在规定的期限之内，通过平台公司筹集的资金规模超过目标资金额度，发起人将获得投资人的资金支持。采用这一机制的代表性公司就是 Kickstarter。一般地，Kickstarter 将项目资金的募集期限设定在 60 天之内，在 60 天之内完成目标筹资额度的项目才能提取资金。此外，项目发起人提取资金时将为平台公司和支付平台提供一定比例的费用。

2. 弹性融资众筹

弹性融资机制是指如果项目发起人未能在规定期限内实现预定融资目标，则项目投资人仍然能够获得部分资金支持。在这种情况下，平台公司同样会收取一定比例的费用，但其费率会比固定融资机制下的费率高。采用这一机制的典型就是 Indiegogo。该平台公司将融资期限的上限设定为 120 天，而项目发起人可以选择固定融资，也可以选择弹性融资。如选择弹性融资，在融资期限终止时，发起人仍然能够获得所融部分资金支持，但其支付的费用较高。在 Indiegogo 上，固定融资的费率是 4%，而在弹性融资中当所融资金低于目标融资额时，费率将上升到 9%。

（二）根据回报方式分类

根据回报方式的不同，主要分为奖励类众筹、股权类众筹和捐赠类众筹。

1. 奖励类众筹模式

发起者以互联网为平台，在线发布新产品相关信息或服务信息，某些对该产品有兴趣的投资者可以事先预购，从而为项目的前期制作注入资金。在该模式中，文化类相关产品（电影、音乐、创意产品、新闻出版等）、智能电子产品是主流。众筹网、点名时间和追梦网是我国主要的基于以上众筹模式的平台。项目所有者通过该融资模式募集资金，同时获得一些产品进入市场的潜在信息，把握产品的市场方向，为更好地进入市场打下基础。项目所有者可以通过众筹平台与客户产生互动，从而建立与客户亲密的联系，这种联系为产品成功推向市场奠定了坚实的基础，产品可以根据用户的意见有针对性地改进，以获得客户的忠诚度与产品依赖度为工作的宗旨。同时，该众筹模式还能够测量产品或创意是否有吸引力。在众筹融资的规定时间内，项目所有者可以通过融资和客户互动，对产品或创意进行快速且相对准确的评估，从而对错误的创意进行改进或彻底改变，通过这种双方的互动把项目做得更加贴近大众，满足群众的潜在需求。如果项目所有人成功获得第一轮融资金额，还可以转向VC、PE或天使投资等渠道进行融资。例如，滴滴打车就是成功的众筹转传统渠道的成功案例，这种方式的众筹在我国是合法的，因此，通过预售或奖励融资比较普遍。

我国奖励类众筹模式存在很多不足。首先，它更像是"团购＋预售"的形式，这体现的是一种营销策略，而不是真正意义上的众筹融资。淘宝网、京东商城以及各个领域的领头网站已经有团购的形式，积累了大量的客户流量和品牌知名度，奖励类众筹在该方向发展没有竞争优势。其次，我国奖励类众筹项目普遍是一次性募资，项目结束后不再尝试继续做大做强。那么，募资只是一次简单的"销售"活动，失去了我国众筹融资的本意，我国鼓励发起人通过众筹融资募得所需资金，在后续项目运作中要加深与投资者和消费者的关系，以便后期把该项目做得更成熟。因此，我国奖励类众筹要想健康发展，必须在融资模式方面有所突破。例如，提高融资项目的创意门槛、提高募集资金数额与限制投资人数量等措施，以此提高融资项目的品质，满足发起人真正融资的需要。

2. 股权类众筹模式

该模式目前主要的业务是服务于初创企业，尤其是在移动互联网、电子商务、移动PC、房地产等企业中应用比较广泛。这些企业大都处于初创成长期，项目借助于众筹平台，公布了投资者项目的相关情况，将信息暴露在大众面前，宣传面比较广，更可能使初创企业与中国顶尖的投资者进行直接的接触交流。因此，众筹平台使投资者通过平台找到目标项目，保证了项目的高质量与高层次。一些有潜力的项目通过众筹平台成功募资，项目公司一旦做大，便会吸引大股东前来投资，股权众筹为初创企业提供了资金与宣传的平台，股权众筹与天使投资、PE、VC构成一条完整的融资生态链条，是多层次资本市场体系的一部分。我国主要的股权众筹平台有原始会、天使汇和大家投。虽然处于萌芽阶段，法律制度不健全，但是，由于更加贴近民间资本，具有自身的特色与竞争力，将会在不断完善中持续发展。

众筹实质上是在网络平台上买卖股份完成投融资的目标，该行为性质往往触及证券发行的几个风险点，因此，在我国法律上常常处于非法集资与合法集资之间。由于法律尚未对此作出相关规定，我国的众多股权众筹项目只能通过绕开非法集资的几个关键点开展项目，如通过实名认证、投资资格认证、规定项目中的最低投资额度来严格控制投资者人数等特殊方式规避法律的限制。由于股权众筹融资模式的风险非常大，在美国，获得风险投资的创业企业在5年内的失败率平均达到60%~80%。然而，一旦项目运行成功，收益率也是巨大的。这就需要投资者分散投资，例如，投资不少于10~20个项目；一些股权众筹平台规定投资人条件，只能是公司高管（年均收入不低于30万元）、金融人士、高净值人士（金融资产在100万元以上）、专业投资人等，通过筛选优质的投资者，增加项目成功的可能性。股权众筹是一项长期的投资活动，需要投资者巨大的耐心。投资人投资一家创业企业平均需要5年多才能退出，从而获得最终收益。即使投资企业发展顺利，也只有在创业企业被收购、下一轮融资或者最终成功上市时，投资人才能够兑现收益、落袋为安。因此，股权众筹不适于普通上班族进行投资。

我国股权类众筹更多的是初创企业完成首轮募资，在此过程中扩大知名度，吸引PE、天使投资人对此进行第二轮融资。因此，我国股权众筹为初创企业提供了良好的发展平台。由于涉及的风险非常大，投资者审核门槛高，该模式在我国发展并不普遍。

3. 捐赠类众筹模式

非经济性回报的投资，主要是处于情感共鸣或自我内在价值改变阶段，对许多融资项目进行小额的"爱心投资"。主要功能是进行献爱心的信息传递与资源的有效配置。异于传统的募捐方式，基于捐赠的众筹模式由于往往为某一特定项目进行募捐，对于捐款的具体用途，很多投资者都是清楚的，同时，非政府部门对特定项目的运作过程持续进行跟踪并发布相关信息，投资者更愿意募捐更高数额，并保持更高的忠诚度。总之，基于捐赠模式的众筹的捐赠者是以非营利性为目的的，投资者更想要获得一种内在价值与存在感。

4. 三种众筹模式的对比

三种众筹融资模式是众筹模式与其他领域深度融合的体现，宗旨都是促成大众、中小企业创新产业的发展。近来，"众筹＋移动互联网＋O2O"的复合模式比较流行，是预售众筹模式与股权众筹模式的综合运用。三者唯一的差别是具体回报的不同，主要差异见表6-1。

表6-1 国内各众筹融资模式比较

众筹模式	回报	适用范围	国内是否应用	是否合法
奖励类众筹模式	以单纯的实物产品为回报	影视、工艺产品、生态产品创新多应用该模式	比较普遍	合法

(续表)

众筹模式	回报	适用范围	国内是否应用	是否合法
股权类众筹模式	公司一定数量的股份给予投资者作为回报	初创企业种子期融资，多数是互联网产品、高新技术创新项目	有	部分合法
捐赠类众筹模式	非营利性的，无回报	多为公益项目	较少	合法

目前，我国的奖励类众筹模式仍处于主导地位，因为它在国内应用比较普遍，并且合法；股权类众筹中，投资者能否获得实际的收益，取决于公司的实际经营状况，因此，优质的创始人背景团队是该融资模式的重要影响因素。此外，股权类的众筹模式涉及投资者的权益保护和项目运行的风险规避，完善的立法将有助于我国股权众筹模式的快速发展；捐赠类众筹由于是非营利性的，涉及的参与人群较少，在我国应用不多。

三、股权众筹的现状及发展趋势[①]

从 2014 年 11 月 19 日，国务院总理李克强在国务院常务会议上提出"开展股权众筹融资试点"，给予了股权众筹明确定位，到 2015 年李克强总理在两会报告中提出"大众创业、万众创新"，股权众筹迅速成为时下互联网金融领域中最炙手可热的一个方向。

（一）股权众筹的定义

股权众筹作为资本市场一种重要的融资形式，诞生于美国，后来迅速推广至其他全球经济体。根据国际证监会组织（IOSCO）的定义，股权众筹是指通过互联网技术，从个人投资者或投资机构获取资金的金融活动。其主体包括融资方、众筹平台、投资者三个要素。

2015 年 7 月 18 日，中国人民银行等十部门发布《关于促进互联网金融健康发展的指导意见》，对股权众筹融资进行了定义。股权众筹融资主要是指通过互联网形式进行公开小额股权融资的活动。股权众筹融资必须通过股权众筹融资中介机构平台（互联网网站或其他类似的电子媒介）进行。

目前，公开资料披露的股权众筹典型流程是：项目筛选→创业者约谈→确定领投人→引进跟投人→签订投资框架协议→设立有限合伙企业（或其他投资形式）→注册公司→工商登记/变更/增资→签订正式投资协议→投后管理→退出。

（二）股权众筹的发展现状

1. 股权众筹平台的数量

据不完全统计，截至 2015 年 12 月，全国正常运营的股权众筹平台共有 125 家。我国最早开展股权众筹模式的平台是天使汇和创投圈，这两家平台上线时间分别为 2011 年 6 月和 2011 年 11 月。在 2012 年，众投天地、大家投等平台相继上线开展了

---

① 资料来源：融360 大数据研究院和中关村众筹联盟联合发布的《2016 中国互联网众筹行业发展趋势报告》。

股权众筹运营模式；2013年，股权众筹平台上线6家；2014年，股权众筹平台数量整体规模不断扩张，新增54家；2015年，新增60家平台，继续呈爆发之势。2016年，股权众筹平台数量达到峰值，为133家，随后开始下降，截至2019年6月份，股权众筹平台仅有39家。（如图6-10）

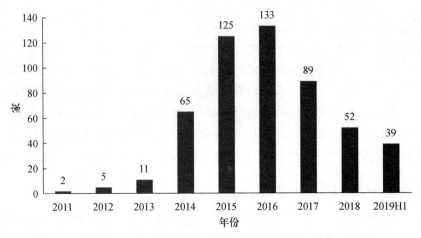

图6-10 股权众筹平台的数量

2. 股权众筹平台的地区分布

截至2015年12月，我国共有125家正常运营的股权众筹平台，分布于全国18个省市地区，其中，北京、广东、上海、浙江四个地区的平台数量最多。北京平台数量达41家；广东平台数量达32家，其中，深圳地区24家，其余8家平台分布于广州、佛山、揭阳三个地区；上海18家；浙江8家。四个地区合计共占全国股权众筹平台总数的76.86%。其余28家平台分布于我国中西部地区，包括四川、河北、江苏、山东、安徽、河南、陕西、江西、天津、重庆、福建、湖南、贵州13个省市地区。（如图6-11）

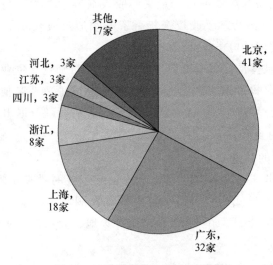

图6-11 股权众筹平台的地区分布

3. 目前股权众筹的融资试点

2015年5月13日,上海市批准,将在上海发展互联网金融股权众筹融资试点。

2015年7月22日,广东金融办对外发布《广东省开展互联网股权众筹试点工作方案》。

2015年8月7日,证监会表示,正在抓紧研究制定股权众筹融资试点的监管规则,积极推进试点各项准备工作。

2015年10月19日,北京市人民政府正式发布《关于大力推进大众创业万众创新的实施意见》,提出"积极开展股权众筹融资试点,打造中关村股权众筹中心"。

2015年10月31日,中韩双方考虑在山东省开展股权众筹融资试点。

2015年11月13日,天津市出台的《天津市金融改革创新三年行动计划》中提出"积极申请股权众筹试点,支持创新创业企业发展"。

2016年8月,国务院印发《"十三五"国家科技创新规划》,其中,第十七章第三节"促进科技金融产品和服务创新"中提道:"在依法合规、风险可控的前提下,支持符合创新特点的结构性、复合性金融产品开发,加大对企业创新活动的金融支持力度。支持科技项目开展众包众筹。推进知识产权证券化试点和股权众筹融资试点,探索和规范发展服务创新的互联网金融。"

(三)股权众筹的基本模式

1. 股权众筹运营的基本模式

股权众筹与传统的股权投资最大的不同在于投资人数的众多,投资资金比较分散。实践中一般采取合投模式,即领投跟投模式,一般要求项目融资人必须参与领投且在投资份额和持股锁定期上有一定的要求。一般有以下四种模式:

一是有限合伙模式。根据投资人人数决定设立合伙体的人数,由50个人为一组设立一个合伙体,然后由有限合伙体为投资主体直接投资于融资的项目公司,成为其股东。富有经验的投资者成为普通合伙人,其他投资者成为有限合伙人。目前,股权众筹多数采用此模式。有限合伙模式的运作流程如图6-12所示。

这种模式的好处在于,作为天使投资人,可以通过合伙投降低投资额度,分散投资风险,而且还能像传统VC一样获得额外的投资收益;作为跟投人,往往是众多的非专业个人投资者,他们既免去了审核和挑选项目的成本,而且通过专业天使投资人的领投,也降低了投资风险。同时,与传统VC的LP不同,跟投人并不需要向领投人交管理费,降低了投资成本。

二是代持模式。在众多投资人中选取少数投资人和其他投资人签订股权代持协议,由这些少数投资人成为被投项目公司的登记股东。此模式不用设立有限合伙实体,但涉及人数众多时股权代持易产生纠纷。

三是契约基金模式。与有限合伙模式相比,契约型基金模式不是设立有限合伙实体,而是由基金管理公司发起设立契约型基金,基金管理公司作为管理人与其他投资人签订契约型投资合同,然后由该公司直接作为投资主体投资于项目公司成为其股东。此模式相比有限合伙模式操作更为简便,运作流程如图6-13所示。

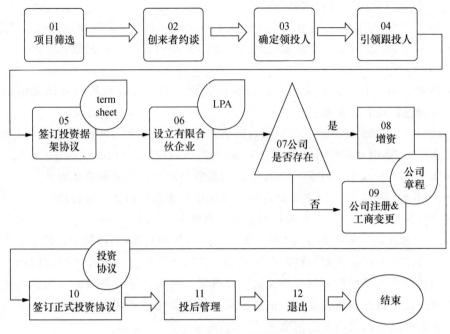

图 6-12　股权众筹有限合伙模式的运作流程

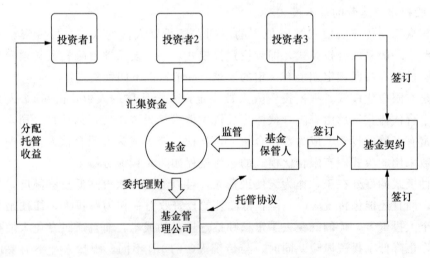

图 6-13　股权众筹契约基金模式的运作流程

四是公司模式。由投资人设立公司，再由公司作为投资主体投资于融资公司成为融资公司登记股东。此种类型由于成本高操作不便，且涉及双重征税，比较少采用。

（2）股权众筹盈利的基本模式

股权众筹的盈利模式一直是行业之痛，由于股权投资的特殊性和股权众筹业务规模目前仍有限，导致对于现在的绝大部分股权众筹平台，仍然很难实现盈利。目前，市场上主流的收费模式有三种：

第一种，中介费/佣金模式。这是现阶段股权众筹平台最普遍的收费模式之一，在项目融资成功后,平台向融资者收取一定比例的成交中介费,或称为佣金、手续费等,通常是融资额的3%—5%不等,视各家平台实际情况而定。

第二种,股权回报模式。股权回报模式即股权众筹平台获得在平台上成功融资项目的部分股权作为回报。有的股权众筹平台除收取融资顾问费以外,还要求获得融资项目的部分股权,也有平台仅仅只获取股权回报,而不收取其他中介费用。

第三种,增值服务费模式。增值服务费模式即股权众筹平台为众筹融资方提供创业孵化、财务、法务等在内的各项创业增值服务,并对这部分增值创业服务收取费用的模式。

三种模式的优劣比较,如表6-2所示:

表6-2 股权众筹各盈利模式的优势和劣势

盈利模式	优势	劣势
中介费/佣金模式	能够获得现金回报,收益明确	现阶段众筹的项目数量仍然较少和融资规模也较小,只靠佣金、中介费,平台收益非常非常有限
股权回报模式	能够规避掉收取佣金存在的收益有限,项目一旦成功,股权顺利退出,平台能够有较大的获利空间	采用股权回报模式的平台,顺利退出股权需要较长的时间,短期内基本无法获利了结
增值服务费模式	提供增值服务,能够真正解决创业企业和项目的痛点	创业孵化服务的成本较高,现阶段平台难以支持。目前,能够支持此成本的只有京东等资本雄厚的大平台

3. 未来股权众筹的模式创新

股权众筹行业自兴起以来,在坚守红线的同时,作了不少创新。比如,36氪股权众筹制定了定向邀请和老股发行等特殊游戏规则。其中,定向邀请是允许众筹项目在预热阶段,由创始人或领投方邀请特定对象参投,这样的好处是可以直接选定一些除了股权之外还能提供各种资源的潜在投资人。老股发行是给拿到了A轮后的创业者一个出让少量股份的机会,也即徐小平等天使投资人提到的"1%快乐",创业者在A轮后出让1%股份套现,以改善生活,快乐创业。未来,股权众筹将有更多的创新空间,主要有以下几种:

一是可转债。在现行法律法规体系下,我国的可转债指的是上市公司发行的可转债,但该模式也可以用于非上市公司,其好处是可以化解投资人的股权投资风险,在投资期结束后,若投资人愿意将债权转为股权成为公司股东,则可以行使权利,若到期后并不看好公司则可以拿回本金及收益。该模式等于赋予了投资人可选择的权利,相当于投资人拥有一个具有附加值的债权。当然,正因为拥有选择权,可转债与一般债相比,融资方给予的收益或利率比较低。该模式可以作为股权众筹的补充,对丰富股权众筹产品、满足投资者个性化需求及投资偏好具有较大的作用,但也面临一定的法律风险。

二是股权期权。在现行的法律法规框架下,股权众筹受限于200人,对于部分需要突破200人的项目制约很大。若采用股权期权的办法,对于参与众筹者,承诺给予期权，设定一个条件或期限，待条件成熟时以约定的价格授予参与人购买一定数量股票的选择权，从而避开 200 人的上限约束。该方案面临一定的法律风险。

三是股权众筹支付对价创新。在目前的股权众筹中，投资人的出资方式为现金。该支付方式显然过于单一，融资公司往往需要的不仅仅是资金，有时也需要专利、品牌或者设备、场地等非金钱性资源。在此情况下，可以考虑多种形式的出资方式，如场地入资、知识入资、设备入资等多种形式，从而使得股权众筹融资的支付对价更多元化。

四是组合式股权众筹。作为新金融的众筹融资平台需要向综合化服务迈进，因为融资方的需求是多元的。例如，创业项目在进行股权融资时，也考虑进行部分债权融资，在进行债权融资时也考虑进行产品众筹，这些组合众筹都有各自的优势，这对早期项目及刚创立的企业发展来说，都具有很大的促进作用。

第三节 众筹融资的影响

传统金融市场主要由银行和资本市场（包括证券公司、保险、信托公司以及 PE/VC）构成，过去很长一段时间在金融系统里起着融资功能的主要是银行和证券公司，而众筹这种新兴的融资方式会对银行和券商造成什么样的影响呢？下面分别进行分析。

一、对于银行业的影响

银行主要进行的是间接融资，存款者将暂时闲置的货币资金通过存款的形式，或者购买银行理财产品先行提供给这些商业银行，然后再由商业银行以贷款、贴现等形式，把资金提供给货币需求者使用，从而实现资金融通的过程。

银行的间接融资主要包括如下种类：

（1）商业信用。主要指的是银行向商业企业提供用于扩大生产或者购买资产的贷款或者向个人提供以其购买的房屋为抵押的住房抵押贷款。

（2）消费信用。主要指的是银行向消费者个人提供用于消费品的贷款。

众筹模式虽然是一种全新的融资方式，但是其对于银行信贷业务的影响是有限的。主要原因有以下几点：

（1）银行的商业贷款一般都是技术改造或建设类项目的贷款。例如，机场、公路、码头、电站、房地产开发、购置生产设备等。其中，如果以贷款余额计算，这些贷款绝大部分贷给了国有大中型企业。剩下的小部分里，又有大部分给了各房地产开发商。其贷款的资金量比较大，且资金的供给比较稳定，这是众筹模式很难做到的，所以商业银行的商业贷款基本不受众筹的影响。而商业贷款的另一个重要组成部分就是住房抵押贷款，住房抵押贷款是用来购买自住用房的，众筹不涉及该领域。

（2）银行的消费贷款是给个人用户提供提前透支消费的，消费者使用这一信贷方式基本不用来生产产品，所以就不能通过众筹网站融资。

二、众筹融资与金融脱媒

虽然通过上述分析可以看到众筹模式并不会对银行传统的信贷业务造成很大的影响,但是我们还是要分析一下众筹这一资本市场新宠对于金融脱媒的影响。

广义上的金融脱媒,一方面指居民作为资金供给方,将不可交易的银行存款分流,逐步转向可交易的证券化资产,如货币市场基金、股票、债券等,以取得更高收益率;另一方面指企业作为资金需求方绕过银行等存款机构直接在货币市场和资本市场上融资,即需求和供给的双向脱媒。

金融脱媒最早出现在美国 20 世纪 60 年代。在此之前,美国经历大萧条,之后通过了一系列金融法案保护银行业,使其商业银行的发展一度处于鼎盛时期,1960 年达到巅峰,人们熟悉的 Q 条例也产生于其中。进入 60 年代,美国开始出现贸易收支逆差,肯尼迪政府和美联储为保护美元的国际地位,采取了一系列意在改变收益率曲线的政策措施,结果导致此后 4 年,短期利率迅猛上升(金融中介的激烈竞争也是原因之一)。为缓解储备银行的经营危机,1966 年 9 月,美国国会命令美联储为商业银行支付给定期存款和储蓄存款的利率设置法定上限,联邦贷款委员会也为储贷协会所能支付的利率设置了上限,利率竞争实际上被禁止,银行存款对投资者的吸引力进一步急剧下降,促使银行纷纷出现利润下滑,市场不断萎缩,利差收入减少,依靠传统的业务难以维持生存,"脱媒"现象由此出现。

Smuel Theodore 把金融脱媒分为四个阶段,第一次脱媒包括储蓄机构、互助基金、特别养老基金、人寿保险政策对于银行存款的影响;第二次是资本市场作为信用的提供者承担了银行的部分传统角色;第三次是技术的进步使得金融交易更现代化,从而降低了对银行业务的需求;第四次脱媒即银行产品的分销脱媒。而众筹是一种直接在需求和供给两端同时进行的双向托媒,非常有望引领全新阶段的金融脱媒。

要正确分析金融脱媒,必须先认识清楚商业银行与资本市场的关系。

商业银行与资本市场在功能上的共同特征是显而易见的,但商业银行与资本市场在功能上的差异却不易被人们重视,在理论上也没有给予清晰的说明。商业银行与资本市场存在两方面的差异:一是商业银行与资本市场在实现共同的功能时具有不同的特点,或者说它们可以满足不同的金融需求。比如,商业银行和资本市场都具有融资的功能,但大公司较大金额、较长期限的资金需要更适合从资本市场上来筹措,而中小企业和个人零星的、短期的资金需要更适宜由银行以贷款方式予以解决。二是商业银行与资本市场具有各自不同的功能。商业银行具有的某些功能(如支付清算),通常是资本市场无法实现和替代的,而资本市场具有的一些功能(如价格发现),商业银行也难以完全具备和充分发挥。

当前,许多学者在研究金融脱媒问题时,也基本遵从金融功能观,这实际上也就是在说明商业银行与资本市场之间的关系。商业银行与资本市场之间是一种静态竞争、动态互补的关系。静态地看,商业银行与资本市场相互竞争,争夺客户和资金。动态地看,充满活力、高度发达的资本市场为商业银行提供了大量新兴业务,当然,这就要求商业银行实现自我转型，由传统走向现代，商业银行必须与资本市场合作，将未来的业务模式和运作机制建立在资本市场的平台上。商业银行与资本市场之间的竞争与互补将不断地提高金融体系的效率，推动现代金融体系的发展。

金融脱媒趋势下也会存在许多问题，主要有以下几点：

(1) 银行中间业务发展存在乱象，阻碍其可持续发展

中间业务是衡量商业银行转型发展的重要指标，占据银行考核体系中相当大的考核权重。近年来，银行中间业务收入增长表明中资银行有一定进步，但并不预示其成功转型了，因为整个银行业的经营模式未发生变化。当前，我国对于中间业务只有广义的定义，具体判断划分和统计口径由各银行自行确定，故商业银行中间业务收入的含金量有待商榷，特别是上市银行更是有增加中间业务收入占比粉饰报表的动力。中间业务发展存在诸如配比购买理财产品、基金、保险等负债类产品，收取"财务顾问费""资金保管费""贷款额度占用费"等乱象。因为在加息和贷款稀缺背景下，部分利差通过顾问费用、担保承诺、资产管理及投资收益等隐性转移到了中间业务收入中去。如果为了完成考核指标而"虚增"中间业务收入，显然违背了银行发展中间业务的初衷，畸形的发展模式必将不具可持续性。

(2) 其他金融中介的崛起使得银行反脱媒面临严峻挑战

最近几年，我国金融体制改革信号更为明确与密集，建设资本市场、改革证券行业、引导民间资本进入金融领域等政策密集推出，在政策扶持下，直接融资加快发展，非银行金融中介加速崛起。证券、信托、基金等非银行金融机构除了不能吸收存款，其他很多投资行为都可以涉猎，但银行却恰恰相反，主要依靠存贷利差，银行投资二级市场股票或相关的证券投资基金被明令禁止，跨市场、交叉性的金融产品必须要依赖其他平台。而银行与信托、私募、PE 等合作也有许多弊端，如产品管理不到位、操作风险下权利与责任不统一、无法推出许多有生命力的金融产品等。虽然目前银行利润不断走高，但实际上不具可持续性，随着金融体制改革的加快，银行的主导地位必然面临严峻挑战。

(3) 金融脱媒趋势下的金融创新对货币政策传导机制的冲击

银行脱媒趋势下，银行存贷款出现显著分流和表外转移。表外业务对金融体系传统的资金配置渠道具有替代和改变作用，引发对货币政策传导机制的冲击，主要体现在三个方面：一是表外金融产品和融资工具创新活跃，不仅对表内信贷业务形成替代效应，还对整个社会融资量起到扩张效应，使得货币政策的有效性和针对性受到影响；二是表外业务监管难度加大，金融业务创新空间更为广阔，从而形成各种纷繁复杂的金融活动，如商业银行通过表外业务渠道进入影子银行体系之中，风险隐蔽化、复杂化，不仅会使数量型货币政策失效，价格型货币政策机制也将扭曲；三是表外业务活动无法从货币统计中得以体现，如资金紧张导致的收益率高企以及理财产品的崛起导致同业市场的快速膨胀等，在现有货币统计中均未统计。这样常规的货币政策手段如存款准备金政策、利率政策等难以对其引致的货币供应进行影响和控制，降低了货币供应量与宏观经济变量间的相关性，从而干扰了中央银行货币政策的执行力度。

(4)混业经营趋势下的传统分业监管架构导致监管滞后

从国外经验看,在银行脱媒和利率市场化的推动下,银行业迈向综合经营发展是不可阻挡的趋势。从目前我国银行经营模式看,政策面上是分业经营,但现实中已经朝着混业经营的方向发展。特别是近年来银行业通过理财业务、投资银行业务等打开混业经营大门,向证券、基金、保险等领域扩张。从美国的金融脱媒历程看,现代混业建立在现代分业的基础上,而我国资本市场和其他金融中介发展相对滞后,法制不够健全,金融监管滞后,商业银行在混业经营上,在衍生产品创新和参与衍生品交易上存在盲目性,市场监管也存在诸多薄弱区。金融混业经营已开始操作,但相应的综合监管体制却一直没有启动,各司其职的分业监管,往往使交叉领域出现监管真空。相对于金融创新的主动、灵活,监管制度往往显得被动和僵化,无法先于行业发展进行有益引导。

虽然现在银行的业务规模和竞争力都远远超过众筹融资,且在相当一段时间内众筹也不会对银行构成实质性竞争,但是以众筹融资为代表的资本市场融资新模式将会潜移默化地改变金融市场的竞争格局。银行要适应竞争环境的改变,必须在经营模式和管理理念上进行转变,具体有以下几点特别需要着力:

(1)加强金融创新

广义上的金融创新,是金融工具、金融技术、金融机构和金融市场的活动,并使这些创新成果得以推广,而狭义的金融创新,则是金融产品和金融业务的创新。其实,不管是银行的零售业务、中间业务、网络银行还是资产证券化,无不牵涉金融创新的成分,可以说,所有的银行业务都需要创新产品,从而提高银行的竞争力,应对金融脱媒。近年来,我国商业银行在制度、机制、理念、体制、科技、管理、金融产品和服务等方面的创新过程中都结出了丰硕的果实。例如,民生银行率先实行营销模式的创新,提出了"快乐营销"的理念,不断满足客户个性化、多样化的需求。交通银行也在体制创新方面进行了探索,首推"信贷执行官"制度,对目前我国商业银行普遍实行的"审贷分离"的信贷管理体制无疑是一个不小的冲击。而各商业银行金融产品创新也异常活跃,新的债券品种、交易品种以及股权类衍生产品等创新金融产品相继推出,金融市场产品结构日渐丰富。市场主体的发展和培育取得进步,新的交易主体相继面世,综合治理也在稳步进行中,合格机构投资者群体扩大,为金融市场安全、稳健运行奠定了基础。但是我国商业银行的金融创新仍处在一个很原始的阶段,其中的问题也屡屡出现,和发达金融市场的金融创新相比,也有一定的差异。首先,我国目前的金融管制还比较明显,资本市场也没有完全开放,利率和汇率也都没有完全市场化,因此一些金融创新是在并不充分的市场竞争中产生的;其次,与众筹等互联网金融产品相比,银行的经营理念还是较为陈旧的,大多停留在金融产品和金融业务上的狭义创新,在金融工具上的深度挖掘还不够。

(2)大力发展私人银行业务

私人银行业务是国际活跃银行的核心业务,是其重要利润来源,但是我国私人银行的产品和业务质量还远远不如国外。要发展好私人银行业务,可以从以下几点作出改变：第一，建立有效的客户推荐与业务协同模式。能否在集团内部建立有效的客户推荐与业务协同系统，包括激励机制和跨越不同行业的核心业绩指标等体系，是私人银行独立运作成功的关键。第二，采用综合细分标准对客户进行多维度细分。客户细分在建立客户忠诚度、识别潜在客户、判断提供产品服务等方面发挥着重要作用。通过对客户进行多维度细分，私人银行能够向不同的客户提供个性化量身定制的产品和服务，从而使客户需求得到更为有效地满足，同时还可以通过市场细分发现潜在的客户群体。瑞银、花旗一般采用综合细分标准，除了考虑客户的财富水平和财富来源之外，往往还结合了客户具体的生活方式、综合职业、财富来源、生命阶段和风险偏好等因素将客户细分为企业家、职业经理人、专业人士、文体明星人士、财富继承者等，并针对目标客户群确定准确的价值定位。第三，通过"开放式产品架构"形成丰富的产品体系。私人银行的核心业务是财富管理，而财富管理集合了从传统的信托、基金到结构性产品、对冲基金和私人股权等多方面的内容。第四，规范咨询流程，设计并实施个性化解决方案。个性化解决方案的设计依赖于私人银行从业人员的专业素质和客户服务流程的规范化运作。

(3) 从分业经营向综合经营模式转变

我国金融业在不同时期有不同的经营特点。1993年之前，实行的是一定程度的混业经营。但在当时经济过热、管理水平较低、房地产过热和证券投资疯狂的背景下，大量银行资金通过同业拆借市场涌入外汇、房地产、证券、期货等市场进行投机，严重扰乱了金融秩序，对经济增长和社会稳定造成了一定的不良影响。从1993年下半年开始，政府开始整顿金融秩序，并于1995年颁布《中华人民共和国商业银行法》，确定了我国金融业"分业经营，分业管理"的原则。然而，就在我国完善并严格实行分业经营体制的时候，世界主要发达国家金融业纷纷转向混业经营并逐渐成为世界金融业的主流趋势。即使现阶段由于受我国金融法律法规的限制还无法实现同一金融机构内部的混业经营，但跨国金融集团通过设立从事不同业务的分支机构仍可实现事实上的混业经营。如此一来，就形成了在华外资金融机构的混业经营和中资金融机构分业经营的格局，中资金融机构必然在竞争中处于劣势地位，这将对我国金融业的发展产生消极影响。我国实行金融业分业经营的目的是为了在商业银行和证券资本市场之间树立一道"防火墙"，防止银行过多地将资金投入资本市场，从而降低系统性风险，防止金融风险和金融危机的发生。但从我国目前金融业的现状看，商业银行光靠传统存贷业务已无法扩大利润增长来源，同时，金融脱媒现象也愈演愈烈，由此造成了商业银行与投资银行业务发展的严重不平衡。商业银行现行的分业经营制度，在发展中间业务、零售银行业务和金融产品创新各方面都严重制约着传统商业银行向现代化商业银行转变。由分业经营向混业经营过渡成为我国金融业发展的必然要求和理性选择。当然，这种经营模式的转变并不是一朝一夕能完成的，还需要选择适合我国国情的混业经营模式。目前，混业经营模式主要有两种类型，一种是以德国为代表的全能银行制度；另一种是以美国为代表的金融控股公司。到底哪种模式适合中国的发展，还需进行全方位的考虑，但早日实现混业经营模式，是缓解金融脱媒压力的必然选择。

第四节 众筹融资的监管

一、国外众筹规制措施借鉴

由于众筹融资领域发展迅猛,在发展过程中存在的风险也愈演愈烈,国内对监管法规的呼声也越来越高。在监管法规出台之前,我们可以通过英国和美国的监管措施获得一些启发。

(一)英国

2014年,英国金融行为监管局(FCA)发布了《关于网络众筹和通过其他方式发行不易变现证券的监管规则》(下称《监管规则》),并于2014年4月1日起正式施行。

据英国P2P金融协会的统计,2013年1—11月,英国替代性金融市场(包括P2P网络借贷、股权众筹、产品众筹、票据融资等业务)规模已超过6亿英镑,其中,P2P网络借贷所占比例高达79%。

2013年10月24日,FCA发布了《关于众筹平台和其他相似活动的规范行为征求意见报告》,详细介绍了拟对"网络众筹"的监管办法。截至2013年12月19日,这份征求意见报告共收到98条反馈意见,受访者普遍认可这份报告推行的方案。FCA结合反馈意见,正式出台了《监管规则》,并计划于2016年对其实施情况进行复查评估,并视情况决定是否对其进行修订。FCA表示,制定这套监管办法的目的,一是适度地进行消费者保护;二是从消费者利益出发,促进有效竞争。

FCA将纳入监管的众筹分为两类:借贷型众筹(crowdfunding based on loan,即P2P借贷)和股权投资型众筹(crowdfunding based on investment),并制定了不同的监管标准,从事以上两类业务的公司需要取得FCA的授权,捐赠类众筹(donation-based crowdfunding)、预付或产品类众筹(pre-payment or rewards-based crowdfunding)不在监管范围内,无须FCA授权。

FCA对于借贷型众筹的相关规则要点如下:

(1)最低资本要求及审慎标准

《监管规则》规定以阶梯形计算标准来要求资本金,具体标准如下:5000万英镑以内的资本金比例为0.2%;超过5000万英镑但小于2.5亿英镑的部分0.15%;超过2.5亿英镑但小于5亿英镑的部分0.1%;超过5亿英镑贷款的部分0.05%。

FCA考虑到借贷型众筹几乎没有审慎性要求的经验,所以为公司安排过渡期来适应。FCA决定,在过渡期实行初期2万英镑、最终5万英镑的固定最低资本要求。其中,被FCA完全授权的公司在2017年3月31日前都可以实行过渡安排,同时提醒在公平交易局(OFT)监管下的借贷型众筹平台不必实行审慎标准直到被FCA完全授权。

(2)客户资金规则

若网络借贷平台破产,应对现存贷款合同作出合理安排。如果公司资金短缺,将会由破产执行人计算这部分短缺并按照比例分摊到每个客户身上，而执行破产程序所涉及的费用也将由公司持有的客户资金承担。这意味着无论公司从事什么业务，一旦失败，客户资金将受到损失。公司必须隔离资金并且在客户资产规范（client assets sourcebook）条款下安排资金。

（3）争端解决和金融监督服务机构的准入

FCA将制定规则以便投资者进行投诉。投资者首先应向公司投诉，如果有必要可以上诉至金融监督服务机构。争端解决没有特定的程序，只要保证投诉得到公平和及时的处理即可。FCA主张公司自主开发适合他们业务流程的投诉程序，尽量避免产生过高的成本。投资者在向公司投诉却无法解决的情况下，可以通过向金融监督服务机构投诉解决纠纷。

如果网络借贷平台没有二级转让市场，投资者可以有14天的冷静期，14天内可以取消投资而不受任何限制或承担任何违约责任。

特别注意的是，虽然从事P2P网络贷款的公司取得FCA授权，但投资者并不被纳入金融服务补偿计划（FSCS）范围，不能享受类似存款保险的保障。

（4）P2P网络借贷公司破产后的保护条款

为了建立适当的监管框架以平衡监管成本和收益，目前FCA不对P2P网贷公司制定破产执行标准。因为即使制定严格标准，也不能避免所有的风险。如果这些标准没有按照预期运行，消费者依然可能受到损失。FCA希望投资者清楚，制定严格标准不仅代价极大，而且也不能够移除所有风险。同时，FCA希望可以由公司自己制定适合其商业模式及消费者的制度和方法。

（5）信息披露

P2P网络借贷平台必须明确告知消费者其商业模式以及延期或违约贷款评估方式的信息。与存款利率作对比进行金融销售推广时，必须要公平、清晰、无误导。另外，网站和贷款的细节将被归为金融推广而纳入监管中。

（6）FCA报告规范

网络借贷平台要定期向FCA报告相关审慎和财务状况、客户资金、客户投诉情况、上一季度贷款信息，这些报告的规范要求将于2014年10月1日开始实施。其中，审慎和财务报告只有公司被完全授权的一个季度后才开始提交。另外，平台的收费结构不在报告规则要求里。

（二）美国

美国众筹融资发展虽然相对较早，但由于股权性众筹涉嫌违反1933年《证券法》向公众非法发行证券的规定，因此，各众筹平台基本上从事的都是预购性质的众筹，而并非完全融资意义上的众筹。为解除法律限制，2012年，美国国会通过了《JOBS法案》，正式将众筹融资合法化。美国总统奥巴马高度评价法案的意义，他认为："80年前通过的法律（指美国1933年《证券法》）使得很多人无法投资。但是80年来发生了很多的变化，法律却依旧未变。法案的通过，将使得初创企业和小企业获得大量的、新的潜在投资者，即美国民众。史无前例地，普通美国人将能在线投资他们所信

任的企业。"具体而言,该法案围绕众筹融资的便捷性和投资者保护的有效性问题,主要包括以下五个方面内容:

1. 豁免众筹融资注册发行及其相关数额等限制

法案的核心是对符合条件的众筹融资的注册发行豁免。证券注册发行是美国证券发行的基本原则,同时也存在有限例外,如私募发行、针对发行人亲戚朋友的发行。与此前豁免注册发行最大的不同是,众筹豁免面向的不是某一特定投资者群体(俱乐部性质),而是面向不特定大众,并且参与众筹的大众个体基本上都是小额投资。法案在放开众筹融资的同时,也从发行人和投资者两个角度对众筹融资进行了四项限制:

(1) 发行人每年通过网络平台发行证券不得超过100万美元。

(2) 年收入或资产净值不足10万美元的,每年所投金额不得超过2000美元或者其年收入或资产净值的5%,取二者中较高值;投资者年收入或资产净值超过10万美元的,每年所投金额不得超过其年收入或净资产值的10%,但上限为10万美元。上述这些金额并不是一直固定的,法案授权美国证券交易委员会(SEC)根据美国劳工统计局公布的消费者价格指数变化情况至少每五年调整一次。

(3) 众筹必须通过经纪人或融资平台(funding portal)进行,且这些中介机构需要符合该法案规定的相关资质。

(4) 发行人必须遵循法案规定的有关条款(主要涉及信息披露)。

鉴于众筹融资的投资者单笔投资额度较小,法案没有对众筹的参与人员数量进行限制,即众筹企业的股东没有数量限制。

2. 明确发行人基本信息披露义务

普通证券发行信息披露规则存在程序烦琐、操作成本较高等问题,增加了发行人的融资成本,并不适宜于众筹这样的小规模融资。为降低筹资融资成本,增加其便捷性和经济性,法案减轻了发行人的信息披露负担。与此同时,为保护小额投资者权益,按照法案要求发行人仍然需要向SEC、中介机构、潜在的投资者提供基本的信息披露。

需要披露的信息主要包括:

(1) 发行人的姓名、法律性质、地址、网址。

(2) 发行人董事和高级管理人员的姓名以及持有发行人股份超过20%的股东。

(3) 发行人经营现状和预期经营计划的描述。

(4) 发行人财务状况的描述。

(5) 发行人目标融资的目的和预期用途描述。

(6) 发行人的目标融资额、实现目标融资额的最后期限,定期更新实现目标融资额的进度。

(7) 证券价格或决定证券价格的方法,发行人所有权和资本结构的描述。

为保障上述披露的严格执行,法案明确规定针对发行人及其董事和管理人员的民事诉讼,上述任何一方没有按照规定对主要事实如实陈述或疏忽披露,都将依法承担损害赔偿责任。

3. 建立小额投资者保护机制

传统证券监管主要是通过发行人信息披露要求来保护投资者权益。法案为确保众筹融资的便捷性和经济性，改进了众筹方式发行证券的信息披露规则，简化后的信息披露规则在减轻发行人监管负担的同时，也增加了证券投资欺诈的可能性，因而众筹融资中投资者保护问题可能更加突出。

为此，法案除借助有限的信息披露规则外，还采用其他多种方式保护投资者利益：

（1）限制投资者每年的投资额度，降低投资者可能承担的投资风险总额。

（2）不允许采用广告来促进发行，但允许发行人通过中介机构的网络平台向投资者发出通知。

（3）对发行人如何补偿促销者作出限制。

（4）授予 SEC 针对融资平台的监管权、执行权及其他规则制定权，授权其制定针对发行人和融资中介的相关规则。

4. 明确众筹融资中介角色与职能

众筹融资必须借助在 SEC 注册的中介机构，而不能由发行人与投资者之间直接完成。这些中介机构必须在 SEC 登记为经纪人或融资平台。

中介机构应遵守一系列义务：

（1）必须在被认可的一家自律性协会进行登记，接受协会组织的约束。

（2）必须对潜在的投资者揭示众筹融资蕴藏的风险和进行投资者教育。

（3）确保每个投资者阅读了投资者教育信息，明确断定投资者理解其承担整个投资损失的风险，并且这个投资者有能力承担此损失。

（4）确保每个投资者回答了有关调查问卷表。

（5）至少在众筹证券发行前 21 天，必须向 SEC 和潜在的投资者提供发行人依据法案所要求披露的信息。

（6）必须采取措施减少众筹融资交易中的欺诈现象，中介机构要对发行人董事、高管、主要股东背景进行调查。

（7）当没有达到融资预定目标时，中介机构不得将所筹资金转移给发行人。

（8）保证投资者没有超过年度投资额度的限制。中介机构有义务使投资者按法案所规定的年度额度限制进行投资。

（9）必须采取措施保护投资者的隐私权，严格保护从投资者处获得的相关信息。

（10）限制对促销给予补偿，禁止任何人通过将潜在投资者的个人信息提供给众筹融资的经纪人或融资平台而获得补偿；限制中介机构与发行人有利益关系。

此外，法案还进行了兜底性规定，要求中介机构遵守 SEC 为满足投资者保护和公共利益规定的其他条款。

5. 允许特定条件下转售众筹证券

法案的上述规定都是针对众筹融资一级市场，而对二级市场几乎没有提及。法案针对二级市场仅规定投资者在购买证券后一年内不得转售通过众筹所购买的证券，但是以下三种情形除外：

(1) 向发行人转让；

(2) 向出售者的家庭成员转让；

(3) 向合格投资者转让。

二、众筹融资的监管

(一) 众筹模式涉及的相关法律问题及风险

由于我国专门的众筹立法缺失，实践中众筹相关的各种安排都是在现有法律框架下寻找尽可能相关的依据，以确保其适法性。

1. 利率

利率主要出现在债权众筹模式中，出资人在回收资金的过程中，通常还可以收取利息。利率应该收多少算是合法有效，是值得考虑的问题。

《合同法》第 211 条规定："自然人之间的借款合同对支付利息没有约定或者约定不明确的，视为不支付利息。自然人之间的借款合同约定支付利息的，借款的利率不得违反国家有关限制借款利率的规定。"

《最高人民法院关于人民法院审理借贷案件的若干意见》(法(民)[1991]21号)第 6 条规定："民间借贷的利率可以适当高于银行的利率，各地人民法院可根据本地区的实际情况具体掌握，但最高不得超过银行同类贷款利率的四倍(包含利率本数)。超出此限度的，超出部分的利息不予保护。"

2. 服务费

《合同法》第 23 章"居间合同"第 424 条规定："居间合同是居间人向委托人报告订立合同的机会或者提供订立合同的媒介服务，委托人支付报酬的合同。"第 426 条规定："居间人促成合同成立后，委托人应当按照约定支付报酬。对居间人的报酬没有约定或者约定不明确，依照本法第 61 条的规定仍不能确定的，根据居间人的劳务合理确定。因居间人提供订立合同的媒介服务而促成合同成立的，由该合同的当事人平均负担居间人的报酬。居间人促成合同成立的，居间活动的费用，由居间人负担。"

3. 电子合同

《电子签名法》第 3 条规定："民事活动中的合同或者其他文件、单证等文书，当事人可以约定使用或者不使用电子签名、数据电文。当事人约定使用电子签名、数据电文的文书，不得仅因为其采用电子签名、数据电文的形式而否定其法律效力。"第 14 条规定："可靠的电子签名与手写签名或者盖章具有同等的法律效力。"

4. 第三方支付平台

《非金融机构支付服务管理办法》(人民银行令[2010]第 2 号)第 3 条规定："非金融机构提供支付服务，应当依据本办法规定取得《支付业务许可证》，成为支付机构。支付机构依法接受中国人民银行的监督管理。未经中国人民银行批准，任何非金融机构和个人不得从事或变相从事支付业务。"

5. 持股平台

股众筹下，通常会将募集的出资人的投资放入一个持股平台或者会以代持的方式来处理，这体现了《公司法》《合伙企业法》以及最高院关于股份代持司法解释的相关规定的运用。

6. 非法吸收公众存款

《刑法》第176条规定："非法吸收公众存款或者变相吸收公众存款，扰乱金融秩序的，处三年以下有期徒刑或者拘役，并处或者单处二万元以上二十万元以下罚金；数额巨大或者有其他严重情节的，处三年以上十年以下有期徒刑，并处五万元以上五十万元以下罚金。单位犯前款罪的，对单位判处罚金，并对其直接负责的主管人员和其他直接责任人员，依照前款的规定处罚。"

同时，《最高人民法院关于审理非法集资刑事案件具体应用法律若干问题的解释》（法释〔2010〕18号）规定：违反国家金融管理法律规定，向社会公众（包括单位和个人）吸收资金的行为，同时具备下列四个条件的，除《刑法》另有规定的以外，应当认定为《刑法》第176条规定的"非法吸收公众存款或者变相吸收公众存款"：

（1）未经有关部门依法批准或者借用合法经营的形式吸收资金；

（2）通过媒体、推介会、传单、手机短信等途径向社会公开宣传；

（3）承诺在一定期限内以货币、实物、股权等方式还本付息或者给付回报；

（4）向社会公众即社会不特定对象吸收资金。

此外，2014年《最高人民法院、最高人民检察院、公安部关于办理非法集资刑事案件适用法律若干问题的意见》规定："向社会公开宣传"包括以各种途径向社会公众传播吸收资金的信息，以及明知吸收资金的信息向社会公众扩散而予以放任等情形。比如，在向亲友或者单位内部人员吸收资金的过程中，明知亲友或者单位内部人员向不特定对象吸收资金而予以放任的；以及以吸收资金为目的，将社会人员吸收为单位内部人员，并向其吸收资金的。

《最高人民法院关于审理非法集资刑事案件具体应用法律若干问题的解释》（法释〔2010〕18号）规定："非法吸收或者变相吸收公众存款，具有下列情形之一的，应当依法追究刑事责任：

（1）个人非法吸收或者变相吸收公众存款，数额在20万元以上的，单位非法吸收或者变相吸收公众存款，数额在100万元以上的；

（2）个人非法吸收或者变相吸收公众存款对象30人以上的，单位非法吸收或者变相吸收公众存款对象150人以上的；

（3）个人非法吸收或者变相吸收公众存款，给存款人造成直接经济损失数额在10万元以上的，单位非法吸收或者变相吸收公众存款，给存款人造成直接经济损失数额在50万元以上的；

（4）造成恶劣社会影响或者其他严重后果的。"

尽管这一追诉标准还有可以商量的余地，但作为目前生效的追诉标准，在确定是否构成非法集资犯罪方面具有重要意义。超过上述金额或者上述出借人数量而吸收存款的，就应当被追究非法集资的刑事责任。此外，按照最高法院、最高检察院和公安部2014年联合下发的《关于办理非法集资刑事案件适用法律若干问题的意见》（以下简称《非法集资司法解释2014年》）的规定，"为他人向社会公众非法吸收资金提供帮助，从中收取代理费、好处费、返点费、佣金、提成等费用，构成非法集资共同犯罪的，应当依法追究刑事责任"。

在我国尚缺乏对众筹立法的情形下，众筹模式在形式上似乎已经同时满足了四个要素，即：未经审批、通过网站公开推荐、承诺一定的回报、向不特定对象吸收资金。但是，众筹模式与非法集资仍有本质的区别，因为它不是由平台吸收公众存款或集资的行为，而是平台只是一个服务中介，嫁接项目方和出资方，构成一对多或多对多的网状结构。但必须指出，这只是一种法理上的解释和判断，由于立法尚未跟上，合法和非法往往处于一个相对模糊和不确定的状态中，相关执法部门的意见往往能直接决定或影响项目的生死，法律风险犹存。

7. 集资诈骗

非法集资是未经过有关部门依法批准，包括没有批准权限的部门批准的集资；有审批权限的部门超越权限审批集资，集资者不具备集资的主体资格，承诺在一定期限内给出资人还本付息，还本付息的形式除以货币形式为主外，也有实物形式和其他形式；向社会不特定的对象筹集资金，这里"不特定的对象"是指社会公众，而不是指特定少数人；以合法形式掩盖其非法集资的实质。对于网络化非法集资活动的界定，重点是根据最高法司法解释关于非法集资的四个特征要件来判断，即：非法性、公开性、利诱性、社会性。

《刑法》第192条"集资诈骗罪"规定："以非法占有为目的，使用诈骗方法非法集资，数额较大的，处五年以下有期徒刑或者拘役，并处二万元以上二十万元以下罚金；数额巨大或者有其他严重情节的，处五年以上十年以下有期徒刑，并处五万元以上五十万元以下罚金；数额特别巨大或者有其他特别严重情节的，处十年以上有期徒刑或者无期徒刑，并处五万元以上五十万元以下罚金或者没收财产。"

《最高人民法院关于审理非法集资刑事案件具体应用法律若干问题的解释》第2条对诈骗方法进行了明确：

（1）不具有发行股票、债券的真实内容，以虚假转让股权、发售虚构债券等方式非法吸收资金的；

（2）不具有募集基金的真实内容，以假借境外基金、发售虚构基金等方式非法吸收资金的；

（3）不具有销售保险的真实内容，以假冒保险公司、伪造保险单据等方式非法吸收资金的；

（4）以投资入股的方式非法吸收资金的；

（5）以委托理财的方式非法吸收资金的；

（6）利用民间"会""社"等组织非法吸收资金的……

同时,《最高人民法院关于审理非法集资刑事案件具体应用法律若干问题的解释》第 4 条明确了"非法占有"的认定。此外,第 5 条明确了"数额较大"的认定:

(1) 个人进行集资诈骗,数额在 10 万元以上的,应当认定为"数额较大";数额在 30 万元以上的,应当认定为"数额巨大";数额在 100 万元以上的,应当认定为"数额特别巨大"。

(2) 单位进行集资诈骗,数额在 50 万元以上的,应当认定为"数额较大";数额在 150 万元以上的,应当认定为"数额巨大";数额在 500 万元以上的,应当认定为"数额特别巨大"。

由上述规定可见,刑法对于非法集资类犯罪采取极其严厉的立法态度,甚至将集资诈骗类犯罪规定为重刑。而众筹的大众参与集资的特点极容易与非法集资关联起来,稍有不慎出现越界,就有可能触犯非法集资的法律红线,涉嫌非法集资类犯罪。

8. 非法发行证券

股权类众筹目前是存在最大法律风险的众筹模式,最可能涉及的犯罪是非法发行股票犯罪,该罪有两条红线不能碰,一是公开(不限制人数,因为涉及不特定人),二是超过 200 人(虽然有些非上市公众公司股东超过 200 人,但是特殊原因造成,原则上不允许突破)。根据司法实践,基于 SNS(社交网络服务)进行的宣传或推广,属于公开方式。

此前,有公司在淘宝网、微博等互联网平台向公众转让股权、成立私募股权投资基金等,这种行为已经被监管层明确定性为一种新型的非法证券活动。

目前,大多股权众筹网站实行的投资模式都借了有限合伙制的壳,即投资人先组建有限合伙企业,再以整体入股创业公司,通过这种方式保证投资者人数不超出 50 人上限。但这种方式也存在问题,根据证监会发布的《私募投资基金监督管理暂行办法》,可以"穿透"计算人数。

9. 非法经营

如果众筹平台未经批准,在平台上擅自销售有关的金融产品或产品,并且造成了严重后果,达到了刑事立案标准,则涉嫌非法经营犯罪。2015 年《证券投资基金法》第 97 条规定:"从事公开募集基金的销售、销售支付、份额登记、估值、投资顾问、评价、信息技术系统服务等基金服务业务的机构,应当按照国务院证券监督管理机构的规定进行注册或者备案。"尽管该规定仅针对公开募集基金的销售等服务机构,私募基金有关法律法规并未对私募基金销售机构及人员的资质作出强制性要求,但如果涉及销售金融产品,应谨慎。

10. 民事法律风险

众筹除了可能会面临前述法律风险之外,由于众筹天然存在的大众参与集资模式必然涉及人数众多,这必将导致大家利益安排不一致,关切点也不尽相同。所以,必然会伴随如下民事法律风险发生:(1) 合同违约纠纷,主要表现在产品质量不符合约定,不能如期还款造成的债务纠纷等;(2) 股权争议,对于采取股权代持方式的股权类众筹，还可能存在股权代持纠纷等；（3）退出纠纷，如果没有事先设计好退出机制或者对退出方式设计不当，极容易引发大量的纠纷；（4）民事诉讼程序上的问题，如诉讼主体资格确定问题、集团诉讼问题、电子证据认定问题、损失确定标准问题、刑民交叉及刑事附带民事诉讼等诸多程序问题。

为了避免不必要的民事法律争议，在众筹模式设计及具体的交易流程设计上，要关注每一个细节，把每一个细节用法律文本固化下来，避免约定不明发生争议。具体如下：

（1）作为众筹平台，应当设立好众筹规则，参与者必须遵守众筹规则，相关各方与众筹平台应当有一份比较完整的协议，这个协议如果在线上完成，则运用电子签名方式进行，平台应做好流程及文档管理。

（2）对于需求双方，就具体的债、股权投融资应做好协议的签署工作，如果在线上进行的话，可运用电子签名方式进行，平台应保管好整个电子文档备查。

（3）对于众筹过程中发生的股权代持问题，一定要签署好股权代持协议，对股权代持的有关问题进行详细的约定，避免争议。尽管我国法律认可代持，但我们仍倾向于认为代持存在的风险较大，以持股平台来架构更佳。

（4）作为众筹结构中的三方，即投资方、平台及需求方（众筹发起人），应各自明确责任，根据各自在交易中的地位签署相应的法律协议。如果众筹结构中因需要涉及更多的第三方（如资金监管方、担保方），应根据其在众筹中的权利义务做好协议安排，明确权责。

（二）各类众筹可能涉及具体法律风险及防范

1. 股权类众筹刑事或行政法律风险

股权类众筹目前是法律风险最大的一类众筹，也是未来发展空间最大的一类众筹模式，最可能触碰的刑事法律风险是非法证券类犯罪，归属于公检法受理和管辖。同样，若达不到刑事立案标准，则属于非法证券类行政违法行为，归属于证券监督管理机关管辖和受理。

实践中，多数股权众筹平台采取会员制，以实现不特定对象向特定对象的转变。但什么标准可以实现特定化的目的，《证券法》没有规定。从各国经验看，界定私募中交易对象的范围主要包括三个标准：投资经验；与发行人的特殊关系；财富标准。且不论上述三个标准的具体要求，目前也很少有股权众筹平台依据上述三个标准来设置会员资格门槛。部分股权众筹平台的投资人审核形同虚设，只要投资人填写姓名和身份证号即获得通过，姓名和身份证号的信息是否经过真实性审核都难以确保，很难说符合以非公开方式宣传和向特定对象募集的要求。

另外，关于通过特殊目的公司（SPV）持股的问题。证监会 2014 年 8 月 21 日发布并实施的《私募投资基金监督管理暂行办法》第 13 条规定："以合伙企业、契约等非法人形式，通过汇集多数投资者的资金直接或者间接投资于私募基金的，私募基金管理人或者私募基金销售机构应当穿透核查最终投资者是否为合格投资者，并合并计算投资者人数。"由此可见，通过 SPV 持股是需要穿透核查最终投资者并合并计算投资者人数的。因此，通过 SPV 持股的方式并非完全的灵丹妙药。当然，将来监管部门如果对中小企业和创业企业进行股权众筹，实施小额豁免，那么对投资者的数量限制自然会被放宽或完全放开。值得注意的是，穿透计算限于"以合伙企业、契约等非法人形式"的持股平台，如果以公司法人形式作为持股平台会产生怎样的法律后果，目前尚需证监会进一步确定。

那么，如何避开非法证券类的刑事或行政法律风险呢？在目前监管层对互联网金融持积极开放的态度下，证监会已经开始调研股权类众筹存在的相关问题。股权类众筹可以创新，但不要触碰法律红线。股权类众筹以下六条法律红线不能碰：

第 1 条法律红线：不向非特定对象发行股份；

第 2 条法律红线：不向超过 200 个特定对象发行股份；

第 3 条法律红线：不得采用广告、公开劝诱和变相公开方式发行股份；

第 4 条法律红线：对融资方身份及项目的真实性严格履行核查义务，不得发布风险较大的项目和虚假项目；

第 5 条法律红线：对投资方资格进行审核，告知投资风险；

第 6 条法律红线：不得为平台本身公开募股。

在具体操作层面上，作为股权众筹平台，应做好需求两端的严格审查和限定，对投资人资格进行严格审查，并告知投资风险，只有经过注册且通过严格审核的投资人才具备资格，才可能看到投资方的项目。同样道理，平台需要对项目发布方股东信息、产品信息、公司信息进行严格审查，必要时实地查看，做好法律、财务、商务三个方面的尽职调查。在需求对接上，每次只允许不超过 200 人的投资人看到推介的项目，具体的投资洽谈需要在线下以面对面的方式进行，为了避免人员过多的问题和代持造成的问题，对选定的投资人采用设立有限合伙企业合投方式进行。通过严格的设定，避免触碰上述六条法律红线。

2. 回报类众筹的刑事法律或行政法律风险

相对而言，回报类众筹是法律风险最小的众筹模式，但如果回报类众筹不能够规范运作，使融资方有机可乘发布虚假信息，则可能引发集资诈骗的刑事法律风险，若未达到刑事立案标准，则可能构成非法金融类行政违法行为。

为了避免上述法律风险存在，回报类众筹需要注意不要碰以下几条法律红线：

第 1 条法律红线：严格审查项目发布人的信息、相关产品或创意的成熟度，避免虚假信息发布；

第 2 条法律红线：对募集资金严格监管，保证回报产品按约履行；

第 3 条法律红线：众筹平台不要为项目发起人提供担保责任。

3. 捐赠类众筹刑事法律风险

捐赠类众筹如果被虚假公益项目信息发起人利用，则可能触碰集资诈骗类刑事法律红线。

为了避免上述法律风险存在，回报类众筹需要注意不要碰以下几条法律红线：

第 1 条法律红线：严格审查项目发布人资格、信息，公益项目的情况；

第 2 条法律红线：对募集资金严格监管，保证公益类项目专款专用。

三、对众筹监管的建议

（一）众筹及时合法化的必要性

众筹作为互联网金融的一种，对于缓解我国民间融资的不规范局面具有重要作用。众筹的欺诈风险高，而且保护投资者的困难较大，但是当前众筹行业发展却处于监管缺位的状态。如果任其长期无序竞争，很容易突破底线，造成投资者损失，乃至系统性风险的产生。我国的金融立法都是根据传统形势确立的，不适应众筹发展趋势，导致众筹的合法性也一直令人担忧，亟待解决。

监管法律要遵守适度监管原则，既要有效规范市场，又要避免众筹行业因为过于严格的监管而陷入停滞甚至萎缩。我国可以借鉴美国经验，采取由严变宽、逐渐推进的措施。当前的监管任务应当是尽快出台政策使众筹合法化，支持众筹的发展，但应以原则性为主，不必规定得过细。监管程度要与众筹行业的发展同步，根据众筹行业发展过程中现出的问题，再逐步出台细则进行规制。

（二）对众筹监管的法律建议

1. 豁免众筹的公开发行

我国《证券法》有向特定对象发行证券人数限定为 200 人的规定，但是股权众筹始终没有办法规避怎么进行公开宣传和如何做广告的问题，这样就很有可能违反《证券法》。众筹合法化的一个重要内容是对于项目推介方式的规范与认可，并作为公开发行方式的特例，视为非公开发行。比如，对公开劝诱和广告等方式的使用范围作出规定。

2. 设立众筹平台豁免权

我国可以参考美国的《JOBS 法案》对于众筹区别于其他传统的金融中介注册政策实行特殊的监管方式。它规定众筹平台不需要注册就能成为证券行业的经纪商或者交易商，但是这种豁免是有一定的门槛的。为了保护金融消费者，对于众筹平台的豁免应该设定一定的条件，否则就可能引发集资诈骗等法律风险。我国还可以参考法国对于不同体量的融资主体给予不同豁免待遇的经验，即分层监管。其中，可以对于单个项目融资设立上限。

3. 设立投资者准入制度

众筹融资是新生的互联网金融模式，其投资的长期性、高失败率、高风险、高收益率等特点与传统投资方式差异很大。股权投资也不同于小投资者常见的股票投资，其流动性差异极大。所以在市场尚未成熟，投资者没有充分的特定风险意识时，不易对投资者门槛设置太低，可以随着时间推移、市场成熟程度而逐步放宽限制。如果在大部分个人投资者都没有得到足够风险提示教育时就开放其准入，极易造成大规模投资者损失和系统性风险。

具体措施如对单个投资者也授予一定的投资额度，规定其一年之内投入股权众筹的资金只能位于这一额度之内。对于不同资质的投资者可以设置不同的投资额度。这可以参照我国《证券投资基金法》对于合格投资者的相关规定。另外，对于投资者的投资方式进行限制。通过上述方式，可以将投资的风险控制在一定的限度内，有效防止各种犯罪的发生。

4. 规定众筹平台的义务

众筹允许从事哪些业务、禁止从事哪些业务都应该有一定的规章制度，也应该有自己的"负面清单"。而监管措施实施的主要抓手就是众筹平台，可以参考《JOBS法案》，对众筹平台的管理可以运用下列一些措施：

第一，建立众筹平台的准入门槛和退出机制。应该设置行业进入标准，给平台发放业务牌照，保证其专业性。第二，资金应该由第三方进行托管，以防止平台擅自挪用投资者的资金。第三，以平台为主力进行投资者教育。在股权众筹的三方结构中，只有平台是最接近投资者的，因此普及众筹融资知识的重任只能由其承担。第四，设立业务防火墙制度，众筹平台自己不得持有或者投资自己平台的证券进行投资，这是为了防止欺诈、恶意串通或者其他道德上的风险。第五，众筹平台应保持中立性。根据上文所分析的法律关系，众筹平台是居间合同的居间人，应当独立于项目之外，不应当对项目进行过度宣传。

5. 建立信息披露制度

我国股权众筹平台对于信息披露范围的摸索尚处于起步阶段，还没有通用共识。事实上，即使在美国，这个信息披露范围问题也是争论焦点之一。在信息披露方面，必须建立法律的强制性要求。

众筹平台应该必须对用资者的信用状况、高管的相关情况以及大股东的背景进行充分的了解。对于用资者而言，需要披露的信息包括自己公司高管的信息、投资者的权利和风险状况，当然最重要的是其财务状况。但是，对财务状况过于完备和频繁的披露会不会对初创的企业造成很大的负担仍然是值得商榷的，其中的界限在何处也需要进一步的确定。

虽然通过互联网在很大程度上解决了股权融资中的项目来源、项目展示的信息不对称问题，但在其他方面却引发更大的信息不对称问题。因为股权众筹的三方结构中并没有一方有能力妥善解决项目运作本身的专业性问题，包括对众筹项目的尽职调查、财务审计、合规审查等。众筹平台虽然长于展示信息，但是却短于尽职调查等能过滤信息、防范风险、直接保护投资者的专业技能。故相对于传统的公开发行和私募发行融资，股权众筹在此环节的信息不对称问题更为严重。笔者认为，妥善的解决方式是以平台的名义聘请第三方机构如律师事务所、会计师事务所等进行此项工作。

除了对众筹平台的信息审核义务的规定，还应明确项目发起人的信息披露责任：第一，规定信息披露范围，包括项目发起人本身和项目。第二，由于信息披露成本与信息披露程度成正比，所以应根据不同的融资额度，规定发起人负有不同水平的信息披露责任。

6. 建立完善的征信体系

目前，我国众筹平台对于项目和项目发起人的审核，尚没有可方便采用的信用数据系统，很大程度上依赖于对方的信用状况。当前也没有法律规定一旦发起人违约，如果是因为平台审核不严格而导致出资人的利益受损，众筹平台应承担何种责任。我国各政府机构、央行、通信运营商、商业银行，甚至各大互联网公司都有一套自己的信用系统，但是却并不联网。建议尽快建立健全以央行为中心的我国个人、机构的信用体系，并以适当的授权方式授予众筹平台查询权，这对于保障出资人利益和促进我国众筹行业的长远健康发展具有重大的建设性意义。

本章小结

1. 众筹作为互联网金融时代的一种全新的融资模式，近些年越来越成为金融圈甚至是我们日常生活中的一个很热门的概念。众筹利用互联网和 SNS 传播的特性，让小企业、艺术家或个人对公众展示他们的创意，争取大家的关注和支持，进而获得所需要的资金援助。

2. 近年来，全球众筹融资模式发展非常迅速。在美国，以 Kickstarter 和 Indiegogo 为代表的众筹网站获得巨大成功，众筹融资在中国兴起比较晚，虽然目前也有像点名时间和众筹网这样较大的平台，但其业务数量和质量与国外还是有比较大的差距。

3. 众筹融资从融资机制上看，主要可以分为固定融资众筹和弹性融资众筹；从回报机制看，可以分为募捐制、奖励制和股权制。但无论是哪种模式的众筹，有两个方面都是不可以忽视的，那就是信息沟通模式和投资者保护模式。

4. 众筹融资作为互联网时代一个崭新的金融模式，具有以下作用：解决小微创业者的融资需求；拓宽资本市场的投资渠道；增强社会的创业积极性，发挥人们的创造力。同时，也对银行和资本市场造成了不小的影响，主要表现为加速了金融脱媒的进程。

5. 众筹融资大大降低了参与创业项目投资的门槛，越来越多的民众参与到创投活动中。但是创业项目内在的复杂多样和专业性仍然存在，再与高技术的互联网行业结合在一起，使得金融消费者准确理解和掌握众筹产品和服务的难度较大，投资者会面临不小的风险，监管要以金融消费者保护为主，充分发挥互联网金融行业协会的作用，完善众筹融资的监管体系。

案例分析 轻松筹

轻松筹，成立于 2014 年 9 月 19 日。轻松筹具有简单的界面、完善的功能、可靠的性能，可以让新用户对众筹进行快速认知——发起众筹就像建立博客、微博一样简单，这有助于让用户理解众筹是一种模式和手段，并不受限于某个特定的众筹品牌。

基于社交圈快速传播，可为众筹空间拓展商业众筹超出社交圈建立用户基础。

轻松筹将目标聚焦在公众健康保障领域，各功能板块均与百姓健康保障息息相关。公司连续两年荣获"中国公益企业"，获得腾讯、IDG 资本、同道资本、德同资本等著名投资机构联合投资。

轻松筹运作模式：

1. 通过微信服务号"众筹空间"发起自己的众筹项目。

2. 基于微信朋友圈，传播自己的众筹项目。通过好友间的转发，达到大众传播的目的。

3. 通过支付宝等第三方支付平台，完成对项目的支持。

4. 完善的客服支持与财务管理，让项目平滑无缝顺利完成。

5. ECS 云服务器，SLB 负载均衡，OSS 开放式存储服务器，达到平台稳定的运行。

6. RDS 关系型数据库，CDN 内容分发网络，达到数据的快速存储与安全保障。

图 6-14 轻松筹官网

图 6-15 轻松筹筹款案例

公开数据显示，2019年中国基本医疗保险参保人数已高达13.5亿人，基本实现全民参保。不过，基本医疗保险仍然存在给付额低、无法有效解决大病重疾高额医药费用等问题。同时，商业健康保险虽然在一定程度上能够弥补给付额度和适用疾病类别上的局限性，但在人群普及范围方面却明显不足。在这一背景下，网络大病筹款平台应时而生，2014年轻松集团成立，并首创了互联网"大病救助"模式的轻松筹，这一模式逐渐成为"基本医疗保险＋大病保险＋医疗救助"之外的有益补充，填补了医疗保障体系的不足。

如今，轻松集团的发展依然走在行业前列，并且思考的更多，为了解决行业粗放式发展的弊端，例如，如何让爱心资金集约到需求洼地，让更需要帮助的人得到更大更快的帮助等，轻松筹正式宣布开启"闪电计划"，以四大特点——更快的速度、更小的风险、更广的渠道和更便利的提现规则，为用户提供便利，为绿色生命通道加速。

特点一：速度更快。轻松筹全网新增67个线上筹款入口，并进一步简化5道发起流程，效率最高提升88秒，更好地帮助困难家庭应对突如其来的疾病。

特点二：风险更小。轻松集团获得公安部接口认证，同时自主研发 AI Care 大数据智能风控系统，筑起一道资金安全、信息安全的防火墙。

特点三：渠道更广。为了帮助用户在庞杂的信息乱流中顺利获得帮助，轻松筹开辟全国58家媒体的大病救助绿色通道，并设置300家医院救助专线电话，多种渠道共同为用户提供服务。

特点四：提现便利。此次"闪电计划"中，轻松筹进一步为大病家庭获捐提速，采用"边筹边取"模式，并保证始终0服务费，更有公对公医院账款直付功能，帮助用户更快付款、更快治疗。

在"闪电计划"的作用下，轻松筹希望能够完成大病救助的价值回归，帮助真正需要援助的人，爱心资金集约到需求洼地。同时，也让行业看到，科技手段在互联网大病筹款中的核心作用，真正发挥互联网平台的核心功能：提高筹款效率、用款透明度。

目前，轻松筹平台注册用户已达3.6亿，完成20亿次爱心送达，筹款总额高达360亿元……此次的"闪电计划"不仅体现出为用户而生的诚意，也同样是轻松筹在科技赋能、互联网探索方面的又一力作。

问题与思考

1. 众筹融资与另一种互联网金融融资模式 P2P 有何异同？分别在资本市场扮演和承担怎样的角色？

2. 众筹融资作为一种创新型的金融模式，主要核心竞争力是什么？日后发展过程中需要在哪些方面进一步优化？

3. 我国目前的众筹融资项目有很大一部分是类似于优惠价格促销或者团购形式的，还没有真正意义上起到帮助创意成为现实的作用，未来应该如何改进？

4. 我国众筹网站数量繁多，未来的行业会是什么样的格局，究竟是由一到两家权威性的大网站垄断还是继续维持各家网站立足于自己的细分市场？

5. 众筹融资所服务的对象是一些初创企业，这与 PE/VC 比较接近，这两者在未来可能会有一些直接的竞争，两者究竟谁更适合初创企业呢？

6. 作为投资者，相比于存款、债券、股票等传统的投资理财方式，选择去投资众筹有什么需要注意的地方？什么样的投资者比较适合众筹融资？

参考文献

[1] 〔美〕阿尔文·托夫勒：《第三次浪潮》，中信出版社 1980 年版。

[2] 〔美〕埃里克·冯·希贝尔：《民主化创新》，陈劲，朱朝晖译，知识产权出版社 2010 年版。

[3] 巴曙松、谌鹏：《互动与融合：互联网金融时代的竞争新格局》，载《中国农村金融》2012 年第 24 期。

[4] 车丽华：《我国非正规金融规制研究》，中南大学 2012 年博士学位论文。

[5] 陈洪兵：《不法交易与诈骗罪》，载《中国刑事法杂志》2013 年第 8 期。

[6] 陈家林：《非法集资犯罪若干问题研究》，载《河南财经政法大学学报》2013 年第 5 期。

[7] 第一财经新金融研究中心：《中国 P2P 借贷服务行业白皮书 2013》，中国经济出版社 2013 年版。

[8] 高艳东：《诈骗罪与集资诈骗罪的规范超越吴英案的罪与罚》，载《中外法学》2012 年第 2 期。

[9] 李慧凤：《我国网络金融的发展现状与监管思路》，载《中国地质大学学报（社会科学版）》2004 年第 4 期。

[10] 李沛：《金融消费者保护制度研究》，复旦大学 2011 年博士学位论文。

[11] 刘力：《金融消费者权益保护理论重述与裁判研究》，华东政法大学 2012 年博士学位论文。

[12] 聂生奎：《个人信息保护法律问题研究》，中国政法大学 2009 年博士学位论文。

[13] 潘为：《非金融机构贷款人法律制度研究》，吉林大学 2012 年博士学位论文。

[14] 秦新承：《支付方式的演进对诈骗犯罪的影响研究》，上海社会科学出版社 2012 年版。

[15] 汪丽丽：《非正式金融法律规制研究》，华东政法大学 2013 年博士学位论文。

[16] 王光宇：《互联网金融蓬勃兴起》，载《银行家》2013 年第 1 期。

[17] 王石河：《互联网金融时代的挑战》，载《现代经济信息》2012 年第 10 期。

[18] 肖本华：《美国众筹融资模式的发展及其对我国的启示》，载《南方金融》2013 年第 1 期。

[19] 谢平、邹传伟：《互联网金融模式研究》，载《新金融评论》2012 年第 1 期。

[20] 张蓓蓓：《网络银行业务监管法律制度研究》，郑州大学 2013 年硕士学位论文。

[21] 张媛：《大众参与众包的行为影响因素研究》，东北财经大学 2011 年硕士学位论文。

[22] A. Agrawal, C. Catalini, A. Goldfarb. 2013. The Simple Economics of Crowd funding. *Policy and Economy*, (14).

[23] A. Ordanini. 2009. Crowd Funding: Customers as Investors. *The Wall Street Journal*, 23. 3 (2009): 5-7.

[24] A. Ordanini. L. Miceli. M. Pizzetti, et al. 2011. Crowd-funding: Transforming Customers into Investors Through Innovative Service Platforms. *Journal of service management*.

[25] A. Schwienbacher, B. Larralde. 2010. Crowdfunding of Small Entrepreneurial Ventures. *SSRN Electronic Journa*, 10: 1-23

[26] B. Whitbeck. 2012. The JOBS Act of 2012: The Struggle Between Capital Formation and Investor Protections. SSRN eLibrary. doi: 10. 2139/ssrn. 2149744.

[27] D. Mitra. 2012. The Role of Crowdfunding In Entrepreneurial Finance. *Delhi Business Review*, 13 (2): 67-72.

[28] E. Mollick. 2012. The Dynamics of Crowdfunding-Determinants of Success and Failure. SSRN eLibrary. doi: 10. 2139/ssrn. 2088298.

[29] F. A. T. Kuile. 2011. The State of Crowdfunding: A Review of Business Models and Platforms. The University of Amsterdam.

[30] P. Belleflamme, T. Lambert, A. Schwienbacher. 2011. Crowdfunding: Tapping the Right Crowd, *J. Bus. Venturing*, 29: 585.

第七章

网 络 保 险

内容提要

本章主要包括网络保险的界定、产生与发展，网络保险的理论与模式，网络保险发展的制约因素及网络保险的风险和监管。本章学习的重点是网络保险理论与模式以及网络保险的监管。学习的难点是网络保险及其监管中涉及的相关理论及在实际中的应用。本章学习的目的是对网络保险有进一步的理解，尤其是从理论层面进行深入学习并应用于实践。

第一节 网络保险概述

一、网络保险的界定

(一) 网络保险的概念

网络保险随着网络经济的兴起而不断壮大，但是由于网络保险发展速度快，发展模式处于不断演变之中，目前很难给网络保险下一个规范统一的定义。在实践中，对网络保险概念的理解，不同国家、机构和个人存在着较大的差异，而这种差异又主要集中于狭义和广义两种概念上。

从狭义上讲，网络保险着重突出的是保险的电子商务实现模式，即如何利用网络实现保险业务再造。因而，狭义的网络保险通常指在互联网上开展一类或几类实质性保险业务的活动。从广义上讲，网络保险则强调保险企业内部管理的信息化程度以及保险企业之间，保险企业与非保险企业之间，保险企业与保险监管部门、税务部门等相关机构之间的信息交流活动。在这一概念下，网络保险几乎涵盖了所有在互联网上拥有主页的保险类机构。尽管部分此类网页可能只是涉及一般的信息介绍，而不涉及具体的保险业务与服务。

结合欧美国家网络保险发展现状分析，我们认为可以将网络保险定义为以信息技术和网络为基础，利用互联网作为保险产品、服务及相关信息主要业务渠道的一切经营活动。在这一定义下，网络保险可以广泛渗透到保险行业的各个重要领域，体现出经营主体的多样性和发展水平的多层次性，同时也赋予了网络保险更丰富的内涵：一是它包含了保险公司利用互联网开展电子商务的一系列活动,即利用网络宣传企业形象,介绍保险产品;利用网络与客户交流信息,发布相关保险信息和保险新闻;利用网络完成网上投保、核保、承保和理赔,并提供各类保险咨询和风险管理服务等。二是它涵盖了保险公司利用信息技术和网络进行内部管理的整个过程,即利用网络重造业务流程;利用网络管理企业人力资源,对公司员工和代理人进行培训;利用网络与公司股东、代理人、保险监督机构等相关人员和机构进行信息交流等。三是它囊括了保险中介机构(保险代理人、保险经纪人和保险公估人等)利用网络提供保险专业服务的活动,以及IT企业所建网站或金融财经类网站提供的保险服务。由此可见,网络保险既不是将传统的保险业务置于网络的环境中依靠信息技术完成销售的简单过程,也不是以特定网络风险为保险标的的一项新型保险产品,而是网络经济浪潮下一种全新的经营管理模式。

这种新的广义网络保险的概念将更加适应我国现阶段电子商务的发展水平,既利于加速我国保险业信息化进程,也利于全面推动网络保险在我国的发展。这是因为一方面,我国保险业信息化水平还不高,如何利用现代信息技术提高保险行业的综合竞争力既是保险业今后很长一段时间内需要解决的重要课题,也是网络经济时代金融改革的需要;而另一方面,网络保险发展的前提是保险企业信息系统基础设施的建立和完善,从广义的角度来认识和理解网络保险正是符合了电子商务自身发展的内在要求。

(二)网络保险的特点

(1)虚拟性。网络保险中所有的交易都是在网络上以数字化形式进行,推动了保险交易从物理网络向虚拟数字网络发展。

(2)直接性。网络保险解除了传统销售模式下双方活动的时间、空间限制,能同时提供多家保险公司的多种产品和服务项目,有效地满足消费者的个性化需求,免除了客户被保险代理人硬性推销的烦恼。

(3)电子化。投保人填写投保意向书后,与保险公司签订电子保单,并通过银行实现自动转账,当被保险人遭遇保险责任范围内的风险时,保险公司通过电子账户进行理赔。实现快速便捷的无纸化服务,避免了传统营销模式下的书写任务重、传递速度慢、不宜保存等弊端。

(4)时效性。网络保险方便了保险公司准确、迅速地为客户提供所需要的资料,包括公司背景、产品优势的详细资料,客户可以横向比较、理性选择;当保险公司推出新产品时,可以通过公告牌、手机短信、电子邮件等方式向消费者发布宣传广告,并适时向客户发送有关防灾防损、保险动态、保险咨询等信息,这样投保人就可以节省与保险代理人交流的时间,自行查询相关保险信息,进一步了解新的保险险种,并自主决定是否投保。总体来讲,网络保险的发展不仅能普及保险知识,提高消费者的保险意识,还增加了销售机会,简化了销售流程,节约了成本,提高了效率,网络保险的应用使保险业务突破了传统的时间和空间的局限。

(5)交互性。网络保险可以保证保险人和投保人的交互式信息交流,从保险产品设计、制作、定价到售后服务，投保人都可参与其中，而且在投保后还轻松获得在线保单变更、报案、查询理赔状况、保单验真、续保、管理保单的服务。网络保险能够切实体现以客户为中心的服务理念。

二、网络保险的产生

（一）网络保险的优势与内在阻力

从以电子数据交换（EDI）为基础的传统电子商务到以低成本、高速度、开放性、全球连通的互联网为基础的现代电子商务，电子商务以惊人的速度改变着传统的商业运作模式。全球第一家互联网书店亚马逊（Amazon）在1996年的销售额不足1600万美元，到1997年，它却卖出了价值1.48亿美元的图书。网络保险能够有效地将保险业和保险产品的特殊性与电子商务的特点相结合，因而网络保险显示出较传统保险明显的优势，主要表现在以下几个方面：

（1）有效降低保险经营成本。通过网络企业与消费者之间建立更加直接的联系，使得信息传输和处理的速度加快，信息的获取成本下降。因而，网络保险能通过压缩过多的中间环节，降低整个供应链的成本，不仅使保险公司从经营费用的下降中获益，也使保险客户从保险费率的降低中享有网络带来的利益。保险公司通过网络直接销售保单，将改变长期以来通过代理人和经纪人出售保单的传统经营模式，使整个保险价值链的成本降低60%以上，特别是在销售和客户领域。这是因为人寿保险、财产保险产品的销售费用一般占保单总价格的33%，而一旦实现了在线销售，就可节省大量的销售费用，降低经营成本。此外，据美国布兹·艾伦·汉密尔顿公司（国际著名管理和技术咨询公司）计算，经营财产和意外保险、健康和人寿保险的保险公司通过互联网向客户直接出售保单或提供服务，将比通过电话或代理人出售节省58%—71%的费用。

（2）提供更加专业、快捷、个性化的服务。利用长期积累的客户基础和丰富的承保数据资料，网络保险在客户提出投保意向后，通过专家服务系统可以为客户提供满足其多样化、个性化需求的"保险套餐"。同时，快捷的服务将通过"自助式"网络服务系统轻松地实现：客户足不出户就可以方便迅速地从保险服务系统上获得从公司背景到具体险种的详细资料，可以自由选择所需的险种，瞬间做到货比三家，并完成投保、续保、支付保费等过程。而网络借助多媒体技术使信息表现变得更直观、更生动，加强了客户和保险人之间的互动性，并为客户提供全天24小时不间断的服务，使客户可以根据自身的需要灵活安排投保、续保等时间。由此可见，由网络和信息技术支撑的"以客户为中心"的服务给保险销售带来了实质性的变化。

（3）广阔的市场与新的销售机会。Internet将全球数以亿计的消费者连接在一起，在没有时间和空间限制的网络世界中，商家可以将其触角伸到世界的每一个地方，不断吸引新的客户，开拓新的市场。因此，无论是全球五百强企业还是新近成立的中小企业，互联网都为它们提供了难得的机遇。传统的保险销售主要依靠保险代理人和保险经纪人来完成。由于采用代理手续费或佣金的方式支付报酬，保险代理人或经纪人获得报酬的多少直接受保费收入的影响。因此，这种销售方式容易造成对小客户不够重视，忽视大量潜在客户的现象。例如，由于家庭财产保险每份保单的保费平均只有几百元，在销售渠道不畅的影响下，这项保险业务长期处于缓慢发展的状态。相反，保险公司利用网络可以有效地与各类人群特别是保险中介人无法接触或不愿接触的客户建立联系，发掘新的目标市场，吸引更多的潜在客户，扩大销售。因此，网络保险不仅能增加业务量，体现规模经济效益，而且由于扩大的销售从理论上更加符合"大数法则"的要求，因而能从质的方面优化保险资源，加强保险企业经营的稳定性。

（4）提高保险业在金融领域的竞争力。20世纪80年代中后期，由于金融业竞争日趋激烈，银行为了向客户提供所需的一揽子服务，因此开始涉足保险领域，例如，银行通过提供年金保险和其他种类的保险来吸引客户的资金，以防止客户的存款流向保险公司和证券经纪公司。90年代后期，金融监管放松，混业经营的趋势随着银行、证券和保险的兼并与重组日渐突出，金融业的竞争与合作关系发生了重大的变革。与保险业比较，银行有自己独特的优势：① 银行的分支网络使它们能接触到任何一个地区的客户；② 银行关于客户情况的数据库能使其较为全面地了解客户对金融产品的需要；③ 对消费者的调查显示，消费者对银行家的信任和尊敬程度远超过保险代理人。目前，一些银行和证券经纪公司通过综合类金融网站已开始向保险领域渗透，而网络保险的发展将有利于保险公司与其他金融机构的合作，使保险业在金融领域激烈的竞争中始终站稳脚跟。

（5）有利于加强内部管理，优化组织结构。随着网络化和信息化的不断发展，组织所需处理的信息量呈指数式增长，新型的信息处理技术及手段不断涌现。以自上而下传达和贯彻指挥与命令、责任和权限明确、横向联系少为特点的直线制组织结构已越来越不适应组织的任务、规模以及内外联系的要求。在网络经济下，保险公司更为需要团队工作和项目工作，需要一种新的更有生气、充满智慧的组织，而并非工业经济下个人的和职能性的工作。网络保险正适应了这种新的要求，使保险公司在大幅度减少员工、缩减企业中间管理层的同时，达到优化组织结构、强化跨职能的沟通、增加组织灵活性和适应性的目的。于是，在网络保险下，新的组织结构将提高组织的反应速度，减少重复性劳动，增加工作的协调性，逐步变下级对上级负责为人人为客户负责。

当然，由于网络保险是对传统保险经营模式的彻底变革，因此必然会带来保险行业内部利益的调整，也会受到传统经营习惯的阻碍。这些影响保险行业电子商务顺利实施的特殊因素归纳起来，主要表现为以下几方面：

（1）保险人与代理人、经纪人之间在传统保险经营中建立了一种长期而稳定的合作关系。而面对电子商务的契机，由于保险人希望利用网络使部分业务完全实现"脱媒"，使得保险代理人和经纪人将即将到来的电子商务视作一种威胁。因此，唯有处理好保险人与保险中介机构的关系，网络保险才可能一路走好。

（2）传统上，对消费者而言，保险是一种"卖出"的产品而不是"买来"的。消费者习惯于被动地获取保险产品和相关服务，因此，要使网络保险拥有众多的消费者,就必须从营建一种良好的网络客户关系入手,加强信任感,逐步改变传统的消费习惯。

(3) 保险经营涉及投保、承保、核保、理赔等业务流程。由于各环节不同的专业技术要求,可能给在线服务设下种种障碍。以核保环节为例,保险公司对保险标的一般设有较为详细的核保标准和要求,这些标准和要求包括核保标的金额、核保标的范围和核保险种范围等有关内容,而对风险较大、技术含量较高、保险金额较大的标的一般要求做到现场查勘。

(4) 保险经营不仅涉及一套保险业独有的业务处理流程,还必须与医院、交通管理部门、法院等其他相关部门或机构建立密切的联系。而在这样一个大而复杂的系统中,网络保险的发展除了受保险公司自身信息化、网络化水平的制约外,还要受到来自其他相关部门或机构的影响。这就需要保险公司必须具备完善的内部信息管理系统,并积极地与相关机构和部门进行配合,严格控制风险,共同促成网络保险的发展。

(5) 保险人向投保人提供的既是一种服务又是一种承诺。保险作为一种无形商品,主要依靠保险合同来明确保险人、投保人和被保险人之间的权利和义务。然而,在电子商务方面,众多法律问题还未完全解决。例如,电子合同、单证的有效性确认,技术保护手段的法律界定,知识产权保护,个人隐私权保护等一系列具体问题对各国传统法律制度的挑战;由于网络空间使传统的管辖边界不再适用,需要制定统一的全球性法律框架来保证和规范电子商务的发展等。因此,这些法律问题可能严重影响到传统保险公司的积极性以及网络保险自身的演进和发展。

三、网络保险的发展

(一) 国外网络保险的发展状况

最近几年,欧美国家大量涌现出一系列从互联网上提供保险咨询和保单销售的网址,网上成交量急剧增加,随后带动了其他国家网上保险的发展速度。国外许多知名保险公司如安联保险集团已经开始在保险业务尤其是寿险业务中引进电子商务。通过因特网,传统的保险营销模式发生着深刻的变革,对保险公司而言,拓展了自身的业务,完善了自己的服务体系。对于客户而言,增加了直接与保险公司和其他客户交流的机会。所以,我国保险行业的一个重要任务就是尽快变革完成传统业务转型,尽早建立起网络时代的新型商业模式,争取在未来的行业竞争中获得更大的优势。因为互联网最早出现在美国,所以目前美国的网络用户数量和普及率比其他国家高得多,无疑美国的网络保险业也是发展得最早和最完善的。

1. 美国

美国是网络保险发展的先驱。美国借助其发达的经济和高密度的网络用户等方面的优势,最早尝试网络保险。据有关资料报道,美国的保险公司通过互联网向客户推荐产品、出售保单和提供各种服务比通过电话销售或保险代理人销售要节省70%的费用。早在1998年,美国就已经有82%以上的保险公司建立了自己的保险网站,通过提供相关保险市场和保险产品及服务项目的信息,实现在线为客户设计合理的保险方案。20世纪以后,美国的网络保险发展势头迅猛,以1998年到2008年10年间为例,网上保险的保费收入共增加了6800%。美国首创通过互联网销售保单的是国民第一证券银行,随后安泰、友邦等保险网站的建设也相对成熟。据称,美国eCoverage公司的所有业务均通过互联网进行,美国加利福尼亚州规模最大的一家网络保险公司目前能提供36家保险商的费率咨询,并能为这些保险公司提供全面的网上投保服务,1998年年初其用户数量为60余万,到1999年年初即增加到900余万。据有关资料统计,1998年,美国有89%的保险公司在网上发布保险产品信息,有66%的网站提供代理商地址咨询,有45%的保险公司把发展网络保险作为公司的战略,具体内容包括产品咨询、异议处理、产品销售、保费转账、理赔服务等。所提供的保险险种包含健康险、医疗险、疾病险、养老险和财产险等。与此同时,互联网在公司内部的经营管理中也发挥着重要作用,决策层利用互联网收集各种资料、进行统计分析、开展业务培训等。

近年来全球保险科技行业快速发展,其中美国保险科技行业更是领跑全球。一方面,风口已至、资本逐鹿,数据统计,全球保险科技公司融资交易额由2014年的8.7亿美元提升至2019年的63.5亿美元,其中美国保险科技公司融资数占比达54%;另一方面,初创企业成长迅速、头部公司大放异彩,据FinTech Global发布的InsurTech100榜单,2019年全球Top100保险科技公司中,美国占据39个席位。2020年5月以来,美国保险科技公司更是迎来一波上市热潮,当前合计上市公司数已达4家(Lemonade(LMND. US)、EverQuote(EVER. US)、GoHealth(GOCO. US)、SelectQuote(SLQT. US))。站在美国保险科技行业的视角,我们认为,人口趋势、技术赋能、政策催化是推动行业快速发展的三大重要外部因素。美国的网上保险主要分为以下几种类型:

(1)消费者通过保险公司的网站来查询保险信息并购买保险产品。这种情况包括全部建立自己保险网站的公司提供的保险服务。

(2)消费者通过保险网站来选择保险产品,如向日葵保险网就是综合性的保险网站,它提供了20多家保险公司的费率咨询,并可以实现网上投保。

(3)保险公司通过与商业银行、证券公司、汽车销售商和房地产销售商进行密切合作,利用它们的网站平台对本公司保险产品和服务项目进行宣传,有的网站还可以直接给客户提供在线投保等服务。

2. 欧洲

总体来看,欧洲网络保险的发展也很迅速,但与美国相比,欧洲网络保险缺乏统一的政策和规范,所以要想形成跨国界的网络保险市场还有很多障碍。法国安盛作为全球最大的保险集团之一,于1996年尝试网上营销,至今,其大约10%的新单业务是通过网络保险实现的。世界第二大再保险公司——瑞士再保险公司依靠网络保险平均每年可以节省7.6亿瑞士法郎。从1997年开始,意大利的ARs保险公司利用微软技术建立了一套价值为110多万美元的网络营销服务系统,实现网上提供最新险种费率和服务咨询，该公司的销售效果非常显著，月售保单从最初的 170 件增加到了 1999 年年初的 1700 多件，与起初的业绩相比足足增加了 10 倍。英国于 2000 年建立的 "屏幕交易" 网址可以同时提供 7 家保险公司的汽车保险和意外保险产品，用户数量以每月 72% 的速度递增。目前，电子商务已经开始影响保险业务的整个销售流程，英国的劳合社、国际承保协会以及劳合社保险经纪人协会提出了激进的改革方案，要求在保费和理赔的处理流程上尽可能多地考虑到网络保险的运用。

3. 日本

日本居民的保险密度比较大，人均寿险保单在 7 件以上。1999 年 7 月，日本成立首家完全通过互联网推销保险业务的保险公司——aflacdirect.com，它是由总部位于美国的 ALFAC 公司和日本电信共同投资设立和管理，专门服务年龄位于 40 周岁以下的客户的保险网站。在该网站上，客户可以直接获取保险信息并进行投保。IBM 对全球 40 多家保险公司进行的调查显示，到 1999 年年底只有不到 3% 的保险公司允许投保人通过网络进行信息咨询或变更保单，但截至 2010 年年初这一数字已经上升到 79%。我们可以看到，国外网络保险不论从保费收入，还是服务项目方面，都取得了优异的成绩。

我们可以发现，国外网络保险发展的共同特点是：伴随互联网技术的高速发展而出现，开始阶段发展缓慢，保费和市场份额占比较低，在经过一段时间后，发展速度惊人，优势逐步体现，相对的管理和系统服务比较到位。

（二）国内网络保险的发展状况

我国网络保险的应用起步晚、整体水平落后，目前还只是停留在扩大公司知名度和宣传保险产品的阶段，各家保险公司也纷纷开设保险网站，提供本公司产品资讯。数据显示，2020 年，我国保险公司一共有 235 家，经营互联网保险业务的公司有 134 家，其中参与互联网人身险的公司为 61 家，参与互联网财产险的公司为 73 家。我国互联网保险自 1997 年开始萌芽，但是当时因受到保险业务管制的限制，网络保险的应用也没有取得实质性的发展。自 2017 年起，大量互联网创新技术积聚，相关监管办法陆续完善，互联网保险进入蓬勃增长阶段。从总体看，我国网络保险的发展经历了三个阶段：

（1）1997—2000 年属于初步形成阶段。1997 年 11 月，在中国保险学会的组织下，开办了中国保险信息网，这是全国首个保险中文专业网站。该网站于 1997 年 11 月 28 日帮助新华人寿保险公司促成了国内第一份网上投保单，从而实现了国内网络保险零的突破。1999 年 2 月底，中国人寿保险公司、中国太平洋保险公司、泰康人寿保险公司、中国平安保险公司、新华人寿保险公司、华安财产保险公司等都建立了网站，利用网络优势为客户提供服务。

（2）2000—2002 年属于初具规模阶段。2000 年后，我国的网上保险实现了跨越式的发展。据调查，2000 年 3 月 9 日，太平洋保险北京分公司和朗络电子商务公司合作，建立了首家大型电子商务保险网站，推出了 30 多种网上投保险种，充分展现了网络保险市场的潜力和广阔空间。平安保险的 PA18 网上交易平台（www.PA18.com）于

2000年6月建成，并于2000年8月正式开通，首次打响了我国网络保险市场的争夺战。

（3）2002年至今属于迅速发展阶段。2002年11月，中国人民保险集团（简称"中国人保"）的网络保险平台投入运营使用。客户在该网站上不仅可购买车辆保险、家庭财产保险、意外伤害保险，还可以进行方便快捷的保险咨询、保费缴纳、保险卡开卡、保单信息查询、理赔等服务。截至2005年年底，有85%的中资保险公司开通了保险网站，70%的外资保险公司开通了中文保险网站，大约占保险公司总数的76%。中国社会调查事务所2002年对上海、北京、武汉、广州、哈尔滨、天津等城市作了专项调查，结果显示，有将近48%的被调查者希望尝试网络保险销售模式，有42%的人接受网上结算。2013年10月，阿里、腾讯和中国平安联合出资构建的众安保险宣布开业，中国第一家互联网保险公司诞生；2015—2016年，泰康在线、安心保险、易安保险相继成立；同期，小雨伞、轻松筹等保险创业公司开始创立。互联网保险公司数量增长明显，保费收入逐年提升，互联网保险逐渐得到市场和用户的认可。2017年后，微保平台、相互宝大病互助计划相继上线，创新技术大量积聚，保险公司服务能力、产品设计能力得到大幅提升，与此同时，互联网保险监管办法进一步健全完善，互联网保险业务将在管理规范、风险可控的前提下迎来蓬勃发展。

我国网络保险已经进入多元化深入与规范发展阶段。政策方面，2021年11月，中国保险行业协会发布《保险科技"十四五"发展规划（征求意见稿）》，强调保险科技化的必要性和紧迫性，对未来行业机构技术专业性提出更高要求，目标指标不断细化，预计未来监管力度将不断加大。底层技术方面，我国已具备良好基础，并仍然处于技术高速增长迭代阶段，而具体到赋能业务阶段，诸如大数据、人工智能等技术往往受制于实际数据的低可得性而无法发挥应有的效用，保险行业在产品定价与理赔环节长期面临的数据黑箱困境目前仍是转型最主要难点之一。资金融资方面，2017年后保险科技行业融资速度加快，众安在线、水滴公司、慧择等互联网保险公司与数字保险中介平台顺利上市，同时，南燕科技、暖哇科技、豆包网等优秀保险科技技术公司也在近两年赢得过亿级别大额融资，诸如思派健康等类美国联合健康模式的企业也逐渐在市场显露头角，行业参与者商业模式日益多元。

（三）国内网络保险发展的可行性

随着网络技术的发展，电子商务的应用已经逐步进入保险行业。对网络保险可行性的分析主要是从经济学角度来衡量的，如果网络保险能给稀缺性的社会资源做出贡献，它就有经济可行性。

第一，网络保险的应用有助于减少信息不对称。保险不单是一种经济行为还是一种法律契约。在投保过程中，不管是投保人还是保险人都涉及很多重要信息要进行如实告知。如果双方的信息不对称，则会导致逆向选择甚至一些道德风险问题，情节严重的还会构成保险欺诈。此外，在保险监管过程中，银保监会与保险公司之间的信息如果不对称也会导致道德风险问题。信息是影响保险业持续发展的重要变量，而目前我国保险市场中银保监会与保险公司、保险公司与投保人之间有着严重的信息不对称现象，这严重地影响了保险业的声誉，阻碍了保险业的健康发展。因此，要实现保险业健康、持续、快速的发展，首要问题就是解决信息不对称对保险市场的束缚。而有效发挥网络保险的作用可以适当减少信息不对称，保险公司在银保监会的监管下必须在保险网站上公开公布保险条款和费率，客户一旦投保，保险公司就必须按公布的价格承保并在出险时严格按合同条款及时理赔。这样，投保人可以根据自己的需求在不同的保险公司之间进行险种和价格的选择和比较。如果有问题可以随时通过网络咨询业务人员，及时消除投保疑虑，这有助于投保人慎重考虑，也有助于实现社会资源的最优配置。

第二，网络保险可以降低社会成本。网络保险的直接性、虚拟性、时效性使银保监会、保险公司和投保人都节约了成本。对保监会而言，通过网络它只需要发布相关政策和法规，无须召集每家保险公司高管开会，这样就能节省大量的会议费、餐宿费和资料费等；对保险公司而言，它可以免去保险代理人、保险经纪人等中介环节，节省巨额佣金和管理费用；对投保人而言，在互联网投保可以以最低的成本博得最高的风险保障，由于保险公司之间的激烈竞争和险种费率的公开透明，使投保人在节省大量成本的同时还能获得最高的投资收益。

第三，网络保险的出现推动了混业经营的发展。在信息和通信技术高速发展的今天，金融产品不断升级和创新，金融电子化可以优化配置金融资源，为客户提供"一站式"的金融服务，金融创新加快了混业经营的步伐，使银行和非银行金融机构之间的界限和分工变得日益模糊，进而推动了金融行业的全面快速发展。在混业经营的发展趋势下，我国的保险业也必将走向电子化和网络化，并在规避金融风险、创新支付清算系统方面下功夫，从而逐渐降低服务成本、不断改善服务质量、有效提高服务效率、快速拓展服务领域，进一步扩大并发展保险市场体系。所以，网络保险的出现顺应了混业经营的发展潮流。

第四，电子商务的迅速发展提高了网络渗透率。截至2021年6月，我国网民规模为10.11亿，较2020年12月新增网民2175万，互联网普及率达71.6%，较2020年12月提升1.2个百分点。庞大的网民规模为推动我国经济高质量发展提供强大内生动力，加速我国数字新基建建设、打通国内大循环、促进数字政府服务水平提升。一方面，以电商为代表的数字化服务向四五线城市及乡村下沉，带来城乡双向消费交流互动，在提升下沉市场数字化便利的同时，带来经济增长新引擎；另一方面，低龄及高龄网民群体规模不断增长、消费能力不断提升。因此，网络保险的发展存在着较大的潜力和空间。

第五，我国于2005年4月1日开始实施《电子签名法》，这部新法律规定："可靠的电子签名与手写签名或者盖章具有同等的法律效力。"这标志着我国的网络经济正在走向法制化和规范化，同时也表明政府正在努力规范和整顿保险市场秩序，为我们营造一个规范、公平、诚信的社会经济环境，提供一个安全放心的网络环境。《电子签名法》的颁布为网络保险的发展提供了有力的法律支持。

第二节 网络保险的理论与模式

一、网络保险的理论基础

从技术背景和社会物质基础看，网络保险可以看作在不同技术领域同时发生三场革命的结果。这三场革命：一是数字化革命，即完全以重新安排 1 和 0 这两个数字组合为基础，开启的一个新经济时代，一切经济信息都依靠这两个数字的不同组合来精确表达和迅速传递；二是全球开始使用光纤电话网主干线，使信息传输容量和传播速度发生了革命性的变化；三是计算机成本的大幅度下降，使网络终端可以迅速普及一般消费者。根据信息技术功能价格比的摩尔定律（Moore's Law）：计算机硅芯片的功能每 18 个月翻一番，而价格以减半数下降。该定律的作用从 20 世纪 60 年代以来已持续多年。它揭示了信息技术产业快速增长的动力和持续变革的根源。

但是，计算机技术和通信技术的革命只说明了网络保险产生的可能性，并没有说明其必然性，因此必须通过经济学的分析来加以说明。我们认为，市场经济主体从事网络交易的根本原因在于交易费用的差异和网络经济效益的存在。

（一）基于交易费用的理论分析

按照科思的分析，交易费用是获得准确市场信息所需付出的费用，以及谈判和经常性契约的费用。交易费用在市场经济中是不可避免的，这是由信息的不对称和不充分所决定的。正如企业的存在是为了节约市场交易费用，即用费用较低的企业内交易替代费用较高的市场交易一样，网络保险的产生也是为了节约交易费用，即用费用较低的网络交易替代费用较高的一般性交易。

根据交易费用的分析方法，在网络化的市场中，企业市场的外部交易费用将上升，组织内部管理的成本会大幅度下降，由此将带动企业总成本的下降和企业规模的扩大。图 7-1 就清楚地展示了网络化前后企业外部交易费用与企业内部组织成本的变化。其中，C_m、C_0 和 C 分别代表了网络化之前企业的市场交易成本、组织内部管理成本和总成本，而 C'_m、C'_0 和 C' 则代表了网络化之后企业的市场交易成本、组织内部管理成本和总成本。由此可见，网络的利益带来了总成本曲线从 C 到 C' 的下移和企业规模从 T_m 到 T'_m 的扩张。

网络经济的效益主要来自网络的正外部性和网络边际效益递增的特征。网络外部性的产生原因在于网络自身的系统性、网络内部信息流的交互性和网络基础设施的垄断性，其作用的大小既与网络的规模直接相关，又与网络内部信息流动速度有关。反映网络扩张效应的梅特卡夫法则（Metcalfe Law）指出：网络的价值等于网络接点数的平方，说明网络效益随着网络用户的增加而呈指数式增长。互联网的用户大概每半年翻一番，互联网的通信量大概每百天翻一番，这种爆炸性增长必然会带来网络效益的飞速高涨。

网络边际效益递增也可称为正反馈，是指连接到一个网络的价值取决于已经连接

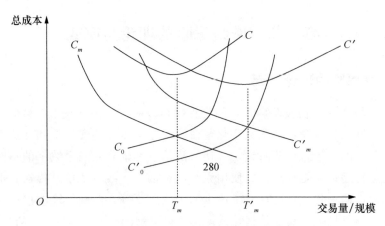

图 7-1 网络化市场中的企业的扩张

到该网络的其他人的数量,即在网络系统中连接到一个较大的网络要优于连接到一个较小的网络,也就是新增一个链接对整个系统会产生递增的效用。但是由于网络同时还具有非兼容性和锁定效应,使得处于一定网络系统之中的用户,换用替代系统将付出很大的成本,尤其是知识的学习成本。因此,个别企业将由于网络的非兼容性和锁定效应而可能受到网络约束,同时又由于网络的正外部性而享受网络带来的利益。

(二)适应网络发展的新营销理论

当网络保险随着电子商务发展而产生,并逐步成为一种全新的保险经营模式时,一些新的营销理论也应运而生了。这些蕴含了大量网络营销观念的新理论,不仅代表了营销理论研究的新方向,而且更为保险业的网络化发展开启了全新的视角。这些新营销理论表现在以下三个方面:

一是整合营销观念。以舒尔兹教授为首的营销学者从客户需求的角度出发研究市场营销理论,提出了4C组合,代替传统的4P组合。4C就是:第一,不急于制定产品策略(product),以研究消费者的需求和欲望(consumer's wants and needs)为中心;第二,暂时把定价策略(price)放到一边,而研究消费者为需求所愿付出的成本(cost);第三,抛开渠道(place),先考虑如何给消费者以方便(convenience);第四,忘掉促销(promotion),着重加强与消费者的交流(communication)。4C营销观念将营销过程的起点定于消费者的需求,强调企业与客户的交互,认为只有消费者的需求得以满足,企业才可能实现利润最大化。

二是直复营销观念。直复(direct & response)营销中的"直"是指不通过中间分销渠道而直接通过网络媒体连接企业和消费者,"复"则是指企业和客户之间的交互和沟通。网络保险集中体现了直复营销的观念。它拉近了投保人和保险人之间的距离,大大降低了经营成本,利于企业及时了解客户对保险产品的需求,改进服务质量,提高经营管理。这一新营销观念的关键是侧重营销的可测性、可量度、可评价的特点,力求通过营销测试,及时改进企业的服务。

三是"软营销"理论。"软营销"理论是基于网络本身的特点和消费者个性化需求的回归。传统的"强势营销"如广告、人员推销等采取的是一种强行灌输的方式，企业作为主动方将产品"推"向消费者，往往由于不能准确地指向目标客户，因而容易造成消费者的反感。相反，"软营销"观念将主动权更多地交给消费者，利用网络的互动性"拉"进消费者，使其个性化的需求得以充分体现。

二、国际现行网络保险的模式分析

虽然从实践看网络保险模式之间并不存在一个统一的划分标准，但是从对目标设定、服务内容和技术手段等方面的分析中，我们仍可以系统地将其归纳为五种模式，以便于研究和讨论。

1. 直接模式

直接模式是当前国际上发展最迅速、实现业务量最大的一种网络保险模式。它以保险客户为对象，以传统保险产品的网络直销为基础，实现了保险销售与BTOC模式的有效结合。从客户的角度看，这种模式能够使客户在网络上录入各自投保风险的信息，并获得保险报价服务，最后完成直接从网上购买保险的全过程。从产品的角度来看，通过这类模式销售的多为简单保险产品，例如，汽车保险、住房保险和定期寿险。

目前，直接模式的参与者主要有三类，它们分别是：① 保险公司。多数保险公司当前努力的方向主要是如何将自己的网站变得更友好，如何帮助客户决定其所需的保障程度以及帮助客户计算保险金额等。② 报价代理人（quoting agent）。报价代理人是目前最受欢迎的网络保险渠道，因为他们能为客户提供一个比较保险价格的、透明度较高的市场环境。③ 独立代理人（independent agent）。独立代理人开设的网站以数量众多为特色，分布甚广。

在直接模式中，我们既可以看到许多传统的保险经营者，如John Hancock Marketplace，Progressive，又可以发现类似Fidelity Investments和Citygroup的非传统保险经营者。我国大多数保险公司自建的网站和个别网站如Mai保险、非常保险等都可以归于此类。这种直接模式前景十分广阔，据Forrester Research的统计预测，汽车保险、住宅保险和定期寿险的保费总额将有惊人的增长。

2. 改进模式

这种模式包含的内容相当广泛，可以理解为是利用网络技术提高保险企业运作效率的一套方法的总和。除了保险机构加强内部信息系统建设和为适应网络保险而进行业务再造外，这种模式在目前还广泛应用于支持保险人与保险经纪人的合作关系，为保险经纪人提供方便的面向保险人的网络接口，以加强两者间的联系，使保险经纪人能为客户提供更多的增值服务，彻底改变中介机构将网络直销视为威胁的观念。在这方面，欧洲的保险人为我们提供了许多可供借鉴的例子，例如，AXA Sun Lifo利用IFALine为其经纪人免费提供在线的寿险和年金产品报价接口；Chubb利用互联网与独立的保险经纪人合作进行理赔管理；Royal & Sun Alliance的经纪人则可以通过其全球在线链接，随时了解理赔过程进展，并可获得相关的承保数据；Kemper Insurance 的网站将其 2500 名代理人和分支机构链接起来，提供多种实时的服务功能；伦敦的劳合社改进了原有的理赔程序，借助新的理赔支持系统（CAAS）向全球范围的经纪人和承保人提供接入理赔资料数据库的服务。可以预见，该模式的进一步发展将形成一种集合保险经纪人和一般保险代理人的网络联合体。

3. 保险业网络平台

目前存在着两个具有代表性的保险业网络平台，它们分别是：IVANS（Insurance Value-added Network System）和 WISe（World Insurance e-System）。IVANS 是一个由保险业的成员共同组建而成，起着行业网络链接作用的平台。它提供对保险经纪人的链接和保险产品的信息，并使保险人之间的交易成为可能。WISe 是由其成员拥有的非营利性的网络平台，既提供了安全交易的网络技术支持，又便利了成员间再保险业务的开展。在保险业网络平台模式的发展过程中，基础网络设施供应商可能成为网络保险人的主导，从而向新的参与者提供网络保险平台服务。而就现在的发展情况看，由于网络基础设施和保险监管的障碍，该模式短期内可能很难有长足的发展。

4. 电子保险市场

该模式是以支持承保人和客户之间直接交流的电子设施为基础发展起来的，需要由完全独立的第三者运作和管理。而客户则可通过金融服务机构、保险中介进入或直接进入这个市场。由于再保险市场易于将风险打包成标准的产品来交易，且市场的参与者是具有丰富经验的保险人，因而现今唯一可称得上"电子保险市场"的就是纽约的巨灾风险交易所（Catastrophe Risk Exchange，CATEX）。CATEX 不参与任何交易而是以完全独立的身份为再保险市场的风险转移提供便利，负责市场的管理，参加交易者则需要支付年会费并在发生交易后交纳佣金。

5. 虚拟保险公司

这一模式充分体现了网络对保险价值链专业化的扩展。保险人将价值链中除承保外的其他环节外包出去，并通过互联网建立与外包部分的联系，借助理赔数据库支持产品的开发和市场营销。目前，这种模式要在垂直型组织结构的保险公司中实现可能会有相当的困难，但外包的专业化则可能吸引其他金融服务公司的参与。该模式的成功不仅需要电子商务方面的先进技术和手段，更要求有一个专业分工明确、发展成熟的保险市场。国外一些新机构如 Direct Line 和 eCoverage，已开始致力于发展完全的网上销售，希望成为"保险业中的亚马逊"，它们的发展可能会为该模式的推广提供更多的经验。

三、中国网络保险战略中的模式选择

我国网络保险与国际水平仍存在着较大的差距。首先，在直接模式上，由于我国对保险费率长期采取严格的管理方式，保险费率的市场化程度差，致使网络保险在关键的价格环节上缺乏竞争，导致提供保险报价类网站的缺位。其次，在改进模式上，由于我国保险中介机构本身发展滞后，提供增值服务的能力较弱，使多数保险公司忽视了中介机构在电子商务中的作用，因而并没有真正为保险中介提供一个合作互动的

网络环境。最后,保险业网络平台模式虽然在我国的发展相对较好,但是由于各网站在实力和技术等方面的限制,目前还很难形成一种具有行业权威性的相对中立的网络平台。

我国保险业电子商务的商业模式还处于探索阶段。通过对现有的保险业电子商务的商业模式进行分析,可以发现网络保险在商业模式方面的几点问题:

(1) 品牌和规模问题。网络保险网站的建立如果没有具市场号召力的品牌效应,则会缺乏对客户的吸引力。这种情况下,绝大多数客户还是热衷于通过传统渠道来投保,这就直接影响网络保险网站形成自己足够的客户群规模。同时,对一个家庭而言,保险不像日用生活品那样需要经常购买,所以网络保险的品牌也很难建立忠诚度。

(2) 成本问题。从理论上讲,网络保险可以通过网络直接将保险产品销售出去,减少了代理人上门拜访、佣金支付等很多环节,既节约了保险公司的交易成本,又为客户提供优惠的费率。但是实际业务中,网络保险需要投入很高的员工薪资和设施建设成本,以及宣传保险公司和保险产品所需要支付的高额广告费用。另外,一些在线销售的保费低廉的保单,因额外的成本的开支,会导致保险公司更是入不敷出。例如,某客户在线购买了一份 20 元的短期意外伤害保险,如果不能及时生成电子保单或客户期望的纸质合同,那么保险公司就需要在线下派专人去给客户送保险合同,这会给保险公司造成更高的保险成本支出,与发展网络保险的初衷相背离。

(3) 保险网站的盈利模式难以确定。由于保险业电子商务的发展还处于探索阶段,将来这种新的营销模式是否能够盈利还不确定。从目前看,早期网络保险的推行虽然方便了很多客户,也给保险公司节约了一定的成本,但是仍然有一些网络保险网站入不敷出。就我国目前的情况看,保险市场和电子商务市场还远远不够成熟,所以新兴的第三方网站不能确定盈利模式;从全世界范围看,这种第三方保险网站似乎还有待进一步发展,直至找到真正适合保险业务特点的盈利模式。

(4) 产品和服务问题。目前,网络保险所提供的保险险种不够丰富,还不能满足消费者的网络需求。在险种方面,由于在线服务缺乏全方位的建议功能,因此在线出售的保险险种都相对单一;在服务方面,由于网络的限制目前还不能提供全程专业的核保、承保、定损、理赔等服务,因此网络保险还没有真正给客户带来增值服务。

今后我国网络保险在模式选择的问题上,应从现实出发把握以下几点:

第一,以发展直接模式为主,重视与中介机构的合作。直接模式是网络保险的重点,众多的保险公司网站是直接模式的有力支持。在"鼠标+混凝土"的电子商务阶段,保险公司应以提供面向客户的、友好的网络服务为基础,推动传统经营向网络经营过渡,争取以直接模式促进整个网络保险的发展。同时,保险公司必须彻底改变忽视保险中介机构的态度,认清两者间相互依存、互利互动的关系,为保险中介机构提供网络发展的必要支持。

第二,积极发展保险业网络平台,鼓励 IT 企业参与网络保险。保险业网络平台是多方交易主体汇集的场所,它的作用不仅仅是为达成交易提供一个虚拟的场所,也包括为保险机构提供各类软件服务和技术解决方案。因此，它的发展对我国网络保险的总体水平有着直接的影响。另外，我们还应采取多种形式与 IT 企业合作，鼓励 IT 企业参与网络保险，以增强整体实力和发展后劲。

第三，审慎发展虚拟保险公司模式，抓住时机发展再网络保险。虚拟保险公司的特点决定了其发展的必备环境是当前我国电子商务基础难以满足的。如果一味求快、求新发展虚拟保险公司，既可能直接导致经营失败，又可能陷入法律法规和监管困境。因此，在该模式的发展上应采取审慎态度。此外，我们还应密切注意再保险市场的动向，抓住再保险市场开放的时机，大力发展具有巨大潜力的再网络保险。

第三节 网络保险发展的制约因素

我国的保险行业整体发展水平比较低，而网络保险的出现又比较晚，从我国网络保险发展现状的分析情况看，网络保险发展过程中仍存在技术性及非技术性方面的问题。

一、网络保险发展中存在的技术性问题

技术性问题主要体现在以下五个方面：

1. IT 应用不深入，现有设备没有充分发挥作用

知识经济时代，如何获得高效、快速的信息成为市场竞争的重要因素。因此，各家保险公司也不吝于加大在 IT 方面的投入，购买最新的硬件设备和软件系统，甚至有些系统和设备已经达到世界先进水平。但这些先进的设备和系统并没有给保险公司带来高效的回报，或者没有达到预期的效果。究其原因，一方面是信息技术人才短缺，另一个重要原因就是国内的一些保险公司没有根据企业自身的实际情况选择 IT 系统，过分注重系统的先进程度，生搬硬套国外的东西，系统应用的深度挖掘不充分，浪费了资源。一些国内保险公司对系统的使用停留在简单的数据管理层面上，而国外的保险公司普遍借助于系统的数据挖掘开展经营决策。比如，机动车保险，一些国内保险公司只是简单地使用系统管理保户资料，没有充分发挥 IT 系统的作用，没有对客户信息（如年龄、驾龄、驾驶记录等因素）进行集成管理，没有将业务数据进行整合，没有建立起完整的精算模型，这是我国保险企业信息化建设中薄弱的地方。

2. 在线核保技术还不成熟

网上保险的业务流程是：投保人通过网络了解保险公司的产品和服务并根据自己的保险需求在网上填写投保单进行投保。保险公司对保险标的相关内容进行审核检验，实时或延时核保。审核通过后，保险公司通过电子邮件或电话形式向客户确认，客户进行电子签名确认，并通过网上银行缴纳保险费，保险公司签章承保并向投保人出具保单，保险合同成立。可见，保险公司为防止投保人的逆向选择行为，需要对保险标的的金额、标的范围和险种范围等有关内容根据详细的核保标准和核保要求进行核保，对一些保险金额较大、技术含量较高、风险较大的标的还要进行现场查勘，而

目前这些工作无法通过在线核保来完成。

3. 网络保险存在安全隐患

(1) 信息系统的安全性和稳定性

步入21世纪,由于信息技术的发展和普遍应用,保险行业的业务和管理越来越多地依赖于信息系统,由于计算机系统在安全性和稳定性方面存在薄弱之处,因此增加了其受攻击和威胁的可能性,金融领域电子犯罪案件呈现日益增多趋势。这些由内部或外部引起的威胁将造成经济损失并带来商业风险。信息系统缺乏安全性和稳定性表现在:一是计算机技术人员在信息系统的设计、开发、安装、使用过程中产生的人为错误或失误。二是公司内部员工修改信息系统数据,进行违法犯罪。三是黑客等外部人员通过非法手段(恶意程序侵袭等)访问或破坏保险公司的信息系统。四是程序系统自身存在缺陷。

(2) 数据的安全和容灾处理

我国保险业信息化建设已经从单机、单点阶段借助网络技术飞速发展的有力支持,进入数据集中、网络支撑的时代。数据集中的规模越大,潜在技术风险的危害性也越大,因而也会对容灾和恢复处理提出更高的要求。网络保险快速健康发展的关键在于能否保障保险公司电子数据的完整性和安全性。任何保险信息数据的丢失或损坏,都会给保险公司甚至整个行业的发展造成无法弥补的损失。但是,目前国内的些保险公司存在对数据安全管理重视程度不足的情况。有些保险公司虽然建立了容灾系统,但在关键时刻却没能发挥应有的作用。

(3) 支付安全性问题

网络保险获得快速健康发展的一个重要原因就是在线支付安全性问题。根据某项市场调查显示,大部分的网民对网上支付表示感兴趣,表示不感兴趣及非常不感兴趣的比例不到10%。许多网民虽然对网上支付感兴趣,但却对网上支付的隐私保护等安全性心存担忧。因为在投保过程中,客户需提供个人详细信息,尤其是人身保险,需描述个人健康状况等隐私信息,其安全性受到客户的密切关注。此外,由于目前资金结算方式都是将资金交由第三方进行保管,在交易完成后再由第三方将资金划转给销售方,一旦发生意外,第三方无法或拒绝将资金划转,将导致客户既无法获得保险保障,又难以追回资金,因此客户也会对网络保险中面临的交易资金的安全性有所担忧。

4. 客户关系管理(CRM)系统不完善

保险行业竞争最大的特点,在于为客户提供优质与个性化的服务。任何一家保险公司想在激烈的竞争中取得成功,都必须找到一种全新的方法,更有效地以客户为本的方式来运营,出现在20世纪90年代的客户关系管理CRM(Customer Relationship Management)系统为保险公司带来了新的发展机遇。它可以通过对客户进行精确定位和细分来鉴别和控制经营中的风险,还可以增加保险公司与客户沟通的渠道,提高理赔服务效率,进行客户数据分析,确定企业最有价值的客户,了解客户的需求,把握和围绕客户,开展有效的服务与销售,为他们选择最佳的产品,提高企业的竞争力。为此,越来越多的保险企业开始引入 CRM 系统。目前,我国大多数保险公司在客户服务方面基本还处于人工或半人工处理阶段,有部分保险公司已经实施 CRM 或正在实施 CRM。

  5. 经营险种过于单一

  我国企业网络保险的发展以操作较简单、交易额较小的汽车保险、家庭旅游保险等为主要发展对象。汽车保险由于简单、重复性高,在网络保险收入中比例最大。但是由于保险产品具有复杂性和需求个性化的特点,因此并非所有险种都适合在网络上销售。瑞士再保险公司通过对网络保险产品的复杂性、交易额进行分析,证实保险产品越简单、交易额越小,就越适合在网络上销售,相反,就越不适合网络销售。这些年来网络销售的现实情况也印证了这一分析。客户在网络保险产品方面乐于接受那种重复性高、保费低的保险,那些只用少量参数就可以描述和定价的保险,如家庭财产保险、车辆保险、定期人寿保险等险种对网络销售的适应性非常强。以我国开展网络保险业务较早的人保财险、太保集团、平安集团、泰康人寿、太平人寿 5 家保险公司为例,其意外伤害险产品最多,占产品总数的 39%,而市场潜力同样较大的货运险产品仅占 2%。保险公司应当在网络保险产品开发方面多作创新,推出多种适合在网络上销售的险种,改变我国网络保险产品少、市场空白的情形。

二、网络保险发展中存在的非技术性问题

  非技术性问题主要体现在以下四个方面:

  1. 保险产品具有特殊性

  保险产品作为一种商品,其有形载体就是一份合同。马克思指出:商品首先是一个外界的对象,一个靠自己的属性来满足人的某种需要的物。保险之所以具有商品形态,是因为它具有经济损失补偿的功能或者说能提供经济保障,从而满足人们转嫁危险损失的需要。在商业保险的形态下,保险是一种纯粹独立形态的保障性商品,它的体化物即为保险单。相对于一般商品而言,具有无形性、条件性、复杂性、期限性、广泛性、契约性、承诺性、内在价值透明度低等特点。同时,由于保险的特殊性,投保人缴纳保险费购买保险产品后,如果合同约定的保险事故没有发生,投保人就不可能获得回报,因而导致保险并不能完全得到公众的认可。

  2. 公众消费习惯不易于改变

  尽管互联网在我国的应用不断深化,网络保险也呈现出巨大的市场潜力,但公众消费习惯的转变仍需时日。他们还不习惯"鼠标+键盘"的消费方式,仍然习惯于传统的面对面的消费方式,对网络产品的质量等方面缺乏信任,绝大多数人对网络购物退避三舍,或者通过网络购买的都是一些价格不高的有形商品。只有当网络保险获得公众的信任之后,网络保险才能繁荣发展,交易数量和金额才能上升。然而,这样一个市场环境的建立不是一朝一夕就可以实现的,公众消费习惯的转变是一个长期的过程。

  网络保险市场还需要进一步宣传和培育,保险业者应该做好网络保险的宣传工

作，防范道德风险。在我国公众缺乏保险知识和保险意识的情况下，发展网络保险、落实保险宣传的工作就显得尤为迫切。目前，在网上购买保险的人数还不是很多。我国网民以年轻人为主，他们易接受网上消费方式，而中老年人网购则较少。在消费意愿上，大多数客户更习惯于传统的保险销售方式，网络保险的信任度仍然较低。由于客户对保险认识不多、保险术语专业性较强、假网站时有发生等情况，公众往往对网络保险消费心存疑虑。但随着网络的日益普及、人们保险意识的加强，购买保险且有能力在网上投保的人会越来越多。要让投保人"敢买"和"乐意买"，需要保险公司做大量的宣传工作，想方设法培养客户对网上投保的信任感，使其敢买；把网络营销和客户服务紧密结合起来，并省去中间环节的许多费用，降低费率及缩短交易时间，从而给客户带来真正的实惠，以方便、快捷、高效的服务赢得越来越多客户的青睐，使他们乐于在网上购买保险。

3. 保险企业内部重视程度不足

虽然大部分保险公司都开通了网站，但只是作为形象工程，并没有因此而开辟网络保险发展的新天地。这主要是由于保险公司内部重视程度不够、管理滞后等原因造成的。目前，各保险公司内部考核的指标依然是保费收入，保险监管部门对保险业做大的衡量标准也主要是保费收入，但对初期的网络保险而言，保费收入则少得可怜，连个零头都算不上，因而就无法引起管理人员的重视。由于思想上缺乏重视，宣传上投入不足，导致服务不及时、服务质量跟不上、公司管理跟不上，一年下来，保费收入更是寥寥无几，更无法引起公司的重视，形成恶性循环。

4. 价格优势难以发挥

韩国保险公司可以将通过网络销售汽车保险而减少的经营成本通过降低保险价格形式把"实惠"落到投保人身上。而在我国，由于费率完全放开的监管政策的不明朗，代理人销售与通过网络销售同一保险产品价格差别不大，网络保险的价格优势无法体现。以寿险为例，保险公司要向营销员支付每笔业务首期保费的30%—40%作为手续费（佣金）。而在网络保险中，投保人不需要通过代理人进行投保，如果保险公司可以将节省下来的佣金作为"实惠"让利于投保人，相应地减少保费，必然会扩大网络投保群体。但是，由于我国的保险监管部门对保险价格实行严格管制，保险公司在发展网络保险方面难以发挥更大的作用。因此，只有放宽对费率的监管，才能促使保险公司设计更多的网络保险产品，才能吸引更多的客户，才能促进网络保险的快速发展。

第四节　网络保险的监管

一、网络保险发展中面临的风险

金融信息化极大地促进了金融全球化和自由化的进程，使金融业务模式发生根本性变更，金融风险的来源、范围、结构、复杂性和风险程度都极度扩大，不充分认识到网络保险发展过程中存在的风险，将会阻碍其快速健康发展。

1. 网络保险面临的操作风险

操作风险源于系统在可靠性或完整性方面的重大缺陷带来的潜在损失，也可能源于用户误操作或系统设计、实施中的缺陷。金融资产的数字化和货币信息化及金融网络化，使金融机构更容易受到内外部双重攻击，如果安全防范措施不当，会导致数据、资金被窃取或业务系统瘫痪，产生安全性风险；信息化系统设计、实施或后续维护中的不足会对保险产品或服务的传送造成风险，技术外包使得保险机构过度依赖技术供应商而不能有效控制和监控其行为，增加了操作风险，设备、软件或内部系统和外部系统的不兼容故障不能及时解决会造成业务中断或交易延迟；用户因缺少信息化系统使用知识而操作失误会导致系统异常或密码失窃，保险信息化使得业务处理和资金的转移更加快捷，误操作风险控制难度加大；保险信息化极大地改变了保险业务的处理模式，如果没有行之有效的新内控机制，也将造成很大的操作风险。

2. 网络保险面临的法律风险

保险信息化促进了保险业创新的飞速发展，其速度远远超过了法律建设的速度，立法的滞后性不断加大，保险机构面临的法律风险十分突出。国内网络信息化方面法律法规的不健全一直困扰着保险公司。目前，我国已经出台了一些涉及网络安全和互联网方面的法规，但与网络保险配套适用的法律法规还很少，基本上是一片空白，导致保险公司在经营网络保险中不确定因素增多。比如，有关电子商务的立法比较滞后，这方面的法律规范还很不健全，缺少统一的指导框架。网上数字签名和数字证书认证不具有法律地位，没有明确的法律约束保护客户的隐私。网络保险发展过程中诸如网络信息安全、电子保单效力、网上知识产权保护、对网络保险欺诈行为的禁止和惩处等问题都难以找到相应的法律依据解决，这在一定程度上限制了网络保险的进一步发展。同时，由于电子信息输入要求简单化、标准化，通过网络签署的电子合同与传统的书面合同会存在一些差别，在这种情况下有可能会出现某些纠纷。目前，金融机构普遍采用预先声明的服务合同形式，一旦造成损失，能否获得法律支持还不确定。这些法律风险的顾虑都会限制保险机构发展网络保险的进取性。

3. 网络保险面临的道德风险

在金融领域，每年因为企业和个人的信用缺失行为造成的经济损失就超过6000亿元。可见，我国的信用体系建设任重而道远。网络保险中面临的道德风险主要是由信息不对称产生的道德风险。

（1）投保人方面

在保险业，投保人的信用风险主要表现为违反"最大诚信原则"，在网络保险的交易中，保险公司与投保人可以不用面对面接触，保险公司失去了直接观察和了解投保人风险水平的机会，保险公司目前又缺少丰富的保户资料，因此对投保人的风险水平评估非常困难。由于交易双方的信息不对称，风险程度高于平均水平的投保人将会隐瞒对自己不利的信息，企图以平均保险价格来购买保险。由于投保人的真实信息不容易被保险公司掌握，投保便有机可乘，违反"最大诚信原则"，隐瞒对自己不利的信息，不履行如实告知的义务，最终给保险公司带来巨大的经营风险。

（2）承保人方面

一方面，保险公司并未给投保人提供全方位的保单查询平台，投保人难以甄别自己通过网络购买的保险是否属实。另一方面，通过各保监局的网站和营销员系统可以查询中介机构和营销员的资质情况，但由于投保人对保险业的相关信息缺乏了解，往往不能有效地查询销售者资质状况，因此在网络保险中保险公司内部也会对投保人产生道德风险。保险公司的内部职员有可能利用职务之便进行非法操作，制作虚假保单，骗取保险费，截留客户退保资金，从而给公司的经营造成风险。

4. 虚假网络保险风险

假保险公司及其网站的出现，严重损害消费者权益，阻碍了网络保险的发展。此外，网络的普及促使保险业务人员自建网站或博客，开通网上门店，进行产品宣传和销售。而监管部门和保险公司对此行为尚无明确规范，可能引发销售误导等风险。

二、保险监管的基础理论

保险的监管理论主要有公共利益论、私人利益论和政治监管理论。

公共利益论属于规范经济学范畴，假设政府会为全体公众利益服务，超脱于各个利益集团的冲突；认为保险监管是一种降低或消除市场失灵的手段，是为了保护消费者，服务于公共利益而存在。

私人利益论属于实证经济学范畴，认为监管的存在是为了私人团体的利益，监管者是为一部分人而不是全体大众服务的，是出于自身利益的考虑，热衷于监管活动，不断追求政治支持的最大化。最著名的私人利益论是捕获论，主要观点包括两方面：一是监管常遭到被监管者的捕获，为被监管行业所占据并为其利益服务，监管的最终后果往往有利于生产者，即被监管者；二是监管者可以根据对被监管者行为的分析来完善监管，而被监管者则会寻找新的方式逃避监管，两者在追逐与捕获的过程中都得到了提高。

政治监管理论认为，监管是不同的私人利益集团在现有政治和行政管理框架内相互讨价还价而达成的结果，其突出特点是监管机构在执行监管政策时具有强有力的主动权。利益集团包括立法者、司法者、监管者、消费者及被监管者等；各个利益集团的性质不同，对监管事件讨价还价的结果也不同，而监管的供给是为了满足利益集团收入最大化的需求。

保险监管的原因可以归结为保险市场可能失灵导致保险公司破产或者丧失偿付能力而损害消费者利益；保险监管的根本目的一方面是保护投保人权益，防止欺诈行为或遭受损失；另一方面是保护适度、公平的竞争，以促进保险业健康发展。因此，可选择公共利益论作为网络保险监管的主要理论依据，说到底，保险监管就是要维护公共利益。

公共利益论，又称"市场失灵论"，起源于20世纪30年代的美国经济危机，基于福利经济学家和凯恩斯主义者针对市场缺陷的分析而产生，最早试图说明政府监管合理性,在国际监管理论中占有重要地位。

公共利益论以"市场失灵"为前提条件,认为:"市场是脆弱的,如果放任自流就会趋向不公正和低效率";"监管通常发生在市场失灵的领域","公共管制正是对社会的公正和需求所做的无代价的、有效的和仁慈的反映",即其核心思想为:市场不是万能的,存在其自身无法克服的种种缺陷;监管目的在于防止和纠正市场失灵对消费者利益造成的重大损害,追求经济效率最大化,以保护公众利益。

公共利益论奠定了保险监管的理论基础。保险业是一个影响公众利益的行业,客户将未来的福利和保障托付给保险人,保险人的破产将使客户未来的利益全部丧失。因此,可将保险监管视为"公共产品",立足于保险的作用和目的来阐释保险监管的意义,即:为维护公众利益,政府必须通过保险监管来保证保险市场的稳定和保险人的偿付能力,其监管职能归根到底体现为保护被保险人的利益,提高保险市场的效率。而根据公共利益论,保险监管的必要性则在于保险市场同样存在不完全竞争、外部性和不对称信息等因素造成的市场失灵,保险监管当局有必要对保险机构和保险市场体系进行有效的监管。

三、网络保险监管的重要意义

作为科技创新与金融创新相结合的产物,网络保险的运行方式与传统保险业务有较大区别,但是,保险的性质和作用并没有改变,仍被视为传统保险业务的变形或延伸。当然,网络保险并不是传统保险业务向网络的简单移转。基于信息技术的网络保险为公共利益论这一传统保险监管理论赋予了新的表现形式,以下将逐一分析不完全竞争、外部性和不对称信息三个市场失灵因素。

1. 不完全竞争

网络保险符合传统保险业务的发展规律,其规模越大,单位成本就越低,收益也就越高。网络保险平台的保险产品越齐全,或者保险网络经纪人越多,分布范围越广,诚信等级越高,就越能吸引更多客户;同时,客户也是更多依据网站知名度、用户界面的友好程度以及保险网络经纪人的服务质量来选择网络保险平台和保险产品,而无须从众多保险网站中一一挑选。这样,客观上会推动客户倾向于选择一家或几家网络保险平台和少数保险网络经纪人,使其客户忠诚度得到长久维持和不断提高,市场地位得到巩固;并且网络保险平台更容易集中保险产品信息,更便于客户比较相同或相似的产品,一旦个别网络保险平台和少数保险网络经纪人或者某类保险产品占据了相当的市场份额,其他类似机构、人员和产品的市场准入障碍就会加大,准入成本也会提高,而市场竞争则会减少,因此,网络保险同样会出现不完全竞争的现象。

2. 外部性

外部性是指一个人的行为对旁观者福利的影响,使他人产生额外的成本或收益,有正负之分。保险的负外部性是显而易见的,而网络保险的虚拟化和特殊性决定了风险因素及其影响与传统保险有很大区别,负外部性大大增强。

除了具备传统保险经营中存在的信用风险和市场风险等因素,网络保险还存在着基于信息技术的系统风险和基于虚拟服务的业务风险，风险传递将更加迅速，波及范围将更加广泛，破坏性将更加难以控制。例如，电子数据易于修改和补充，网上证据保全常常出现问题，影响到证据的真实性、完整性和有效性；在网络交易过程中，还会出现投保人误操作、保险产品误销售、电子保单无法律保障等现实问题，对传统保险监管提出了新的挑战。作为保险机构的最后付款者，政府承担着保险经营风险，因此，当局必须完善保险监管机制，加强对网络保险经营行为的干预。

3. 信息不对称

保险信息在保险人和投保人（被保险人）之间的分布是不均衡的，即保险风险源于保险市场的不对称信息，不对称信息导致了保险市场的系统不稳定性。网络保险是信息技术在保险业应用的直接结果，经营活动信息化是其重要特征之一。

目前，网络保险模式主要为保险公司开设的保险网站、第三方网络保险平台（包括保险经纪人的个人主页）以及综合性保险资讯网站的在线销售频道。不同模式存在着不同程度的信息不对称问题。就保险公司开设的保险网站而言，保险公司可以在网站上提供公司和产品的详细介绍，建立在线咨询和在线销售，宣传保险知识及塑造公司形象等，客户可以随时通过网络获得自己所需要的信息，这就为广泛收集、追踪和分析保险合同当事人的活动信息提供了便利，且大大降低了费用。同时，由于保险公司直接监控服务流程，具有规范化、统一化和标准化的特点，逆向选择和道德风险的防范成为可能。相比传统保险业务模式，信息不对称问题在保险公司开设的保险网站的经营模式中得到改善。然而，就第三方网络保险平台（保险网络经纪人）或保险资讯类网站的在线销售频道而言，网络的虚拟性同样使客户在购买保险产品时无须与代理人或经纪人进行面对面的接触。但是，由于第三方网络平台（保险网络经纪人）和在线销售频道集中了各家保险公司的产品信息，保险公司却难以对其销售的保险产品和提供的保险服务进行即时、直接的监控；并且客户传递虚假信息的可能性加大，较之传统保险业务，道德欺诈和逆向选择等行为或许更容易出现。可见，保险监管对于解决网络保险的信息不对称问题是十分必要的。

由于不完全竞争、外部性和不对称信息等市场失灵的因素仍然存在，适当、有效的网络保险监管措施具有十分积极的现实意义，除了克服网络保险的市场失灵现象，还可以进一步完善网络保险经营机制，促进网络保险蓬勃发展。

四、发达国家或地区网络保险监管分析

（一）美国对网络保险的监管

美国监管当局对网络保险的监管是宽松审慎的。一方面，强调网络交易安全、维护网络平台的稳健经营以及客户的隐私和利益；另一方面，鉴于网络保险是一种有益于降低经营成本、提高经济效益的金融创新，并不干预网络保险的发展，而是大力修订、补充法律法规，在完善电子商务整体经营环境的同时，也使原有的保险监管规则同样适用于网络平台。

健全的电子商务环境是网络保险迅速发展的前提。例如，克林顿政府积极推行

"信息高速公路"和"网络新政"。1993年，公布"国家信息基础设施"（National Information Infrastructure）计划；1996年，修订《统一商法典》（Uniform Commercial Code），补充有关执业牌照发放的条款（Article 2B-Licenses）以规范网络商品的销售；1997年，出台《全球电子商务法案》（A Framework for Global Electronic Commerce），指出电子商务是通过互联网进行的广告、交易、支付、服务等各项商务活动，确立了"民间主导发展""政府必要时介入""电子商务全球推广"等5项原则，并提议在税收、电子支付、知识产权、域名、电子认证、网络隐私等9个关键领域开展国际协作，这标志着美国政府系统化电子商务发展政策的形成；2000年，《电子签名法案》（Electronic Signatures in Global and National Commerce Act）获国会正式批准，采纳"最低限度"模式来推动电子签名的使用，为电子交易的可靠性和安全性提供一个以"自由化"和"非歧视"为市场导向的法律框架。这些举措对于合理解决网络保险的法制问题和安全技术问题起到了十分积极的作用，也为促进网络保险的进一步发展提供了有力的政策支持。

在对原有保险监管法规的修订和完善方面，美国保险行业协会充分发挥了行业自律的监督管理职能，对网络保险市场的有序发展起着强有力的约束作用。1998年，美国保险监督官协会（NAIC）发布Marketing Insurance over the Internet，就网络保险的电子签名、资金划拨、隐私保密原则、合同形式以及执业认证等方面进行了详细阐述。2000年，NAIC在Regulatory Issues Associated with the Provisions of Insurance Electronically一文中解释了网络保险的"信息保存""信息传递"和"管辖与许可"等规则；同时，其电子商务监管工作组（Electronic Commerce and Regulation Working Group）提出"消除准入障碍""利用技术与自动化以实现规模经济"和"加强一致性"的网络保险监管目标。另外，美国保险学会（AIA）也在2000年发布Public Policy Principles for Electronic Commerce and Insurance，以"维护系统的完整性、开放市场以促进竞争、保证监管效率并支持为实现系统效率最大化所作的努力"为宏观目标，重点强调了12条网络监管准则。2001年，纽约州政府保险局签发《第五号函件》（Circular Letter No.5），旨在为网络保险销售业务提供指南，一方面，规范保险人行为，加强针对其网络执业资格和广告信息发布的监督管理；另一方面，呼吁消费者仔细甄别网络保险信息，保护投保人的利益。这些法规和措施为加强行业自律和维护良好的网络保险市场秩序铺平了道路，也为其他国家完善网络保险监管提供了范例。

（二）欧洲对网络保险的监管

欧洲的网络保险监管立足于"一致性"原则，即保险监管部门负责监督实施统一的行业标准，认可电子保单的法律效力，适时监控网络保险产生的新风险，注重强化监管合作以及提高监管效率，旨在为网络保险发展提供清晰、透明的法律环境；同时，采取适度审慎的准入原则，坚决维护消费者利益。1999年，全球最大的三家网上保险服务公司（LIMNET、RINET、WIN）合并为WISe（World Insurance E-commerce），即全球保险电子商务，在网络业务的数字证书、数据传递、安全处理等方面制订了严格的标准,旨在"开发、管理、维护网络技术标准和保险业务流程"、"为符合严格标准的供应商授权服务"以及"经营品牌业务",进一步推动保险业电子商务环境的完善。2001年,欧盟颁布 E-commerce and Financial Services,强调信息社会中法制框架的重要性,并确立金融立法和电子商务活动指引的一致性原则;2002年,在 E-commerce and Financial Services 的基础上,欧盟制定了 Electronic Commerce and Insurance,并于2003年再次修订,围绕欧洲网络保险的发展现状和欧盟立法在网络保险中的应用进行了深入探讨,具有很强的现实指导意义。

针对具体的网络保险业务,欧洲监管的重心在于以下几个方面:一是明确业务区域管辖权,如网络保险平台和保险公司之间的合并以及保险产品跨境交易等活动带来的法律纠纷;二是杜绝网络安全隐患,包括错误操作、网络攻击等;三是有效评估服务能力,包括是否能够实施保险业务流程的完全在线化以及如何保证服务质量等;四是及时跟踪随着业务规模的扩大而增加的信誉和法律风险。

(三)中国香港特区对网络保险的监管

保险业是香港少数高度自治的行业之一,特区政府一直以立法的形式实行审慎监管,他律为主,辅以自律,形成了政府监管和行业自律相结合的完善而全面的监管制度。

随着越来越多的保险机构利用互联网作为新的经营方式,政府监管机构——香港保险业监理处于2001年1月颁布《网上保险活动指引》(以下简称《指引》),旨在"为投保人士提供更佳保障,并确保保险业在新的资讯科技年代中健康地发展"。《指引》适用于保险人和保险经纪通过网络从事受香港法律规管的保险活动,主要包括网上保险活动和服务供应商的界定、服务供应商的身份证明和授权情况、系统保安、客户资料的私隐保障、保险产品的网上销售以及使用第三方网站等内容。同时,《指引》还举例说明保险业监理处如何决定在香港以外的地区进行网上保险活动是否受其监管法律——《保险公司条例》的监管。近年来,香港保监处不时修改《指引》,以配合网络保险发展的全球趋势。

综上,上述国家或地区的信息技术基础设施完备,电子商务环境较为成熟,信用制度发达,保险监管当局针对网络保险采取适度审慎的监管政策,坚持保护消费者利益原则,及时颁布专门针对网络保险的监管标准,调整监管机制,更新监管技术,从而实现对网络保险的有效监管。

本章小结

本章主要对以下问题进行了探讨:(1)网络保险的界定、产生与发展。我们首先探讨了网络保险的概念,指出网络保险具有虚拟性、直接性、电子化、时效性及交互性等特点。网络保险的产生具有一定优势及内在阻力。在回顾了国内外网络保险的发展状况后,我们指出了我国网络保险发展的可行性。(2)网络保险的理论与模式。我们从交易费用和营销角度进行了理论分析,并将国际现行网络保险的模式系统地归纳为五种,指出我国网络保险战略中的模式选择需要注意的要点。(3)网络保险发展的制约因素。我国网络保险发展过程中存在技术性及非技术性方面的问题。(4)网络保险的监管。网络保险发展中面临操作风险、法律风险、道德风险、虚假网络保险等问题,因此需要进行保险监管。

案例分析 慧择:全球保险电商第一股,逐渐走向盈利

慧择网于2006年成立,是保监会批准的最早获得保险网销资格的网站之一,2020年2月,慧择在美国纳斯达克证券交易所上市(股票代码:HUIZ)。慧择是中国领先的互联网保险经纪公司,在保险中介的定位下通过慧择网、协保网销售多种人身保险、财产保险产品,打造保险超市,并为用户提供保险资讯、风险评估、保险方案咨询及定制、在线投保核保、协助理赔等一站式保险服务。公司创立于2006年,在初期以财产保险销售为主,随后逐渐将业务重心转向人身险销售,客户群体中很大一部分为年轻一代。根据公司投资者演示材料,2019年,公司代理销售的保险产品为1352种,其中人身保险产品279种,财产保险产品1073种,客户平均年龄32岁。截至2020年6月30日,公司累计投保人数约650万人,累计覆盖被保人数5440万人。公司现持有全国保险经纪牌照与保险网销资质。

慧择在成立后的两年时间内与多家保险公司达成了合作关系,随后在2008年与美亚保险完成系统对接,美亚保险开始正式在慧择平台上销售保险。公司最早销售的险种为骑行意外险、旅游险、短期健康险等,自2012年起,开始尝试销售长期险,采用网上预约、电话投保、线下配送的O2O模式。近几年来,开始与保险公司合作,采用联合开发的定制险参与保险产品生产。

回顾慧择的发展历史,大致可以分为三个发展阶段:(1)2006—2015年,公司将保险销售带到了线上,逐渐扩大用户规模,增加了一对一产品咨询、智能产品推荐、理赔协助、在线客服支持等增值服务;(2)2016—2020年,公司开始运用更先进的技术和手段提高运营效率,为用户开发更贴合需求的产品,代表性成就为开创了B2B2C的销售模式,以及保险产品C2B定制生产模式;(3)2020年后,以公司上市为标志,公司的技术应用(人工智能、大数据等)步伐有所加快,同时将强化自身品牌,在持续扩大用户规模和加快内部运转的同时,加大围绕公司核心平台的生态圈建设,寻求对外投资和潜在的收购机会,扩大产品和市场覆盖范围,目标是要打造中国保险网络消费端的第一入口。

慧择的崛起与中国互联网的普及密切相关。公司成立至上市前夕,曾长期处于亏损的状态。2011年、2012年、2013年分别亏损150万元、826万元、787万元。保险产品具有低触达的特征,需要较为强势的销售介入,对于客户的素质水平也有一定要求。由于上述原因,保险产品通过互联网渠道进行销售相比于传统的日化等商品迟到

了将近 10 年的时间。2010 年后,"80 后"逐渐成为社会生产和消费的主力,这部分人群对于互联网的接受程度高,相比于老一辈的教育层次也更高,具有一定的风险保障意识,互联网保险销售的模式经过验证具有可行性。据慧择网保险资讯频道 2017 年 8 月的新闻报道,自 2013 年起,慧择网每年的保费增长率都超过 100%。

近年来,慧择收入高速增长,逐渐开始盈利。公司目前的主要收入来自在互联网保险平台上代销保险产品所收取的佣金。2018 年、2019 年及 2020 年前三季度,公司分别实现营业收入 5.1 亿元、9.9 亿元、8.3 亿元,同比分别增长 93.2%、95.2%、13.2%;分别实现归母净利润 0.03 亿元、0.15 亿元、0.09 亿元。2018 年公司开始实现盈利,2020 年在新冠疫情影响下,公司承销的首年保费出现下滑,导致营收增速放缓,利润端出现亏损。

问题与思考

1. 什么是网络保险?它有哪些特点?
2. 网络保险有哪些优势与内在阻力?
3. 试谈网络保险发展的理论基础。
4. 谈谈网络保险的发展。
5. 试谈国际现行网络保险的模式与我国网络保险战略中的模式选择。
6. 网络保险发展有哪些制约因素?
7. 保险监管可基于哪些基础理论?
8. 试谈网络保险监管的重要意义。

参考文献

[1] 江生忠主编:《中国保险业发展报告(2006)》,中国财政经济出版社 2006 年版。

[2] 李扬、陈文辉主编:《国际保险监管核心原则——理念、规则及中国实践》,经济管理出版社 2006 年版。

第八章

互联网金融的风险与监管

内容提要

随着互联网金融的快速发展,相应的风险也日益突显,互联网金融的风险控制已经引起政府、业界和学术界的广泛关注。互联网金融监管已提上议事日程,2016年被认为是我国互联网金融监管元年。本章从分析互联网金融风险入手,提出互联网金融风险管理的方法,并探寻互联网金融监管的理论基础,从而深入分析互联网金融监管的必要性、特殊性和监管原则。

第一节 互联网金融的风险

一、互联网金融风险

(一)法律风险

互联网金融行业中,不同的业态存在不同的法律方面问题。下面分别介绍互联网金融细分领域的法律风险:

1. 第三方支付

现有的关于第三方支付的法律法规文件包括《银行卡清算机构管理办法》《关于加强银行卡收单业务外包管理的通知》《关于银行业金融机构远程开立人民币银行账户的指导意见》《非金融机构支付服务管理办法》《非金融机构支付服务管理办法的实施细则》《支付机构客户备付金存管办法》等。2014年3月,央行向第三方支付企业下发了《支付机构网络支付业务管理办法》的征求意见稿,其中对个人支付账户的转账、消费额度设限。个人支付账户转账单笔不超过1000元,年累计不能超过1万元;个人单笔消费不得超过5000元,月累计不能超过1万元。它的实施,对互联网支付业务造成了一定打击。

为规范非银行支付机构网络支付业务,防范支付风险,保护当事人合法权益,2015年12月28日,中国人民银行制定了《非银行支付机构网络支付业务管理办法》,自2016年7月1日起施行。

2019年12月30日,为进一步健全银行卡市场管理制度,人民银行会同银保监会对《银行卡清算机构管理办法》进行了修订，向社会公开征求意见。

对于第三方支付会涉及信用卡套现的问题，最高人民法院、最高人民检察院2009年发布的《关于办理妨害信用卡管理刑事案件具体应用法律若干问题的解释》第7条规定：违反国家规定，通过使用销售点终端机具（POS机）等方法，以虚构交易、虚开价格、现金退货等方式向信用卡持卡人直接支付现金，情节严重的，应当依据《刑法》第225条的规定，以非法经营罪定罪处罚。持卡人以非法占有为目的，采用上述方式恶意透支，应当追究刑事责任的，依照《刑法》第196条的规定，以信用卡诈骗罪定罪处罚。而如今对于第三方支付企业，若持卡人通过第三方支付进行套现，将不会缴纳提现费用，因此如何防范信用卡套现是一个值得关注的问题。此外，由于第三方支付用户信息具有一定的隐蔽性，也存在着譬如洗钱等一些违法犯罪风险。

2. P2P网贷

（1）存在非法集资的风险

最高人民法院《关于审理非法集资刑事案件具体应用法律若干问题的解释》第1条规定：违反国家金融管理法律规定，向社会公众（包括单位和个人）吸收资金的行为，同时具备下列四个条件的，除《刑法》另有规定的以外，应当认定为《刑法》第176条规定的"非法吸收公众存款或者变相吸收公众存款"：未经有关部门依法批准或者借用合法经营的形式吸收资金；通过媒体、推介会、传单、手机短信等途径向社会公开宣传；承诺在一定期限内以货币、实物、股权等方式还本付息或者给付回报；向社会公众即社会不特定对象吸收资金。《最高人民法院关于审理非法集资刑事案件具体应用法律若干问题的解释》同时规定了以非法占有为目的，使用诈骗方法实施本解释第2条规定所列行为的（"……（八）以投资入股的方式非法吸收资金的；（九）以委托理财的方式非法吸收资金的"），"个人进行集资诈骗，数额在10万元以上的，单位进行集资诈骗，数额在50万元以上的"，应当依照《刑法》第192条的规定，以集资诈骗罪定罪处罚。

2013年11月25日，由银监会牵头的九部委处置非法集资部际联席会议上，网络借贷与民间借贷、农业专业合作社、私募股权领域非法集资等一同被列为须高度关注的六大风险领域。会议指出，非法集资主要有以下三类情况：第一类为当前比较普遍的理财——资金池模式，即一些P2P网络借贷平台通过将借款需求设计成理财产品出售给放贷人，或者先归集资金，再寻找借款对象等方式，使放贷人资金进入平台的中间账户，产生资金池，此类模式下，平台涉嫌非法吸收公众存款。第二类为不合格借款人导致的非法集资风险。即一些P2P网络借贷平台经营者未尽到借款人身份真实性核查义务，未能及时发现甚至默许借款人在平台上以多个虚假借款人的名义发布大量虚假借款信息，向不特定多数人募集资金，用于投资房地产、股票、债券、期货等市场，有的直接将非法募集的资金高利贷出赚取利差，这些借款人的行为涉嫌非法吸收公众存款。第三类则是典型的庞氏骗局。即个别P2P网络借贷平台经营者，发布虚假的高利借款标募集资金，并采用在前期借新贷还旧贷的庞氏骗局模式，短期内募集大量资金后用于自己生产经营，有的经营者甚至卷款潜逃。此类模式涉嫌非法吸收公众存款和集资诈骗。

（2）存在公开发行证券的风险

《证券法》第10条规定：公开发行证券，必须符合法律、行政法规规定的条件，并依法报经国务院证券监督管理机构或者国务院授权的部门核准；未经依法核准，任何单位和个人不得公开发行证券。有下列情形之一的，为公开发行：向不特定对象发行证券的；向特定对象发行证券累计超过200人的；法律、行政法规规定的其他发行行为。非公开发行证券，不得采用广告、公开劝诱和变相公开方式。P2P网贷企业有债权转让的模式，转让包括本金与利息，以电子形式转让债权的行为涉及向不特定社会公众发放证券的风险。

（3）存在非法经营的风险

《刑法》第225条规定："违反国家规定，有下列非法经营行为之一，扰乱市场秩序，情节严重的，处五年以下有期徒刑或者拘役，并处或者单处违法所得一倍以上五倍以下罚金；情节特别严重的，处五年以上有期徒刑，并处违法所得一倍以上五倍以下罚金或者没收财产：（一）未经许可经营法律、行政法规规定的专营、专卖物品或者其他限制买卖的物品的；（二）买卖进出口许可证、进出口原产地证明以及其他法律、行政法规规定的经营许可证或者批准文件的；（三）未经国家有关主管部门批准非法经营证券、期货、保险业务的，或者非法从事资金支付结算业务的；（四）其他严重扰乱市场秩序的非法经营行为。"

该条款中前三项都有明确的司法解释予以界定相关行为是否构成犯罪，第四项是一种不确定的概括规定，俗称"口袋罪"，即：只要法律、行政法规有关于某种经营活动的规定并且行为人违反了这个规定，且行为人无法构成其他具体犯罪的话，行为人就可能构成非法经营罪。故P2P平台或公司仅能在其营业执照核准的经营范围内合法经营，不能超出营业执照核准的经营范围或违反相关法律法规规定，否则随时可能被纳入非法经营罪这项"口袋罪"当中。

3. 众筹

众筹在公开发行证券与非法集资方面的法律风险与P2P网贷的风险类似，仅为股权与债权的差异。但是众筹还存在着知识产权、代持股的风险。

部分股权式融资平台的众筹项目是设立有限责任公司，但根据《公司法》第24条规定，"有限责任公司由五十个以下股东出资设立"。那么，众筹项目所吸收的公众股东人数不得超过50人。超出部分的出资者不能被工商部门记录在股东名册中享受股东权利。因此，许多众筹项目发起者为了能够募集足够资金成立有限责任公司，对出资者普遍采取代持股的方式来规避《公司法》关于股东人数的限制。但这一代持股的方式在显性股东与隐性股东出现利益冲突时，法律一般会倾向于对显性股东的权益保护，这就可能会导致部分出资者的权益受到侵害。

4. 电商小贷

电子商务平台公司积累了大量的客户信息,这些信息隐含了巨大的商业价值。在利益的驱动下,很多机构或个人非法出售客户信息谋取利益。我国对于保护个人信息的法律有《侵权责任法》《居民身份证法》《刑法》等。但这些法律缺乏实际可操作性,而且被窃取信息的用户举证的难度、成本很大,损失也不易评估。

5. 网上金融机构及电子货币

我国金融信息化的快速发展导致了金融法制建设的滞后。金融模式、产品的创新速度很快,而相关的法律法规及实施细则的更新速度却慢得多。我国缺乏关于客户信息披露及隐私保护的有关法律法规,在金融机构信息化的过程中,消费者信息容易遭到窃取,对其损失也没有具体的衡量标准。

电子货币由于具有匿名性,交易难以追踪,容易造成洗钱、逃税的行为,并且存在私人发行的情况,目前对于这方面的监管,我国法律尚未明确。

(二) 信用风险

互联网金融的信用风险指网络金融交易者在合约到期日未能履行约定契约中的义务而造成经济损失的风险,交易对手即受信人不能履行还本付息的责任而使授信人的预期收益与实际收益发生偏离的可能性。传统金融企业在信用风险方面研究较多,已经形成了比较完善的信用评估体系。虽然互联网的开放性减少了网络中信息的不对称,但这更多的是在需求对接等资源配置上的效率提升,而在识别互联网金融参与双方信用水平上并没有太大作用。同时,由于互联网本身的特点,互联网金融领域的信用风险较传统金融行业更难控制。

1. 来自资金需求方的信用风险

由于互联网金融虚拟性的特点,交易双方互不见面,只是通过网络发生联系,这使对交易者的身份、交易的真实性进行验证的难度加大,增大了交易双方在身份确认、信用评价方面的信息不对称。同时,互联网金融发展历程短、进入门槛低,大部分企业缺乏专业的风险管理人员,不具备充分的风险管理能力和资质,加上网络贷款多是无抵押、无质押贷款,从而增大了信用风险。网络金融中的信用风险不仅来自交易方式的虚拟性,还存在社会信用体系的不完善而导致的违约可能性。由于我国的社会信用体系建设处于初级阶段,全国性的征信网络系统也还没有建立起来,加之互联网金融还未纳入央行征信系统,信用中介服务市场规模小、经营分散,而且行业整体水平不高,难以为互联网金融企业风险控制提供保障。

基于上述原因造成的信息不对称,互联网金融中存在一定的道德风险。客户可以更多地利用金融机构与自身信息不对称的优势进行证明信息造假,骗取贷款,或者在多家贷款机构取得贷款。

在经济中存在逆向选择问题,一般而言,有信用且优质的客户大多能从正规的金融机构获得低成本的资金,而那些资金需求难以满足的人群大多成为互联网金融的主要客户,这部分人或者企业可能存在以下情况:信用存在问题,没有可抵押担保的资产,收入水平低或不稳定。

客户利用其信息不对称优势，通过身份造假、伪造资产和收入证明，从互联网金融企业获取贷款资金，互联网金融平台之间没有实现数据信息的共享，一个客户可能在多个平台进行融资，最后到期无法偿还而产生信用风险，如果违约金额大，涉及的客户数量多，则很可能引起公司倒闭，进而使其余投资者资金被套，无法追回。

2. 来自互联网金融企业的信用风险

互联网金融平台经营者可能通过虚假增信和虚假债权等手段骗取投资人的资金，隐瞒资金用途，拆东墙补西墙，最后演变成旁氏骗局，使投资人利益受损。以众筹平台为例，其主要的信用风险就是资金托管，只有取得《支付业务许可证》的非金融机构才能从事支付业务，而众筹平台不具备这样的资格。但在实际操作过程中，投资者将钱拨付到众筹平台的账户中，由平台将资金转到成功募集的项目上，而这个过程没有独立的第三方账户对资金进行托管，一旦平台出现信用问题，投资者就难以追回出资。

另外，任何金融产品都是对信用的风险定价，互联网金融产品如果没有信用担保，该行为风险就可能转嫁到整个社会。互联网金融中，无论是网贷平台还是众筹平台，其发行产品的风险都无法由发行主体提供信用担保。如今，很多网贷平台都引入担保公司作担保，且不说担保公司的注册资本能支撑多高的担保金额，其担保模式是否合法就存在很大问题，这种形式上的担保并不能减弱互联网金融的信贷风险。

在2018年P2P平台大量爆雷后，监管发力，P2P平台数量大幅减少。根据网贷之家披露的数据，2018年1月正常运营的P2P平台数量有2379家，到2019年年末只有366家。2021年1月，中国人民银行副行长陈雨露表示P2P平台已全部清零。

3. 信用信息风险

大数据最大的价值在商业服务领域，企业通过大数据透视了用户深层次的特征和无法显现的内在需求。互联网金融企业通过数据挖掘与数据分析，获得个人与企业的信用信息，并将其作为信用评级及产品设计、推广的主要依据，这一做法是否侵犯了隐私权及其在中国的合法性也不能确定。

互联网时代，人们在网络上的一切行为都可以被服务方知晓，当用户浏览网页、发微博、逛社交网站、网络购物的时候，所有的一举一动实际上都被系统监测着。所有这些网络服务都会通过对用户信息的洞察获取商业利益，例如，用户在电商网站上浏览了冰箱，相关的冰箱销售广告就会在未来一段时间内推荐给用户；用户在社交网络上提到某种产品或服务，这种类型的产品或服务就能主动找到用户。所有这些商业行为本质上就是机构通过对用户隐私的洞察来获取商业收益。

（三）运营风险

1. 高杠杆风险

2010年3月，中央七部委联合制定的《融资性担保公司管理暂行办法》（以下简称《办法》）规定，融资性担保公司注册资本的最低限额不得低于人民币500万元。具体各省、自治区、直辖市成立融资性担保公司的最低注册资本由当地监管部门根据当地实际情况确定。但《办法》强调，任何地区设立融资性担保公司最低要求注册资本为 500 万元。

2. 洗钱风险

与银行机构相比，互联网金融机构游离于监管之外。互联网金融机构一般只审核借款人的资金用途，不查投资人的资金来源；而且客户身份识别与验证也不够严格，对交易真实性的核实也缺少有效手段。很多网贷平台仅在网站首页声明要求借款人资金使用与借款申报所登记的用途保持一致，但实际操作中根本不会对每一笔贷款的使用情况进行实地考察与审核，因此对资金使用情况的监管形同虚设。正是由于互联网金融交易具有隐蔽、快捷的特性，为犯罪分子洗钱违法活动提供了广泛的空间。

在反洗钱实际操作中，金融机构需要报送超过规定额度的可疑资金交易，而中国人民银行要对这些大额可疑交易进行识别，对可疑资金活动进行检测分析，并根据每一笔交易详情，利用数据关联技术，判断交易活动是否具有可疑性。然而，互联网金融机构并没有进行客户身份的识别，也没有保存详细的交易记录，更没有履行报告可疑资金交易的责任。这使得原本按照法律规定的反洗钱工作无法有效落实，为洗钱犯罪行为提供了便利通道。

另外，网络环境的虚拟性滋生了洗钱行为。在网络交易中，买卖双方只需在平台上注册一个虚拟账户，交易虚拟商品，即可隐瞒、掩盖通过非法活动获得的收益，使其合法化。另外，我国第三方支付的业务范围已经扩及跨国交易的人民币和外币资金结算服务，这为黑钱、热钱跨境流动提供了可能性。

不仅如此，我国个别网贷平台专门为非法分子的洗钱行为提供服务，成为洗钱活动的中转平台。据人民网报道，2010 年，国内第三方支付机构"快钱"与境外赌博集团勾结，为网络赌博违法犯罪活动提供支付服务，协助其转移资金 30 余亿元，并从中获利 1700 余万元。"快钱"的行为也证明了我国规范互联网金融行为的法律法规以及反洗钱监管体制不完善。如何有效防范网络洗钱风险值得进一步思考和研究。

3. 技术安全风险

互联网金融依托的是发达的计算机通信系统，金融交易中的业务和风控需要由电脑程序和软件系统在互联网上完成，计算机网络技术的安全与否决定了互联网金融能否有序运行。因此，计算机网络系统的技术安全风险成为互联网金融的潜在风险。

首先，不完善的密钥管理及加密技术使黑客可以在客户机传送数据到服务器的过程中进行攻击，盗取交易资料，甚至攻击系统终端，进而损失了交易主体的权益，给互联网金融的资金安全和正常运作带来严重影响。比如，2013 年 9 月，网银变种木马病毒"弼马温"伪装在播放器中，通过自动更新配置获利账号，在用户毫无感知的情况下对网银支付或充值行为进行劫持。据统计，50 多万的网民感染病毒，部分网民的理财资金遭受损失。再比如，2013 年，"中财在线"自主开发的系统遭遇黑客攻击，导致用户数据泄漏。可见，网络泄密案件的不断发生为国家、企业和个人敲响技术安全的警钟。

其次，互联网金融技术安全风险还体现在 TCP/IP 协议的安全性上。目前，互联网采用的传输协议是 TCP/IP 协议族，这种协议的设计是在网络规模不大、应用范围不广、计算机技术尚不发达的情况下完成的，安全性方面不够完善。由于其数据链路层的脆弱性、传输层的脆弱性、应用层的脆弱性，使网上信息的加密程度不高，数据包在传输过程中易被窃取。入侵者甚至可以通过更改 IP 或 MAC 地址，非法侵入，给互联网金融体系带来混乱。加之计算机病毒可通过网络快速扩散与传染，一个程序被病毒感染，整个交易网络都可能受到破坏，且杀伤力极大。这在传统金融行业中是不会出现的。传统金融的安全风险只会带来局部的损失，而互联网金融的技术安全风险影响范围更广、规模更大，所带来的损失更加巨大。赛门铁克发布的《2013年揭露金融木马的世界》白皮书显示，2013 年全球范围有 600 多家金融机构及数以百万计的电脑设备遭受金融木马的攻击。可见，网络技术安全风险也是互联网金融发展迫切需要解决的问题。

4. 量化放贷风险

阿里金融的放贷模式是依据大数据建立起的自动化量化贷款发放模型，通过对自身网络内的客户交易数据，如交易量、评价度、口碑、货运等数据进行量化处理，并引入外部数据，如海关、税务、电力、水力等数据加以匹配，进行有效的数据整合，建立起定量化的货款发放模型。同时，建立中小企业贷款的数据库模型，进行数据库跟踪管理。此模型的好处是显著提高放贷效率、降低放贷成本，更关键的是让金融机构在其中的作用弱化，真正做到脱离金融机构的体系。据媒体报道，阿里巴巴在 2013 年第一季度完成了 110 万笔贷款，人均发放贷款 2750 笔，每天处理一万笔左右的贷款额。这样的规模是传统金融机构无法达到的。

量化交易得以成功的基础是长期稳定的交易环境，如贷款需求和意愿的稳定增长。在经济动荡或者衰退时，这些在良好经济发展条件下设置的量化参数便失去了意义。本来信用度很好的客户，在经济形势大面积下滑时也会有无法还贷的可能性。所以，如果阿里巴巴无法建立起很好的系统性风险应对机制，出现大面积坏账是必然结果。长期资本管理公司（Long-Term Capital Management，LTCM）便是由于系统性风险带来量化交易失败而破产的典型案例。由于历史数据的统计忽略了一些小概率事件，基于历史数据建立起来的模型就无法对这部分小概率事件作出应对，因此当亚洲金融危机发生时，LTCM 的量化交易无法做到及时调整而导致其损失惨重。因此，量化放贷的系统性风险是不得不防范的。另外，其参数设置是建立在很长时间的相关经济数据的系数研究基础上，这期间需要付出的代价极大。从金融发展历史看，做这样量化标准放贷模型的尝试一直就有，但到目前为止，尚未找到特别成功的模型。

（四）业务风险

1. 操作风险

巴塞尔银行监管委员会对操作风险的定义是：所有因内部作业、人员及系统的不完备或失效，或其他外部作业与相关事件造成损失的风险。互联网金融业务的操作风险可能来自互联网金融的安全系统及其产品的设计缺陷，也可能是因为交易主体的操作失误。

以远程支付为例，互联网交易面临的钓鱼、欺诈风险尚未彻底解决，应对网银欺许的安全软件产品尚不成熟，第三方软件可能对存在的木马程序不能有效识别。因此，犯罪分子可以利用互联网金融这方面的缺陷，通过钓鱼 Wi-Fi 站点或其他攻击手段，对客户交易信息进行拦截或篡改，造成客户资金损失。另一方面，手机移动支付因缺少 U 盾接口，普遍采用短信认证的方式进行身份确认。在这方面，由于客户的安全意识薄弱，且缺乏这方面的安全软件保护，也易被犯罪分子利用，存在安全隐患。

再比如，互联网金融业务所依赖的搜索引擎也具有操作性风险。2012 年 12 月之后，媒体相继报道了多起客户因使用搜索引擎而被引诱登陆假冒银行网站造成资金损失的案件。2013 年 3 月爆出的支付宝重大漏洞就是通过引擎搜索泄露了大量的支付宝转账交易信息及个人敏感信息，包括付款账户、邮箱、手机号等。2015 年 1 月 17 日，央视新闻频道《东方时空》栏目播出《支付宝找回密码功能有漏洞，账号安全受威胁》节目提到，因为 2013 年 3 月支付宝泄密事件导致信息泄露，不法分子以此寻找受害人信息，通过找回密码来获得用户支付宝访问权限，从而将用户支付宝的钱款转走。可见，系统设计缺陷和安全隐患有可能引发互联网金融业务的操作风险。

同时，互联网金融系统升级也可能导致出现故障，跨平台（互联网和移动互联网）、跨系统（Windows、IOS、Android 等）的系统适配也会有操作风险的隐患。

另外，从交易主体操作失误看，客户可能对互联网金融业务的操作规范和要求不太了解，造成交易中支付结算中断等问题，从而引发资金损失。因此，在互联网金融业务中，安全系统失效或交易过程中的操作失误都会带来操作风险。

2. 信誉风险

互联网金融的信誉风险指的是由于机构经营不善、金融业务监管不力、金融交易遭遇侵害或其他原因给客户带来经济损失，导致产生负面公众舆论，失去良好的信誉，从而无法有序开展业务。如黑客对互联网金融机构恶意攻击并盗取客户信息、系统故障导致客户无法使用机构网上账户进行交易等，都很容易引发互联网金融机构的信誉损失。一旦互联网金融机构提供的服务低于客户预期，给客户造成一定损失，就会影响服务提供者的信誉，进而损害与客户之间长期建立的友好关系，减少机构的资金来源。无论是传统金融还是互联网金融，信誉风险带来的消极影响都有长期持续的特点。其根源是我国互联网金融不完善的信用体系和不安全的技术环境。因此，建立完善的信用体系和提高互联网技术安全是互联网金融机构保持信誉的根本。

3. 期限错配风险

资产和负债的差额以及期限的不匹配将引起流动性风险。对于大量到期的贷款，互联网金融企业由于贷款期限不匹配，出现资金断层，没有资金流入以偿还到期贷款而出现流动性问题。如余额宝、理财通、百度百发等理财产品为了吸引客户，在设计产品时允许随时赎回，而与该产品联系的基金其实很难做到低风险地实现这一功能。因此，余额宝等设计随时赎回这一功能时是考虑了大量赎回的资金漏洞可以被大量购买进入的资金弥补，然而一旦市场出现行情波动引起大规模集中赎回却没有相应体量的产品购买，这类企业将面临严重的流动性危机。

新兴互联网金融企业缺乏内部有效的流动性风险防范体系，外部没有类似于银行间的同业拆借市场，也得不到央行的紧急支持，因此在流动性风险控制方面没有优势和经验。

4. 自营风险

互联网金融行业进入门槛低，许多非金融企业不断进入该领域，但由于对金融行业的监管法律、经营方式、风险控制都缺乏经验，在经营过程中照搬其他平台经营模式，缺乏风险控制意识，管理混乱，最后导致企业经营困难。

在选择经营模式上，一些网贷公司选择了自融，这不仅可能违反法律，同时也会把企业自身与平台的经营风险挂钩，导致出现经营问题的概率大大增加，网赢天下就是其中典型的案例。成立4个月就倒闭的网赢天下与拟上市公司华润通存在关联关系，华润通通过设立网赢天下为自身筹集资金，导致贷款到期无法兑付，最终倒闭。

在管理方面，对风险控制的能力不足是经营互联网金融企业过程中最大的短板。网贷对借款人的资格审核和信用评级没有一套成熟的体系，众筹对项目的审核及后期监控也缺乏可用的风险防范机制。虽然互联网金融对于投资者的进入要求较低，分散投资也降低了每一个投资者的风险，但几乎所有的互联网金融企业都忽略了对投资者的风险承受能力进行测试，也没有相应的程序对投资者普及基本的投资风险知识，缺少针对不同投资者的情况进行风险提示以降低违约事件造成的影响等措施。

5. 数据偏误风险

大数据意味着更多的信息，但同时也意味着更多的虚假信息，这对数据的真实性提出了挑战。同时，由于大数据具有数据类型多样、价值大但密度低等特点，利用互联网获得的数据分析客户的信用情况是否科学可信值得怀疑。根据统计学原理，如果用于统计的样本规模不够大或者数据不完全，存在选择性偏误或系统性偏误，那么统计出来的结果误差将非常大。

在现有的互联网金融企业中，除了电商平台拥有足够大的数据规模以外，其他平台如网贷、众筹等，本身体量不大，数据积累也不足以应用大数据的技术。统计学家曾证明：采样分析的精确性随着采样随机性的增加而大幅提高，但与样本数量的增加关系不大。社会上分散、割裂的数据，如果不能很好地整合，就算数据量很大，也可能导致分析不准确。大数据需要多维度，全面的数据才能具有有效性。由于全社会开放与共享数据还很难，这让数据质量大打折扣。例如，大电商平台阿里巴巴从淘宝、支付宝等获得的数据维度单一，且由于卖家刷信用造成的数据失真严重。因此，在使用平台积累数据进行信用评价时，也可能会产生由数据统计偏差导致的信用风险。

（五）货币风险

随着互联网金融的不断发展，是否将其纳入存款准备金体系一直颇受争议。存款准备金是金融机构为保证客户提取存款和资产清算需要而储备在中央银行的存款。目前，互联网金融企业没有存款准备金的要求。

在存款准备金制度下，金融机构不能将其吸收的存款全部用于放贷，必须保留一定的资金即存款准备金，以备客户提款的需要。存款准备金也是重要的货币政策工具。当央行降低存款准备金率时，金融机构用于贷款的资金增加，社会的贷款总量和货币的供给量相应增加；反之，社会的贷款总量和货币的供应量相应减少。因此，相对于传统金融企业而言，互联网金融企业没有存款准备金的要求，会放大货币乘数，增加货币的供给量，影响国家的宏观调控政策。余额宝等"宝"类产品无形中放大了货币乘数，增加了央行对货币总量的管理难度。余额宝类的理财产品本质上是货币市场基金，其绝大部分的资金都投向了银行协议存款，余额宝的银行协议存款比例达到了90%以上。按照现有的监管政策，这部分协议存款属于同业存款，不纳入存贷比，没有利率上限的制约，也不受存款准备金制度的约束。现在市场上余额宝类的互联网金融产品年化收益率在6%左右，是活期银行存款的15倍左右，而且与很多银行签署提前支取不罚息的保护条款。这种高收益、低风险的产品实际上是在"打擦边球"。余额宝类的互联网金融产品实际上与银行存款一样面临流动性风险、涉及货币创造等问题。没有存款准备金的要求，理论上这部分来自余额宝类的产品可以无限派生，无限创造货币的供给。这一方面影响央行货币政策的有效性，增加通货膨胀的风险，影响物价的稳定性。另一方面，一旦出现用户大规模集体提现的情况，没有存款保证金的保障，很容易导致企业资金紧张甚至破产倒闭。

另外，像Q币和比特币这类虚拟货币，本身存在于互联网的虚拟环境中，由于这类虚拟货币具有较高的流动性和现实中货币的可替代性，对现实生活中的金融体系的运行和传导机制都产生了一定的影响。虚拟货币现在并没有计入M2与社会融资总量的范围，现实货币的供应量被低估。比特币这类虚拟货币又可以与现实社会中流通的货币互相兑换，加速了货币的流动性。互联网金融企业也没有被列入存款准备金制度之内，削弱了央行货币政策对于货币市场的调控，央行对货币供应量的控制能力以及预测能力都相应减弱，加剧了货币乘数的不稳定性。

互联网金融本身具有虚拟性的特征，加之虚拟货币的使用在一定程度上替代了现实货币，监管制度的相对欠缺使互联网金融行业的货币风险逐渐暴露出来。

二、互联网金融风险的管理

（一）健全监管体制，提高风险保护

对互联网金融的风险控制，从监管方面来说包括两个方面：一是法律监管，二是监管机构监管。

目前，我国的金融法律如银行法、证券法、保险法都是基于传统金融而制定，面对互联网金融中出现的新型的法律纠纷等问题，原有的法律已经不适应互联网金融的发展。应当加快对互联网金融的立法，特别是在电子交易的合法性、电子商务的安全性以及禁止利用计算机犯罪等方面，明确数字签名、电子凭证的有效性，确定虚拟信用卡和二维码支付的合法性，明确互联网金融业务各交易主体的权利和义务。

针对互联网金融交易的业务范围不断扩大，业务种类日益多样化，其混业特征日益显现。而我国是典型的分业监管模式，无法对互联网金融的综合业务实施有效监管，因此建立适合互联网的综合监管模式至关重要。首先，应该加紧对互联网信用中介、互联网理财服务、互联网金融信息平台的调研，将其纳入监管体系。其次，应该协调好各监管机构在监管中的作用,避免重复监管,金融监管应从"机构监管型"转向"功能监管型"。另外,在监管中应注意监管力度与鼓励金融创新之间的取舍。最后,应注意监管的重点由资产负债和流动性管理为主转向金融交易的安全性和客户信息的保护并重。

在监管互联网金融的同时要注重对消费者权益的保护。互联网金融现有业务量虽然相对较少,但参与面相当广,互联网金融普惠理念扩展下的消费者大多缺乏专业的金融知识,也没有权益保护和风险意识,因此要强化对此类金融消费权益的保护。进行风险提示,确保交易安全、信息安全和投诉渠道畅通,要进一步明确各金融消费权益保护管理机构的具体职责和权利,以便更好地保护金融消费权益,提高消费者风险识别能力。

(二)完善征信体系,实现信息共享

1997年,中国人民银行开始筹建银行信贷登记咨询系统(企业征信系统的前身)。自2004年至2006年,人民银行组织金融机构建成全国集中统一的企业和个人征信系统。2019年6月19日,我国已建立全球规模最大的征信系统,征信系统累计收录9.9亿自然人、2591万户企业和其他组织的有关信息,个人和企业信用报告日均查询量分别达550万次和30万次。自2020年1月19日起,征信中心将面向社会公众和金融机构提供二代格式信用报告查询服务。与一代征信系统相比,二代征信系统在信息采集、产品加工、技术架构和安全防护方面,均进行了优化改进。征信系统全面收集企业和个人的信息,其中以银行信贷信息为核心,还包括社保、公积金、环保、欠税、民事裁决与执行等公共信息,接入了商业银行、农村信用社、信托公司、财务公司、汽车金融公司、小额贷款公司等各类放贷机构。征信系统的信息查询端口遍布全国各地的金融机构网点,信用信息服务网络覆盖全国。若互联网金融企业的数据信息与央行的征信系统实现对接,在判断借款人的信用水平、还款能力时将会降低不少成本。通过信息的对接,一旦借款人违约,将会有更多的机构了解到他的信息,这样可以提高借款人的违约成本,从而降低违约率。

另一方面,互联网金融公司的借款人多为缺少抵押品的小微企业和个人,这些群体在央行缺乏信用记录,所以在行业内建立一套信用记录体系就有很大的必要。通过将具有不良信用记录和违约的借款人信息放到行业内的信息记录系统,可以使同行业的企业更快速高效地审核借款人信息。

(三)普及大数据分析,进行信用考核

电商企业利用大数据进行风控,比如,阿里金融把阿里巴巴、淘宝、天猫、支付宝等平台积累的大量交易支付数据作为基础数据,再加上卖家自己提供的销售数据、银行流水、水电缴纳等辅助数据,所有信息汇总,输入网络行为评分模型,进行信用评级。运用大数据进行分析的流程如图8-1所示。

通过获得大量数据,利用数学运算和统计学的模型进行分析,评估出借款者的信用等级。具有代表性的企业如美国的ZestFinance,这家企业的大部分员工是数据科学家,他们并不特别地依赖于信用担保行业,用大数据分析进行风险控制是ZestFinance

图 8-1 大数据分析流程图

的核心技术。处理数据的核心是根据他们开发的 10 个基于学习机器的分析模型,对每位信贷申请人的超过 1 万条原始信息数据进行分析,并得出超过 7 万个可对其行为作出测量的指标。

(四)实现第三方资金托管,清算结算分离

托管机构一般分为银行和第三方支付公司,而第三方支付公司的费用较低。在网贷平台上进行交易时,交易资金应该交由第三方支付公司保管。清算指令由网贷平台发出,而结算则由第三方支付机构进行。这样可以使网贷平台的人员不直接接触客户资金,保障客户资金的安全及平台的独立性、经营的合法性、可以降低其从业人员的道德风险。

(五)构建互联网安全体系,加强风险预防

我国的互联网金融软硬件系统应用大多来自国外,缺少具有高科技自主知识产权的互联网金融设备。互联网金融依托的是先进的计算机系统,计算机系统的缺陷构成互联网金融的潜在风险,比如,开放式的网络通信系统、不完善的密钥管理及加密技术、安全性较差的 TCP/IP 协议,以及计算机病毒和电脑黑客的攻击,这些很容易导致客户的账号、密码等信息丢失,从而引起资金损失。因此,应该在以下三个方面构建互联网金融安全体系:

1. 开发具有高科技自主知识产权的互联网金融相关技术

开发互联网加密技术、密钥管理技术及数字签名技术,提高计算机系统的技术水平和硬件设备的安全防御能力,如防火墙技术、数据加密技术和智能卡技术,从而降低使用国外技术可能导致的不稳定以及信息泄露风险,保护国家金融安全。

2. 增加软硬件设施的投入水平

在硬件方面应该加大对计算机物理安全措施的投入,增强计算机系统的防攻击、防病毒能力,保证互联网金融正常运行所依赖的硬件环境的安全。在网络运行等软件方面实现互联网金融网站的安全访问,应用身份验证和分级授权等登录方式,限制用户非法登录互联网金融网站窃取他人信息。

3. 建立互联网金融的技术标准

建立互联网金融的技术标准,进一步完善金融业统一的技术标准,增强互联网金融系统的协调性,加强各种风险的监测和预防,同时要尽快与国际上有关计算机网络安全的标准和规范对接。积极整合各种资源,以客户为中心建立共享型互联网金融数据库,并通过数据库进行归类整理分析和实时监控业务流程。

（六）控制企业规模，降低财务风险

互联网金融行业还处于起步阶段，盲目地扩张必然会带来资金上的压力。控制企业规模，避免资金周转困难，这样才可以减少在财务上的风险。在财务风险的管控上，首先企业要设立自己的风险准备金，避免发生逾期和挤兑的现象。2015年，有大批的P2P网贷平台倒闭，在这些倒闭的企业中，随机抽样38家，其中有28家是因为逾期提现或提现限制而倒闭，占到73.4%。可见，财务风险管控的不合理带来的后果很严重。再者，像现在各类"宝"的理财产品，一旦存款利率市场化之后，可能会出现收益率下降甚至出现负收益率的情况。当投资者出现大规模提现的时候，几百万元对企业不算什么，如果出现上千亿元的集体提现规模，企业必然会面临资金的压力甚至倒闭。近期，各种"宝"的理财产品都延迟了"T+0"的模式，甚至会取消，这就是为减轻资金压力而实施的措施。在这样的情况下，为避免财务风险，企业风险准备金的建立显得尤为重要。企业可以建立自己的风险准备金，按照一定的比率将资金交由第三方托管，如银行。一旦出现借款人违约或投资者大规模提现，风险准备金可以作为一道防护，缓解自身资金压力。

（七）创新产品设计，规避利率风险

互联网金融企业要想赢得投资者的认可，必须要有适合市场的金融产品，否则会被投资者所遗弃。因此，在市场风险管理上，企业要找到投资者的需求，有需求才会有市场。在金融产品的设计上要和同类竞争者差异化。另外，在信息披露方面，定期公布平台的相关数据，如逾期率等信息。这些信息看似对企业不利，但是也侧面反映出企业的诚信度。投资者有自己的思维方式，一味地夸大，弄虚作假，肯定不利于企业的长期发展。

利率风险是整个金融行业所面临的共同风险，互联网金融行业同样存在着利率风险。中国金融体系的逐渐市场化、利率市场化步伐的加快对新兴的互联网金融行业是一次挑战。目前的贷款利率市场化对互联网金融行业的冲击还不大，但是存款利率市场化之后，互联网金融企业必将面临更多的竞争和考验。互联网金融企业的优势在于运营成本，并且提供的理财产品收益率相对较高。利率市场化全面开放后，收益率上的优势会相对减弱，会产生客户的流失。因此，在利率风险的管控上应从理财产品的设计出发。现在的互联网金融理财产品只是简单地将线下产品互联网化，产品结构单一。一个新兴的行业应该具有自己独特的产品，结合传统的金融产品设计出具有互联网金融特性的产品，增加投资渠道的多样性，才可以在一定程度上控制利率市场化后带来的市场风险。而现在的余额宝类产品90%以上是与银行的协议存款，投资渠道单一，对于利率的变化也比较敏感，放大了利率市场化对互联网金融行业的冲击。因此，互联网金融类理财产品设计的多样化是防范利率风险的一种有效手段。

（八）加强虚拟货币监管，完善货币风险管理

博鳌亚洲论坛2015年年会期间发布的《互联网金融报告2015》称，未来互联网货币将与法定信用货币并存，这种货币形态将挑战中央银行理论。而监管不确定性是

以比特币为代表的虚拟货币发展面临的最大风险。

互联网金融行业货币风险的管理主要体现在政府监管的加强以及相应制度的建立方面。监管部门应该针对互联网企业制定相应的政策法规，建立相应的存款准备金制度，避免大规模集体套现带来的流动性风险。余额宝类的理财产品要更多地投向直接融资工具，促进市场效率的提高。现在货币市场基金主要投资于银行存款，资金并没有在真正意义上"脱媒"，在一定程度上削弱了市场的有效性，增加了央行对货币的管理难度。另外，对于虚拟货币的发行和使用应作一定的限制。虚拟货币的发行企业应定期向公众或央行公布虚拟货币的发行量和销售量，对于违规的企业禁止其发行虚拟货币。虚拟货币的交易要在指定虚拟货币交易平台进行，像现实中的证券交易所一样，交易的过程和规则要在有效的监管制度下完成。

第二节　互联网金融监管的理论支持

一、互联网金融监管的必要性

在 2008 年国际金融危机后，金融界和学术界普遍认为，自由放任（laissez-faire）的监管理念只适用于金融市场有效的理想情景（UK FSA，2009）。我们以这一理想情景为参照点，论证互联网金融监管的必要性。

在市场有效的理想情景下，市场参与者是理性的，个体自利行为使得"看不见的手"自动实现市场均衡，均衡的市场价格全面和正确地反映了所有信息。此时，金融监管应采取自由放任理念，关键目标是排除造成市场非有效的因素，让市场机制发挥作用，少监管或不监管，具体有三点：（1）因为市场价格信号正确，可以依靠市场纪律有效控制有害的风险承担行为；（2）要让问题金融机构破产清算，以实现市场竞争的优胜劣汰；（3）对金融创新的监管没有必要，市场竞争和市场纪律会淘汰没有必要或不创造价值的金融创新，管理良好的金融机构不会开发风险过高的产品，信息充分的消费者只会选择满足自己需求的产品。就判断金融创新是否创造价值而言，监管当局相对于市场不具有优势，监管反而可能抑制有益的金融创新。

但互联网金融在达到这个理想情景之前，仍会存在信息不对称和交易成本等大量非有效因素，使得自由放任监管理念不适用。

第一，互联网金融中，个体行为可能非理性。比如，在 P2P 网络贷款中，投资者购买的实际是针对借款者个人的信用贷款。即使 P2P 平台能准确揭示借款者信用风险，并且投资足够分散，个人信用贷款仍属于高风险投资，投资者不一定能充分认识到投资失败对个人的影响。

第二，个体理性，不意味着集体理性（禹钟华、祁洞之，2013）。比如，在以余额宝为代表的"第三方支付＋货币市场基金"合作产品中，投资者购买的是货币市场基金份额。投资者可以随时赎回自己的资金，但货币市场基金的头寸一般有较长期限，或者需要付出一定折扣才能在二级市场上卖掉。这里就存在期限错配和流动性转换问题。如果货币市场出现大幅波动，投资者为控制风险而赎回资金，从个体行为看，是完全理性的；但如果是大规模赎回，货币市场基金就会遭遇挤兑，从集体行为看，则是非理性的。2008年9月，雷曼兄弟破产后，美国历史最悠久的货币市场基金The Reserve Primary Fund就遭遇了这种情况。The Reserve Primary Fund因为对雷曼兄弟的敞口而跌破面值，尽管净值损失不超过5%，但机构投资者仍争先恐后地赎回，该基金不得不走向破产清算。受此事影响，整个货币市场基金行业遭遇赎回潮，一夜之间遭到重创。流动性紧缩的局面还蔓延到整个金融系统，主要国家的央行不得不联手推出大规模的流动性支持措施。对这些流动性支持措施，感兴趣的读者可以参考谢平、邹传伟所著的《银行宏观审慎监管的基础理论研究》。机构投资者表现出的这种集体非理性行为，完全有可能在个人投资者身上出现。

第三，市场纪律不一定能控制有害的风险承担行为。在我国，针对投资风险的各种隐性或显性担保大量存在（如隐性的存款保险、银行对柜台销售的理财产品的隐性承诺），老百姓也习惯了"刚性兑付"，风险定价机制在一定程度上是失效的。在这种环境下，部分互联网金融机构推出高风险、高收益产品，用预期的高收益来吸引眼球、做大规模，但不一定如实揭示风险。这里存在巨大的道德风险。

第四，互联网金融机构若涉及大量用户，或者达到一定的资金规模，出问题时很难通过市场出清方式解决。如果该机构还涉及支付清算等基础业务，破产还可能损害金融系统的基础设施，构成系统性风险。如支付宝和余额宝涉及人数如此之多和业务规模如此之大，已经具有一定的系统重要性。

第五，互联网金融消费中可能存在欺诈和非理性行为，金融机构可能开发和推销风险过高的产品，消费者可能购买自己根本不了解的产品。比如，在金融产品的网络销售中，部分产品除了笼统地披露预期收益率外，很少向投资者说明该收益率通过何种策略取得、有什么风险等。部分产品为做大规模，甚至采取补贴、担保等方式来放大收益，"赔本赚吆喝"，不属于纯粹的市场竞争行为。而部分消费者因为金融知识有限和习惯了"刚性兑付"，甚至不一定清楚P2P网络贷款与存款、银行理财产品有什么差异。

此外，行为金融学也支持对互联网金融进行监管。行为金融学研究个体行为的非理性以及市场的非有效性，一方面引入心理学对认知和偏好的研究，说明个体行为不一定满足经济人假设；另一方面研究套利有限使市场价格达不到理性均衡水平，从而说明有效市场假说不一定成立。行为金融学对互联网金融监管有如下启示：（1）抑制过度投机。（2）限制市场准入。（3）加强对互联网金融创新的监管，对互联网金融创新中的缺陷要及时弥补。（4）加强对金融消费者的保护。（5）投资者适当性监管。因此，对互联网金融，不能因为发展不成熟就采取自由放任的监管理念，应该以监管促发展，在一定的负面清单、底线思维和监管红线下，鼓励互联网金融创新。

二、互联网金融监管的特殊性

互联网金融有两个突出的风险，在监管中应注意。

(一)信息科技风险

信息科技风险在互联网金融中非常突出。比如,计算机病毒、电脑黑客攻击、支付不安全、网络金融诈骗、金融钓鱼网站、客户资料泄露、身份被非法盗用或篡改等。

阎庆民(2013)提出,对于信息科技风险,有以下几种划分方式:(1)按风险来源分为四类:自然原因导致的风险、信息系统风险、管理缺陷导致的风险、由人员有意或无意的违规操作引起的风险;(2)按风险影响的对象分为三类:数据风险、运行平台风险、物理环境风险;(3)按对组织的影响分为四类:安全风险、可用性风险、绩效风险、合规风险。主要监管手段包括:非现场监管、现场检查、风险评估与监管评级、前瞻性风险控制措施,也可以使用数理模型来计量信息技术风险(比如,基于损失分布法的计量方法)。

(二)"长尾"风险

互联网金融因为拓展了交易可能性边界(谢平、邹传伟,2012),服务了大量不被传统金融覆盖的人群(即"长尾"特征),具有不同于传统金融的风险特征:第一,互联网金融服务人群的金融知识、风险识别和承担能力相对欠缺,属于金融领域的弱势群体,容易遭受误导、欺诈等不公正待遇。第二,他们的投资额小而分散,作为个体投入精力监督互联网金融机构的成本远高于收益,所以"搭便车"问题更突出,从而针对互联网金融的市场纪律更容易失效。第三,个体非理性和集体非理性更容易出现。第四,一旦互联网金融出现风险,从涉及人数上衡量(涉及金额可能不大),对社会的负外部性更大。

鉴于互联网金融的"长尾"风险,强制性的、以专业知识为基础的、持续的金融监管不可或缺,而对金融消费者的保护尤为重要。

三、互联网金融的监管原则

互联网金融监管遵循金融监管的一般原则,即确保金融安全、金融效率与金融消费者保护(金融公平)三大目标的达成。但就现阶段互联网金融的发展情况来说,我们更应侧重以下四点:审慎监管、行为监管、金融消费者保护、独立统一原则,并将其作为我们制定监管规则的出发点,以确保互联网金融法律关系各方当事人的利益分配趋于公平合理,用以防范风险。

(一)审慎监管

审慎监管的目标是控制互联网金融的外部性,保护公众利益。审慎监管的基本方法论是,在风险识别的基础上,通过引入一系列风险管理手段(一般体现为监管限额),控制互联网金融机构的风险承担行为以及负外部性(特别在事前),从而使外部性行为达到社会最优水平(谢平、邹传伟,2013)。

目前,互联网金融的外部性主要是信用风险的外部性和流动性风险的外部性。针对这两类外部性,可以借鉴银行监管中的相关做法,按照"内容重于形式"原则,采取相应监管措施。

1. 监管信用风险的外部性

在互联网金融的实际运营过程中，因受到技术和人为因素的影响，存在着许多不确定性的风险。信用违约风险是其中最为普遍且影响最大的风险类型。互联网金融在运行中投融资双方通过网络平台进行交易，以此大大降低了合作的交易成本和信息成本，但这种优势是建立在双方信用良好的基础上，如果贷方出现违约情形，资方风险就会明显加剧。近年来，不断发生的P2P网贷风险，就是在监管缺失的情形下出现的。

目前，网络金融平台的发展尚不成熟，缺乏精通风险管理的相关专业人才，这也意味着网络金融平台在信用风险评估方面存在一定的缺陷。虽然目前大数据技术已经被广泛应用，信息透明度大幅提高，但我国社会信用体系、个人征信体系尚未健全，相关征信制度也没有完全普及落实。因此，网络金融平台的交易安全问题无法保证，稍有不慎就会给平台经营者与平台使用者双方都带来损失。

征信市场作为互联网金融的保障系统，在企业的信息采集、使用、保密等环节都面临着巨大的挑战，存在着很多监管难题。一方面，互联网金融企业应该与央行征信进行全面合作。在确保互联网金融企业合法的基础上，央行征信系统在经过授权的基础上实现对个人信用进行查询。同时，在政府监管部门的指引下，制定互联网金融企业的准入标准，从而实现与央行征信系统有效对接，并按照流程进行个人信用的查询。另一方面，充分利用大数据展开征信查询。大数据技术可以帮助互联网金融企业展开征信工作。通过对征信数据、消费数据、身份数据、社交数据、日常生活数据等进行有效分析，全面评估用户的信用等级。首先，通过大数据收集用户的公开信息；其次，在数据平台获得用户的私人数据；最后，获得黑名单数据。

2. 监管针对流动性风险的外部性

部分互联网金融机构进行了流动性或期限转换。比如，信用中介活动经常伴随着流动性或期限转换。这类互联网金融机构就会产生流动性风险的外部性，它们如果遭受流动性危机，首先会影响债权人、交易对手的流动性。比如，如果货币市场基金集中、大量提取协议存款，会直接对存款银行造成流动性冲击。其次，会使具有类似业务或风险的互联网金融机构的债权人、交易对手怀疑自己机构的流动性状况，也会产生信息上的传染效果。此外，金融机构在遭受流动性危机时，通常会通过出售资产来回收现金，以满足流动性需求。短时间内大规模出售资产会使资产价格下跌。在公允价值会计制度下，持有类似资产的其他金融机构也会受损，在极端情况下，甚至会出现"资产价格下跌→引发抛售→资产价格进一步下跌"的恶性循环。

对流动性风险的外部性监管，也可以参考银行业的做法。BaselⅢ引入两个流动性监管指标——流动性覆盖比率和净稳定融资比率。其中，流动性覆盖比率已经开始实施，要求银行在资产方留有充足的优质流动性资产储备，以应付根据流动性压力测试估计的未来30天内净现金流出量。

按照类似监管逻辑，对"第三方支付+货币市场基金"合作产品，应该通过压力测试估算投资者在大型购物季、货币市场大幅波动等情景下的赎回金额,并据此对货币市场基金的头寸分布进行限制,确保有足够比例的高流动性头寸(当然,这会牺牲一定的收益性)。

(二)行为监管

行为监管,包括对互联网金融基础设施、互联网金融机构以及相关参与者行为的监管,主要目的是使互联网金融交易更安全、公平和有效。在一定意义上,行为监管是对互联网金融的运营优化,主要内容如下:

第一,对互联网金融机构的股东、管理者的监管。一方面,在准入审查时,排除不审慎、能力不足、不诚实或有不良记录的股东和管理者;另一方面,在持续经营阶段,严格控制股东、管理者与互联网金融机构之间的关联交易,防止他们通过资产占用等方式损害互联网金融机构或者客户的合法权益。

第二,对互联网金融有关资金及证券的托管、交易和清算系统的监管。一方面,提高互联网金融交易效率,控制操作风险;另一方面,平台型互联网金融机构的资金与客户资金之间要有效隔离,防范挪用客户资金、卷款"跑路"等风险。

第三,要求互联网金融机构有健全的组织结构、内控制度和风险管理措施,并有符合要求的营业场所、IT 基础设施和安全保障措施。

(三)金融消费者保护

金融消费者保护,即保障金融消费者在互联网金融交易中的权益。金融消费者保护与行为监管有紧密联系,有学者认为金融消费者保护属于行为监管。我们之所以将金融消费者保护单列出来,是因为金融消费者保护主要针对互联网金融服务的"长尾"人群,而行为监管主要针对互联网金融机构。

金融消费者保护的背景是消费者主权理论以及信息不对称下互联网金融机构对消费者权益的侵害。其必要性在于,互联网金融机构与金融消费者两方的利益不是完全一致的,互联网金融机构健康发展(这主要是审慎监管和行为监管的目标)不足以完全保障金融消费者权益。

现实中,由于专业知识的限制,金融消费者对金融产品的成本、风险、收益的了解根本不能与互联网金融机构相提并论,处于知识劣势,也不可能支付这方面的学习成本。其后果是,互联网金融机构掌握金融产品内部信息和定价的主导权,会有意识地利用金融消费者的信息劣势开展业务。此外,互联网金融机构对金融消费者有"锁定效应",欺诈行为一般不能被市场竞争消除(也就是说,金融消费者发现欺诈行为后,也不会另选机构)。

针对金融消费者保护,可以进行自律监管。但如果金融消费者没有很好的低成本维权渠道,或者互联网金融机构过于强势,而自律监管机构又缺乏有效措施,欺诈行为一般很难得到制止和处罚,甚至无法被披露出来。在这种情况下,自律监管面临失效,政府监管机构就作为金融消费者的代理人实施强制监管,主要措施有三种:第一,要求互联网金融机构加强信息披露,产品条款要简单明了、信息透明,使金融消费者明白其中风险和收益的关系;第二,要开通金融消费者维权的渠道,包括赔偿机制和诉讼机制;第三,利用金融消费者的投诉及时发现监管漏洞。有必要说明的是,功能监管要体现一致性原则。互联网金融机构如果实现了类似于传统金融的功能,就应该接受与传统金融相同的监管;不同的互联网金融机构如果从事了相同的业务,产生了相同的风险,就应该受到相同的监管。否则,就容易造成监管套利,既不利于市场公平竞争,也会产生风险盲区。

(四)独立统一原则

互联网金融的监管活动与发生在互联网上的金融活动密切相关,因此监管必须考虑其特殊性,独立而又统一于传统金融活动的监管范畴。一般来说,此独立统一的规则应包括以下基本原则:

(1)信息充分被披露原则和金融交易适合性原则

信息充分披露原则是由善良管理人注意义务中的告知(说明)义务所衍生的,实乃告知义务中风险告知的一部分,它要求互联网金融机构在销售金融产品时,应将金融产品的内容及所涉风险,尤其是可能导致金融消费者损失的事项,忠实详尽地告知消费者。这既是互联网金融合同的格式合同属性使然,也是买者自慎原则的适用前提。互联网金融机构只有尽到了充分的信息披露和风险揭示义务,则在此基础上要求投资者就其投资损失自负其责才公平合理。

金融交易适合性原则(即投资者适当性原则)是对信息披露原则的强化,强调互联网金融机构应将合适的商品或服务推荐给合适的金融消费者。实践中,金融机构所践行的"了解客户"程序(know your client),即其适例。

我们认为,应赋予这两项原则可诉性,使之成为金融消费者可以援引的私法原则。若互联网金融机构违反了这两项规则,致使金融消费者遭受损失的,原则上应承担损害赔偿责任,除非它能证明损害的发生并非因其未充分了解金融消费者的商品适合度或非因其未说明、说明不实、错误或未充分披露风险的事项所致。

(2)金融隐私权、个人信息权保护原则

互联网金融机构可以通过云计算、大数据等技术轻易获取金融消费者的个人信息,如消费者的资产状况、信用等级、投资偏好、个人身份信息等。这些个人信息,有仅具人格利益者,也有兼具人格利益和财产利益者;有属于金融消费者的个人隐私者,也有与隐私无涉而反映个体特征的可识别符号系统。前者涉及隐私权范畴,后者涉及个人信息权范畴。对两者的保护,应遵循个人同意原则,即除法定目的外,非经个人同意,不得收集、使用其个人数据。但在大数据时代,个人只要使用互联网,其个人信息就有可能被大数据平台采集,要求互联网金融平台收集金融消费者个人数据时事先征得其同意是不现实的,因此对金融消费者的隐私权和个人信息权保护,应侧重于互联网金融机构的保密义务及未经金融消费者许可不得擅自使用等方面。

(3)广告、业务招揽禁止不当劝诱原则

该原则意在确保互联网金融消费者在意志自由的状态下,依其个人理性自主判断投资风险,作出投资决策,从而自负其责。它要求互联网金融机构在从事广告、招揽业务时,应依诚实信用原则,尽到前述信息充分披露的义务,禁止不正当劝诱,不得承诺投资回报率或者收益率，不得暗示其与国家机关及其工作人员有关联。其对金融产品的披露，诸如利率、费用、风险等，应以显著的方式和中文表达并力求浅显易懂，不得使用深奥晦涩的语句误导金融消费者。

第三节　互联网金融的监管

2013年被称为中国互联网金融的"元年"。在这一年中，余额宝横空出世，百度百发、微信理财紧随其后，各种"宝"类产品层出不穷，再加上比特币的"搅局"，整个互联网金融市场好不热闹。与此同时，自2007年进入中国的P2P网络借贷行业蛰伏多年之后，在2013年也出现了爆发式的增长，平台数量从2012年200家左右，猛增至超过523家，交易规模达到897.1亿元人民币，同比增长292.4%。另一方面，随着一批众筹网站的出现，借道互联网向公众筹集资金用于各类项目开发的"众筹"概念逐渐为人所知，发展势头不容小觑。这一切被称作"互联网金融"的新生事物可谓赚足了公众的眼球，引得媒体竞相报道，甚至冠之以"创新"的美名。在一片赞美声中，政府也逐渐表露出对互联网金融的肯定和支持态度。在第十二届全国人民代表大会第二次会议上，李克强总理代表国务院向大会作政府工作报告时，便明确提到"促进互联网金融健康发展"。

不过，在互联网金融"高歌猛进"之际，也不乏理性的思考和冷静的声音。其中，"监管"一词被反复提及。"创新"不是逃避监管的"免死金牌"，互联网金融也绝非监管的"法外之地"，这似乎成了监管部门和业内人士的普遍共识。2014年，"余额宝"因为系统升级而导致显示"暂无收益"，引发一场虚惊，加之多家P2P网络借贷平台相继关张倒闭或陷入兑付困难，各地时有发生诈骗出借人钱款潜逃的恶性事件，诸多事件都间接印证了互联网金融监管的紧迫性。但是，我们不禁也要问：互联网金融到底有哪些问题需要监管？互联网金融究竟应该怎么监管？

一、中国互联网金融监管现状

互联网金融作为金融创新的产物，既要鼓励引导，更要规范发展。2013年年底以来，互联网金融监管就备受市场关注。2014年3月，"促进互联网金融健康发展"被写入政府工作报告，这是首次从国家层面对互联网金融予以肯定。2015年，政府工作报告再次"发声"，这次，李克强总理用"互联网金融异军突起"来描述。伴随市场扩大的是监管的推进，监管的推进一方面代表着行业获得顶层设计的认可，另一方面也代表着未来行业的发展空间和发展方向。继2014年央行就《促进互联网金融健康发展》征求意见之后，2015年7月18日央行等十部委联合发布《关于促进互联网金融健康发展的指导意见》（以下简称《意见》），对互联网支付、网络借贷、股权众筹融资、互联网基金销售、互联网保险、互联网信托和互联网消费金融等互联网金融主要业态的监管机构进行了明确规定，此《意见》也被视为互联网金融"基本法"，同时，2015 年也被看作是互联网金融监管元年。我们认为，未来一段时间内关于互联网金融及其部分业态的监管细则将会陆续出台并落地，届时互联网金融部分领域将会面临重塑，发展竞争格局将有所变化，同时行业也将朝着规范、健康之路发展，这也是投资者需要持续关注的政策风险。

自 2020 年 11 月，我国金融监管机构密集对网络平台从事金融相关业务进行监管发声。与此前整治 P2P 网贷不同的是，监管机构肯定了互联网平台在金融普惠、提升效率、降低成本等方面的贡献，同时希望将快速发展的互联网金融业态纳入正常的金融监管框架下。"金融的归金融，科技的归科技"并不是一个新的提法，过去几个月，这个监管思路愈加清晰。而对平台企业的金融监管与传统金融业务监管相比，情况更复杂，变化更快，监管的具体措施和力度、不同网络平台的整改方案等仍需进一步观察。不管如何，我们认为，我国金融监管机构正"由点及面"地加快推进各项监管方案和措施，推进的速度有可能超出此前的预期。

为加强对网络借贷信息中介机构业务活动的监督管理，促进网络借贷行业健康发展，依据《民法典》《合同法》等法律法规，中国银监会、工业和信息化部、公安部、国家互联网信息办公室制定了《网络借贷信息中介机构业务活动管理暂行办法》。经国务院批准，于 2016 年 8 月 24 日起施行。

我国互联网金融行业近年相关政策举措如表 8-1 所示；互联网金融分类监管如图 8-2 所示。

表 8-1　我国互联网金融行业近年相关政策举措

发布时间	涉及业态	发布机构	政策和举措	核心内容
2013 年 11 月	互联网金融	十八届三中全会	《中共中央关于全面深化改革若干重大问题的决定》	提出发展普惠金融，鼓励金融创新，丰富金融市场层次和产品，被广泛解读为"互联网金融"首次正式进入决策层的视野
2014 年 3 月	互联网金融	国务院	《政府工作报告》	互联网金融首次被写入政府工作报告，提出要促进互联网金融健康发展，完善金融监管协调机制
2014 年 3 月	第三方支付	央行	《关于手机支付业务发展的指导意见》《支付机构网络支付业务管理办法（征求意见稿）》	对部分手机支付业务进行了明令禁止；征求对第三方支付作出限制，包括第三方支付转账、消费将被限制等
2014 年 4 月	第三方支付	央行支付结算司	《关于暂停支付宝公司线下条码（二维码）支付业务意见的函》	紧急暂停支付宝、腾讯虚拟信用卡业务和线下条码（二维码）支付

(续表)

发布时间	涉及业态	发布机构	政策和举措	核心内容
2014年4月	第三方支付	央行和银监会	《关于加强商业银行与第三方支付机构合作业务管理的通知》	对交易限额作了要求，包括单笔支付限额和日累计支付限额，客户提出申请且通过身份验证和辨认后，在临时期限内，可以适当调整单笔支付限额和日累计支付限额
2014年4月	互联网保险	保监会	《关于规范人身保险公司经营互联网保险有关问题的通知（征求意见稿）》	互联网保险的销售可以突破保险公司分支机构的区域限制
2014年8月	互联网金融	上海市政府	《关于促进本市互联网金融产业健康发展的若干意见》	全国首个省级地方政府促进互联网金融发展意见
2014年12月	互联网保险	保监会	《互联网保险业务监管暂行办法（征求意见稿）》	保险机构应保证互联网保险消费者享有不低于其他业务渠道的投保和理赔等保险服务；互联网保险业务应由保险机构总公司集中运营、集中管理，不得授权分支机构开展互联网保险业务
2014年12月	众筹	证券业协会	《私募股权众筹融资管理办法（试行）（征求意见稿）》	对股权众筹的备案登记和确认、平台准入、发行方式及范围、投资者范围等内容作了明确
2015年1月	P2P网贷	银监会	银监会机构调整	中国银监会宣布进行机构调整，新成立普惠金融局并将P2P网贷纳入普惠金融，意味着P2P行业"普惠金融"的性质已经被监管层认可
2015年3月	互联网金融	两会	《政府工作报告》	两次提到互联网金融，并要求促进互联网金融健康发展；开展股权众筹融资试点被补进政府工作报告，列为当年金融改革的内容
2015年5月	互联网金融 众筹试点	发改委	《关于2015年深化经济体制改革重点工作的意见》	指出要出台促进互联网＋金融健康发展指导意见，探索多层次资本市场转板机制，制定《私募投资基金管理暂行条例》，开展股权众筹融资
2015年7月	互联网金融	国务院	《关于积极推进"互联网＋"行动的指导意见》	将"互联网＋"普惠金融列为11项重点行动之一，指明了互联网金融的三大发展方向：探索推进互联网金融云服务平台建设；鼓励金融机构利用互联网拓宽服务覆盖面；积极拓展互联网金融服务创新的深度和广度

(续表)

发布时间	涉及业态	发布机构	政策和举措	核心内容
2015年7月	互联网金融	国务院等十部门	《关于促进互联网金融健康发展的指导意见》	明确规定一行三会分别对互联网金融分为七大业态领域进行监管
2016年8月	互联网金融	银监会等部门	网络借贷信息中介机构业务活动管理暂行办法	规范网络借贷信息中介机构业务活动,保护出借人、借款人、网络借贷信息中介机构及相关当事人合法权益,促进网络借贷行业健康发展,更好满足中小微企业和个人投融资需求
2016年10月	互联网金融	国务院办公厅	互联网金融风险专项整治工作实施方案	重点整治P2P网络借贷和股权众筹业务、通过互联网开展的资产管理及跨界金融业务、第三方支付业务等,要求严格准入管理、强化资金监测、整治不正当竞争等
2017年2月	互联网金融	中国银监会	互联网借贷资金存管业务指引	重点明确了网贷机构和商业银行进行资金存管的具体细则。明确了网络借贷资金存管业务不允许非银机构参加;网贷机构应指定唯一的存管机构等
2017年12月	P2P网贷	整改办	关于做好P2P网络借贷风险专项整治整改验收工作的通知	明确了"现金贷"的开展原则;暂停发放小贷公司牌照和开业;"现金贷"综合资金成本不得超过36%的年化利率;不得向无收入来源的借款人放贷;不得采用"暴力催收";清理存量小贷等
2020年11月	互联网借贷	中国银保监会会同中国人民银行等	网络小额贷款业务管理暂行办法(征求意见稿)	规范小额贷款公司网络小额贷款业务,防范网络小额贷款业务风险,保障小额贷款公司及客户的合法权益,促进网络小额贷款业务规范健康发展
2021年1月	信贷	中国银保监会,中国人民银行	关于规范商业银行通过互联网开展个人存款业务有关事项的通知	一是规范业务经营。二是强化风险管理。三是加强消费者保护。四是严格监督管理。各级监管部门要加大监管力度,对违法违规行为,依法采取监管措施或者实施行政处罚
2021年1月	第三方支付	中国人民银行	非银行支付机构客户备付金存管办法	遵照国务院关于互联网金融风险专项整治工作部署,非银行支付机构客户备付金已于2019年1月全部集中存管。为规范集中存管后备付金业务,人民银行起草并发布了部门规章《非银行支付机构客户备付金存管办法》

(续表)

发布时间	涉及业态	发布机构	政策和举措	核心内容
2021年2月	信贷	中国银保监会	关于进一步规范商业银行互联网贷款业务的通知	一是落实风险控制。二是明确三项定量指标，包括出资比例，即商业银行与合作机构共同出资发放贷款，单笔贷款中合作方的出资比例不得低于30%；集中度指标，即商业银行与单一合作方发放的本行贷款余额不得超过一级资本净额的25%；限额指标，即商业银行与全部合作机构共同出资发放的互联网贷款余额，不得超过全部贷款余额的50%。三是严控跨区域经营，明确地方法人银行不得跨注册地辖区开展互联网贷款业务
2021年2月	反垄断	国务院反垄断委员会	关于平台经济领域的反垄断指南	为了预防和制止平台经济领域垄断行为，保护市场公平竞争，促进平台经济规范有序创新健康发展，维护消费者利益和社会公共利益，根据《反垄断法》等法律规定，制定本指南

（资料来源：www.pedata.cn）

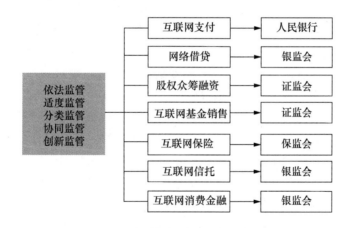

图8-2 我国互联网金融分类监管示意图
（资料来源：中国人民银行货币政策执行报告）

二、中国互联网金融法律监管体系的构建

我国金融市场兼有新兴和转轨两大特色，现有监管体系尚不健全，加上立法程序滞后等原因，对互联网金融的监管急需填补空白。为规范互联网金融的健康发展，有必要在借鉴美国互联网金融法律监管经验的同时，结合现实构建适合我国的互联网金融监管框架。接下来从五个层面设计我国互联网金融法律监管体系，具体结构见图8-3。

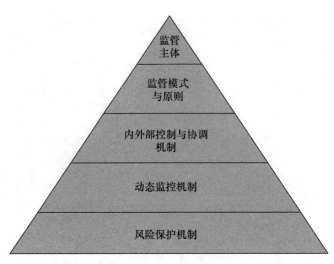

图 8-3 我国互联网金融法律监管体系的构建

（一）明确互联网金融的监管主体及监管立场

2015 年 7 月颁布的《关于促进互联网金融健康发展的指导意见》已经从具体的业务品种对监管责任进行了划分，但具体的监管实施细则尚未出台。在此背景下，各监管主体必须积极研究互联网金融产品的发展动向，对潜在的风险问题建立预警和防范机制，做到事前防范和事后监管的完美结合。进一步看，互联网金融产业具有分散化、小规模的特点，单纯的统一监管思路不一定适用于所有的互联网金融发展模式。因此，在监管主体的责任分配上可以采用双线多头监管：中央层面以央行、银监会、证监会、保监会为主；地方层面以地方政府部门、财政、司法等机构和中央监管机构在地方的分支为主；同时，在中央和地方层面分别设立互联网金融工作办公室，确保互联网金融监管拥有明确的监管主体，消除监管缺失的问题。同时，必须在现有监管分工的基础上梳理互联网金融的业务模式，将有争议的互联网金融业务和机构分配给专门的核心监管机构，避免问题爆发时推卸责任。具体监管主体设想见图 8-4。

（二）确立我国互联网金融的监管模式和原则

我国经济发展不平衡，地区差异较大，集中统一的监管模式可能致使监管缺失。互联网金融的复杂性和交叉性决定了不可能由单一部门来监管，应采取"中央＋地方"的共同监管模式。在统一的监管框架下，制定地区特色的监管方法，监管的目标是保证互联网金融发展有一个公正、合法、透明、安全的环境；同时，互联网金融是极具创新性的产业，监管是为了规范其发展，而不是消除其创新能力。因此，英国采取适当宽松的审慎监管原则，借鉴美国的经验，"先规范后开放"，给互联网金融留出充足的创新发展空间。考虑到我国的经济发展情况存在明显的地域差异，在全国统一的制度框架下，也应该允许根据区域经济的发展特点，制定适当的互联网金融准入、退出、登记和经营许可制度。

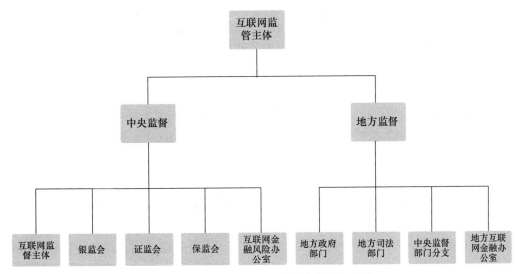

图 8-4　我国互联网金融监管主体框架设计

（三）建立健全互联网金融内外控制度和监管主体的协调机制

我国现有金融监管中对传统金融机构的准入、退出、业务范围、内控机制等都有相关的规定，但互联网金融与传统金融之间的差别很大，监管机构应根据互联网金融不同的经营模式与特点，制定相应的准入和退出制度。对于互联网金融机构的业务范围，可以参考美国对众筹融资的法律监管即《JOBS 法案》的做法，以"互联网金融禁止业务条例"的形式对各类机构和平台不能进行、禁止涉猎的业务作出明确的法律规定。

内控主要是对互联网金融的交易行为、过程以及从业人员进行的监管。借鉴美国对第三方支付和 P2P 的监管思路与经验，可从现有监管法律出发，制定"互联网金融交易法""公平交易法"，将对违反法律规定的不公平、欺诈等非法互联网金融行为的处罚加入《刑法》中；按照我国《保密法》和《网络信息安全法》等的相关规定对互联网金融从业人员的行为进行监督，保证互联网金融的信息安全。同时，互联网金融跨区域、跨行业和跨市场的特点决定了各监管机构要协调合作，加强信息的交流和分享，对于其他监管机构的指导性监管建议不可忽视，弥补监管的不足并进行完善和修改，提高监管的效率。中央、地方的监管机构要协调一致，形成全面、无缝隙的互联网金融监管网，将风险和潜在问题置于可解决的框架内。

（四）建立全面的动态监管机制

互联网金融是不断创新发展的新兴行业，固定的监管框架并不能保证互联网金融的可持续发展，动态监管是保证其稳健发展的必要条件。动态监管首先应从监管的责任分配出发，以补充规定的形式定期更新各监管主体的责任分工，将新产生的互联网金融业务置于监管框架之下，保证监管的完整性。监管机构要实时研究互联网金融的动态和发展，发现和识别其中的问题和风险，做好风险防范和预警机制，比如定期对互联网金融平台和机构作信用评估并公布；为保证信息和数据的真实可靠，还应利用互联网技术对互联网金融机构的交易过程及交易资金的流向、用途进行监控，保证其安全合法；还要加强监管机构的国际合作，吸取国外在互联网金融监管上的可取经验，对未预见的互联网金融问题提前防范。

（五）完善互联网金融信息披露、征信与风险提示制度，加强金融消费者权益保护

监管机构有义务对互联网金融机构和平台进行实时监督，不定期审查，包括业务开展和交易过程，对互联网金融机构和平台作出强制的信息披露和风险提示要求。在风险提示方面可以借鉴美国的做法，对互联网金融机构平台的风险提示划分等级，监督核实其风险提示的真实性和程度，对未按规定作出提示的则给予警示、惩罚并公告。同时，可以借助于权威信用评估机构，定期公布信用评级报告，实时监督互联网金融机构的信用状况。对互联网金融从业人员，需要进行工作绩效、行为和信用评价，这方面可以要求信贷业务提供者公开信息，使消费者能够比较不同平台和机构发放的相似信贷条款，从中找出适合消费者需要的信贷，防止出现"不合理信用交易"。

消费者权益保护是互联网金融中的重要部分，投资者缺乏互联网金融知识，辨别风险能力和风险承担能力都较低。在通过各种渠道普及互联网金融知识的同时，应该设定专门的互联网金融纠纷调解部门，维护消费者的合法权益；在《消费者权益保护法》中增加互联网金融方面的规定，对损害消费者权益的行为制定处罚措施，对消费者制定补偿办法；制定互联网金融中消费者个人信息保护的相关法律法规，对泄露、窃取信息的行为给予惩罚；利用保险机构，对互联网金融中投资者的资金进行托管和保护，保证投资者的资金安全，不受非法挪用等违规行为的损害。

本章小结

各类业态百花齐放，不同细分市场分化发展。互联网金融涉及的业态种类多样，而且各种创新模式层出不穷，不同业态也呈现出不同的发展态势。第三方支付方面，目前市场基本竞争格局已定，未来更多的投资机会在于并购整合，同时在移动支付端的激烈争夺也将持续；股权众筹方面，作为创新、创业的重要支持手段，股权众筹是国家鼓励的重点业态，目前尚处于起步阶段，未来可能借助政策红利实现快速成长；金融网销方面，互联网银行和互联网保险前景可期，同时传统金融机构的线上服务渠道也将不断丰富；供应链金融方面，银行的供应链金融业务将会不断深化，同时传统企业或行业利用产业链优势积极切入供应链金融，都将极大促进供应链金融市场的扩张；消费金融方面，随着我国消费升级，消费金融发展势不可挡，在互联网巨头纷纷布局的情况下，未来将进入资源整合与行业细分化阶段；征信评级方面，征信作为互联网金融发展必不可少的关键环节，目前国内商业征信尚处于起步阶段，未来发展前景可期。

"后监管"时代到来，监管面临新挑战。银保监会于2020年11月正式宣告我国的P2P借贷交易平台"清零"。随着P2P借贷交易模式业务在我国已全部停止，我国

的互联网金融业务进入了"后监管"时代，虽然"乱象频出"的互联网金融业务模式及平台得到了有效管控，但是，互联网金融风险防控与金融监管仍任面临较大的挑战。一是互联网金融发展与现有的监管模式不匹配。我国的互联网金融发展迅速，然而相对应的监管却未能及时跟上，监管体系也不够健全。二是互联网金融监管的相关法律法规需要进一步健全和完善。由于我国互联网金融发展迅速，互联网金融监管法律法规的立法、修撰等各项工作的权限归属和具体分配还并未全部完成。面对互联网金融监管方面出现的新问题与新形势，大力完善法律法规体系、实现高效监管是我国的必走之路。在清退个人线上借贷平台这一背景下，金融监管机构应当加强对互联网金融领域内的其他类型平台或者企业加强金融监管，在鼓励金融创新的同时切实防止金融风险。按照中央金融工作会议要求，维护我国的金融安全。未来随着各项监管细则的出台及实施，势必会对相关业态及市场造成影响，在重新洗牌的基础上市场格局也将重塑，但终归各个业态会朝着健康、规范之路前进，这也是我国互联网金融从野蛮生长走向理性繁荣的必经之路。

行业开放性不断增强，跨界融合发展常态化。随着互联网金融的火爆，各路资本、各个行业、众多企业都想抓住机遇分一杯金融红利，于是跨界合作、抢滩圈地的热潮成为当下互联网金融行业发展的一大特征，运营商、零售业、地产、电商、互联网公司、传统金融机构、国企等纷纷加入互联网金融行业的大军。未来，随着"互联网＋"战略的深入、行业发展方向的逐渐明朗和监管政策的不断完善，互联网金融热潮将会有所回落，但是"产业—互联网—金融"的跨界融合与有效联动的发展趋势仍然不可阻挡，必将成为传统产业升级转型、商业模式创新发展的新引擎。

 问题与思考

1. 互联网金融的风险和传统金融风险有什么不同？
2. 如何对互联网金融进行风险管理？
3. 试述互联网金融监管的必要性。
4. 互联网金融监管有哪些特殊性？
5. 试述互联网金融的监管原则。
6. 你认为应如何构建我国的互联网金融监管体系？

参考文献

[1] 安炤泫：《美韩信用卡发展历史对中国的启示》，对外经贸大学 2006 年硕士学位论文。

[2] 巴曙松、王静怡、杜靖：《从微观审慎到宏观审慎：危机下的银行监管启示》，载《国际金融研究》2010 年第 5 期。

[3] 曹蓓：《信用卡还款时间规定有所松动，全额罚息仍未废除》，载《证券时报》

2013年2月19日。

[4] 曹凤岐：《联席会议只是金融监管体系改革的第一步》，载《人民政协报》2013年8月27日。

[5] 董安生、何以：《多层次资本市场法律问题研究》，北京大学出版社2013年版。

[6] 董安生、杨巍：《后金融危机时代的美国金融监管改革法案：〈2010年华尔街改革和个人消费者保护法案〉初评》，载《证券法苑》2010年第2期。

[7] 董安生、杨巍、黄炜等：《金融创新与市场监管究竟如何匹配？——国际金融危机及其应对系列之三》，载《上海证券报》2009年3月23日。

[8] 郭明瑞、房绍坤：《新合同法原理》，中国人民大学出版社2000年版。

[9] 韩世远：《合同法总论》，法律出版社2011年版。

[10] 胡吉祥：《互联网金融对证券业影响》，载《中国金融》2013年第16期。

[11] 胡晓炼：《完善金融监管协调机制，促进金融业稳健发展》，载《中国产经》2013年第10期。

[12] 刘士余主编：《美国金融监管改革概论——〈多德—弗兰克华尔街改革与消费者保护法案〉导读》，中国金融出版社2011年版。

[13] 鲁公路、李丰也、邱薇：《美国JOBS法案、资本市场变革与小企业成长》，载《证券市场导报》2012年第8期。

[14] 马翠莲：《银行卡"换芯"进行时》，载《上海金融报》2011年4月26日。

[15] 邱聪志：《新订债法各论（中）》，中国人民大学出版社2006年版。

[16] 王利明：《论个人信息权的法律保护——以个人信息权与隐私权的界分为中心》，载《现代法学》2013年第7期。

[17] 王泽鉴：《人格权的具体化及其保护范围·隐私权篇（中）》，载《比较法研究》2009年第1期。

[18] 王泽鉴：《人格权法法释义学、比较法、案例研究》，北京大学出版社2013年版。

[19] 谢平、邹传伟：《互联网金融模式研究》，载《金融研究》2012第12期。

[20] 谢平、邹传：《银行业宏观审慎监管研究的新思路》载《金融监管研究》2013第8期。

[21] 阎庆民：《银行业金融机构信息科技风险监管研究》，载《新金融评论》2013年第2期。

[22] 杨东：《论金融服务统合法体系的构建——从投资者保护到金融消费者保护》，载《中国人民大学学报》2013年第3期。

[23] 杨东：《市场型间接金融：集合投资计划统合规制论》，载《中国法学》2013年第2期。

[24] 杨再平：《互联网金融之我见》，载《证券时报网》2013年10月16日。

[25] 禹钟华、祁洞之：《对全球金融监管的逻辑分析与历史分析》，载《国际金融

研究》2013 年第 3 期。

［26］袁康：《互联网时代公众小额集资的构造与监管——以美国 JOBS 法案为借鉴》，载《证券市场导报》2013 年第 6 期。

［27］张维：《"全额罚息"是霸王条款还是国际惯例》，载《法制日报》2012 年 11 月 9 日。

［28］中国人民银行货币政策分析小组：《2013 第二季度中国货币政策执行报告》，载中国人民银行网站，2013 年 8 月 12 日访问。

［29］钟志勇：《网上支付中的民事责任研究》，载《法学论坛》2007 年第 9 期。

［30］UK FSA. The Turner Review：A Regulatory Response to the Global Banking Crisis，http：//www.fsa.gov.uk/pubs/other/turner_review.pdf，2021-05-30.

后　　记

　　互联网金融是新兴事物，是未来金融业的核心竞争力，也是金融发展的必然方向。互联网金融不断发展和创新，并在争议、质疑甚至否定中逐步发展壮大。本教材编写过程中，没有现成的理论可供借鉴，这在一定程度上决定了本书存在有的内容可能分析不够全面深入的情况。本教材是在多年实践教学基础上编写出来的，但仍可能有很多不足。加之作者水平有限，书中错误在所难免，欢迎读者指出并多提宝贵意见，以便再版时完善。

　　在本书编写过程中，感谢笔者的研究生彭玮骏、施怡波、刘曙光、李双、李婷婷、李竹影、冉玉强、张逸佳、袁上达、李润凌、徐肖雅、张洪宾、钟佳倪等同学在资料收集整理、文字校对等方面的鼎力支持和帮助。特别感谢北京大学出版社杨丽明编辑为本书出版的辛苦付出。